大萧条

［美］本·S.伯南克 著

宋芳秀 寇文红 译

U0791726

“十二五”国家重点图

Ben S. Bernanke

金融瞭望译丛

八年珍藏版

Essays on the Great Depression

东北财经大学出版社
Dongbei University of Finance & Economics Press
大连

图书在版编目（CIP）数据

大萧条／（美）伯南克（Bernanke，B. S.）著；宋芳秀，寇文红译．—3 版．
—大连：东北财经大学出版社，2013. 1（2020. 5 重印）
（金融瞭望译丛）
书名原文：Essays on the Great Depression
ISBN 978-7-5654-1042-0

Ⅰ. 大…　Ⅱ. ①伯…　②宋…　③寇…　Ⅲ. 经济危机-研究-世界-20 世纪
Ⅳ. F113. 7

中国版本图书馆 CIP 数据核字（2012）第 278465 号

辽宁省版权局著作权合同登记号：图字 06-2006-70 号

Ben S. Bernanke：the Essays on Great Depression. First Edition

Copyright © 2000 by Princeton University Press，original ISBN 0-691-11820-5

First published by Princeton University Press，41 William Street，Princeton，New Jersey 08540

In the United Kingdom：Princeton University Press，3 Market Place，Woodstock，Oxfordshire OX20 ISY

No part of this book may be reproduced or transmitted in any form or by any means，electronic，mechanical，including photocopying，recording or by any information storage and retrieval system，without permission in writing from the Publisher.

All rights reserved.

本书简体中文翻译版由普林斯顿大学出版社授权东北财经大学出版社独家出版发行。未经授权的本书出口将被视为违反版权法的行为。未经出版者预先书面许可，不得以任何方式复制或发行本书的任何部分。

版权所有，侵权必究。

东北财经大学出版社出版
（大连市黑石礁尖山街 217 号　邮政编码　116025）
教学支持：（0411）84710309
营 销 部：（0411）84710711
总 编 室：（0411）84710523
网　　址：http：//www. dufep. cn
读者信箱：dufep @ dufe. edu. cn
大连图腾彩色印刷有限公司印刷　　东北财经大学出版社发行

幅面尺寸：170mm×240mm　　字数：343 千字　　印张：24
2013 年 1 月第 3 版　　2020 年 5 月第 12 次印刷

责任编辑：李　季　吉　扬　　责任校对：赵　楠　何　群
封面设计：冀贵收　　版式设计：钟福建

定价：58. 00 元

版权所有 侵权必究　举报电话：（0411）84710523

序　言

相信很多人至今仍然对“大萧条”有着深刻的印象。1929 年至 1933 年的“大萧条”使美国及整个资本主义世界陷入危机之中，是资本主义制度自产生以来面临的最大挑战。“大萧条”同样也促使人们对资本主义制度进行反思，客观上推动了资本主义制度的改进和经济学研究的发展。但如果认为“大萧条”只是“过去的事情”，只是停留在书本中的经济的糟糕表现和人们惊恐、失望的表情，那我们就大错特错了，正像本·S. 伯南克（Ben S. Bernanke）在大家即将看到的这本书中所说的：“大萧条不仅使宏观经济学成为一个独立的研究领域，而且还持续影响着宏观经济学家们的信条、政策建议和研究过程，而这一点常常没有被充分认识到。”

“大萧条”的表象有很多，抛开人们抑郁的心情和失望的情绪不论，“大萧条”的表象主要有以下几点：第一，股票市场崩溃。1929 年 10 月美国股票市场崩溃，10 月 23 日股市急转直下，10 月 24 日（著名的“黑色星期四”）股市再次惨跌，此后，10 月 28 日、10 月 29 日，股市持续暴跌，此后的 3 年左右的时间内，股市虽然偶尔回升，但整体趋势是不断下跌的。第二，产量和物价的急剧下降。1929—1933 年，美国的 GNP 从 9 381 亿美元下降到 6 621 亿美元（按 1929 年不变美元价格计算），下跌近 30%，同期 CPI 下降近 25%。第三，失业情况严重。“大萧条”期间失业率从 3% 升至 25% 左右。第四，投资巨幅下降，1931—1935 年净投资实际增长率持续为负。第五，名义利率极低。经济活动的急剧萎缩使名义利率极低，诸如商业票据的短期利率接近于零。

上述的现象使得“大萧条”成为几代美国人头脑中挥之不去的阴影，

但同时也为经济学家提供了难得的研究样本，按照伯南克先生的话来说，“解释大萧条是经济学的‘圣杯’”。

不同经济学流派的很多经济学家试图对“大萧条”作出合理的解释，比较有代表性的是凯恩斯主义的解释和货币主义的解释。

凯恩斯对“大萧条”的解释深深地影响及改变了宏观经济学的发展，凯恩斯对“大萧条”的解释强调了总需求的不稳定性，他认为“大萧条”之所以出现，正是由于总需求的急剧下降，而总需求的急剧下降又是由人们心理上的消费倾向下降趋势、灵活偏好和对未来的悲观预期所造成的，总需求不足是消费需求与投资需求不足的结果，边际消费倾向的下降趋势使消费的增长赶不上收入的增长，从而引起消费需求不足。而灵活偏好及资本未来收入的预期使预期的利润率有下降的趋势，从而与利率水平不适应，导致了投资需求不足。据此，凯恩斯提出了通过需求管理政策来刺激经济增长的主张，为政府干预经济提供了有效的理论基础，凯恩斯主义也由此占据了战后经济学的主流地位。20 世纪 40 年代初，汉森和威尔逊最早使用凯恩斯的经济理论对“大萧条”进行了研究，认为消费的不足以及相伴而来的对住宅需求的下降和投资机会的丧失，导致了收入崩溃的发生，而戈登的研究进一步证明了他们的结论。罗默在 20 世纪 90 年代的研究中认为 1929—1933 年的一系列冲击引起了总需求的下降，即股市的崩溃导致了一系列的国内支出冲击，这些冲击在“大萧条”的初始阶段起了重要的作用，而随后几年的货币冲击和美联储不当的货币政策操作又进一步强化了国内支出冲击的作用。罗默的研究在经验上支持了凯恩斯主义的观点，即“大萧条”是总需求的急剧下降造成的。

与凯恩斯同样伟大的货币主义的领军人物米尔顿·弗里德曼（Milton Friedman）在其与安娜·施瓦茨（Anna Schwartz）合著的经典著作《美国货币史：1867—1960》中，对“大萧条”的原因进行了简单而有力的解释，指出“大萧条”产生的原因是货币供给的外生性变化，即直接由 20 世纪 30 年代初货币供给的收缩引起。在 20 世纪 60 年代中期，货币主义者认为货币需求的主要决定因素是“恒久性收入”，而恒久性收入是稳定的（至少是变化很小的），故货币需求函数也是稳定的，因此，经济的不稳定大都可以归因于由货币当局引起的货币供应量的波动。弗里德曼集中分析了始于1929年的衰退是如何演变成“大萧条”的，他认为1929年货币供给最初的温和下降转变成了1930年10月—1933年3月的银行倒闭浪潮，而美联储又没有及时通过公开市场操作或贴现窗口向困境中的商业银行提供流动性以阻止银行的倒闭，由此引起了货币供给的急速下降和严重的经济衰退。此外，由货币冲击带来的不确定性也加重了“大萧条”的影响。

凯恩斯主义和货币主义都认为总需求的变化是经济波动的原动力，不同的是他们强调的总需求波动的原因不同，凯恩斯主义强调自发支出下降是导致总需求下降进而导致“大萧条”的原因，而货币主义则强调金融危机所引发的总需求下降才是“大萧条”的真正原因。

经济学家们围绕着到底是货币因素还是非货币因素是导致“大萧条”的原因进行了长时间的争论，在争执不下的情况下，近期比较流行的是一种折中的观点，即货币因素和非货币因素都是导致“大萧条”的原因。

但是上述的这些对“大萧条”的分析存在一定的不完善之处：首先，在货币因素对“大萧条”的形成的作用方面，虽然我们可以很容易地观测到，在经济紧缩阶段，货币供给、产出水平和价格水平都急剧下降，在经济复苏阶段则快速上升，但是货币供给、产出水平和价格水平这些经济变量之间的因果关系较难断定，我们无法确切地知道哪些变量是“因”，哪些变量是“果”，这也导致了我们对货币因素和产出因素究竟哪个是“大萧条”的形成原因的无限制的争论，并不得不接受了一个折中的观点。其次，过去学者们专注于美国自身的情况，如商业银行资产质量的恶化和股市中过度的投机泡沫等对“大萧条”加重的作用，而没有在全球范围内考察“大萧条”，没有考虑到发生在美国的“大萧条”是世界性萧条的最初原因，也没有对经济紧缩在国家之间的传导途径进行分析，这样“对大萧条的解释就不算完整”。

伯南克的这本新书为我们提供了一个对“大萧条”进行认识的全新视角，不再将研究仅仅局限于美国自身的情况，而是在世界范围内研究“大萧条”。伯南克通过理论和实证相结合、以实证为主的方法，对“大萧条”进行了分析，并结合当时的金本位货币制度，说明了“大萧条”是如何在世界范围内扩散和传播的。这不但是对“大萧条”的回顾和研究，而且对今天的我们也有着重要的借鉴意义。

当前的世界正在经历着深刻的变化，经济的全球化和一体化、信息技术的迅猛发展使我们生活的地球越来越小，在现在的“地球村”里，各个经济体之间的联系变得空前紧密，任何经济体都不可能“独善其身”，一个经济体发生的震动或危机可以很快地传导到其他的经济体，进而引起区域性甚至全球性的灾难，亚洲金融危机就是一个例子。在当前经济全球化和一体化的条件下，如果我们的研究还仅仅局限于一个单独的经济体或国家，而没有全球化的视角，这样的研究显然是不全面的，不符合我们所处时代的要求。伯南克的这本书站在全球化的视角研究了“大萧条”，虽然在“大萧条”发生的时代，各个经济体之间的联系没有今天这样紧密，经济全球化和一体化的程度也没有今天这样深入，但是伯南克的研究依然为我们树立了一个在全球化视角下研究经济问题的良好样本，为我们提供了一个在全球化的条件下分析问题的框架。问题虽然各有不同，但在研究中贯穿的方法是一样的，我们现在更应该注意在全球化的框架下分析问题，注意研究经济震动或冲击在国际间的传导途径，为我们应付区域性甚至全球性的经济问题提供支持。在这方面，伯南克先生是我们的榜样。

伯南克先生的这本书共 9 章，分成三大部分，第一部分是综述，第二部分着重研究货币及金融市场，主要从总需求的角度对“大萧条”的成因进行了研究，伯南克认为，总需求的下降是“大萧条”的重要原因，造成总需求下降的最主要原因则是世界范围的通货紧缩。伯南克将通货紧缩的原因归结为当时的国际货币体系即第一次世界大战后重建的国际金本位制度的先天不足。第三部分着重研究劳动力市场，主要从总供给的角度对“大萧条”进行了研究，伯南克认为，20 世纪 30 年代名义工资对总需求下降的调整不够完全，且这种调整不能解决持续性的失业问题，从而导致了国民经济大大偏离了充分就业状态。

本书的各章都是独立的论文，但集结成书后仍不失结构的严谨，当然也不影响各章的独立性。

伯南克于2006年1月31日接替艾伦·格林斯潘（Alan Greenspan）成为新一任美国联邦储备委员会主席，他的学术主张受到了世人的极大关注，相信这本书对于大家深入了解伯南克的学术主张有极大的帮助，从某种程度上说，通过这本书我们也可以发现伯南克掌管下的美联储的政策动向。

我们今天研究“大萧条”这段历史，并不是要分清消费者、企业、股市、美联储在“大萧条”中的责任和到底是谁应该为“大萧条”负责，重要的是我们能从“大萧条”的这段历史中学到些什么，如何防止类似的经济衰退再次发生，至少再次出现类似的情况时我们不至于手忙脚乱，相信这也是伯南克先生写这本书的目的。

下面就请大家品味伯南克先生的这本书吧，相信大家在读过这本书后一定会有所收获。

译者导言

伯南克对大萧条的研究和对本次危机的治理

2006年夏天，我们受东北财经大学出版社委托，翻译了现任美联储主席伯南克（Ben Shalom Bernanke）的著作《大萧条》（*Essays on the Great Depression*），并于2007年4月出版。当时全球主要经济体——美国、欧洲、中国和其他新兴市场国家——都处于经济周期繁荣阶段的顶峰，经济活动高涨、设备使用率攀至高峰、风险资产价格飙升、企业盈利增长迅速、失业率很低、国际贸易高速增长，全球经济欣欣向荣。在这种情况下，出版这样一部著作似乎很不应景。

但是很少人注意到，在2006年11月，美国次级房屋贷款债券价格综合指数（ABX index）就已经开始下降了，次贷部门的危机已经日益严重，逐渐蔓延到整个金融体系，成为一场全面的金融危机，并最终把全球实体经济都拖入衰退和萧条的深渊，使全球陷入20世纪30年代大萧条以来最严重的一场经济危机。在这一背景下，学术界、政界和商界人士迫切地需要了解金融危机和经济危机的成因、传导和治理，对各国政府、央行，尤其是美联储的货币政策进行预判，促成了本书和其他研究大萧条著作（例如奥地利学派经济学家Murray Rothbard的《美国大萧条》一书）的热销。从2007至2010年，本书修订2次，重印6次，并于2010年8月荣获2009年度中国引进版社科类优秀图书奖。

在2006年翻译本书时，译者宋芳秀在北京大学任教，寇文红还在北大攻读博士学位，两人都是从学院到学院，从书本到书本，主要注重理论研究而疏于对经济实践的关注，对金融危机、经济危机、造成危机的各种机制的认识停留于纸面，这导致译本中存在不少纰漏，包括对原文的误解和误译。本书出版前后，宋芳秀前往美国访学，对此次危机有了切身的认识；寇文红则于2008年任职证券行业，四年来一直专注于对经济体制、经济运行机制，尤其是危机中的各种传导机制的跟踪和分析。随着对危机的理解越来越深入，我们对本书存在的纰漏越来越感到不安，这成了我们的一块心病。因此2012年初，得知本书即将修订时，我们决定对该书进行彻底的重译，以了却这桩心愿。

下面简要地介绍伯南克的学术生涯、本书的主要内容、伯南克对本次危机的看法、伯南克掌控下的美联储为了应对危机而采取的政策及有关争议，以及对中国的启示，希望有助于读者更好地理解本书的内容。

伯南克的学术生涯

伯南克的祖父Jonas Bernanke于1899年出生在奥匈帝国Boryslav（今属乌克兰）的一个犹太家庭，32岁时从波兰移民美国。伯南克于1953年12月13日出生于美国佐治亚州东部的奥古斯塔市（Augusta），后来在南卡罗来纳州东北部狄龙县（Dillon）的东杰斐逊（East Jefferson）大街长大。

伯南克小时候就有“神童”的称号，小学六年级时荣获南卡罗来纳州拼字比赛冠军，并差点得了全国冠军。他在狄龙县高中读书时，就开始自学微积分，并获得美国高中生最高荣誉——“美国优秀学生奖学金”。1975年获得哈佛大学经济学学士学位，1979年获得麻省理工学院（MIT）经济学博士学位。伯南克在MIT时代就开始研究大萧条。他的博士生导师、现任以色列央行行长、著名经济学家Stanley Fischer说：“伯南克发现真正导致大萧条的不是印钱的数量，而是银行停止借贷。问题并不单单是货币的下滑，而是信贷的崩溃。”这意味着在金融危机来临时，央行必须迅速地向金融机构注入流动性。这正是伯南克应对2007—2009年金融危机的举措之一

（详见下文）。

从 MIT 毕业后，伯南克前往斯坦福大学担任经济学助教，1983—1985 年担任经济学副教授，期间曾在纽约大学做访问学者。1985 年开始在普林斯顿大学任教授，1996—2002 年担任普林斯顿大学经济系主任。在此期间，除了在学术上颇有成就外，伯南克还慧眼识英才，为普林斯顿大学经济系招揽了不少人才，其中最著名的就是 2000 年力排众议聘请的克鲁格曼（Paul Krugman），后者于 2008 年荣膺诺贝尔经济学奖。

在普林斯顿大学任教期间，伯南克就在费城联储银行（1987—1989）、波士顿联储银行（1989—1990）、纽约联储银行（1990—1991、1994—1996）做访问学者，并担任过纽约联储银行学术顾问小组成员（1990—2002）。2002 年伯南克成为美联储理事，2005 年 6 月担任布什（George Walker Bush）总统的经济顾问委员会主席，随后于 7 月 1 日辞去了普林斯顿大学的教职。2006 年 2 月 1 日，布什总统任命伯南克担任美联储理事会（Board of Governors of the Federal Reserve System）理事，任期 14 年，2020 年 1 月 31 日到期。同时任命伯南克接替格林斯潘（Alan Greenspan）担任美联储理事会主席，任期 4 年，2010 年 1 月 31 日到期。2009 年 8 月 25 日，奥巴马总统（Barack Hussein Obama II）宣布他将任命伯南克再次担任美联储主席。奥巴马称，伯南克的学术背景、性格、勇气和创造性帮助美国在 2008 年阻止了一次大萧条。2010 年 1 月 28 日，美国参议院投票确认支持伯南克连任，2010 年 2 月 1 日到任，任期 4 年，2014 年 1 月 31 日到期。

因此，总体来看，可以以 2002 年为界，把伯南克的学术生涯分为两个阶段：

第一个阶段，2002 年之前，伯南克主要是待在象牙塔里潜心从事学术研究。他自称是个“大萧条迷”，自己“从大萧条中学到了很多关于经济运行的知识”（见本书序）。从 MIT 博士毕业之后，伯南克发表了一系列研究大萧条的论文（包括本书所收录的 9 篇论文），对大萧条的成因、金本位制对通货紧缩和大萧条的传导、各种传导机制、劳动市场的表现、劳动生产率的顺周期性等进行了全面的分析。这些研究奠定了他作为大萧条研究泰斗的地位。另外，他还先后与 Julio J. Rotemberg 和 Kenneth Rogoff 等经济学家合作编辑出版了《国民经济研究局宏观经济学年刊》（*NBER Macroeconomics Annual*）1995 年第10 卷至2001 年第16 卷。1998 年，他与 Thomas Laubach、Frederic Mishkin 和 Adam Posen 合作出版了《通货膨胀目标制：国际经验》（*Inflation Targeting*：*Lessons from the International Experience*）。2000 年以后，他与 Robert H. Frank 合作出版了《经济学原理》（*Principles of Economics*）、《宏观经济学原理》（*Principles of Macroeconomics*）和《微观经济学原理》（*Principles of Microeconomics*）。此外还有其他一些著作。学术研究为伯南克带来了不少荣誉。他先后获得斯隆研究奖（Alfred P. Sloan Research Fellow）、古根海姆研究基金奖（Guggenheim Fellowship）等大大小小许多奖项，被聘请为《美国经济评论》（*American Economic Review*）等世界一流经济学刊物的编辑，并当选为世界计量经济学会（Econometric Society）会士和美国艺术与科学院院士。

第二个阶段，2002 年之后，伯南克进入美联储工作，这位以研究大萧条和通货膨胀目标制闻名的国际经济学和货币经济学泰斗开始参与美国货币政策的制定。尤其是2006 年掌控美联储之后，开始主刀制定美国的货币政策，努力使美国避免陷入一次新的大萧条，下文将对此详细阐述。

本书内容简介

本书是普林斯顿大学出版社于2000 年出版的，书名直译是《关于大萧条的论文集》（*Essays on the Great Depression*），收录了伯南克（与其合作者）1983—1996 年撰写的9 篇论文。这些论文都是围绕着大萧条发生的原因和各种变量之间的传导机制展开研究的，相对独立又相互联系。作者把它们分成三个部分：

第一部分为“综述”，即第 1 章。作者首先指出 1980—1995 年这 15 年间学术界在大萧条的研究方法上取得了许多进展，最重要的进展是从以前主要研究美国的情况转向进行国际比较，强调了国际比较分析方法对理解大萧条、甄别全球大萧条根源的重要性。然后从影响总供给的因素和影响总需求的因素两方面回顾学术界对大萧条的理解。从影响总需求的因素来说，学者们对金本位制的研究已经表明：国际金本位制存在的制度缺陷、管理不善、短视的政策决策、不利的政治经济条件相互作用导致的全球货币收缩，是造成大萧条的主要原因之一；货币收缩对实际经济变量的影响不仅大，而且持久；无论是在全球价格和货币的下跌阶段，还是在最后的复苏阶段，货币因素都起了重要的作用；而 20 世纪 30 年代早期越早放弃金本位制的国家，从大萧条中复苏越快。从影响总供给的因素来说，引致性金融危机（induced financial crisis）和名义工资黏性导致货币冲击的影响非常持久。作者还对引致性金融危机发生的机制和当时出现名义工资—价格黏性的原因进行了讨论。

第二部分为“货币和金融市场”，包括第 2 章至第 4 章。

第 2 章是一篇非常重要的论文，研究大萧条时期的金融危机（包括债务人、银行及其他贷款人的破产）是如何导致产出下降的，1983 年发表于《美国经济评论》。Friedman 和 Schwartz 曾经在《美国货币史：1867—1960》中指出银行危机通过两个途径加重了整体经济收缩：一是减少银行股东的财富，二是使货币供给急剧下降。伯南克认为：虽然关于第二条途径有很多论据支持，但还是不能完全解释 20 世纪 30 年代金融部门与总产出之间的联系。因为一方面，尚没有关于货币对实体经济的影响的、能够解释长期非中性的理论，另一方面，当时货币供给的下降在数量上不足以解释随后的产出下滑。伯南克提出了金融危机影响产出的第三种途径：金融危机导致金融市场混乱，提高了整个金融部门提供金融中介服务（包括做市和信息搜集服务）的实际成本，降低了金融部门发挥中介功能的效率，一些借款者（特别是家庭、农民和小公司）发现信贷变得昂贵而且难以获得，这种信贷紧缩导致总需求下滑，最终演变成了一次长期的萧条。在这一章里，伯南克首先详细地介绍了 1930 年 10 月至 1933 年 3 月美国金融系统面临的困境，随后分析了金融危机是如何导致信贷中介成本上升的，进而分析了信贷市场对宏观经济的影响，并用计量经济学模型进行实证分析印证自己的观点。作者认为，这一理论似乎能够解释大萧条不同寻常的持久性和深度。

第 3 章着眼于大萧条时期的金本位制、通货紧缩和金融危机。作者首先回顾了学术界对两次世界大战之间的金本位制的研究，指出两次世界大战之间的金本位制存在着技术缺陷（盈余国和赤字国对黄金流动的货币反应不对称、储备的上涨、中央银行权力受限），因此具有通货紧缩倾向，即便相对较小的通货紧缩冲击也可能产生显著的影响。20 世纪 30 年代初美国和法国的货币紧缩正是通过国际金本位制传导到全世界，导致了全球性的通货紧缩和萧条。作者详细分析了其中的传导机制，并且用一个包含 24 个国家的样本分析表明：越早放弃金本位制从而货币得以扩张的国家，从大萧条中复苏得越快。随后作者分析了从通货紧缩到萧条的传导机制，在前人提出的名义工资黏性、实际利率上升这两个传导机制外，提出了第三条传导机制：通货紧缩导致借款人（包括金融中介、非金融企业）的金融头寸缩水，发生债务型通货紧缩（debt-deflation），导致借款人遭受巨大损失，甚至破产清算，最终造成萧条。最后作者采用 24 个国家的面板数据进行计量经济学分析，证明银行恐慌确实会造成实际产出下降，美国的银行恐慌可能是 1931—1932 年全球通货紧缩的重要根源，并且因而可能是全球经济萧条的重要根源，印证了自己的观点。

第 4 章通过分析大萧条期间通货紧缩和货币收缩之间的各种传导机制，确定各国价格下降和货币存量下降的特定根源，并为大萧条时期影响全球经济的通货紧缩因素的生效时间和相对重要性提供量化的证据。作者首先回顾了 1928—1936 年美国、法国、德国等 8 个发达的工业化国家的产出、价格和货币的变动情况；随后秉承 Friedman 和 Schwartz（1963）在《美国货币史：1867—1960》中采用的比率分析方法，把两次世界大战之间一国的价格水平 P_{it} 拆分成实际货币余额的倒数 P_{it}/M_{it}、货币乘数 $M_{it}/BASE_{it}$、覆盖率的倒数 $BASE_{it}/RES_{it}$、国际储备与黄金存量之比 $RES_{it}/GOLD_{it}$、黄金的数量 $QGOLD_{it}$ 和“价格” $PGOLD_{it}$ 等 6 个因素的乘积，再对每个因素逐一考察，并对法国、德国、英国、美国和世界“加总量”的指标进行分析，确认了货币因素在世界大萧条的早期与后期都起了重要作用这一观点。作者的新发现是，在不同阶段造成货币收缩的原因大不相同：从大萧条开始到1930年，货币的缓慢增长或负增长未必是央行的收缩性政策造成的，而是美法等盈余国家对黄金流入进行冲销造成的；在1931年金融危机之后，银行业恐慌（它使货币乘数变小）和黄金“分布不均”成为全球货币供给下降的主要原因，由此引发的严重通货紧缩一直持续到1933年，虽然这一时期货币政策中的相机抉择成分（由基础货币/国际储备比率反映）越来越倾向于扩张货币，但尚不足以抵消银行恐慌和黄金“分布不均”造成的紧缩性影响。

本章的分析对当时美联储的货币政策提出了明确的批评，指出从1928年中期到1931年春这段时间，美联储不仅拒绝将流入美国的巨额黄金货币化，反而设法把储备的净流入转换成了货币存量M1的负增长，这实际上是在积极地破坏金融稳定和经济稳定。由于美国经济规模庞大，所以1931年前全球通货紧缩主要归咎于美联储的这些政策。

第三部分是“劳动市场”，包括第5章至第9章。

第5章研究劳动市场上各个变量的周期性变化在二战前和二战后的差异及原因。作者首先回顾前人对劳动市场变量的周期性波动的研究结果，然后用一个包含二战前（1923—1939）8个制造业行业、二战后（1954—1982）8个制造业行业和3个非制造业行业的数据集，采用频域（frequency domain）和时域（time domain）方法分析劳动市场变量随经济周期的变化。最后讨论了劳动市场在四次特别严重的衰退中的表现。作者发现：无论二战前还是二战后，每个行业中似乎都存在顺周期的劳动生产率，或称“劳动的短期回报递增（Short-Run Increasing Returns to Labor，SRIRL）现象”，不过生产率是一个领先变量而非同步变量，在大的经济衰退中，SRIRL可能不太显著；每周工作小时数和就业都是强顺周期的，工作小时数领先于产出，就业则滞后于产出；厂商在二战后更倾向于通过裁员而非缩短工作时间来降低劳动投入；在经济周期中，实际工资与其他变量的关系很弱，在二战后变得更弱；实际工资在二战后是顺周期的（实质上是同步的），但在二战前却是“半异相”的（通常是滞后的）等等。

第6章着重解决两个问题：为什么在第二次世界大战之前，厂商当对劳动的需求很低时，实际工资却在上升？为什么即使实际工资上升，通货紧缩仍能降低劳动供给？为此作者构造了一个劳动供求模型，在该模型中，厂商可以改变每个员工在单位时间段内的工作时间（集约边际）和雇用的员工数目（粗放边际）。该模型结合其他更常规的因素（包括名义工资对价格波动较慢但并非极慢的调整），能够合理而成功地解释每周工作时间、实际工资和其他重要变量（如就业量）的波动，回答上述两个问题。作者还发现：一个经济越依赖于通过缩短每周工作时间（而不是通过裁员）来削减劳动投入，它越有可能产生反周期的实际工资，这与第 5 章的实证研究一致。作者采用 1923 年 1 月至 1939 年 12 月 8 个制造业行业的样本进行实证分析，得到了较好的结果，并且对劳动供给方程进行了动态化。

第 7 章是全书最短的一章，只有短短几页，内容却很丰富。作者为了破解 20 世纪 80 年代欧洲普遍存在的高失业中的三个谜团，考察了 20 世纪 30 年代美国失业率、通货膨胀率和工资之间的三个问题。第一，20 世纪 30 年代美国就业的巨大波动（像自然失业率理论所说的那样）是经济的自我纠正机制导致的，还是缺乏内生性稳定机制的经济大幅波动的结果？作者认为，罗斯福新政为美国经济自然复苏“扫清了障碍”，促使经济从大萧条中强劲复苏，因此 20 世纪 30 年代的美国经济并非一个处于“自然失业率”的经济，而是一个处于“低水平陷阱”的经济。第二，Gordon（1988）用来描述 20 世纪 80 年代欧洲和 20 世纪 30 年代美国的“浮动的、不加速通货膨胀的失业率”（the floating NAIRU）是什么原因造成的？作者认为，NAIRU 的支持者们在建模时通常使用通货膨胀率作为被解释变量、用失业率对其正常水平的偏离作为解释变量，这是错误的；应该用就业作为被解释变量，用通货膨胀率作为解释变量。由此出发来考察新政时期的货币政策，可以解释当时高通胀与高失业同时并存的现象，20 世纪 80 年代欧洲的持续性通胀或许也能用货币状况来解释。第三，为什么在 20 世纪 30 年代美国失业率较高的情况下实际工资却能稳定增长（20 世纪 80 年代欧洲实际工资也几乎不受失业率的影响）？作者认为原因是：当时劳工窖藏、立法、工会化和雇用习惯的变化促使每周工作小时数缩短；20 世纪 30 年代生产率的增长非常强劲；新政时期工会力量壮大；大多数公司的雇用习惯发生了重大变化，包括削减工头权力、为工作的稳定性提供更强的保障、规范化申诉程序、支付更高的工资等。作者认为，20 世纪 80 年代的欧洲与 20 世纪 30 年代的美国在有些方面是相似的，但不能生搬硬套，应该针对欧洲的情况进行具体分析，对症下药。

第 8 章探讨宏观经济的一个基本特征事实——劳动的短期回报递增（SRIRL）产生的根源。此前学术界给出了三种主要的解释：实际经济周期理论的支持者主张的技术冲击假说、Hall（1987；1988a；1988b）等人倡导的真实报酬递增（true increasing returns）假说、凯恩斯主义者认同的劳工窖藏假说。为了甄别 SRIRL 的根源，作者首先从 Cobb-Douglas 生产函数 $Q_t = A_t K_t^{\alpha} N_t^{\beta}$ 出发设计了一个简单的计量经济学模型，把上述三种假说转化为对 β 的不同解释。然后使用 1923 年一季度至 1939 年四季度美国 10 个制造业行业的数据来估计该模型，考察 β 的估计值符合上述三种假说中的哪一种。作者发现：在两次世界大战之间的制造业数据中，β 的估计值普遍大于 1，表明各制造业行业普遍存在 SRIRL 现象，并且两次世界大战之间的 SRIRL 现象至少与二战后一样强。这就拒绝了技术冲击假说（因为按照技术冲击假说，SRIRL 在大萧条时期理应是不明显的，反而应该观察到劳动短期回报递减的现象）。为了甄别真实报酬递增假说和劳工窖藏假说，作者又对模型做了改进，设计了一组统计检验，把“真实报酬递增”作为零假设，把“劳工窖藏”作为备择假设。结果发现有时能拒绝零假设，有时又不能拒绝。因此认为这两种解释都有合理性，只是其重要性随行业的不同而不同。

第 9 章从国际比较的视角审视关于名义工资黏性在大萧条时期的作用的经验证据。作者指出，解释大萧条成因的“金本位理论”在很大程度上解决了大萧条的“总需求之谜”（即为什么那么多国家的名义总需求会在 20 世纪 30 年代早期几乎同时急剧下降），但是没有解决“总供给之谜”（即为什么全球名义总需求的下滑与实际产出和就业的大幅持续下滑联系在一起？或者说是什么导致了这一广泛而持久的货币非中性现象）。作者认为，一定有某些原因阻碍了各国经济对 20 世纪 30 年代的通货紧缩性冲击做出调整，并且迄今尚无可以替代凯恩斯主义理论的解释。作者试图从国际比较的视角重新审视关于名义工资黏性在大萧条时期的作用的经验证据。为此作者首先回顾了 Eichengreen 和 Sachs（1985，1986）对这方面的研究，指出 E-S 的分析存在样本容量小、没有消除联立性偏差、产出供给方程设定过于简单且没有包含动态因素、不能把工资效应和价格效应区别开来等缺点。随后作者在 E-S 的基础上对模型做了改进，设定了新的产出供给方程（考虑了名义工资和价格各自的影响、加入供给移动因子和动态效应）和名义工资调整方程（加入价格、名义工资的滞后项、失业率、失业率的变动量作为解释变量）。最后用非线性最小二乘法对 22 个国家 1931—1936 年的面板数据来估计这些方程，并用工具变量来校正联立性偏差。对产出供给方程进行估计得到的结果支持了 E-S 对数据的最初解释：产出与实际工资之间的反向关系在很大程度上反映了存在总需求冲击时名义工资不完全调整的影响。对工资调整方程进行估计得到的结果表明名义工资的调整存在很大的黏性，并且其他条件相同时，较高的失业率的确意味着较低的名义工资。对两个方程的联合估计补充了这些结果。作者认为，这些估计表明名义工资黏性是货币非中性的主要来源，并提出了值得未来进一步研究的几个课题。

总之，这 9 篇论文比较全面地展示了伯南克在大萧条研究方面的主要学术观点。

在大萧条爆发的根源方面，伯南克主张“金本位制理论”，他在本书第 9 章对该理论做了一个概述：因为各种原因（包括美联储希望遏制美国股市泡沫等），到 20 世纪 20 年代末期，一些主要国家的货币政策转向收缩，这一收缩被国际金本位制传递到全球各地。最初这只是一场温和的通货紧缩，但是随着 1931 年的银行和货币危机引发了一场国际性的“黄金争夺战”，通货紧缩开始加剧了。盈余国对黄金流入的冲销、用黄金替代外汇储备，以及对商业银行的挤兑都导致了货币含金量上升，这进而又导致国内货币供给剧烈地、非意愿地下降，进而导致价格回落、产出下滑和就业低迷。从理论上说，即使在金本位制的约束之下，如果能进行有效的国际合作，也可以使各国货币同步扩张。但是各国在赔款和战争债务上的纷争、美联储的狭隘僵化、经验不足和其他一些因素一起葬送了这种可能性。结果，一个国家只有单方面放弃金本位制、重新稳定国内货币，才能逃出通货紧缩的漩涡。这一跛足的、缺乏协调的体系一直苟延残喘到1936年法国和其他金本位国家集团成员国最终放弃金本位制为止。

伯南克对本次危机的看法

或许有人会认为，大萧条已经过去80多年了，当时的经济金融环境与今天有天壤之别，对解决今天的经济危机缺乏借鉴意义。此言大谬。正如伯南克在本书的“序”中所说的：“有些人怀疑20世纪30年代的经济与今天21世纪信息时代的经济联系不多，建议他们去看看当前经济新闻的标题——失业率居高不下、银行破产倒闭、金融市场岌岌可危、货币危机甚至通货紧缩一触即发。这些问题在大萧条时期都出现过，而其经验教训，至今仍有教益。”透彻地理解20世纪30年代比较“简单”的经济发生银行危机和大萧条的根源、各种经济变量和经济行为之间的传导机制，有助于更好地理解21世纪比较“复杂”的经济中的危机，并对危机进行治理。

2007年从美国爆发的次贷危机迅速演变成一场全面的金融危机，并危及实体经济，演变成经济危机，把全球主要经济体都拖入危机的泥潭，迄今余波未平。学术界普遍认为这是大萧条以来最严重的经济危机。

本次金融危机爆发的原因是什么呢？迄今众说纷纭。在美国金融危机调查委员会于2011年2月提交的《金融危机调查报告》（*The Financial Crisis Inquiry Report*）中，10位委员居然给出了三种结论。民主党任命的6位委员Phil Angelides、Brooksley Born、Byron Georgiou、Bob Graham、Heather H. Murren和John W. Thompson在主报告中认为：许多系统重要性金融机构的治理结构和风险管理方面存在严重失误，是引发危机的关键原因；过度借贷、高风险投资、缺乏透明度等共同作用，导致金融系统难逃危机；政府在应对危机方面准备不足，其反应前后不一致，加剧了金融市场的不确定性和恐慌；在问责机制和道德规范方面存在系统性的缺失；抵押贷款标准降低和抵押贷款证券化引发了危机并促使危机蔓延；OTC 市场上的衍生品对危机的发生起了巨大的推动作用；信用评级机构的失职是造成金融危机的重要一环。他们认为流动性过剩并非是导致金融危机的必然因素，房地美（Freddie Mac）和房利美（Fannie Mae）是导致金融危机的因素之一，政府的住房政策并非是导致金融危机的重要因素。

共和党任命的委员 Keith Hennessey、Douglas Holtz-Eakin 和 Bill Thomas 则认为上述观点有失偏颇。他们认为引发金融和经济危机的原因有 10 个，分别是：信贷泡沫、房地产泡沫、非传统抵押贷款、信用评级和资产证券化、金融机构相关风险的集中、杠杆和流动性风险、风险的蔓延、共同冲击、金融冲击和恐慌、金融危机导致经济危机。共和党任命的委员 Peter J. Wallison 则认为，导致金融危机的主要原因是美国政府的住房政策。

伯南克的观点是什么呢？2009 年 3 月 10 日伯南克在外交关系委员会（Council on Foreign Relations）的演讲①中指出："不分析 20 世纪 90 年代后期以来全球贸易和资本流动的失衡，就无法理解这次危机。"2009 年 4 月 14 日，他在 Morehouse 学院演讲②时再次全面阐述了这一观点和有关机制。他说："要完整地（尤其是从国际视角）理解这次危机，必须全面分析过去 10 多年来全球投资和储蓄的分布格局的演变，以及这种演变是如何影响美国与其他国家的信贷市场的。"他指出：过去十几年来，新兴市场国家和产油国积累了大量资本，它们自身的经济发展不足以消化这些资本，因此大量资本涌入美国等工业化国家。美国的金融机构对此的反应是相互展开激烈竞争，争夺信贷客户，为此它们放松贷款条件、降低贷款利率、疏于对借款人还款能力进行尽职调查和风险管理，使居民和企业都能以非常低的利率轻易获得贷款。监管机构也没有阻止金融机构发放这种低质量的贷款（其中部分原因是很多发放贷款的金融机构不受或很少受联邦监管机构的监管）。这导致房地产抵押贷款快速扩张，资产价格泡沫日益累积。另外，全球资本的大量涌入拉低了传统长期投资工具（如长期国债）的收益率，导致投资者转向

---

① 演讲全文见：http://www.federalreserve.gov/newsevents/speech/bernanke20090310a.htm
② 演讲全文见：http://www.federalreserve.gov/newsevents/speech/bernanke20090414a.htm

另类投资。为了满足投资者对低风险、高收益投资的需求，金融机构用复杂难懂的方法把很多单笔贷款组合在一起，设计成新的证券。这些新证券后来发生了很多风险，投资者和证券的设计者们都对此始料未及。2007 年初，当次级抵押贷款的风险开始暴露时，信贷繁荣破灭，部分地区房价开始下跌。抵押贷款的拖欠和违约现象增加，房价下跌加快。投资者损失惨重，惊慌失措，于是开始从各种信贷市场抽回资金。那些在抵押贷款和其他贷款上遭受损失的金融机构开始削减贷款。2008 年 9 月，几家大型金融机构倒闭或濒临倒闭，导致很多金融市场和信贷市场的运行停滞了，危机雪上加霜。投资者对金融部门丧失信心，对经济前景感到沮丧，导致股市暴跌。股市缩水、金融体系濒临崩溃、极难获得贷款共同引起全球经济活动和就业的快速、大幅收缩，这种收缩一直持续到 2009 年初。几年来，他多次重述这一观点。

2012 年 4 月 13 日，在罗素萨基基金会（Russell Sage Foundation）和世纪基金会（The Century Foundation）主办的一次会议上，伯南克指出①：次级抵押贷款和房地产市场泡沫是本次金融危机的触发点，但并非危机的根源；高债务杠杆、不稳定的融资渠道、缺乏风险管理以及市场监管是助长金融危机的薄弱环节；美国房地产泡沫并非金融危机的最大原因。

总之，伯南克认为本次危机的根源是：东亚和新兴市场国家的高储蓄导致高贸易顺差，美欧发达国家的低储蓄、高消费导致高贸易赤字，这种全球贸易失衡导致全球资本流动失衡，资本大举涌入美国，扰乱了美国金融市场。金融机构疏于风险管理、监管机构疏于监管一起助长了资产价格泡沫。一旦房地产泡沫开始破裂，金融机构开始遭受损失，那些常见的传导机制就开始起作用了——资本抽逃和挤兑导致金融机构倒闭（金融危机）；债务型通货紧缩导致更多金融机构倒闭；银行惜贷、金融中介成本上升、金融中介效率下降导致信贷市场停止运转，造成经济下滑、失业上升（经济危机）；危机通过各种渠道在经济的各个部门，乃至各个经济体之间传染等等。需要

---

① 演讲全文见：http：//www. federalreserve. gov/newsevents/speech/bernanke20120413a. htm

指出的是，虽然每次危机的根源可能是不一样的，但是危机的传导机制都是类似的。

既然伯南克认为本次危机的根源是全球经济失衡，自然也会从这方面入手解决问题。因此在解决美国国内问题的同时，伯南克多次呼吁根治全球经济失衡问题。例如 2009 年 10 月 19 日，他在旧金山联邦储备银行主办的“亚洲与全球金融危机会议”演讲指出①，亚洲国家采取的鼓励出口和储蓄而非消费的经济政策令人担忧，像中国等拥有巨大贸易顺差的亚洲国家应该降低过度的储蓄率并刺激消费，并提高汇率的弹性，而美国需要提高储蓄率，削减财政赤字。2011 年 2 月 18 日，他在法国央行的会议上做了题为“全球失衡：与经济和金融稳定之间的联系”（*Global Imbalances: Links to Economic and Financial Stability*）的演讲②，再次阐述了自己的观点，并把过去十几年全球资本流动失衡的影响与 20 世纪 30 年代初贸易盈余国美国和法国冲销黄金流入、导致全球通货紧缩相比较，提出美国和其他国家都应该对 2008 年危机负责；并要求拥有较高贸易盈余的国家允许本国货币升值，以阻止另一场全球金融危机，同时呼吁拥有持续贸易赤字的国家削减预算赤字。

限于篇幅，这里只概括了伯南克对本次危机根源的看法。伯南克对本次危机中各种影响因素和各个传导机制的具体分析可以参见美联储网站上他历次演讲和证词的全文。

伯南克关于危机根源的观点似乎得到了中国政府的认同和配合。从 2009 年以来，中国政府采取措施扩大进口、平衡国际收支、允许人民币对美元逐步缓慢升值的同时提高人民币/美元汇率弹性。更重要的是，中国政府深刻地意识到转变经济发展方式、调整经济结构的重要性，而刺激国内消费、降低储蓄率正是转变经济发展方式的重要一环。不过，正如全球经济失衡不是新兴市场国家政府随便选择的一样，全球经济再平衡也不是新兴市场国家可以轻易做到的。失衡本质上与发达国家、发展中国家所处的发展阶

① 演讲全文见：http://www.federalreserve.gov/newsevents/speech/bernanke20091019a.htm
② 演讲全文见：http://www.federalreserve.gov/newsevents/speech/bernanke20110218a.htm

段、发展模式有关，或许是发展中国家赶超过程中必然出现的现象。再平衡则需要各国密切协调，绝非一朝一夕所能完成。

伯南克为应对危机采取的政策

伯南克在2006年初就任美联储主席时，并未料到会爆发大规模的金融危机和经济危机。在2006年，虽然一些次级贷款已经开始出现拖欠和违约，房价泡沫破裂已经初露端倪，但美国经济基础尚比较稳固，监管机构似乎有足够的理由保持乐观情绪。直到2007年3月28日，伯南克在美国国会联合经济委员会（Joint Economic Committee，U. S. Congress）作证时①，还认为虽然次级贷款市场越来越震荡，房价已在下跌，但是“迄今为止，房地产市场和一些制造业行业存在的问题似乎不会对经济的其他部门产生任何严重的溢出效应”。在此前后，格林斯潘和美国财政部长保尔森（Henry Paulson）也持类似的观点。不过不久之后，伯南克就发现自己错了，他毕生研究的金融危机活生生地呈现在面前，并且是大萧条以来最为严重的危机，他的毕生所学恰好可以用来挽救美国经济，他自己也恰好是最恰当的人选。

那么伯南克是如何应对这次危机的呢？2012年3月下旬，伯南克在华盛顿大学（George Washington University）商学院的公开课②上，对美联储为应对本次危机所采取的措施作了全面的讲解，并与大萧条时期美联储的政策作了对比。概述如下：

伯南克指出，央行的两大重要天职是维护金融稳定和经济稳定。央行的政策工具分为两类。第一类是最终贷款人功能，在金融危机爆发时，央行应该遵照Bagehot规则（Bagehot's rule），公开承诺将向严重缺乏流动性的金融机构提供流动性，并迅速实施，帮助它们渡过难关，借以稳定金融市场和金融体系，保证信贷市场的正常运转。第二类是货币政策工具，在稳定金融市场的同时，央行应该扩张货币，制造通货膨胀，避免物价、就业和产出的下

① 证词全文见：http：//www. federalreserve. gov/newsevents/testimony/bernanke20070328a. htm
② 课程视频见：http：//v. 163. com/special/opencourse/chairmanbernankes. html

降，这样可以稳定经济。早在 2002 年 11 月 21 日，伯南克在全国经济学家俱乐部（National Economists Club）的一次讲话中[①]曾经引用米尔顿·弗里德曼（Milton Friedman）的话指出，为了遏制通货紧缩，可以“坐直升飞机从空中撒钱”。这正是危机时扩张货币的形象说法。

伯南克指出，在大萧条时期，美联储没能利用好这两类政策工具。首先，它没有当好最终贷款人，没有迅速地向极其缺乏流动性的银行提供贷款，而是听任银行垂死挣扎，致使银行倒闭风潮席卷全国。其次，它不仅没有扩张货币，反而紧缩了货币——在 1928—1929 年紧缩货币是为了遏制股市投机，在 1931 年紧缩货币是为了避免国际投机性资本攻击美元破坏金本位制（为此提高了利率），在 1932 年则坐视失业增长、物价下跌而无动于衷，最终导致美国经济深深地陷入通货紧缩的泥潭（见本书第 4 章）。一直到 1933 年新任总统罗斯福宣布放弃金本位制、令美元贬值，美国货币供给才得以扩张。

伯南克认为这两个教训是惨痛的。为此在本次金融、经济危机中，他竭力避免犯同样的错误。他真的开始坐着直升飞机往下撒钱了。从 2007 年以来，美联储采取的政策主要有：

首先，最大限度地发挥最终贷款人的职能，积极地向金融市场和金融体系注入大量资金，使金融机构获得充足的流动性，消除金融恐慌，避免挤兑引致的倒闭，帮助金融机构渡过危机。按照 Bagehot 规则，央行最终贷款人职能应该覆盖整个金融体系。因此美联储不仅向商业银行贷款，还根据《联邦储备法案》（*Federal Reserve Act*）第 13 条第 3 款[②]向证券公司（broker-dealers）、货币市场基金、商业票据借款人（commercial paper borrowers）、资产支持证券市场等金融机构贷款。具体注资手段包括：

（1）降低再贴现率。2007 年 8 月 17 日，美联储将再贴现率从 6.25% 降

---

① 演讲全文见：http://www.federalreserve.gov/BOARDDOCS/SPEECHES/2002/20021121/default.htm

② 该款规定，在非正常和紧急的情况下，美联储可以向银行之外的其他类型的实体提供贷款。这一条款从 20 世纪 30 年代之后就没有被使用过。在本次金融危机中，美联储利用该条款赋予自己的权利向各类非银行金融机构提供了贷款。

到5.75%。到2008年3月16日，再贴现率已经降低到了3.25%，并将贴现窗口贷款期限由30天延长至90天。

（2）建立短期贷款拍卖机制（Term Auction Facility，TAF）。这是美联储在2007年12月14日新创造的一种与公开市场操作、贴现率和存款准备金率并列的政策工具。需要资金的金融机构用抵押贷款证券作抵押，通过竞标从美联储获得贷款。该机制使商业银行多了一条从中央银行获得短期贷款的途径，美联储希望这一机制能降低商业银行同业拆借利率、刺激商业银行向个人和企业放贷。从2007年12月到2008年6月底，美联储进行了12次贷款拍卖活动，向商业银行注入了5 100亿美元资金。

（3）针对特定金融机构创设融资工具。2008年3月11日，美联储创设了定期证券借贷工具（Term Securities Lending Facility，TSLF），投资银行等一级证券交易商可以据此获得贷款（贷款期限通常是28天），贷款额度可高达2 000亿美元。金融机构还可以用证券作为抵押，从美联储换得美国国债，然后出售国债，获得现金，避免陷入流动性困境。美联储开发的类似机制还有资产支持商业票据货币市场共同基金流动性工具（The Asset-Backed Commercial Paper Money Market Mutual Fund Liquidity Facility）、商业票据融资工具（Commercial Paper Funding Facility）和一级交易商信贷工具（Primary Dealer Credit Facility）。随着金融市场逐渐稳定，2010年1月28日，美联储公开市场委员会宣布于2月1日关闭这四项融资工具。

（4）签署并延长互换货币协议（Reciprocal Currency Arrangement）。从2008年开始，美联储与瑞士、加拿大、英国、日本、丹麦、瑞典、澳大利亚、挪威和欧洲央行签订了临时性互换货币协议，相互提供流动性支持，确保金融机构能够获得所需要的货币。2008年9月29日，这些协议的额度从2 900亿美元提高到6 200亿美元，到期日是2009年4月30日，后来又一再延期。2010年2月，互换协议中断。2010年5月，主权债务危机开始席卷欧洲，各央行重启互换货币协议。2011年11月30日，美联储、欧洲央行、英国央行、日本央行、加拿大央行和瑞士央行宣布联合行动，向市场提供流动性，缓解金融市场资金紧张状况，并将互换协议延长到2013年2月1日。

2012年12月13日，美联储宣布延长与欧洲央行、加拿大央行、英国央行和瑞士央行之间的临时性美元互换协议，将其到期日从2013年2月1日延长至2014年2月1日。日本央行则将在下一次政策会议上考虑是否延长货币互换协议。

（5）加强与外国央行间的协调。2008年10月10日，七国集团在华盛顿举行会议，会议基于美联储的提议发表声明，宣布将联手向金融机构提供流动性、阻止系统重要性金融机构倒闭、重建存款人和投资者对金融机构的信心、确保信贷市场正常运转。会后各央行先后宣布了自己的具体注资措施。

（6）与私营机构合作避免金融恐慌。为了稳定金融市场，美联储和美国财政部还与重要的私营机构合作。例如2008年3月14日，为了避免贝尔斯登公司（Bear Stearns）破产引发金融恐慌，美联储通过摩根大通公司（JP Morgan Chase）向贝尔斯登提供应急资金，以缓解该公司的流动性短缺危机，随后授意摩根大通收购了贝尔斯登。2008年9月16日，美联储授权纽约联邦储备银行向濒临破产的美国国际集团（AIG）提供了850亿美元紧急抵押贷款，以免其倒闭打击金融市场。美联储还曾经尽力挽救雷曼兄弟（Lehman Brothers）、房利美和房地美等金融机构。

总之，从2007—2009年，美联储充分地发挥了最终贷款人的功能，最大限度地稳定了美国金融市场，确保经济体的血液循环系统——信贷市场——能够正常运转，为避免经济的彻底崩溃和长期萧条创造了条件。

其次，在稳定金融市场的同时，美联储以史无前例的力度大举扩张货币，力图将经济“拉回常态”。具体包括：

（1）降低联邦基金利率。2007年8月，公开市场委员会（FOMC）开始降低联邦基金利率，到2008年春，从5.25%降到了2%，意图借此压低长期利率，刺激消费和投资。随着危机越来越严重，公开市场委员会继续降息，到2008年12月已经降到了0～0.25%。目前公开市场委员会承诺将保持这一超低利率到2015年年中。

（2）大规模资产购买（Large-Scale Asset Purchases，LSAPs）。到2008

年底，联邦基金利率已经降到不能再低了，传统的货币政策已经用到了极致，但是经济尚未复苏，因此伯南克转向了非传统的货币政策——大规模资产购买，媒体一般称之为“量化宽松”（Quantitative Easing，QE）。其原理是：美联储通过大量购买美国长期国债、政府支持企业（Government-Sponsored Enterprise，GSE）发行的抵押贷款支持证券（MBS）和机构债，借以推高债券价格、压低长期收益率、刺激企业申请贷款进行长期投资、支撑房地产市场的复苏。截止到 2012 年 12 月，美联储已经采取了四次 QE，还采取了一次扭曲操作（Operation Twist，OT，见下）。

（1）第一次 QE：2008 年 11 月 25 日，美联储公开市场委员会宣布，从 2008 年底开始，将购买政府支持机构房利美、房地美、联邦住房贷款银行与房地产有关的直接债务，购买由两房、联邦政府国民抵押贷款协会（Ginnie Mae）所担保的 MBS。购买 MBS 的额度是 5 000 亿美元，GSE 机构债的额度是 1 000 亿美元。2009 年 3 月 18 日，美联储将对 MBS 的购买额增至 1.25 万亿美元，对 GSE 机构债的购买额增至 2 000 亿美元。此外，为帮助改善私人信用市场环境，委员会决定今后 6 个月内购买 3 000 亿美元长期美国国债。这被称为第一次量化宽松（QE1）。QE1 于 2010 年 3 月结束，最终一共购买了 1.25 万亿美元 MBS，3 000 亿美元长期国债和 1 750 亿美元 GSE 机构债。QE1 向金融机构注入了大量资金，有效地稳定了金融市场，压低了长期利率，刺激了投资、消费和 GDP 增长。美国 GDP 环比从 2009 年三季度开始步入正增长。因此 2010 年 9 月 20 日，美国国民经济研究局（National Bureau of Economic Research，NBER）判定美国这轮经济衰退（recession）的开始时间是 2007 年 12 月，结束时间是 2009 年 6 月。虽然 GDP 步入了正增长，但是到 2010 年 3 月 QE1 结束时，失业率还高达 9.8%，这被称为“无就业的复苏”。QE1 结束后的几个月里，美国投资、消费和 GDP 增速又有所回落。

（2）第二次 QE：为了继续刺激经济，2010 年 11 月 3 日，美联储公开市场委员会宣布从 11 月开始，将每月购买 750 亿美元长期国债，上限是 6 000亿美元，一直到 2011 年 6 月为止。这被称为 QE2。QE2 再次刺激了投资、消费和经济增速的反弹，但是对提升通货膨胀率、压低失业率效果有限，因此美国学术界、政界，甚至美联储内部都一度对进一步实施 QE 的必要性产生了怀疑。

（3）扭曲操作：2011 年 9 月 22 日，美联储公开市场委员会宣布将在 2012 年 6 月底之前买入 4 000 亿美元（每月大约 450 亿美元）、剩余到期时间在 6 ~ 30 年的美国国债，同时出售等量的、剩余到期时间在 3 年或 3 年以下的美国国债，以便压低长期利率（即使利率期限结构发生“扭曲”，这正是“扭曲操作”名字的由来）。与 QE 不同的是，扭曲操作不扩大美联储资产负债表的规模，也不扩张货币供给量。2012 年 6 月 21 日，公开市场委员会宣布将扭曲操作延长至 2012 年底，额度增加 2 670 亿美元，仍旧是大约每月 450 亿美元。

（4）第三次 QE：为了支持房地产市场复苏，2012 年 9 月 13 日，美联储公开市场委员会宣布将以每月 400 亿美元的速度购买 MBS。这被称为 QE3。QE3 是没有上限的。伯南克在 9 月 13 日的新闻发布会上称：“如果我们看不到显著的进步，我们仍会持续这样操作直到经济上涨为止”，“即使失业率出现下降，联储也不会急于收紧政策。”同时美联储将继续执行扭曲操作到 2012 年底。这样在 2012 年底之前，美联储每月将增加持有 850 亿美元的长期债券。

（5）第四次 QE：由于扭曲操作将于 2012 年 12 月到期，而美国目前失业率还较高（2012 年 11 月失业率为 7.7%），白宫和国会在“财政悬崖”（Fiscal Cliff）问题上迟迟达不成一致。为了对冲“财政悬崖”的负面影响，并进一步刺激经济，2012 年 12 月 12 日，美联储公开市场委员会宣布，在扭曲操作到期之后，将继续购买美国长期国债，初步确定每个月购买 450 亿美元。这被称为 QE4。这样，2012 年 12 月之后，QE3 和 QE4 将同时进行，即每月共购买 850 美元的长期债券。

从 2012 年下半年的经济数据来看，美联储的上述政策已经取得了良好的效果，家庭资产负债表得到了较好的修复，房地产市场开始复苏，GDP 也保持了温和的增长。失业率从 2009 年的 9.5% 以上降到了 2012 年 11 月的

7.7%，算是“有就业的复苏”了。与欧洲相比，美国已经基本上走出了危机的泥潭，逐渐走上正常的增长轨道。在这个过程中，虽然美联储的资产负债表从2008年9月3日的9 067.38亿美元扩张到了2012年12月12日的29 187.88亿美元，但也从持有债券上赚取了不少利润。从2009年到2012年春，美联储向财政部转交的利润高达2 000亿美元，这些利润填补了财政赤字。

致力于货币政策透明化

伯南克除了从危机中挽救美国经济外，还致力于推动货币政策的透明化。伯南克的前任格林斯潘以言辞模糊、让人捉摸不透著称，伯南克则不然。他认为中央银行与金融市场参与者进行清晰的交流，能够使投资者更好地理解央行的政策目标，更好地预期央行未来的政策行动，从而使货币政策更加有效。为此他采取的措施主要有：

首先，在每次公开市场委员会议息会议（一年四次）后举行一次记者招待会，回答关于货币政策决策的问题。

其次，美联储向投资者提供关于自己将如何调整联邦基金利率的信息，以便投资者更好地理解美联储的观点和计划。

再次，设定通货膨胀目标。2012年1月25日，美联储公开市场委员会宣布将美国长期通货膨胀率目标设定为2%，所用的指标是核心个人消费支出（Personal Consumption Expenditures，PCE）价格指数。[①]

最后，设定失业率目标。2012年12月12日，公开市场委员会宣布，将在失业率高于6.5%、通胀率在未来一两年时间里较公开市场委员会的2%长期目标高出不超过0.5%，以及长期通胀预期十分稳定的条件下，继续把联邦基金利率维持在当前极低的水平（0～0.25%）。这实际上设定了失业率目标。这样，美联储就把自己肩负的双重使命（最大程度地创造就

---

① 对通货膨胀目标制感兴趣的读者可以参考（美）本·S. 伯南克等：《通货膨胀目标制：国际经验》，孙刚、钱泳、王宇译，大连，东北财经大学出版社，2006。

业、维持物价稳定）都量化了，相当于公布了未来的政策路径，有助于市场主体形成稳定的预期，使它们敢于进行长期投资。公开市场委员会同时预测2015年之前失业率都不会低于6.5%，通货膨胀率都不会高于2.5%，因此公开市场委员会预期将继续把当前超低的联邦基金利率水平维持到2015年年中。

是救世主还是恶棍？

如前所述，2007—2009年，伯南克以史无前例的规模向金融机构提供流动性，稳定了美国金融市场；2008年11月之后又接二连三地推出规模空前的资产购买计划，稳定了宏观经济。至少到目前看来，伯南克是真正的救世主，他挽狂澜于既倒，扶大厦于将倾，挽救了美国经济。目前他对美国经济的影响无人能及。

但是，从2007年以来，伯南克的每一项政策都招致了强烈的攻击。2012年3月，Roger Lowenstein在《大西洋杂志》（*Atlantic Magazine*）4月号上发表的长篇文章《恶棍伯南克》（The Villain）[①]汇集了各方对伯南克的所有批评和攻击。“左派恨他，右派更加恨他。”当他“坐着直升飞机”向华尔街的金融机构“撒钱”时，公众们对他恨之入骨，认为他和银行家们沆瀣一气，损害公众的利益；议员们在听证会上质问他为什么大笔一挥，就把成百上千亿美元贷给了私人金融机构；虽然他也是共和党党员，但共和党的政客们怀疑他极力扩张货币、稳定经济是为了帮助民主党候选人奥巴马赢得连任；共和党议员们威胁要对美联储的利率行动进行审计；2011年9月，当伯南克宣布将采取扭曲操作时，议院的共和党领袖公开要求他停止这一计划（伯南克拒绝了他们的要求）。2012年8月23日，共和党候选人罗姆尼（Willard Mitt Romney）更是公开宣布，如果自己当选，将会在2014年1月31日伯南克任期结束后任命别人担任美联储主席，让伯南克走人。

---

① 全文见：http://www.theatlantic.com/magazine/archive/2012/04/the-villain/308901/1/?single_page=true

攻击不仅来自公众和政界，还来自学术界。有的人指责他撒钱过多，有些人则指责他撒得太少。连当初被他招揽至普林斯顿大学的克鲁格曼都对他冷嘲热讽。2010 年 1 月 25 日，克鲁格曼在《纽约时报》（*New York Times*）撰文，一方面支持伯南克连任美联储主席，另一方面又对他在金融改革和失业问题上的政策进行批评，并指责伯南克和美联储过于自满。此后又多次指责伯南克被华尔街同化了，没有坚持自己的鸽派立场①，采取更为激进的政策刺激经济，甚至建议伯南克把通货膨胀目标提高到 4%。在《美国金融危机调查报告》中，也不乏对伯南克的讥讽和批评之词。

目前学术界对伯南克的质疑，主要集中在如下几个方面。（1）怀疑进一步量化宽松的必要性。一些学者认为，美联储之前投放的大量货币沉淀在金融机构，并没有流向企业和家庭，即信贷渠道被阻塞。因此简单地继续“撒钱”是不够的，必须设法疏通货币政策传导机制。（2）担心 LSAPs 投放的大量货币未来会给美国带来严重的通货膨胀，虽然目前长期预期通货膨胀率还只有 2% 上下。（3）目前美联储的资产负债表已经扩张到接近 3 万亿美元，2015 年可能扩张到 4 万亿美元以上。按照现在的计划，美联储将在 2015 年中期开始退出 LSAPs，这意味着它将在市场上大量抛售现在买入的债券，这会推高长期利率，打击美国经济的复苏。里士满（Richmond）联储主席 Jeffrey Lacker 在 2012 年 11 月 15 日指出②：“在退出货币刺激政策之际，美联储的资产负债表规模越大，则退出越难、越有风险。我认为应该保持现在的规模不变，不要再进一步宽松了。”（4）过去几年美联储几乎成了美国长期债券的唯一需求者。这意味着未来需要退出 LSAPs 时，对这些债券的需求不足，造成退出困难。

面对这些指责，伯南克保持着沉着、冷静、充满理性、谨慎和温和，他有时会为自己辩护，有时则对讥讽不屑一顾。他的处事方式下隐藏着坚强的意志。他坚持了自己的政策理念，并且引导了美联储同僚们的政策立场。

---

① 目前美联储的官员们分为“鸽派”和“鹰派”。“鸽派”是指那些赞同继续放松货币政策来刺激经济增长的人，“鹰派”是指那些希望紧缩货币政策来预防未来发生通货膨胀的人。

② 见 http://www.richmondfed.org/press_room/speeches/president_jeff_lacker/2012/lacker_speech_20121115.cfm?WT.si_n=Search&WT.si_x=3

2012 年 10 月，伯南克透露自己会在 2014 年 1 月 31 日任期结束后离开美联储，不谋求再次连任。但是市场普遍认为，即便伯南克退位，在未来几年内，美联储也会沿着他的政策理念前进，这一方面是因为伯南克力主货币政策透明化，留下了一系列政策规则，束缚住了未来主席的手脚；另一方面是因为目前美联储公开市场委员会的委员们大多认同伯南克的鸽派观点。

伯南克或许真的会在 2014 年退休，我们将很少再在媒体上看到这个留着花白络腮胡子、脑门锃亮、讲话语调平缓、逻辑清晰的老人。作为非常时期的非常之人，目前看来他还算好地完成了时势交给自己的任务。如果未来他的政策后遗症凸显，发生了严重的通货膨胀和资产泡沫，或者复苏受阻，则他难辞其咎，必将毁誉参半。如果未来没有发生这些问题，美国经济一直健康发展，则他将被视为一代伟人，经济学学者们崇拜的偶像和奋斗目标。但无论如何，有一点是可以肯定的：作为一个学者，他已经尽力了！

限于篇幅和水平，我们只介绍了伯南克的学术研究和货币政策实践的一部分。我们建议有志于研究经济周期问题的读者在阅读本书后，循着各章的参考文献作更深入的研究，并且与中国经济现实结合起来。

在重译过程中，我们本着严谨的精神，希望向读者呈现一个完美的译本。我们的导师、北京大学经济学院教师、全国政协常委兼国务院参事李庆云教授给予了亲切的帮助和指导。北京大学经济学院副教授赵留彦博士、复旦大学经济学院副教授张卫平博士、中国人民银行金融稳定局的李敏波博士等人阅读了部分稿件，并提出了一些修改建议，在此对他们一并表示衷心的感谢。最后特别感谢东北财经大学出版社李季博士的辛勤劳动和热心帮助。至于书中的不足，概由译者负责，并请读者发现不足之处后不吝赐教，以便我们能在未来修订时更正之。

宋芳秀　寇文红

2012 年 12 月 14 日

序

我的研究方向是宏观经济学而非经济史，然而在我的整个学术生涯中，我曾多次回眸，研究20世纪30年代那场风云变幻的经济倒退——现在称之为“大萧条”。有很多人对美国内战着迷，而我则认为自己是个“大萧条迷”，并且企盼有更多志同道合的人。在历史的长河中，大萧条是一段难以置信的插曲——股市崩盘、饥民遍地、乞求施舍、银行挤兑、疯狂的货币投机，笼罩在这一切之上的，是滚滚聚集的战争阴云。从那些竭尽全力、试图解决亘古未闻的难题的倒霉的政治家们，到那些在经济灾难中表现出英雄气概的普通百姓，各种引人瞩目的、悲壮的角色充满着那个时代。在我看来，并非每个时期都让人如此好奇。

我沉醉于研究大萧条，因为它是发生在现代史上一个关键时期的令人痴迷的事件，而且，从学术角度来说，我从大萧条中学到了很多关于经济运行的知识（有些人怀疑20世纪30年代的经济与今天21世纪信息时代的经济联系不多，建议他们去看看当前经济新闻的标题——失业率居高不下、银行破产倒闭、金融市场岌岌可危、货币危机甚至通货紧缩一触即发。这些问题在大萧条时期都出现过，而其经验教训，至今仍有教益）。

大萧条从根本上提高了我们对经济的认识，原因主要是：大萧条是一个（非常）重大的事件，影响了世界上大多数国家。其影响至深至远，那些有待解释的基本事实凸显无遗。的确，仅仅是两次世界大战之间经济的波动幅度，就足以说明一些对经济周期流行的解释（至少对大萧条的解释）——例如认为经济衰退是技术进步暂时放缓的结果——不足为信。并且，全球各国几乎都受到了大萧条的冲击，只是程度各异，因此为研究经济政策与制度之间的联系以及经济运行提供了绝好的素材。从国际比较中所受的教益里，一个引人注目的例子是 Barry Eichengreen 和 Jeffrey Sachs 等人所强调的：那些在大萧条早期就放弃金本位制的国家从大萧条中复苏得更快。事实已经证明，这个稳健的实证发现是透彻地理解大萧条本身以及货币政策和汇率体系的影响的关键。我在本书中将对此进行详细讨论。

本书收录了我（和不同作者）所写的九篇关于大萧条的宏观经济学论文。虽然它们的写作时间前后跨越了近 20 年，但在重读它们的时候，我很高兴地发现，它们对大萧条的成因和传播的观点是一致的。

第 1 章给出了一个发人深思的介绍和回顾。由于大萧条的主要特征是产出和价格的陡降，所以本章的假设就是：总需求的下降是大萧条爆发的决定因素。这就自然地引出了两个问题：第一，是什么引起了 20 年代末、30 年代初的全球总需求下滑（“总需求之谜”）？第二，为什么大萧条持续了那么长时间？尤其是，为什么经济中的“正常”稳定机制——例如工资和价格对需求变动做出调整——没能削弱总需求下滑造成的实际影响（“总供给之谜”）？

本书的两个主要部分给出了我对这些问题的回答。第 2 章到第 4 章详细指出：我认为现在有充分的证据表明，抑制总需求的主要因素是全球货币供给紧缩。而这一货币崩溃本身则是当时的国际货币体系（第一次世界大战后重建的金本位制）的技术缺陷和管理不善的恶果。基于这个结论，我非常赞同 Barry Eichengreen 所倡导的观点。而我对此的主要贡献则是提供了有助于支持并充实我们的观点的实证分析。

不过，我认为非货币性金融因素——例如银行业恐慌和企业倒闭——在堵塞正常的信贷流动并因而促使世界经济崩溃方面也起了重要作用。我 1983 年的论文（第 2 章）是比较早地探讨金融危机对宏观经济影响的论文之一。目前，金融危机和宏观经济之间的联系已经备受关注，这不仅是为了解释大萧条，而且在近来东亚等地危机①的背景下也是如此。第二部分的三

① 指 1997 年前后的东南亚金融危机及其引发的国际金融危机和经济危机——译者注。

篇文章对大萧条早期总需求崩溃的货币原因和金融原因都给出了实证分析。

第三部分（第5~9章）讨论了大萧条中的总供给问题，其中特别强调了劳动力市场的功能。这里的核心主题是：在20世纪30年代，名义工资对总需求下滑的调整惊人地缓慢而且不完全。雇主们很少削减工资，而是采用了其他调整方式——包括改变每周工作时数或劳工使用的集约程度①。立法机构也反对削减工资（和价格），例如通过制定一些措施来限制竞争。另一方面，正如在第7章中讨论的那样，我们不必假设工资调整非常缓慢就可以解释大萧条期间失业的持久性。这一时期，各国经济受到的不是一次而是一系列对总需求的大规模负向冲击，迫使各国经济远远偏离充分就业。在很多国家，这些冲击的规模和持久性足以超过工资和价格调整的稳定作用。当那些抑制总需求的力量消失后（例如通过汇率贬值或放弃金本位制），很多国家的产出和就业得到了迅速的恢复。

我要感谢跟我合著这些论文的同伴们，包括我的学生 Kevin Carey、Ilian Mihov 和 Martin Parkinson，我的同事 Harold James 和 James Powell。我还要特别感谢普林斯顿大学出版社的编辑 Peter Dougherty 的帮助，感谢那些最初刊登这些论文的刊物允许我在本书中再版。最后，我把本书献给我的妻子 Anna，感谢她对我坚定不移的支持。

伯南克

① “劳工使用的集约程度”（intensity of labor utilization）或译“劳动强度”——译者注。

目　　录

第一部分　综　述

第 1 章　大萧条的宏观经济学：一个比较分析/3
1.1　总需求：金本位制与全球货币供给/5
1.2　总供给：名义调整的失败/26
1.3　结　论/38
附录：数据来源/39
参考文献/40

第二部分　货币和金融市场

第 2 章　金融危机在大萧条传播过程中的非货币影响/47
2.1　金融崩溃：一些背景材料/50
2.2　危机对信贷中介成本（CCI）的影响/57
2.3　信贷市场与宏观经济表现/64
2.4　金融危机对宏观经济的短期冲击/65
2.5　金融危机的持久性/72
2.6　国际方面/75
2.7　结　论/76
参考文献/77

第3章　大萧条中的金本位制、通货紧缩和金融危机：一个国际比较/81

3.1　引　言/81

3.2　金本位制与通货紧缩/84

3.3　通货紧缩与萧条之间的联系/97

3.4　两次世界大战之间的银行业与金融危机/103

3.5　回归结果/111

3.6　结　论/119

参考文献/119

第4章　大萧条中的通货紧缩与货币收缩：一个简单的比率分析/123

4.1　产出、价格和货币的变动：总体评述/128

4.2　一种对价格和货币存量变动进行分解的方法/138

4.3　价格/货币比率的变动情况/143

4.4　货币存量的变动/150

4.5　结　论/173

附录：数据来源/173

参考文献/176

第三部分　劳动市场

第5章　行业劳动市场的周期性变化：战前与战后的比较/181

5.1　引　言/181

5.2　前人的工作：一些规律和谜团/183

5.3　数　据/188

5.4　一些基本的统计结果/190

5.5　频域分析/198

5.6　时域分析/208

5.7　四次大的经济衰退/219

5.8　结　论/221
附录：数据来源/223
参考文献/227
第6章　大萧条时期的就业、每周工作小时数和收入：对八个制造行业的分析/233
6.1　工人的供求和每周工作小时数：一个模型/237
6.2　实证应用/249
6.3　一个动态的劳动供给方程/267
6.4　结　论/272
附　录/273
参考文献/275
第7章　美国大萧条时期的失业、通货膨胀和工资：对欧洲的启示/279
7.1　两次世界大战之间就业的动态变化/280
7.2　浮动的、不加速通货膨胀的失业率/283
7.3　实际工资“刚性”/284
7.4　结　论/286
参考文献/287
第8章　顺周期的劳动生产率与各种经济周期理论：来自两次世界大战之间美国制造业部门的证据/289
8.1　导　言/289
8.2　对SRIRL的各种解释：一个一般框架/292
8.3　数　据/295
8.4　两次世界大战之间的SRIRL/297
8.5　技术冲击假说/300
8.6　真实报酬递增假说对劳工窖藏假说/304
8.7　结　论/309
参考文献/310

第 9 章　大萧条中的名义工资黏性与总供给/314

9.1　引　言/314

9.2　大萧条中的总供给：Eichengreen-Sachs 的证据/318

9.3　大萧条时代的总供给关系：新的估计/327

9.4　结　论/340

参考文献/342

第一部分

综　述

第 *1* 章

大萧条的宏观经济学：一个比较分析*

解释大萧条是宏观经济学的“圣杯”。大萧条不仅使宏观经济学成为一个独立的研究领域，而且还持续影响着宏观经学家们的信条、政策建议和研究进程（这一点常常没有被充分认识到）。抛开实用性不说，仅仅是对 20 世纪 30 年代全球范围的经济崩溃做出解释，就一直是个令人着迷的智力挑战。

虽然我们还根本没有碰到“圣杯”的边儿，但在过去大约 15 年里，人们对大萧条的理解已经有了实质性的进展。促成这一进展的原因很多，包括

---

* 经允许重印自《货币、信贷与银行期刊》（*Journal of Money, Credit, and Banking*），vol. 27，no. 1（1995 年 2 月），版权属于俄亥俄州立大学出版社。

作者感谢 Barry Eichengreen 的评论和 Ilian Mihov 的帮助。

我们理论框架的改进和极为细致的历史分析。然而在我看来，近来最重要的进展还是大萧条的研究重点的转变：从以前强调美国发生的事件，转向比较和分析同一时期多个国家的经历。研究重点的这种拓展至关重要，原因有二：第一，虽然我们最终可能同意 Romer（1993）的观点，即美国国内经济所遭受的冲击是美国和全球经济萧条的最初原因，但是如果不能解释大萧条席卷全球的机制和通货紧缩的跨国传导渠道，那么对大萧条的解释就不算完整。第二，这种向比较视角的转变把数据集从一个观测有效地扩展到了 20 个、30 个甚至更多，从严格的计量经济学意义上来说，这根本上提高了我们甄别全球萧条的根源的能力。这种甄别有可能使大家就大萧条的成因达成一致，也许还会使大家进而就当代宏观经济学的核心问题达成更大的共识，所以我认为，比较分析方法对这种甄别能力的提高是非常有益的。

本文将有选择地纵览我们目前对大萧条的理解，其中的重点内容是由比较研究得出的（既有我的也有别人的）。限于篇幅，还因为我是个宏观经济学家而非历史学家，所以我关注的是宽泛的经济问题而非历史细节。愿意深究细节的读者可以参阅 Eichengreen（1992），该书对两次大战之间的货币和经济史做了权威的论述。我在准备本章尤其是第 1.1 节时，从这本书及他更早的著作中获益匪浅。

为了回顾对大萧条的理解，我把本章的正文按影响总供给的因素和影响总需求的因素分开。我在第 1.1 节指出，至少粗略地说，20 世纪 30 年代抑制全球总需求的因素并没有被很好地理解。具体来说，有一些令人信服的证据表明，货币冲击在大收缩（the Great Contraction）① 中起了重要作用，并

① 美国货币主义学派宗师 Milton Friedman 和 Anna Schwartz 把"大萧条"（the Great Depression）称为"大收缩"（the Great Contraction）。他们的不朽著作《美国货币史（1867–1960）》（*A Monetary History of the United States, 1867–1960*）第 7 章的标题就是"*The Great Contraction, 1929–33*"。1965 年他们将此部分单独成册出版，书名也是"*The Great Contraction, 1929–33*"。这么称呼是因为他们认为是美联储错误地大幅收缩国内货币供给拉长了大萧条，否则大萧条在 1931 年就已经结束了。国内巴曙松等在翻译《美国货币史（1867–1960）》时将"the Great Contraction"翻译为"大萧条"。本书作者伯南克（Ben S. Bernanke）在提到 Friedman 等货币主义者的观点时，经常按 Friedman 的习惯使用"monetary contraction"来表示货币紧缩。在翻译本书时，只要语境允许，我们就将"contraction"译为"收缩"，把"monetary contraction"一律译为"货币收缩"，以体现伯南克的本意。本注释参考了：（1） Friedman, Milton, and Anna J. Schwartz. *A Monetary History of the United States, 1867–1960*. Princeton: Princeton University Press, 1963；（2）［美］米尔顿·弗里德曼，安娜·J. 施瓦茨著，巴曙松，王劲松等译，《美国货币史（1867–1960）》，北京：北京大学出版社，2009，p. 209——译者注。

且这些冲击主要通过金本位制的运行传递到全世界。

当然，如果认为货币冲击是大萧条的重要根源，就会引出宏观经济学的一个核心问题：为什么名义冲击会产生实际影响？本章第 1.2 节讨论两次大战之间货币供给和价格水平的下降对经济的影响。我考虑了两个主要的影响渠道：（1）通货紧缩引致的金融危机；（2）名义工资对价格变动的调整不充分，造成实际工资高于能使市场出清的工资水平。许多国家的实证证据都支持这两个传导机制。然而，在这两个渠道中，（在存在大量失业的时候）名义工资调整缓慢尤其不符合经济理性的假设。除非我们能对工资的这种奇怪变动做出合理解释，否则就不能说我们已经理解了大萧条。在本章最后，我就如何借助比较分析方法来解决这个重要的遗留问题提出了一些设想。

1.1 总需求：金本位制与全球货币供给

在大萧条期间，几乎每个国家的产出和价格水平的变动都表现出高度的正相关，这意味着总需求冲击发挥了重要作用。虽然在不同国家不同时期无疑都有很多因素影响总需求，但在这里，我关注的是货币冲击所起的关键作用。

多年以来，关于美国大萧条成因的讨论主要集中在货币因素起了多大的作用。不难发现，在经济收缩阶段，货币供给、产出和价格都急剧下降，在经济复苏阶段则迅速上升。但问题是这些变量之间的因果关系难以确定。在对美国货币史的经典研究中，Friedman and Schwartz（1963）对这些现象做出了一个货币主义者的解释，指出因果关系的主线是从货币收缩（monetary contraction）到价格下降、产出下跌，其中货币收缩是当局决策不当和银行体系持续存在危机的结果。与 Friedman and Schwartz（1963）相反，Temin（1976）认为大部分货币收缩实际上反映了货币对产出的被动反应，大萧条的主要根源来自实体经济方面（例如 1930 年那次著名的消费自发性下降）。

以上两种观点的支持者一直争论不休。货币主义者强调货币因素在大收缩后期（从 1930 年底或 1931 年初到 1933 年）的重要作用，反货币主义者

(antimonetarist) 则强调非货币因素在最初的低迷时期的重要性。现在被很多经济学家认可的是一种折衷的立场，即货币因素和非货币因素在不同阶段都起了作用 (Gordon and Wilcox, 1981)。然而，从使用的数据来看，争论者们似乎过于关注美国的情况①，这妨碍了他们就大萧条中货币的重要性得出一个结论性的论断。

不过，从80年代早期以来，出现了一种研究大萧条的新方法，它关注的焦点是两次大战之间国际金本位制度的运行 (Choudhri and Kochin, 1980; Eichengreen, 1984; Eichengreen and Sachs, 1985; Hamilton, 1988; Temin, 1989; Bernanke and James, 1991②; Eichengreen, 1992)。从方法论上看，关注国际因素的一个自然结果是，在这个领域辛勤耕耘的学者们带着一种强烈的比较眼光来研究大萧条。我在开头已经指出，这种发展是个重大贡献，它的应用已经不限于研究金本位制的作用。本质上说，与70年代后期众说纷纭缺乏定论的情况不同，对金本位制的最新研究使我们敢于信心十足地断言：无论在全球价格和货币的下跌阶段，还是在最后的复苏阶段，货币因素都是重要的原因。有两个被完好记录的现象支持这一结论③。

第一，对两次大战之间的金本位制运行情况的透彻分析表明，30年代早期全球范围的货币收缩大部分不是对产出下滑的被动反应，而是设计糟糕的制度、短视的政策决策、不利的政治经济条件相互作用导致的意外结果。因此，最合理的解释是：在几乎每个国家观察到的货币和价格下降与产出下滑之间的相关关系，主要反映了货币对实体经济的影响，而不是相反。

第二，因为一些主要是历史的、政治的、哲学的、而不纯粹是经济的原因，在30年代早期的危机中，一些国家的反应是迅速放弃金本位制，而另一些国家则选择不惜代价地固守金本位制。放弃金本位制的国家可以增加货币供给并提高价格水平，并且在短暂的迟疑后，它们也确实这么做了；坚持

① 说双方都只考虑了美国的情形，并不完全正确。例如 Friedman and Schwartz (1963) 和 Temin (1976) 都把美国与加拿大作了比较。但是除了美国之外，其他国家大萧条期间的经历都没有被系统地研究过。

② 这篇论文即本书第3章，下文还将多次引用该文的内容——译者注。

③ 关于这些方面的更详细讨论可以参见 Eichengreen and Sachs (1985)、Temin (1989)、Bernanke and James (1991)、Eichengreen (1992)。还有一位重要的先驱是 Nurkse (1944)。

金本位制的国家则被迫陷入更严重的通货紧缩。有非常充分的证据表明，那些放弃了金本位制的国家比坚持金本位制的国家从大萧条中复苏得更快。事实上，没有一个国家在坚持金本位制的时候表现出明显的复苏。复苏速度对汇率制度选择的高度依赖，进一步有力地证明了货币因素的重要性。

第 1. 1. 1 节将简要地讨论上述第一个现象，第 1. 1. 2 节则讨论第二个。

1. 1. 1　货币收缩的根源：多重货币均衡？

尽管以前货币主义者讨论的焦点是 30 年代初期美国的货币收缩，但这并非是美国特有的现象。同样的现象也发生在大多数市场导向的工业化国家和许多发展中国家。正如近来的研究强调的：发生货币收缩的大多数国家的共同之处是它们坚持金本位制。

第一次世界大战爆发时，各国中止了金本位制，战后又努力重建了这一制度：英国于 1925 年恢复金本位制，采用战前平价；法国于 1928 年回归金本位制；到 1929 年，金本位制已经在各市场经济国家得到普及（只有少数国家没有采用，其中西班牙国内政局动荡阻碍了金本位制的重建，一些拉美和亚洲国家实行银本位制）。重建金本位制被赞扬成一项重要的外交成就，是把 20 年代混乱的货币金融体系恢复到古典金本位制时期（1870—1913）相对平稳状态的重要一步。不幸的是，金本位制并没有带来预期的好处——它没有带来新的稳定，到 1931 年，金融恐慌和汇率危机肆虐不已，大多数国家于该年放弃了金本位制。1936 年，法国和残存的“金本位集团”（Gold Bloc）① 的其他成员国要么贬值，要么放弃严格的金本位制，于是金本位制彻底土崩瓦解了。

上文指出，两次大战之间短命的金本位制的一个特点是：坚持金本位制的国家的内在货币②存量会急剧下降。为了从总体上理解为什么会这样，可

---

①　一般把“Gold Bloc”译为“黄金集团”。这种纯粹的直译掩盖了这个术语的含义，相比之下“金本位集团”或“金本位国家集团”则更为合适——译者注。

②　在本书中，内在货币（inside money）指货币供给量，外在货币（outside money）指基础货币，见第 4 章第 4. 2 节对“货币乘数 $M_{it}/BASE_{it}$”的说明。其他含义可参见：（1）《新帕尔格雷夫经济学大辞典》第二版词条“*Inside and Outside Money*”。（2）［美］约翰·G. 格利和爱德华·S. 肖著，贝多广译，《金融理论中的货币》，上海，上海三联出版社，2006，第 3 章——译者注。

以考察下面的简单恒等式，它把金本位制下一国的内在货币存量（例如M1）与其货币性黄金储备联系在一起：

$$M1 = (M1/BASE) \times (BASE/RES) \times (RES/GOLD) \times PGOLD \times QGOLD \quad (1.1)$$

其中：

M1 = M1 货币供给（流通中的货币和银行券加商业银行存款）；

BASE = 货币基础（流通中的货币和银行券加商业银行准备金）；

RES = 中央银行的国际储备（国外资产加黄金储备），以本币计值；

GOLD = 中央银行的黄金储备，以本币计值 = *PGOLD* × *QGOLD*；

PGOLD = 黄金的官方本币价格；

QGOLD = 黄金储备的物理数量（例如以公吨计量）。

方程（1.1）指出了我们熟悉的一点：在金本位制下，一国的货币供给既受其黄金储备的物理数量 *QGOLD* 的影响，也受中央银行买卖黄金的价格 *PGOLD* 的影响。尤其是在其他条件不变时，黄金流入（即 *QGOLD* 上升）或本币贬值（即 *PGOLD* 上升）都会提高货币供给。不过，方程（1.1）还揭示了金本位制下内在货币供给的另外三个决定因素：

（1）“货币乘数” M1/*BASE*。在部分准备金银行体系里，货币总供给（包括银行存款）大于货币基础。教科书式的分析告诉我们，所谓的货币乘数 M1/*BASE*，是公众的选择决定的通货/存款比率（currency-deposit ratio）和商业银行的选择决定的准备金/存款比率①的减函数。30 年代初，在银行业不够发达的国家或人们在交易中偏好通货的国家，M1/*BASE* 相对较低（比 1 大不了多少）。相反，在金融业高度发达的美国，1929 年这个乘数接近 4。

（2）黄金支持率的倒数*BASE*/*RES*。由于中央银行通常既可以持有国内资产，也可以持有国际储备，所以，黄金支持率的倒数 *BASE*/*RES*（或称为覆盖率）大于 1。立法机构通常会立法设定一个最小黄金支持率（例如规定

① “银行准备金/存款比率”就是通常所说的“存款准备金率”。在现代，法定存款准备金率是中央银行决定的，不是商业银行自己选择的。但是超额存款准备金率是商业银行自己选择的——译者注。

美联储的黄金支持率最小为40%），这意味着 *BASE/RES* 有一个最大值（例如在美国就是2.5）。但是立法机构通常不会规定 *BASE/RES* 的最小值，这种不对称非常重要。尤其是当盈余国把流入的黄金冲销掉时，*BASE/RES* 的平均值就会下降[①]。

（3）国际储备与黄金储备之比*RES/GOLD*。在两次世界大战之间的金汇兑本位制（gold exchange standard）下，可以兑换成黄金的外汇也一比一地与黄金一起算作国际储备[②]。因此，除了几个“储备货币”发行国以外，*RES/GOLD* 比率通常也大于1。

因为内在货币/基础货币比率 M1/*BASE*、基础货币/储备比率 *BASE/RES* 和国际储备/货币性黄金比率 *RES/GOLD* 通常都大于1，所以金本位制国家的货币供给根本不像有些人天真地认为的那样等于货币性黄金的价值，而常常是黄金储备价值的好几倍。在整个30年代，货币性黄金的总存量持续增长，因而我们观察到的内在货币供给的急剧下降，一定完全是因为平均的货币/黄金比率[③]的下降造成的。

为什么全世界的货币/黄金比率会下降呢？在大萧条早期，即1931年前，一些主要的中央银行有意识地选择的政策起了主要作用（见 Hamilton，1987）。例如现在大家普遍认为，在1928年，美联储为了抑制股票市场上的投机，转向了紧缩政策。就方程（1.1）中定义的那些量来看，美国的基础货币与国际储备之比 *BASE/RES* 从1928年6月的1.871下降到1929年6月的1.759和1930年6月的1.626，反映了联储在有意识地收紧货币、冲销所

---

① 如果各国完全遵守金本位制的游戏规则，则应听任黄金自由流出流入本国。贸易逆差国黄金流出导致其货币供给下降，物价下跌，有利于出口；黄金流入贸易顺差国导致其货币供给上升，物价上涨，打击出口。最终贸易顺差国和逆差国都实现贸易均衡。这就是“价格-铸币流动机制”（price-specie flow mechanism），它是金本位制内在稳定的前提。但是，如果黄金流入盈余国后，该国出于某种担忧（例如担忧未来会发生通货膨胀）而没有相应地增加货币供给，而是通过某种途径（例如公开市场操作）维持货币供给不变，把黄金作为国际储备持有，就会导致国际储备增加，*BASE/RES* 下降，同时还破坏了价格-铸币流动机制——译者注。

② 金汇兑本位制度是1922年热那亚会议（the Genoa Conference of 1922）的参与者为了回避货币性黄金的短缺而提出来的。尽管热那亚会议的提议没有被正式采纳，但在重建金本位制之后，对外汇储备的依赖比战前显著提高。

③ 作者没有给出“货币/黄金比率”（money-gold ratio）的表达式，不过根据上下文可知这一比率是 M1/*GOLD*，从而 M1 =（M1/*GOLD*）*GOLD*。这句话的意思是：在整个30年代，货币性黄金总存量 *GOLD* 持续增长，而 M1 却急剧下降，这一定是 M1/*GOLD* 的下降导致的——译者注。

引致的黄金流入[①]。由于这一下降，尽管从 1928 年 6 月到 1930 年 6 月，美国的黄金储备上升了 10% 以上，但同期基础货币还是下降了约 6% 。黄金流入美国就像庞加莱稳定（Poincaré Stabilization）[②] 之后黄金大量流入法国一样，吸干了其他金本位制国家的黄金储备，迫使它们采取紧缩货币的政策。[③]

但在 1931 年及以后，这种全球范围内的货币/黄金比率的大幅下降，就不再是任何刻意选择的政策造成的了。造成下降的直接原因是 1931 年 5 月奥地利最大的银行——信贷银行（Kreditanstalt）倒闭之后出现的银行恐慌和汇率危机风潮。这种局势影响了货币/黄金比率的各个组成部分[④]：首先，银行恐慌导致总的通货/存款比率和银行准备金/存款比率上升，从而导致货币乘数 M1/*BASE* 大幅下降（Friedman and Schwarz，1963；Bernanke and James，1991）。其次，汇率危机和随之而来的对货币贬值的担忧，导致中央银行把外汇储备兑换成黄金，此举降低了总国际储备与黄金的比率 *RES/GOLD*。最后，在危机的带动下，中央银行试图增加黄金储备，提高覆盖率，以对抗本国货币未来可能受到的攻击，这场“黄金争夺战”导致很多国家的 *BASE/RES* 比率持续下降。[⑤]

在这个过程中，一个特别不利于稳定的方面是对银行稳健性的担忧和对

---

① 这一段话中美国货币的数据来自 Friedman and Schwartz（1963）。Sumner（1991）建议使用覆盖率作为衡量金本位制下货币政策态势的指标。

② 指 1926—1928 年间，法国总理雷蒙·庞加莱（Raymond Poincaré，1860. 08. 20—1934. 10. 15）推行的稳定法国经济和法郎汇率的政策。庞加莱是著名政治家、经济学家、法兰西科学院院士，保守主义者和顽固的民族主义者。1913—1920 年任法兰西第三共和国总统，曾五次出任法国总理（1912. 01. 14—1913. 01. 21，1922. 01. 15—1924. 03. 29，1924. 03. 29—1924. 06. 09，1926. 07. 23—1928. 11. 11，1928. 11. 11—1929. 07. 29），1929 年因病辞职。

1924 年年初，法郎汇率已经从战前的 1 法郎兑 19. 3 美分降到 3 美分多一点。在 1924 年 5 月的大选后建立的“左翼联盟”内阁无力解决财政难题，于 1925 年 4 月垮台，法郎立即贬值。到 1926 年，1 法郎仅兑 2 美分。1926 年 7 月，庞加莱应邀组阁，他采取了极端的紧缩政策，紧缩开支，增加岁入，平衡预算，并重建法郎与黄金互换的制度，方法是在与购买力和工资同等价值的基础上，计算出法郎的汇率，然后按这一汇率引入稳定的、可与黄金兑换的“庞加莱法郎”。由于选择了正确的汇率，法国退回到金本位制的举动没有像英国那样引起通货紧缩和工资降低。到 1926 年年底，法郎汇率达到 1 法郎兑 4 美分并稳定下来。法郎的贬值吸引了许多旅游者，促进了商品出口，法国经济迎来了全面的繁荣。1929 年夏，庞加莱辞职，恰好避开了大萧条，大萧条将破坏他建立的不甚牢固的稳定局面。一般把他的姓译为“普恩加来”，这里译为“庞加莱”，是为了与他的堂兄、伟大的数学家 Jules Henri Poincaré（1854. 04. 29—1912. 07. 17）的通用译名“庞加莱”一致——译者注。

③ 根据 1928 年的一项法案，法兰西银行（the Bank of France）系统地把外汇储备兑换成黄金，这加剧了黄金流入法国。参见 Nurkse（1944）。

④ 由方程（1. 1）得：M1/*GOLD* =（M1/*BASE*）×（*BASE/RES*）×（*RES/GOLD*），右边三项即 M1/*GOLD* 的组成部分——译者注。

⑤ *BASE/RES* 比率的下降，也反映了担忧通货膨胀的黄金盈余国家对黄金流入的冲销。此外，从好的方面说，也反映了货币贬值之后黄金储备的重估。

汇率贬值的预期相互助长的趋势（Bernanke and James，1991；Temin，1993）。这两种危机的一个共同之处是所谓的“热钱”，也就是外国人在本国银行的短期存款。一方面，预期本币贬值导致热钱流出（本国储蓄者也会减少存款），这有可能触发大范围的银行挤兑。另一方面，（例如一些大银行倒闭导致）对本国银行体系丧失信心通常会导致短期资本外逃，从而导致国际储备枯竭，并危及本币的可兑换性。当发生银行危机和汇率危机的双重危机时，前者要求宽松的货币政策，后者则要求紧缩货币，此时中央银行除了放弃金平价外几乎别无选择。

从理论的角度来看，30年代早期货币/黄金比率的大幅下降有着重要的含义：在这一时期的金本位制下，货币供给似乎可能存在多重均衡值[①]。笼统地说，当金融投资者和其他公众情绪“乐观”，相信银行体系将保持稳定、金平价将被捍卫的时候，货币/黄金比率——从而货币存量本身——就将保持“高”水平。更准确地说，对银行体系有信心将使内在货币/基础货币比率M1/*BASE*维持在较高水平，而对汇率稳定有信心将使中央银行愿意持有外汇储备，并保持相对较低的覆盖率。相反，当投资者和社会公众变得悲观，预期会发生银行挤兑和货币贬值的时候，这种预期将在某种程度上自我实现，从而导致“低”水平的货币/黄金比率和货币存量。就金本位制在这种自我实现的预期面前的脆弱性而言，它很像没有存款保险的、采用部分准备金的银行体系：例如Diamond and Dybvig（1983）曾经证明，在这种体系下可能有两个纳什均衡（Nash equilibrium），一个是存款人的信心确保不会出现银行挤兑时的均衡，另一个是人们对挤兑（及其引起的银行破产清算）的担忧自我实现时的均衡。

认为两次大战之间的货币崩溃是从一个预期的均衡跳到另一个预期的均衡的观点，与Eichengreen（1992）对古典金本位制和两次大战之间的金本位制进行比较研究得出的结论一致（也可参见Eichengreen，即将发表）。根据Eichengreen的研究，在古典金本位时期，中央银行的良好信誉和国际间

① 目前，我正在和Ilian Mihov一起对这个问题作更正式的研究。

的有效协作使人们产生了稳定的预期。例如，投机者的行为趋向于消除而不是扩大币值与官方汇率之间的偏离。相反，在两次大战之间，由于缺乏有效的国际协作（这是挥之不去的仇恨和缺乏高超的领导艺术的结果），也由于动荡不安的国内政治形势（特别值得一提的是，工人运动的力量日益增长降低了政府以高失业为代价来捍卫汇率的可能性），中央银行的信誉大大降低。而且，从这一时期的早期到后期，银行业的状况也发生了显著的变化，战争、重建以及 20 年代的金融与经济问题，使很多国家的银行处于更为脆弱的金融环境中，因而更容易发生危机。由于这些原因，不稳定预期和由此引起的货币供给低水平的均衡，似乎更符合两次大战之间的情况。

表 1—1 用六个代表性国家的数据阐释了方程（1.1）。表中的前三个国家属于金本位集团，它们一直到大萧条末期才放弃了金本位制——法国和波兰在 1936 年放弃，比利时在 1935 年放弃。表中另外三个国家较早地放弃了金本位制——英国和瑞典在 1931 年放弃，美国在 1933 年放弃（本章遵从 Bernanke and James，1991 的方法，把对金本位制原则的任何大的偏离，包括令本币贬值或实行外汇管制，都视为“脱离”了金本位制）。脱离了金本位制的国家理所当然地获得了国内货币政策的自主权，但因为这些国家继续持有黄金储备，并且设定了黄金的官方价格，因此对它们来说，仍然可以计算出方程（1.1）中的每一项。

从表 1—1 中可以得到几条有价值的信息：第一，注意是否采用金本位制与货币供给 M1 的下降之间存在很强的相关关系（波兰是个不太重要的例外，从 1932—1936 年，波兰的名义 M1 有微小的增长）。第二，注意 M1/*BASE*和 *RES*/*GOLD* 的大幅下降，这分别反映了银行危机和汇率危机（两者都在 1931 年达到高峰）。第三，该表反映了黄金盈余国家进行冲销的倾向（即在黄金存量 *QGOLD* 上升的国家，其 *BASE*/*RES* 倾向于下降）。

表 1—1 中的一个引人关注的国家是比利时：尽管它是大萧条早期黄金流入的受益者，但是其 M1/*BASE* 的下降（反映了银行业恐慌）、*RES*/*GOLD* 的下降（反映外汇储备的枯竭）和 *BASE*/*RES* 的下降（这是中央银行在早期故意冲销黄金，并在后期试图抵御对汇率的投机冲击的结果）一起导致

表1—1　　1929—1936年六个国家的货币供给的决定因素

	M1	M1/*BASE*	*BASE/RES*	*RES/GOLD*	*PGOLD*	*QGOLD*
法国（1936年10月货币贬值）						
1929	101 562	1.354	1.109	1.623	16.96	2 456.3
1930	111 720	1.325	1.106	1.489	16.96	3 158.4
1931	122 748	1.239	1.101	1.307	16.96	4 059.4
1932	121 519	1.263	1.010	1.054	16.96	4 893.9
1933	114 386	1.264	1.156	1.015	16.96	4 544.9
1934	113 451	1.244	1.098	1.012	16.96	4 841.2
1935	108 009	1.230	1.298	1.020	16.96	3 908.1
1936	117 297	1.218	1.557	1.024	22.68	2 661.8
波兰（1936年4月实行外汇管制，同年10月货币贬值）						
1929	2 284	1.339	1.390	1.750	5.92	118.3
1930	2 212	1.328	1.709	1.735	5.92	94.9
1931	1 945	1.267	1.888	1.355	5.92	101.3
1932	1 773	1.275	2.177	1.273	5.92	84.7
1933	1 802	1.280	2.496	1.185	5.92	80.3
1934	1 861	1.301	2.693	1.056	5.92	84.9
1935	1 897	1.277	3.155	1.061	5.92	74.9
1936	2 059	1.340	3.624	1.076	5.92	66.3
比利时（1935年3月货币贬值）						
1929	42 788	2.504	1.949	1.492	23.90	245.9
1930	46 420	2.336	1.697	1.707	23.90	287.1
1931	44 863	2.047	1.226	1.358	23.90	533.4

续表

	M1	M1/*BASE*	*BASE/RES*	*RES/GOLD*	*PGOLD*	*QGOLD*
1932	41 349	1. 805	1. 395	1. 265	23. 90	543. 1
1933	40 382	1. 754	1. 314	1. 282	23. 90	571. 9
1934	NA	NA	1. 113	1. 266	23. 90	524. 0
1935	39 956	1. 579	1. 063	1. 378	33. 19	520. 8
1936	43 314	1. 617	1. 098	1. 293	33. 19	561. 6
英国（1931 年 9 月搁置金本位制）						
1929	1 328	1. 560	5. 825	1. 0	0. 1366	1 069. 8
1930	1 361	1. 618	5. 699	1. 0	0. 1366	1 080. 8
1931	1 229	1. 579	6. 452	1. 0	0. 1366	883. 8
1932	1 362	1. 667	6. 823	1. 0	0. 1366	877. 2
1933	1 408	1. 680	4. 395	1. 0	0. 1366	1 396. 4
1934	1 449	1. 642	4. 590	1. 0	0. 1366	1 408. 1
1935	1 565	1. 694	4. 615	1. 0	0. 1366	1 465. 2
1936	1 755	1. 700	3. 291	1. 0	0. 1366	2 297. 0
瑞典（1931 年 9 月搁置金本位制）						
1929	988	1. 498	1. 280	2. 092	2. 48	98. 8
1930	1 030	1. 508	1. 082	2. 618	2. 48	97. 2
1931	1 021	1. 522	2. 631	1. 238	2. 48	83. 1
1932	1 004	1. 373	1. 740	2. 039	2. 48	83. 1
1933	1 085	1. 106	1. 202	2. 205	2. 48	149. 2
1934	1 205	1. 211	1. 101	2. 575	2. 48	141. 5
1935	1 353	1. 268	1. 029	2. 542	2. 48	164. 5
1936	1 557	1. 211	1. 032	2. 355	2. 48	213. 3

续表

	M1	M1/*BASE*	*BASE/RES*	*RES/GOLD*	*PGOLD*	*QGOLD*
美国（1933年3月搁置金本位制）						
1929	26 434	3.788	1.746	1.0	0.6646	6 014.0
1930	24 922	3.498	1.655	1.0	0.6646	6 478.9
1931	21 894	2.831	1.854	1.0	0.6646	6 278.8
1932	20 341	2.534	1.900	1.0	0.6646	6 358.6
1933	19 759	2.380	2.057	1.0	0.6646	6 072.7
1934	22 774	2.396	1.154	1.0	1.1253	7 320.9
1935	27 032	2.335	1.144	1.0	1.1253	8 997.8
1936	30 852	2.327	1.178	1.0	1.1253	10 004.7

注：本表对六个国家阐释了方程（1.1）。只要有可能，表中的值就取年终数据。数据来源见附录。

相关定义如下：

M1＝流通中的货币和银行券加商业银行存款，以本币计值（百万）。

BASE＝流通中的货币和银行券加商业银行准备金，以本币计值。

RES＝国际储备（黄金加上国外资产），以本币计值。

GOLD＝黄金储备，以官方价格为准算得的本币价值＝*PGOLD* ×*QGOLD*。

PGOLD＝官方黄金价格（每克的本币价格）。对于非金本位制国家，采用法律虚拟（legal fiction，也译“法律拟制”）价格，而不是市场价格。

QGOLD＝黄金储备的物理数量，以公吨计。

了货币存量的急剧下降。与此类似，在法国，由于M1/*BASE*和*RES/GOLD*下降，从1930—1934年，尽管黄金储备增长了50%以上，但名义M1几乎没有增长。表中的另一个金本位集团成员波兰则主要因为黄金储备外流而发生了货币收缩。

表1—1中另一个值得注意的现象是，那些使本币贬值或放弃金本位制的国家，倾向于从坚持金本位制的国家吸引黄金。在该表中，从1933年开始，英国、瑞典和美国都发生了黄金大量流入的现象。这种看似不合理的行为反映了投机者对已经贬值的货币比对金本位集团国家高估的货币更有信

心。这种黄金从主要的金本位集团国家流出的情况，给了金本位制以致命的最后一击。

1.1.2 汇率制度对宏观经济的影响

我们已经看到，在20世纪20年代末30年代初，那些坚持国际金本位制的国家的内在货币存量突然大幅下降。内在货币存量的这种下降（尤其是1931年及以后的下降）自然是受到了宏观经济条件的影响，但很难说这种下降是货币存量对产出变动的连续的、被动的反应。事实上，货币供给对金融危机和汇率危机的反应是不连续的，而这些危机则主要是由20年代的政治与经济条件，以及第一次世界大战后重建的制度结构造成的。因而，认为这些货币冲击外生于同期的产出似乎是合理的，这意味着货币力量是世界萧条的重要原因。

如果把那些继续坚持金本位制的国家和那些放弃金本位制的国家的经历相比较，就会发现更强的证据来支持名义因素在大萧条中的作用。尽管在前文中曾经提到，绝大多数国家在20年代末已经重建了金本位制，但是在30年代，各国对金本位制的忠诚程度迥然不同：很多国家在1931年危机之后就放弃了金本位制，其中最明显的就是“英镑集团”（英国及其贸易伙伴）。另一些国家在放弃之前还作了几年抵抗（例如美国坚持到1933年，意大利坚持到1934年）。最后，以法国为首的顽固派——金本位集团国家一直坚持金本位制，直到该制度于1936年后期土崩瓦解为止。那些摆脱了金本位制的国家有效地解除了放松货币（reflation）[①] 的外在约束，随着它们利用这种自由，我们可以观察到，那些较早放弃了金本位制的国家比那些固守金本位制的国家经济复苏得更快、更强劲。

Choudhri and Cochin（1980）在其开创性的论文中最早注意到这两类国家之间确实存在着明显的差异。他们比较了西班牙（前文已经指出它根本

① “reflate”和“reflation”指各国在经济危机之后扩张货币、制造通胀、拉动经济。国内文献经常按字面直译为“通货再膨胀”，容易使读者误以为之前已经“膨胀”过至少一次，这是再一次制造通胀。因此，本书根据语境译为“放松货币”或类似说法——译者注。

就没有恢复金本位制）、斯堪的纳维亚三国（在1931年9月的英镑危机后就脱离了金本位制）和四个金本位集团成员国（荷兰、比利时、意大利和波兰）在大萧条期间的经济表现。他们发现，与西班牙和斯堪的纳维亚国家相比，坚持金本位制的国家遭受了更为严重的产出下滑和价格下跌。Eichengreen and Sachs（1985）在另一篇重要的论文中考察了10个主要国家在1929—1935年的宏观经济数据，发现到1935年为止，较早放弃金本位制的国家已经从大萧条中很大程度地复苏了，而那些金本位集团成员国的产出和就业仍然处于较低水平。Bernanke and James（1991）通过对一个包含24个国家（大多是工业国）的较大样本进行研究，确认了前人得到的结论。Campa（1990）用拉美国家的数据做了类似的工作。

如果汇率制度是随机选择的，那么这些结论无疑表明：在大萧条期间，名义因素对实际产出的决定有重要作用。当然，在实践中，决定是否放弃金本位制在某种程度上是内生的，因此我们必须考虑这些文献的结论是否有误，即是否存在一些更为基础的因素，它们既决定了汇率制度的选择，又使各国随后的经济表现迥然不同。事实上，这些结论极不可能是错误的，原因有二：

第一个原因正如Eichengreen（1992）等人详细归纳的那样，对多数国家而言，是否坚持金本位制受到国内外政治因素、主流的经济信条和哲学信仰的极大影响。例如，法国坚持金本位制是因为法国人希望不惜代价地努力保全庞加莱稳定带来的利益，并维护国内各集团的利益分配；也因为当时有种盛极一时的经济学观点（甚至连共产主义者也赞同），即长期看，币值稳定和财政紧缩是根治大萧条的良方；还因为坚持金本位制与法国的民族自豪感密切相关①；此外还有其他一些原因。事实上，正如Bernanke and James

① 在命运多舛的1933年伦敦经济会议（1933 London Economic Conference）上，这种世界观上的分歧表现得非常突出。金本位集团的代表们谴责说货币不稳定是万恶之源，英镑集团的代表则强调放松货币（reflation）和经济扩张势在必行（Eichengreen and Uzan，1993）。有意思的是，这种态度上的分歧持续了几十年，例如在最近欧洲货币体系（EMS）遇到麻烦时，法国人坚守法郎堡垒（Franc Fort），英国人则为了国内宏观经济目标而愿意放弃固定汇率制度（这与它在1931年9月的选择一样）。

"最近欧洲货币体系遇到麻烦时"是指1992年9月危机，即欧洲货币体系下的固定汇率体制崩溃——译者注。

（1991）指出的：那些在 1931 年放弃和没放弃金本位制的国家，在 1929 年和 1930 年面临的经济形势平均来说是很相似的。因此，我们很难认为这种对汇率制度的选择仅仅反映了各国宏观经济表现的横截面差异（cross-sectional differences）。

第二个原因可能更加令人信服：如果是否放弃金本位制的选择是内生的，则这种内生性产生的任何偏差（bias）都无法解释如下事实：一般认为那些经济实力较弱或在大萧条中损失最惨重的国家会最先贬值或放弃金本位制。然而事实是，那些较早放弃金本位制的国家比坚持金本位制的国家经济复苏得更快更强劲。所以，对汇率制度选择中的内生性偏差的任何修正都应该倾向于强化放弃金本位制与经济复苏之间的联系。

Bernanke and James（1991）总结了汇率制度与宏观经济表现之间的联系。表 1—2 和表 1—3 使用了一个与他们的数据集类似的数据集，扩展了他们的结论。这两个表都使用了最多 26 个国家（表中涉及的国家数取决于数据的可得性）的 13 个宏观经济变量的年度数据（国家名单、数据来源和数据的可得性参见附录）。与 Bernanke and James（1991）的表类似，表 1—2 列出了每个变量的对数增幅的平均值（名义利率和实际利率除外，它们以百分点衡量），其中既有全样本中所有国家每年的平均值，也有维持金本位制的国家和放弃金本位制的国家两个子样本每年的平均值。[①] 其中全样本的平均值是 1930—1936 年每年的平均值。由于在 1930 年几乎所有国家都采用金本位制，而在 1936 年几乎都放弃了金本位制，所以两个子样本只列出 1931—1935 年的平均值。

表 1—3 报出了金本位制国家和非金本位制国家的差异的统计显著水平。表 1—3 中标“a”的行分别给出了表 1—2 中每个宏观变量对常数、年度时间虚拟变量、和代表金本位国家的虚拟变量 *ONGOLD* 进行面板数据回归的结

① 前文提到，如果一个国家严重地偏离了金本位制的规则，比如实施全面的汇率管制或者使本币贬值，或者正式宣布放弃金本位制，我们就认为这个国家已经脱离了金本位制。Bernanke and James（1991）中的表 2.1（即本书第 3 章表 3—1——译者注）给出了我们的样本中使用的 24 个国家金本位制政策的变动日期。另外，我们把阿根廷和瑞士的官方贬值日期（分别是 1929 年 12 月和 1936 年 10 月）作为其放弃金本位制的日期。表中的数值是数据的简单组内平均值（simple within-group averages）。不过，如果用黄金储备持有量或 1929 年产值水平（可以使用国际联盟 1945 年的数据）作为各国数据的权重进行加权平均，其结果不会有本质的改变。

表 1—2　　**金本位制国家与非金本位制国家某些宏观经济变量的平均增幅（1930—1936 年）**

	1930	1931	1932	1933	1934	1935	1936
1. 制造业产值（对数的增幅）							
平均值	−0.066	−0.116	−0.090	0.076	0.100	0.074	0.072
金本位制国家		−0.117	−0.173	0.068	0.025	−0.001	
非金本位制国家		−0.113	−0.057	0.078	0.120	0.008	
2. 批发价格（对数的增幅）							
平均值	−0.116	−0.122	−0.045	−0.017	0.018	0.024	0.048
金本位制国家		−1.140	−0.133	−0.065	−0.037	−0.038	
非金本位制国家		−0.084	−0.011	−0.002	0.033	0.036	
3. M1 货币供给（对数的增幅）							
平均值	0.016	−0.088	−0.068	−0.006	0.019	0.027	0.074
金本位制国家		−0.094	−0.088	−0.045	−0.013	−0.067	
非金本位制国家		−0.076	−0.060	0.007	0.028	0.046	
4. M1/通货比率（对数的增幅）							
平均值	0.030	−0.129	−0.006	−0.024	−0.002	−0.011	−0.011
金本位制国家		−0.142	−0.052	−0.009	0.016	−0.037	
非金本位制国家		−0.102	0.014	−0.030	0.002	−0.006	
5. 名义工资（对数的增幅）							
平均值	0.004	−0.030	−0.053	−0.030	−0.002	−0.001	0.031
金本位制国家		−0.027	−0.070	−0.033	−0.031	−0.022	
非金本位制国家		−0.039	−0.045	−0.029	0.007	0.004	

续表

	1930	1931	1932	1933	1934	1935	1936
6. 实际工资							
（对数的增幅）							
平均值	0. 122	0. 094	0. 007	−0. 009	−0. 023	−0. 022	−0. 018
金本位制国家		0. 110	0. 064	0. 032	0. 005	0. 016	
非金本位制国家		0. 059	−0. 020	−0. 025	−0. 032	−0. 031	
7. 就业							
（对数的增幅）							
平均值	−0. 066	−0. 117	−0. 074	0. 050	0. 096	0. 064	0. 068
金本位制国家		−0. 113	−0. 137	0. 006	0. 028	−0. 016	
非金本位制国家		−0. 127	−0. 047	0. 065	0. 113	0. 083	
8. 名义利率							
（百分点）							
平均值	5. 31	5. 43	5. 29	4. 37	3. 97	3. 89	3. 79
金本位制国家		5. 22	4. 20	3. 69	3. 26	4. 05	
非金本位制国家		5. 90	5. 68	4. 56	4. 13	3. 86	
9. 事后计算的实际利率							
（百分点）							
平均值	16. 89	9. 39	6. 51	2. 78	1. 11	−1. 19	−8. 93
金本位制国家		10. 38	9. 41	6. 94	3. 35	−4. 92	
非金本位制国家		7. 16	5. 47	1. 64	0. 61	−0. 62	
10. 出口品相对价格							
（对数的增幅）							
平均值	−0. 033	−0. 011	−0. 047	0. 076	0. 084	−0. 067	0. 039
金本位制国家		0. 003	−0. 019	0. 134	0. 140	−0. 112	
非金本位制国家		−0. 040	−0. 058	0. 058	0. 070	−0. 058	

续表

	1930	1931	1932	1933	1934	1935	1936
11. 实际出口量（对数的增幅）							
平均值	−0.073	−0.179	−0.222	0.014	0.056	0.021	0.072
金本位制国家		−0.193	−0.292	−0.008	0.015	−0.024	
非金本位制国家		−0.146	−0.192	0.021	0.067	0.030	
12. 实际进口量（对数的增幅）							
平均值	−0.071	−0.211	−0.264	0.004	0.038	−0.020	0.049
金本位制国家		−0.159	−0.250	−0.006	−0.067	−0.012	
非金本位制国家		−0.315	−0.271	0.008	0.070	0.027	
13. 实际股价（对数的增幅）							
平均值	−0.107	−0.186	−0.214	0.133	0.060	0.091	0.115
金本位制国家		−0.181	−0.219	0.139	−0.028	0.062	
非金本位制国家		−0.198	−0.211	0.130	0.092	0.098	

注：对每个变量和每一年，本表都给出了该变量的全样本平均值，也给出了金本位制国家和非金本位制国家这两个子样本该年各自的平均值（参见 Bernanke and James，1991）。由于大多数国家在1930年都奉行金本位制，在1936年都放弃了金本位制，所以这两年只给出了全样本平均值，而没有给出两个子样本的平均值。在计算时，所使用的数据是年度数据，最多有26个国家（参与平均的国家数目取决于数据的可得性，见附录）。实际工资、实际股价和事后实际利率都是用批发价格指数平减的。如果在给定的一年，一个国家实行金本位制的时间占全年时间的比例为f，那么这个国家的变量在该年全年的值，f比例计入金本位制国家，$1-f$比例计入非金本位制国家。每一年处于金本位制的“国月数（country-months）”占总月数的比例为：0.676（1931年）、0.282（1932年）、0.237（1933年）、0.205（1934年）、0.160（1935年）。

表 1—3 **选定的宏观经济变量对金本位制虚拟变量和银行恐慌虚拟变量的回归（1931—1935 年）**

被解释变量		*ONGOLD*	*PANIC*	经调整的 R^2
制造业产值	（1a）	−0.0704		0.601
		（4.04）		
	（1b）	−0.0496	−0.0926	0.634
		（2.80）	（3.50）	
批发价格	（2a）	−0.0914		0.622
		（8.20）		
	（2b）	−0.0885	−0.0129	0.620
		（7.47）	（0.73）	
货币供给 M1	（3a）	−0.0534		0.297
		（3.26）		
	（3b）	−0.0344	−0.0846	0.352
		（2.06）	（3.40）	
M1/通货比率	（4a）	−0.0329		0.263
		（1.91）		
	（4b）	−0.0176	−0.0680	0.294
		（0.99）	（2.55）	
名义工资	（5a）	−0.0204		0.196
		（2.62）		
	（5b）	−0.0145	−0.0262	0.219
		（1.78）	（2.16）	
实际工资	（6a）	0.0605		0.466
		（5.84）		
	（6b）	0.0656	−0.0230	0.470
		（5.99）	（1.41）	
就业量	（7a）	−0.0610		0.557
		（4.38）		
	（7b）	−0.0507	−0.0458	0.569
		（3.48）	（2.10）	

续表

被解释变量		*ONGOLD*	*PANIC*	经调整的 R^2
名义利率	（8a）	-1.22		0.109
		（2.83）		
	（8b）	-1.00	-0.97	0.116
		（2.20）	（1.43）	
事后计算的实际利率	（9a）	2.70		0.264
		（2.07）		
	（9b）	2.16	2.39	0.266
		（1.56）	（1.16）	
出口品相对价格	（10a）	0.0464		0.198
		（1.70）		
	（10b）	0.0288	0.0783	0.213
		（1.00）	（1.83）	
实际出口量	（11a）	-0.0745		0.323
		（2.08）		
	（11b）	-0.0523	-0.0990	0.334
		（1.39）	（1.76）	
实际进口量	（12a）	-0.0000		0.416
		（0.00）		
	（12b）	0.0232	-0.1036	0.435
		（0.75）	（2.25）	
实际股价	（13a）	-0.0299		0.354
		（1.12）		
	（13b）	-0.0206	-0.413	0.354
		（0.72）	（0.97）	

注：表中所列数值是用被解释变量对反映一国是否是金本位制国家的虚拟变量 *ONGOLD* 和反映银行危机的虚拟变量 *PANIC* 进行回归得到的系数估计值。括号内是 t 统计量的绝对值。除名义利率和事后计算的实际利率以百分点（水平值）衡量外，其他被解释变量都以对数增幅计量。回归所使用的是1931—1935年的年度数据，最多有26个国家（参与回归的国家数目取决于数据可得性，参见附录）。每个回归中都包括一组年度虚拟变量 *ONGOLD*（等于一国某年实施金本位制的月数除以12）和 *PANIC*（等于一国某年处于银行业恐慌的月数除以12）。

果（暂且不管表 1—3 中标“b”的行）。对于每个年度—国家观测值，变量 *ONGOLD* 表示一国在该年实施金本位制的时间占全年的比例（即坚持金本位制的月数除以 12）。回归使用了 1931—1935 年的数据，但是如果加入 1930 年或 1936 年的数据，或者去掉 1931 年的数据，结果都不会发生明显变化。因为每个回归中都包括一组年度时间虚拟变量，所以可以认为，在每个回归中，*ONGOLD* 的系数估计值反映了在其他宏观条件保持不变的情况下，金本位制国家与非金本位制国家之间纯粹的横向差异。在每个系数估计值的下面给出了 t 统计量的绝对值，它衡量组间差异（between-group differences）的统计显著性。

表 1—2 和表 1—3 与如下结论是一致的：（1）在所有国家，货币紧缩都是大萧条的一个重要根源；（2）1931 或 1932 年后，坚持金本位制的国家与放弃金本位制的国家之间出现了显著的差异；（3）出现这种差异的原因是放弃金本位制的国家可以更自由地采取扩张性货币政策。

首先，让我们考察货币供给的变动情况。从表 2 的第 3 部分可以发现，1931 年和 1932 年所有国家的内在货币存量都大幅收缩。从数学上看，这种收缩很大程度上可以归咎于 M1/通货比率的下降（第 4 部分），而 M1/通货比率的下降又主要是银行业危机导致的（请注意，这种影响集中在 1931 年）。[①] 然而，表 1—2 表明，1933—1935 年间，坚持金本位制的国家货币供给持续收缩，而放弃金本位制的国家货币供给出现扩张。表 1—3 第 3a 行表明，在 1931—1935 年间，坚持金本位制的国家的 M1 增长速度（第 3a 行）比放弃金本位制的国家的 M1 增长速度平均要慢大约 5%，t 统计量绝对值为 3.26。

价格的变动情况与货币存量的变动情况很相似。表 1—2 第 2 项表明，尽管各国在 1931 年前都发生了严重的通货紧缩，但是总体上看，在那些放弃金本位制的国家批发价格水平在 1932—1933 年保持稳定，并且平均而言

① M1/*BASE* 是一个更好的衡量指标，但是因为缺乏很多样本国家的商业银行准备金数据，所以没有采用它。从表 1—3 的第 4a 行可知，平均来说，金本位制国家的 M1/通货比率比非金本位制国家下降得更快（该差异在 5% 的置信水平上近似是统计显著的）。这与我们先前观察到的现象——坚持金本位制的国家银行业问题更为严重——是一致的。

在 1934 年开始上升,[①] 那些坚持金本位制的国家则一直到 1935 年都处于通货紧缩状态，结果导致 1932—1935 年两类国家价格水平的对数增幅之差累计达 0. 329[②]。根据表 1—3 第 2a 行，在 1931—1935 年间，金本位制国家的批发价格上涨幅度比非金本位制国家平均每年低大约 9 个百分点（t 统计量的绝对值为 8. 2）。

产出和就业的下降与货币和价格的下跌之间有很强的相关关系：1930—1931 年间，所有国家的制造业产值（表 1—2 第 1 项）和就业（表 1—2 第 7 项）都出现了下降，但接下来两类国家之间就出现了分化。从 1932—1935 年，两组国家产出水平的对数增幅之差累计达 0. 310，就业水平的对数增幅之差累计达 0. 301[③]，都是非金本位制国家高一些。两类国家的产出差异对应的 t 统计量的绝对值是 4. 04，就业差异对应的 t 统计量的绝对值是 4. 38（见表 1—3 第 1a 行和第 7a 行，使用了 1931—1935 年的数据）。这些差异在经济学意义上是重要的，在统计学意义上是高度显著的。

表 1—2 和表 1—3 中其他宏观经济变量的变化普遍与货币存量的变动一致。例如，在标准的 Mundell-Fleming 分析中，对于实行金本位制的小国而言（Eichengreen and Sachs，1986），外国货币收缩将提高本国的实际利率，从而抑制国内总需求；此外还会造成本币实际汇率（出口价格）相对于非金本位制国家上升，从而导致实际出口下降。表 1—2 第 9 项表明，1930 年，事后计算的实际利率普遍较高，随后在金本位制国家和非金本位制国家都逐渐下降，但是非金本位制国家的事后实际利率一直比金本位

① 因此，一般在放弃金本位制的国家里，价格水平的稳定先于货币的稳定。一个可能的解释是：本币贬值提高了对未来通货膨胀的预期，从而降低了货币需求，提高了当前的价格。

② 将表 1—2 第 2 项中金本位制和非金本位制国家 1932—1935 年的数据相减，然后将差值相加可以得到 0. 329——译者注。

③ 原文如此。将表 1—2 第 1 项目中金本位制和非金本位制国家 1932—1935 年的产出数据相减，然后将差值相加得到的结果是 0. 23，不是 0. 310。类似地，根据第 7 项目就业数据算得的差值是 0. 333，不是 0. 301。为此我查阅了本文 1995 年 2 月在 *Journal of Money*，*Credit and Banking* 发表时的原文，发现原文和本书原著这些数据一样。因此可能是作者计算时出了错误，不过这对本章的结论完全没有影响——译者注。

制国家低一些。[①] 表1—3第9a行也表明，金本位制国家事后计算的实际利率比非金本位制国家平均高2.7%（$|t|=2.07$）。金本位制国家的货币兑美元的实际汇率（表1—3第10a行）平均每年比非金本位制国家多增长近5%（不过t值只有1.70），相应地，金本位制国家的实际出口（表1—3第11a行）平均每年比非金本位制国家多下降7~8个百分点（$|t|=2.08$）。金本位制国家和非金本位制国家的进口增长速度没有明显的差异（表1—3第12a行），这大概是金本位集团国家收入降低的同时贸易条件得到改善，两个效应相互抵消的结果。

有趣的是，金本位制国家的实际股价（名义股价指数剔除批发价格指数）比非金本位制国家每年多下降约3%（$|t|=1.12$），因此不像上述变量表现得那么差。在金本位制国家和非金本位制国家里，名义工资和实际工资的表现也显著不同，但由于这两个变量与总供给的联系最为紧密，所以将留待下节讨论。

1.2 总供给：名义调整的失败

货币冲击是大萧条的成因之一早就得到公认，我们在第1部分已经看到，近年来采用比较分析方法进行的研究，从实证方面极大地支持了货币是大萧条的主要推动力的观点。货币收缩对实际经济变量的影响不仅大，而且持久。但是，现有的货币非中性理论（比如菜单成本理论，或者认为消费者会混淆相对价格和绝对价格水平的理论）通常预言货币冲击的实际影响只是暂时的。因此如何解释这么持久的货币非中性现象，对当代宏观经济学

① 金本位制国家事后计算的实际利率较高，并不意味着事前估计的实际利率（ex ante real interest rate）也高，这要取决于通货紧缩是否被预期到。以美国为例，Cacchetti（1992）发现有证据支持“当时人们预期到了价格水平的下降”这一假设，而Hamilton（1992）则发现有证据反对这一假设（就我所知，在这个问题上目前只有关于美国的研究）。与其说这场争论是关于“初始的冲击是否是货币性的?”，还不如说是关于冲击的具体传导渠道的——如果通货紧缩被预期到了，那么事前估计的实际利率高，则此时货币传导途径就是通过传统的IS曲线起作用。Cacchetti和Hamilton都注意到，如果通货紧缩没有被预期到，那么传导机制就更依赖于债务型通货紧缩机制（参见本章第2节）。当时多数国家的名义利率高于0，而且金本位制国家的名义利率并不大幅低于非金本位制国家（表1—2第8项），这说明至少在中期，大部分通货紧缩并没有被预期到。Evans and Wachtel（1993）根据美国名义利率的变动情况得到了一个类似的结论。

家是一个重大挑战。

在总需求方面，我们还有一个疑问：在两次大战之间，对名义冲击的调整为什么花了那么长时间？本节将讨论货币冲击之所以具有长期效应的两个主要解释的证据：引致性金融危机（induced financial crisis）和名义工资黏性。

1.2.1 通货紧缩和金融体系

如果要说出经济中以名义价格定价、并且不被默示保险或指数化（默示保险和指数化可以避免预期之外的价格变化带来损失）的合约，人们立刻就会想到金融合约（比如债务工具等）。我在 Bernanke（1983）① 中指出，金融合约的非指数化可能提供了一个机制，30 年代货币存量和价格水平的下降可能就是通过它对美国经济产生实际影响的。我讨论了两个相关的传导机制：一个是通过"债务型通货紧缩（debt-inflation）"发挥作用的，另一个是通过银行资本和稳定性发挥作用的。

债务型通货紧缩的思想可以追溯到 Irving Fisher（1933）。他设想了这样一个动态过程：资产价格和商品价格（commodity prices）下降，对名义债务人（nominal debtors）构成压力，从而迫使他们（为了还债）贱卖自己的资产，这又引起价格进一步下降，金融环境更为困难。② 基于这样的判断，Fisher 力劝罗斯福总统要使汇率服从于货币放松（reflation）的需要，罗斯福最终接受了他的建议。但 Fisher 的这一思想在学术界中并没有很大的影响，因为学者们通常认为债务型通货紧缩不过是利益从一个集团（债务人）到另一个集团（债权人）的再分配，如果债权人和债务人的边际支出倾向差异不大的话，单纯的利益再分配对宏观经济不会有明显的影响。

然而近年来，债务型通货紧缩的思想如枯木逢春，人们开始从资本市场的不完全信息和代理成本方面如小荷初露般的文献中，汲取这一思

① Bernanke（1983）就是本书的第 2 章——译者注。
② Kiyotaki and Moore（1993）的一个正式分析刻画出了 Fisher 的一些思想。

想的灵感。[①] 根据在现代公司金融理论中占据主导地位的代理理论，资产负债表的结构对规范借款人（代理人）和贷款人（委托人）的动机提供了一个重要的机制。资产负债表的一个关键特色是借款人的净财富，即借款人的自有（"内部的"）资金加上其非流动资产的抵押价值。很多简单的委托-代理模型都认为：借款人的净财富下降会使借款的无谓代理成本（deadweight agency costs）上升，因而为借款人的投资项目提供融资的净成本会上升。直观地看，当一个债务人运作一个项目时，如果他/她的自有资金相对较少，那么他/她就必须主要依赖外部融资，这样他/她就可能更有动机采取一些不利于债权人的行动，结果不仅双方都产生无谓损失（例如进行效率低、风险高的活动，或者偷懒），还会使债权人不得不花费成本去收集信息、进行监督。如果债务人的净财富下降到低于某个临界值，他/她就根本不能再获得任何贷款。

从代理人的角度看，债务型通货紧缩（财富出乎预料地从借款人那里向债权人转移）不是一个宏观经济学上的中性问题：潜在的债务人也许有一个独一无二的或者低成本的投资项目或消费机会，但其净财富的缩水使他失去了这种机会。例如一个财务紧张的企业可能无法获得扩大生产所必需的营运资金，或者无法为一个在金融环境较好的时期才可行的项目融资。类似地，如果一个家庭的当前名义收入相对于其债务降低了，那么它就无法购买新房，尽管从持久收入上看，它其实买得起。这样，债务型通货紧缩通过引起借款人（企业或家庭）发生财务危机（financial distress）[②] 而对经济产生实际的影响。

如果这种债务型通货紧缩足够严重，那么它也会威胁到银行和其他金融中介的正常运转（第二个途径）。一般说来，银行既有名义资产也有名义负

---

① 把这一方法应用于大萧条时期消费者支出的一篇重要论文是 Mishkin（1978）。Bernanke and Gertler（1990）对债务型通货紧缩做了一个理论分析。读者还可参考 Calomiris（1993）对大萧条时期金融因素的作用的综述。

② "financial distress" 一般译为"财务危机"、"财务困难"、"财务困境"、"财务恶化"等。我们采用"财务危机"，它指一个企业资不抵债、无偿债能力（insolvency），包括技术上资不抵债和破产意义上的资不抵债。财务危机并不等同于破产，但是如果企业无法通过各种途径有效地缓解危机，最终必将走向破产清算。另外，凡是译文中出现的"财务危机"，都是指"financial distress"，凡是"金融危机"，都是指"financial crisis"。读者应该把这两个术语区分开来——译者注。

债，因此一定范围内可以对冲通货紧缩的影响。理论上说，银行可以从名义资产上获得本金和利息，但是当债务人的财务状况恶化时，银行往往只能获得实际资产（比如抵押品）。从这一点来说，债务型通货紧缩对银行也同样不利。[①] 债务型通货紧缩引起的实际发生的或潜在的贷款损失将从几个方面降低银行的资本实力、损害银行的经济效率：首先，存款人的挤兑行为将导致银行可贷资金减少，在一个没有存款保险的银行体系里，这种情况尤其严重。银行贷款是一种专门化的、信息密集型的贷款方式，很难用非银行信贷形式来代替它。其次，挤兑的威胁也迫使银行提高其资产的安全性和流动性，从而进一步减少正常的信贷活动（不过，资本缩水最严重的银行可能有动力以一种赌博的心态去发放风险非常大的贷款）。最后，银行和其分支机构的倒闭，可能会破坏局部的信息资本（information capital），并降低金融服务的供给。

在两次世界大战之间，金融对宏观经济的影响到底有多大呢？在我1983年的文章中，我仅仅以美国为例证明了：破产的商业企业的负债额和倒闭银行的存款额有助于预测工业产值的月度变化（在计量方程中还引入了货币和价格的滞后项）。然而这些证据尚不真正具有结论性：例如，正像Green and Whiteman（1992）所指出的，1931年和1932年商业企业和银行的倒闭风潮可以作为一个虚拟变量，来刻画引起美国大萧条在这一时期（再次）迅速恶化的任何金融或非金融原因。至于那些有关货币作用的争论，问题在于我们的分析只有美国一个国家的数据。

不过，Bernanke and James（1991）秉承新的金本位制研究的比较方法，用一个包括24个国家的面板数据集对金融危机的宏观经济影响作了研究。样本的扩大给数据收集带来困难：他们只能使用年度数据而非月度数据，并且由于缺乏有关债务和财务危机的数据，使他们的分析只能局限于银行业恐慌的影响。而且，由于对银行业的不稳定性没有一个一致的量化方法，所以

① 在中欧国家采取的全能银行体系（universal banking systems）里，银行既持有名义资产又持有实际资产（例如既持有股权也持有债券）。因此在发生通货紧缩时，全能银行更早地承担紧缩造成的压力。

他们根据自己对历史资料的了解用虚拟变量来表示银行业发生危机的时间。不过，样本的扩大使他们可以把美国的情况与两类国家——像美国一样也遭受过严重银行问题困扰的国家，和那些在大萧条中仍能保持银行稳定的国家——进行对比，这可以抵消上述各种不利之处。具体而言，Bernanke and James（1991）指出，经济在危机面前表现出来的脆弱性的国际横向差异，与制度和政策差异的关系强一些，与宏观经济条件的关系则弱一些。这个发现巩固了“银行恐慌对宏观经济有独立的影响（而不是对经济普遍衰退的单纯的被动反应）”这一认识。[①]

为了衡量银行业的不稳定性，Bernanke and James（1991）构造了一个虚拟变量 *PANIC*，他们将其定义为他们样本中的国家每年遭受银行业危机的月数。[②] 在控制住价格变动率、工资、货币存量、出口增长率和贴现率政策等变量之后进行回归，他们发现，银行恐慌对工业产值有着经济意义上巨大、统计意义上显著的影响。

表 1—3 中标“b”的那些行简要地总结了变量 *PANIC* 对我们列出的各个宏观变量的影响，表中所报出的是每个宏观变量对 *PANIC*、表示是否是金本位制国家的虚拟变量 *ONGOLD* 和每年的时间虚拟变量进行回归得到的系数估计值。在这些回归中，我们把 Bernanke and James（1991）的 *PANIC* 变量除以 12，这样得到的系数估计量表示的就是年度影响。

结果表明，银行业恐慌对宏观经济有重要的影响，这种影响不但独立于金本位制的影响，还与我们的理论预测一致：在实体经济方面，*PANIC* 对制

---

① Bernanke and James（1991）认为，下述因素有助于导致银行业恐慌：银行业结构（“全能”银行体系和那些存在大量小银行的银行体系更脆弱）、对短期外债的依赖、20 年代本国的金融经济经历和银行政策。请参见 Grossman（1993）对两次大战之间的银行业恐慌的更为详细的补充分析。

② 通过对第一手和第二手资料的阅读，Bernanke and James（1991）把第一次出现严重银行业问题的日期算作银行危机的开始。至于危机结束的日期，如果有明确的分界线，比如 1933 年 3 月美国的银行歇业，即以该事件作为危机结束日期；如果没有明确的分界线，就武断地假设银行业危机在达到高峰后会持续一年（即达到高峰后一年为结束日期）。*PANIC* 这个变量不为零的国家有奥地利、比利时、爱沙尼亚、法国、德国、匈牙利、意大利、拉脱维亚、波兰、罗马尼亚和美国。本文给出的结果是在他们的样本中加入阿根廷和瑞士之后得到的；与 Bernanke-James 给出的银行业危机编年表相一致，我们把瑞士（1931 年 7 月—1933 年 11 月）看作一个存在银行危机的国家。Grossman（1993）在他的研究中把所有这些国家都看作发生“危机”的国家，唯一不同的是他把挪威也算作一个危机国家。

造业产值（第1b行）和就业量（第7b行）有着经济意义上巨大、统计意义上显著的影响。特别是在控制了 *ONGOLD* 之后，一年的银行业恐慌对制造业产值的对数的累计增幅的影响是-0.0926，$|t|=3.50$；对就业量的对数的累计增幅的影响是-0.0458①，$|t|=2.10$。我们还发现，银行业恐慌也会造成名义和实际工资下降（第6b行与第5b行），损害出口商品的竞争力和出口数量（第10b行与第11b行），提高事后计算出的实际利率（第9b行），并造成股价下跌（第13b行），不过系数估计值并不总是统计显著的。

在经济的名义方面，与预想的一样，银行业恐慌显著地降低了货币乘数（用表1—3第4b行的M1/通货比率代替）。我们还发现（第3b行），银行业恐慌也使货币存量M1显著下降——这与利用简单的Mundell-Fleming模型分析金本位制下开放的小国得出的结论不一致：在Mundell-Fleming模型中，在全球经济条件保持不变（用时间虚拟变量控制）的情况下，小国的货币存量由国内货币需求决定，因此货币乘数的任何下降都应该被黄金储备的内生性流入抵消。不过上述经验结论和理论模型或许可以用如下的逻辑来调和：银行业恐慌降低了国内M1货币需求，或者提高了汇率贬值的可能性（这两种情况中的任何一个都可能引起储备外流）。上文我们发现的“银行恐慌引起了实际利率上升”就与汇率将要贬值这个可能性相一致。与Mundell-Fleming模型相一致的一个发现是，一旦“是否是金本位制国家”这一变量被控制住（即固定住 *ONGOLD*），则银行业恐慌对批发价格水平没有影响（第2b行）。这个结果很重要，因为它说明，银行业恐慌对产出和其他实际宏观变量的影响很大程度上是通过非货币渠道——例如信贷流动中断——发挥作用的。

就像先前讨论货币冲击的作用一样，如果我们把研究重点从美国转向国际比较的视角，就会得到更充分的证据证明银行业危机在大萧条中的潜在作用。理论上说，我们还可以用这一证据来说明债务型通货紧缩。确实，这么

① 原文这里是“-0.0456”，与表1—3第7b行的“-0.0458”不一致，这里以表中数字为准做了修改——译者注。

做的一个很强的假设是债务型通货紧缩的影响比银行业危机更普遍，银行危机在空间和时间上都更有限（localized）。不幸的是，一般得不到各国口径一致的、表示内在债务（inside debt）① 的种类与数量和表示财务危机的各种指标数据②。

1.2.2　通货紧缩和名义工资

用引致性金融危机来解释大萧条的总供给之谜是一个相对新颖的方法。在宏观经济学里，对30年代的货币非中性的各种解释中，更常见的是比较传统的解释：在面临货币冲击的时候，名义工资和/或价格调整缓慢。事实上，可以广泛获得的价格指数——比如批发价格指数和消费价格指数——在这一时期很少表现出名义黏性（诚然，对于很多单独的价格，例如工业品的价格而言，这个结论并不成立）。因此，与当代宏观经济学强调价格比名义工资③更具有刚性相反，针对两次大战之间的研究聚焦于名义工资的缓慢调整，将其作为非中性的根源。在这一观点的指引下，本节我将用比较的方法，讨论大萧条中工资黏性的经验证据。我们暂且把更深入的问题——给定大萧条时期劳动市场极端的市场条件，为什么名义工资没能调整？——留到下文再讨论。

名义工资调整与总供给之间的关系是一目了然的：如果名义工资调整得不充分，那么当价格水平下降时，实际工资就会上升，雇主们就会裁减自己

① 关于“Inside debt”这个术语，由于得不到必要的资料（例如A. G. Hart，1938，参见第2章参考文献），因此无法给它下一个非常准确的定义。但是根据本书上下文推测，这是一个很宽泛的、很不严格的概念，大致是一国国内居民负担的所有债务的总称，包括公司债券和票据、房地产抵押债务、家庭和公司负担的债务等等。也许是因为其含义太宽泛，所以应用不很广泛。此外这个术语还有一种更常见的意思——在现代企业管理理论中，它指公司向其高级管理人员承诺的，在未来向其支付固定数量的现金。这相当于公司对其管理人员的一笔负债。Jensen and Meckling（1976）将其称为公司“内部借款”（intra-company IOUs，其中IOU即I owe you），其最常见的形式是固定收益养老金（defined-benefit pensions）和延期补偿（deferred compensation）。这两个含义似乎都没有中文译法，我们姑且译为“内在债务”。读者应该要把它与通常所说的“国内债务（internal debt）”即“内债”区分开来。

② Eichengreen and Grossman（1994）试图用一个指标——央行贴现利率与商业票据利率之差——来间接衡量债务型通货紧缩。正如他们所指出的那样，这个指标并不完全令人满意，而且他们得到了混合的结果。

③ 为了准确和便于理解，本书中有些地方“名义工资”中的“名义”二字是译者自己加的。为了区分，凡是译者自己加的“名义”二字，都用楷体字表示。凡是原作者写的“名义”，依旧用宋体字——译者注。

雇佣的劳工的数量①。类似地，在放松货币（reflation）的国家，实际工资会下降，就业会增加。尽管二战以后学者们对实际工资的周期性争论不休，但是工资黏性假设的这两个基本含义则显然是通过比较两次大战之间的数据得出的，在表1—2和表1—3中可以看到这一点：

第一，在1930年和1931年的全球性通货紧缩期间，全球范围的名义工资下降比（批发）价格水平的下降缓慢得多，这就导致名义工资与价格的比值显著上升（表1—2第2、5、6项）。与实际工资上升密切相关的则是就业和产出的下降（表1—2第1、7项）②。

第二，从大约1932年开始，金本位制国家和非金本位制国家的实际工资的变动轨迹出现了显著差别（表1—2第6项）。在放弃金本位制的国家，价格比名义工资上涨得更快（事实上，后者曾持续下降过一段时间），所以实际工资下降，同时就业量急剧上升。而在维持金本位制的国家中，实际工资或者上升，或者保持稳定，就业持续低迷。表1—3（第6a行）显示了这两类国家实际工资的增长每年相差6个百分点（$|t|=5.84$）。

金本位集团成员国与非成员国实际工资变动的这种巨大差异，最早是Eichengreen and Sachs（1985）指出的。他们使用了欧洲10个国家1935年的数据，证明金本位集团国家的实际工资高而工业产出水平低，而非金本位集团国家则是实际工资很低，产出水平较高（所有变量都是相对于1929年来计算的）。

在最近的一篇论文中，Bernanke and Carey（1994）③ 在很多方面扩展了

---

① 在标准的分析中，当实际工资上升时，雇主会沿着他们的新古典劳动需求曲线向西北方向移动，从而就业下降。另一个可能的渠道是：支付的工资增加导致企业流动性枯竭，（与我们上文讨论过的那种财务危机一样）引起产出和投资降低（Mark Gertler和Bruce Greenwald分别独立地向我提出了这个建议，谨在此表示感谢）。后面这种渠道可以用如下方法来检验：观察规模较小、流动性较差的企业对实际工资上升的反应，并与规模较大、财务较稳健的公司的反应相比较，看前者是不是更多地裁员。

② 用批发价格指数作为名义工资的平减因子并不理想；为了计算产品工资（product wage）——它与劳动需求决策有关——应该用一种产出价格（output prices）指数来做名义工资的缩减因子。产品工资的国际数据非常有限，与正文这里提供的证据相比，它对黏性工资假设提供了更少的支持。关于这个问题的进一步讨论，请参考Eichengreen and Hatton（1988）或Bernanke and James（1991）。

③ Bernanke and Carey（1994）的题目是*Nominal Wage Stickiness and Aggregate Supply in the Great Depression*，也就是本书第9章。但是从本章的参考文献看，本章参考的是该文发表之前的版本，而本书第9章则是该文1996年在*The Quarterly Journal of Economics*发表后的版本，两者之间有些许差异——译者注。

Eichengreen and Sachs（1985）的分析：首先，他们把样本从 10 个国家扩大到 22 个国家，并且使用了 1931—1936 年的年度数据，而不仅仅是 1935 年的数据。其次，为了避免把通过非工资渠道起作用的价格效应错误地归因于实际工资[①]，在回归中，他们把实际工资分解为名义工资和价格水平两个部分。最后，他们控制了除工资以外所有影响总供给的因素，并且使用工具变量技术来修正产出与工资决定中的联立性偏差（simultaneity bias）[②]。进行这些修正后，Bernanke and Carey（1994）"更偏爱"的、描述他们样本中的产出供给的方程如下（见表 1—4 第 9 项[③]）：

$$q=-0.600w+0.673p+0.540q_{-1}-0.144PANIC-0.69\times10^{-5}STRIKE \quad (1.2)$$

$$(3.84)\quad(5.10)\quad(7.66)\qquad(5.79)\qquad(3.60)$$

其中：

q，q_{-1} = 制造业产值的当期项和一阶滞后项（取对数）

w = 名义工资指数（取对数）

p = 批发价格指数（取对数）

$PANIC$ = 每年发生银行业恐慌的月数（参见前文或 Bernanke and James，1991）除以 12

$STRIKE$ = 由于工人抗争而损失的工作日数（每千个雇员）

括号里是 t 统计量的绝对值。回归使用了 1931 年到 1936 年合并的横截面数据（pooled cross-sectional data），并且包括了时间虚拟变量和固定的国别效应（country effects）。国内（within-country）一阶序列相关的一致估计值-0.066 是通过非线性最小二乘回归得到的。

方程显示，银行业恐慌（*PANIC*）和工作中断（*STRIKE*）对产出供给都有大而且显著的影响，[④] 产出的一阶滞后项的系数表明，在任何给定的年

---

① 假设通货紧缩通过一个非工资的渠道——例如引致性金融危机——影响产出，并且名义工资数据相对有很多噪声（例如它们反映的是官方工资率而不是实发工资率），那么，尽管工资不是这个传导机制的一部分，我们也会发现实际工资与产出之间存在着负向关系。

② 在下述方程（1.2）中使用工具变量作为总需求移动因子（aggregate demand shifters），包括：贸易加权的进口价格指数、金本位集团国家的贴现率和放弃金本位制的国家的 M1。另外，在回归中，反映银行业恐慌与罢工变量、名义工资和产出的滞后项都被视为先决（predetermined）变量。

③ 本书第 9 章的表 9—4 里并没有第 9 项，即没有报出这里的方程（1.2），原因见前面注释 38——译者注。

④ *PANIC* 的系数表明一年的银行危机使产出下降约 14%。*STRIKE* 的系数表示的是罢工造成的产出损失和损失的工作小时数成比例时的情况。进一步的讨论可以参见 Bernanke and Carey（1994）。

份，产出向它的“目标”水平调整大约一半。最重要的是，名义工资的系数估计值高度显著，而且与价格水平的系数大小近似相等、符号相反，这与黏性名义工资假说隐含的意义一样。① 特别是，方程（1.2）还表明，那些名义工资的调整比价格水平的调整缓慢的国家，其制造业产出的下降最为剧烈。

图1—1直观地说明了最后一点。它给出了五个金本位集团成员国（比利时、法国、荷兰、波兰和瑞士）1935年的名义工资和产出。在这一时期，它们都奉行金本位制，而且1935年它们的批发价格水平相差不大，但是名义工资大相径庭。图1—1显示，法国和瑞士的名义工资显著地高于其他三个国家（事实上，自1929年起，这些国家的名义工资几乎没有调整过），而它们的产出也显著较低。如果仅仅利用这五个点的数据，把产出的对数对常数项和名义工资的对数做回归，得到名义工资的系数为 $-0.628(t=-1.49)$。

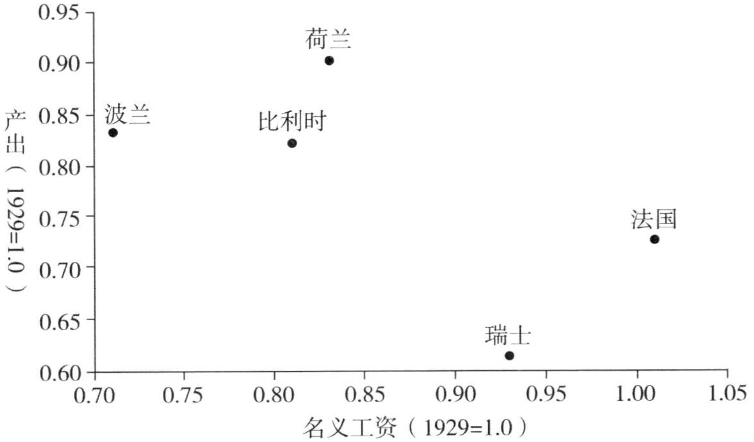

图1—1　金本位集团成员国的产出与工资（1935年）

尽管 Bernanke and Carey（1994）在横截面数据上发现了黏性名义工资假说的证据，但是，他们强调，在时间序列上的证据就脆弱多了（回想

① 关于“名义工资与价格的系数大小相等，符号相反”这一点，在标准的显著性水平上很容易被接受（$p=0.573$）。

一下，他们的回归里包含了年度时间虚拟变量，所以他们的结果完全是在各国横向比较的基础上得出的）。宽泛地说，用名义工资黏性来解释大萧条期间产出序列的变动情况存在的问题是：虽然在1929—1931年的低迷时期，全世界的实际工资都迅速提高，但是在复苏时期，多数国家的实际工资并没有下降太多。事实上，在有些国家（比如美国），在实际工资上升的同时经济复苏十分强劲。Bernanke and Carey（1994）指出，在他们的22个样本国家中，虽然1936年的实际工资比1929年高出近20%，但是1936年的平均产出比1929年也高出近10%。[①] 一个或许能够调和横截面和时间序列不同结果的解释是：随着大萧条慢慢过去，实发工资相对于报告的工资或官方工资率下降了，并且在各样本国家中，实发工资与报告的工资之比是相近的。

1.2.3 我们能够解释大萧条时期的名义调整失败吗？

我已经讨论了两个一般的原因，来解释两次大战之间各国经济为什么没能对30年代初巨大的名义冲击做出调整：（1）非指数化的债务合约，通过它，通货紧缩引起了财富的再分配与金融危机；（2）名义工资（也可能是成本结构中的其他要素）调整缓慢。从一个理论经济学家的观点来看，非中性的这两个来源有着重要的区别，即：在发生预期之外的通货紧缩时，各方当事人有动力重新签订名义工资（或价格）合约，但没有动力重新签订名义债务合约。具体来说，如果名义工资相对于劳动市场均衡工资水平“太高”以至于劳动市场无法出清的话，那么雇主和工人（如果他不想失业）应该都愿意接受一个较低的工资，或者通过其他手段使就业达到一个有效率的水平（Barro，1977）。相反，我们并没有假设预期之外的通货紧缩通过债务合约产生的财富再分配效应会被某种隐含的指数化或事后重新订约抵消，这是因为大量的净债权人确实从通货紧缩中得到了好处，所以他们没

① 原则上，这一结果可以用“在给定实际工资水平下，长期来看产能是增长的”来解释。但是Bernanke and Carey（1994）估计发现，要调和产出和实际工资的变化情况，需要产能平均每年增长5.6%才行。

有动力放弃这种既得利益。[1] 因此，名义工资（类似的还有价格）调整失败似乎与经济理性假设不一致，而通货紧缩引致的金融危机却不与假设冲突（假定非指数化金融合约一开始就存在[2]）。

可能调和工资—价格黏性与经济理性的一个有趣的观点是：金融合约的非指数化和债务型通货紧缩可能因为某些原因成为名义工资和其他价格调整缓慢的根源。这其中的联系最有可能是政治原因促成的：随着通货紧缩的发展，金融危机的威胁和债务人的不满与日俱增，迫使政府干预经济，而这些干预措施会阻碍调整。以法国为例（从图1—1中可以发现，法国的调整非常缓慢），一位历史学家这样写道：

> 随着价格下跌，收入下滑，农民、店主、商人和工厂主纷纷破产的时候，政府便根据过去的经验，出台了一系列复杂却不成熟的干预措施，以期通过对市场自由运作的干预来维持特定的既得经济环境（Kemp，1972，p. 101）。

法国政府的干预主义措施包括：为了维持农民（一群政治势力强大的债务人）的名义收入，对农产品进口进行严格限制，并规定谷物的最低价格；为了提高价格和企业利润，政府支持企业组成卡特尔，同时实行进口保护；降低劳动供给的措施，包括遣返外国劳工，缩短每周工作时数。[3] 这些措施（可以和美国新政时期的举措相媲美）趋向于阻碍名义工资和价格向下调整。

债务型通货紧缩也可能通过更严格的经济渠道对工资—价格产生影响。例如，在法国，重工业（比如钢铁行业）的规模在20世纪20年代急剧膨胀，从而带来了沉重的债务负担。为了应付通货紧缩导致的财务危机，企业

---

① 文献中的规范模型——例如Bernanke and Gertler（1990）——通常认为，尽管债务型通货紧缩会降低总产出和投资，但并不意味着这种情况是帕累托无效的（给定信息约束）。因此债权人和债务人就没有动力修订债务合同。如果在Bernanke-Gertler模型的基础上假定生产或总需求存在外部性，那么债务型通货紧缩就意味着帕累托无效，但这种无效并不是通过双方修订合约就能简单改善的。

② 可以认为非指数化金融合约是试图最小化事前交易成本的理性行为。如果预期货币当局会保持通货膨胀稳定——在金本位制下这是一个合理的假设——那么这一策略就是合理的。

③ 当然，最明显的干预是通过贬值或规定所有的名义求偿权（claims）价格必须下降来终结通货紧缩。然而我们已经看到，在法国，人们普遍认为贬值会导致经济陷入混乱；而标低债务和其他求偿权，除了管理起来很复杂之外，还会被认为是政治力量对合同神圣性的不可接受的侵犯。

或者单独作战或者相互联合，试图通过限制产出来提高价格，维持边际利润（Kemp，1972，pp. 89ff.）。这种行为在现代企业组织理论中得到了预测和证实（例如参见 Chevalier and Scharfstein，1994）。

其他还有许多因素无疑也会造成名义量的不完全调整。在有些国家，许多名义工资和价格要么直接由政府控制（这样名义工资和价格的变动就需要行政命令或法规的变更，而这通常是滞后的），要么被高度政治化了。法定的税费、关税是名义刚性的另一个根源，见 Crucini（1994）对关税的研究。复杂的、分散型的经济无疑也要面临协调的严重问题，包括内部协调以及与其他经济的协调，这是近年理论研究的一个重要课题（见 Cooper，1990）。

我相信，与其他有关大萧条的问题一样，国际比较分析最有可能提高我们对于名义调整不完全的根源的理解。但在比较分析中还需要加入政治和制度变量，比如工会成员占工人总数的比例，工人、农民和工厂主等在立法机构中的比例，政府雇员占劳动力总数的比例等等。通过历史方法和案例分析方法来比较不同国家的政府对通货紧缩的反应，可能也有助于定性地解释价格下降对各国经济造成的破坏程度的差异。

1.3 结 论

从方法论上看，近来对大萧条的研究的主要贡献是把样本从美国扩展到多个国家。通过对大量国家的比较研究，使我们能更好地确定 30 年代促使全球进入萧条的原因。具体来说，关于货币收缩是大萧条的一个重要原因，以及货币放松（reflation）是经济恢复的主导因素的证据得到了极大的支持。

在经济的总供给方面，我们已经从两次大战之间受益匪浅，并且在未来会受益更多。其中一个关键的结论是：如果财富的再分配能引发系统性的财务危机，那它就会对总供给产生影响。我们已有证据表明名义工资的不完全调整是导致货币非中性的因素。要理解后一个现象，可能需要从更宽广的角度思考问题，不但要考虑经济因素，还要考虑政治因素。

附录：数据来源

制造业产值数据来自国际联盟（League of Nations，1945）。工资和就业数据来自国际劳工组织（International Labour Organization）出版的各期《劳工统计年鉴》（*Year Book of Labor Statistics*）。构造基础货币所使用的商业银行准备金数据来自各期国际联盟的 II. A 经济与金融系列：《货币与银行》（II. A Economics and Financial Series：*Money and Banking*）。美国货币数据来自 Friedman and Schwartz（1963）和美联储理事会（Board of Governors，1943）。其他数据来自各期国际联盟的《统计年鉴》（*Statistical Year Book*）和《月度统计公告》（*Monthly Bulletin of Statistics*）。

所有的数据都是年度数据，并且尽量收集以下 26 个国家的数据：澳大利亚、阿根廷、奥地利、比利时、加拿大、捷克斯洛伐克、丹麦、爱沙尼亚、芬兰、法国、德国、希腊、匈牙利、意大利、日本、拉脱维亚、荷兰、挪威、新西兰、波兰、罗马尼亚、瑞典、西班牙、瑞士、英国和美国。

各变量的可得性描述如下。数据集中包括的国家是基于其关键变量（尤其是产出和价格）的可得性。

数据可得性

制造业产值：所有国家，西班牙 1936 年的数据除外。阿根廷的工业产值来自 Thorp（1984）。

批发价格：所有国家。

流通中的货币和银行券：所有国家。

商业银行存款：所有国家，希腊和西班牙 1936 年的数据除外。

名义工资：所有国家，芬兰、希腊、罗马尼亚、西班牙除外。

就业量：所有国家，奥地利、比利时、捷克斯洛伐克、希腊、西班牙和丹麦 1930 年的数据除外。

贴现率：所有国家，阿根廷和瑞士除外。

汇率（兑法国法郎）：所有国家。

出口量：所有国家，阿根廷和西班牙1936年的数据除外。

进口量：所有国家，爱沙尼亚、芬兰、希腊和西班牙1936年的数据除外。

股价指数：奥地利、比利时、加拿大、捷克斯洛伐克、丹麦、法国、德国、匈牙利、意大利、荷兰、挪威、瑞典、西班牙、瑞士、英国和美国的数据可用。

参考文献

Barro, Robert J. "Long-term Contracting, Sticky Prices, and Monetary Policy." *Journal of Monetary Economics* 3 (1977), 305–16.

Bernanke, Ben. "Nonmonetary Effects of the Financial Crisis in the Propagation of the Great Depression." *American Economic Review* 73 (June 1983), 257–76.

Bernanke, Ben, and Kevin Carey. "Nominal Wage Stickiness and Aggregate Supply in the Great Depression." Unpublished, Princeton University, January 1994.

Bernanke, Ben, and Mark Gertler. "Financial Fragility and Economic Performance." *Quarterly Journal of Economics* 105 (February 1990), 87–114.

Bernanke, Ben, and Harold James. "The Gold Standard, Deflation, and Financial Crisis in the Great Depression: An International Comparison." In R. G. Hubbard, ed., *Financial Markets and Financial Crises*, Chicago: University of Chicago Press, 1991.

Board of Governors of the Federal Reserve System. *Banking and Monetary Statistics.* Washington: National Capital Press, 1943.

Calomiris, Charles W. "Financial Factors in the Depression." *Journal of Economic Perspectives* 7 (Spring 1993), 61–86.

Campa, Jose Manuel. "Exchange Rates and Economic Recovery in the 1930s: An Extension to Latin America." *Journal of Economic History* 50 (September 1990), 677-82.

Cecchetti, Stephen G. "Prices during the Great Depression: Was the Deflation of 1930-1932 Really Unanticipated?" *American Economic Review* 82 (March 1992), 141-56.

Chevalier, Judith A., and David S. Scharfstein. "Capital Market Imperfections and Countercyclical Markups: Theory and Evidence." National Bureau of Economic Research working paper no. 4614. January 1994.

Choudhri, Ehsan U., and Levis A. Kochin. "The Exchange Rate and the International Transmission of Business Cycle Disturbances: Some Evidence from the Great Depression." *Journal of Money, Credit, and Banking* 12 (1980), 565-74.

Cooper, Russell. "Predetermined Wages and Prices and the Impact of Expansionary Government Policy." *Review of Economic Studies* 57 (1990), 205-14.

Crucini, Mario. "Sources of Variation in Real Tariff Rates: The United States, 1900-1940." *American Economic Review* 84 (June 1994), 732-43.

Diamond, Douglas W., and Philip H. Dybvig. "Bank Runs, Deposit Insurance, and Liquidity." *Journal of Political Economy* 91 (June 1983), 401-19.

Eichengreen, Barry. "Central Bank Cooperation under the Interwar Gold Standard." *Explorations in Economic History* 21 (1984), 64-87.

——. Golden Fetters: *The Gold Standard and the Great Depression*, 1919-1939. New York: Oxford University Press, 1992.

——. "Central Bank Cooperation and Exchange Rate Commitments: The Classical and Interwar Gold Standards Compared." *Financial History Review.*

Eichengreen, Barry, and Richard Grossman. "Debt Deflation and Financial Instability: Two Historical Explorations." Unpublished, University of California at Berkeley, June 1994.

Eichengreen, Barry, and Timothy J. Hatton. "Interwar Unemployment in International Perspective: An Overview." In Eichengreen, B. and Hatton, T., eds., *Interwar Unemployment in International Perspective.* London: Kluwer Academic Publishers, 1988.

Eichengreen, Barry, and Jeffrey Sachs. "Exchange Rates and Economic Recovery in the 1930s." *Journal of Economic History* 45 (1985), 925–46.

——. "Competitive Devaluation and the Great Depression: A Theoretical Reassessment." *Economics Letters* 22 (1986), 67–71.

Eichengreen, Barry, and Marc Uzan. "The 1933 World Economic Conference as an Instance of Failed International Cooperations." In Peter B. Evans et al., eds., *Double-Edged Diplomacy*, Berkeley, Calif.: University of California Press, 1993.

Evans, Martin, and Paul Wachtel. "Were Price Changes during the Great Depression Anticipated? Evidence from Nominal Interest Rates." *Journal of Monetary Economics* 32 (August 1993), 3–34.

Fisher, Irving. "The Debt-Deflation Theory of Great Depressions." *Econometrica* 1 (October 1933), 337–57.

Friedman, Milton, and Anna J. Schwartz. *A Monetary History of the United States*, 1867–1960. Princeton: Princeton University Press, 1963.

Gordon, Robert J., and James Wilcox. "Monetarist Interpretations of the Great Depression: Evaluation and Critique." In Karl Brunner, ed., *The Great Depression Revisited.* Boston: Martinus Nijhoff, 1981, 49–107.

Green, Susan J., and Charles H. Whiteman. "A New Look at Old Evidence on 'Nonmonetary Effects of the Financial Crisis in the Propagation of the Great Depression'." University of Iowa, April 1992.

Grossman, Richard S. "The Shoe That Didn't Drop: Explaining Banking Stability during the Great Depression." Wesleyan University, March 1993.

Hamilton, James D. "Monetary Factors in the Great Depression." *Journal of Monetary Economics* 19 (1987), 145–69.

——. "The Role of the International Gold Standard in Propagating the Great Depression." *Contemporary Policy Issues* 6 (1988), 67–89.

——. "Was the Deflation during the Great Depression Anticipated? Evidence from the Commodity Futures Market." *American Economic Review* 82 (March 1992), 157–78.

Kemp, Tom. *The French Economy, 1913—39: The History of a Decline.* London: Longman Group, 1972.

Kiyotaki, Nobu, and John H. Moore. "Credit Cycles." Unpublished, University of Minnesota and LSE, March 1993.

League of Nations. *Industrialization and Foreign Trade.* Geneva, 1945.

Mishkin, Frederic S. "The Household Balance Sheet and the Great Depression." *Journal of Economic History* 38 (December 1978), 918–37.

Nurkse, Ragnar (with W. A. Brown, Jr.). *International Currency Experience: Lessons of the Inter-War Period. Princeton*, N. J.: Princeton University Press for the League of Nations, 1944.

Romer, Christina. "The Nation in Depression." *Journal of Economic Perspectives* 7 (Spring 1993), 19–40.

Sumner, Scott. "The Equilibrium Approach to Discretionary Monetary Policy under an International Gold Standard: 1926–1932." *The Manchester School of Economic Studies* (December 1991), 378–94.

Temin, Peter. *Did Monetary Forces Cause the Great Depression?* New York: W. W. Norton, 1976.

——. *Lessons from the Great Depression.* Cambridge, Mass.: MIT Press, 1989.

——. "Transmission of the Great Depression." *Journal of Economic Perspectives* 7 (Spring 1993), 87–102.

Thorp, Rosemary, ed. *Latin America in the 1930s: The Role of the Periphery in the World Crisis.* New York: St. Martin's Press, 1984.

第二部分

货币和金融市场

第 2 章

金融危机在大萧条传播过程中的非货币影响*

1930 年到 1933 年是美国历史上金融体系最困难和最混乱的时期。1933 年 3 月，在银行体系（和其他许多金融中介与市场）瘫痪的情况下，银行倒闭的风潮达到了顶峰。另一方面，违约和破产比例高企，影响了除联邦政府之外的所有借款者。

这场影响广泛的金融危机——更准确地说是银行倒闭——的一个引人注意的特征是，它与宏观经济萧条在时间上是同步发生的。[①] 值得注意的是，

---

* 经授权重印自《美国经济评论》（*American Economic Review*），vol. 73（June 1983）。

我从很多学者那里得到了有益的评论，虽不能在此一一列举，但我对他们每一位都心怀感激。国家科学基金（The National Science Foundation）提供了部分赞助。

① 详见下文第 2. 1. 3 和第 2. 4 节。

美国经济曾经明显地试图从1929—1930年的衰退[①]中复苏，但1930年11月至12月的第一次银行危机爆发后，这一复苏被打断了；在1931年年中的恐慌中，初露端倪的经济复苏退化成一场新的衰退；在1933年3月实行银行“歇业”（Bank“Holiday”）时，整个经济和金融体系双双陷入谷底。直到1933—1935年的新政开始重建金融体系，经济才从大萧条中缓慢地恢复过来。

对于金融危机与宏观经济的这种同步波动关系，一种可能的解释是：金融体系只是简单地对总产出的下滑做出反应，而没有反馈。这与金融体系的问题往往领先于产出下滑这一事实相矛盾；同时很多学者也记述了一些与美国产出下滑无关的、导致金融恐慌的因素（参见下文2.4）。

在强调金融体系问题导致产出下降这一反向因果关系的理论中，最有名的一种是Friedman和Schwartz提出的。他们着眼于银行面临的困境，指出它通过两种途径加重了整体经济收缩：第一是通过减少银行股东的财富；第二，也是更重要的一点，是通过引起货币供给的急剧下降。对于第二条即货币渠道，有很多论据支持。然而，这并不能完全解释20世纪30年代金融部门与总产出之间的联系。因为，一方面，尚没有关于货币对实体经济的影响的、能够解释长期非中性的理论；另一方面，当时货币供给的下降在数量上似乎不足以解释随后的产出下滑（同样参见第2.4）。

本章在Friedman-Schwartz研究的基础上，考察金融危机影响产出的第三种可能途径，这里说的金融危机包括债务人、银行及其他贷款人的破产。基本前提如下：由于金融债权（financial claims）市场的不完善，为了把借款人和贷款人联系起来，需要重要的做市和信息搜集服务。正如我试图证明的那样，1930—1933年的混乱降低了整个金融部门提供这些服务的效率。随着金融中介行为的实际成本的提高，一些借款者（特别是家庭、农民和小公司）发现信贷变得昂贵而且难以获得。1929—1930年的衰退尽管比较严

① 本章并没有讨论导致1929—1930年最初衰退的原因。Milton Friedman and Anna Schwartz（1963）强调了联邦储备系统实行的“反投机”的紧缩性货币政策的重要性。其他学者，如Peter Temin（1976）则指出了自主性支出的作用。

重，但还不算是前所未有的，然而这种信贷紧缩对总需求的影响使其最终变成了一次长期的萧条。

首先需要指出，我的理论并没有为大萧条提供一种完整的解释（例如根本没有涉及1929—1930年的情况）；同样，它也不一定要同现有的理论不一致。[①] 不过，它确实具有以下几个优点：首先，它似乎能够（以一种不同于现有理论的方式）解释这场萧条不同寻常的深度和持久性；其次，它不需要假定私人经济代表人有明显的非理性行为。鉴于如何调和大萧条中明显存在的无效率与个人行为理性假定之间的关系仍然是宏观经济学中一个悬而未决的前沿问题，这两个优点就足以促使人们认真地考虑这一理论。

在正式的经济学文献中似乎都没有提出本文所涉及的理论[②]。迄今为止，从历史角度对一般金融危机进行讨论的最佳文献是 Lester Chandler（1970，1971），但他没能深入揭示出金融危机与宏观经济表现之间的联系。从 Irving Fisher（1933）和 A. G. Hart（1938）的研究开始，出现了一系列研究内在债务对宏观经济影响的文献；最近 Frederic Mishkin（1978）发表了一篇有意思的论文，它强调家庭的资产负债表与流动性问题。Benjamin Friedman（1981）论述了信贷与总体经济活动之间的关系。Hyman Minsky（1977）和 Charles Kindleberger（1978）在几个地方讨论了金融系统的内在不稳定性，但是这样做就不得不放弃理性经济行为的假定。[③] 上述作者都没有强调金融危机对信贷中介实际成本的影响，而这正是本章关注的焦点所在。

全章结构如下：第2.1节记述一些有关1930—1933年金融危机的背景资料、它的根源、它与总产出波动之间的同步性。第2.2节开始论述本文的主要观点，解释为什么银行挤兑和大量的违约行为会降低金融部门发挥中介功能的效率，并列出了一些这方面的证据。

---

① 参见 Karl Brunner（1981）对当代有关大萧条理论的综述。还可参见 Lucas（1981）中收录的 Robert Lucas and Leonard Rapping 的论文。

② 最近的一些研究来说更是如此，这些研究倾向于忽视金融危机的非货币性影响；早期的学者又经常将金融崩溃的破坏性作用看成是理所当然的。

③ 我不否认非理性行为在经济生活中可能有重要作用，然而最好的研究方法似乎应该是尽量坚持理性人的假定。

第 2. 3 节讨论低下的金融效率影响产出的几种可能渠道。第 2. 4 节报出简化形式的估计结果，这些结果说明，我的理论增加的纯货币分析方法能够明显提高对短期内金融部门与产出之间的关系的解释能力。第 2. 5 节考察这些影响的持久性。

第 2. 6 节简要讨论不同国家金融部门与总产出之间的关系。第 2. 7 节总结全文。

2. 1　金融崩溃：一些背景材料

早期的学者已经详细讨论过 1930 年 10 月到 1933 年 3 月美国金融系统所面临的困境,[①] 不过，在这里扼要地描述一下主要事实还是十分有益的。有了这些背景知识，我们就可以把注意力转向本文所要讨论的更核心的问题。

金融崩溃的两个主要表现是：公众对金融机构尤其对商业银行丧失信心；债务人普遍无力偿债（insolvency）。我将分别简要讨论，并指出它们与总产出波动的关系。

2. 1. 1　金融机构的倒闭

30 年代，大部分金融机构——包括像联合土地股份银行（Joint Stock Land Banks）这样的半公共机构——都面临着巨大的压力。其中的一些机构，如保险公司和互助储蓄银行（mutual saving banks）千方百计地勉强维持正常经营。而另外一些机构，如建房贷款机构（building-and-loan）在经营上则受到了很大阻碍（尽管它们能限制存款人提前支取，但仍然有大量破产）。[②] 然而，商业银行面临的问题才是最重要的，这既是由于它们数量

① 这一方面的内容可以参见 Chandler（1970，1971）和 Friedman and Schwartz（1963）。

② Hart 描述了建房贷款机构所面临的困难。另一个特别的方面是邮政储蓄系统（postal saving system）的存在给住宅贷款人所带来的额外压力，具体可以参见 Maureen O’Hara and David Easley（1979）。

众多，也是因为它们在金融系统中所发挥的核心作用。[①]

研究大萧条的学者们都非常清楚，当时银行危机极端严重。从1930年到1933年，每年营业的银行倒闭的比例分别为5.6%、10.5%、7.8%和12.9%。由于倒闭和兼并，到1933年底，仍在坚持经营的银行只有1929年的一半多一点。[②] 幸存下来的银行也都损失惨重、苟延残喘。

我们需要结合历史背景才能更好地理解造成银行崩溃的根源。首先需要澄清的是，在大萧条期间，银行倒闭屡见不鲜。美国的银行系统主要由很多小型的独立银行构成，因而总是特别脆弱（像英国，法国和加拿大那些只有少量大银行的国家，就从来没发生过像美国这样大规模的银行危机）。在美国，小银行的主导地位很大程度上是由监管环境造成的，这种监管环境反映了公众对大银行和“垄断”的担心。例如，在各州和联邦，限制银行开设分支机构的法律多如牛毛。州银行和联邦银行系统争夺成员银行的竞争也使进入银行业的法律门槛降得很低。[③] 在这种环境下，出现大量银行倒闭也不算意外，甚至可能还是合乎意愿的。由于“自然原因”（如20年代导致很多小型农业银行倒闭的农业萧条）而导致的银行倒闭不胜枚举。[④]

但是，除了一些小银行缺乏生存能力这一原因之外，从历史上来看，美国的银行系统还受到另一个更加有害的因素的威胁，那就是金融恐慌。银行持有的负债主要是价格固定的、可随时支取的债务（即活期存款），而银行持有的很多资产却是高度非流动性的，这就可能导致一种不好的预期均衡（expectional equilibrium）——对银行的“挤兑”。在银行挤兑中，对银行倒闭的担忧促使存款人提前支取存款，这反过来又迫使银行变现资产。这种匆忙变现，或是当其他银行也在变现的时候在市场上大量抛售资产，都可能会使银行损失惨重，从而导致银行倒闭。这样，对银行倒闭的预期就通过挤兑

① 根据Raymond Goldsmith（1958）的研究结果，在1929年，按照宽泛的定义，商业银行持有的资产占全部金融中介机构所持资产总额的39.6%。参见他的表11。

② 根据Cyril Upham and Edwin Lamke（1934，p.247）。由于小银行更容易倒闭，因此暂停营业的银行的存款所占的比例要小一些。存款人最终得到的赔偿比例大约是75%。参见Friedman and Schwartz（1963，p.438）。

③ Benjamin Klebaner（1974）对美国商业银行的发展历史做了一个较好的简要回顾。

④ Upham and Lamke（p.247）指出，在20世纪20年代，每年营业的银行中差不多有2%～3%破产。

机制自我实现了。①

一个引人注意的问题是，当其他可供选择的工具能够降低或防范挤兑风险时，银行为何还要依赖固定价格的活期存款?② Friedman and Schwartz（1963）给出了一种解释。他们指出，在 1913 年建立联邦储备体系之前，通常是采用暂停将银行存款兑换成货币的办法来抑制恐慌的。这种措施一般是由城市银行组成的松散组织——票据清算所（clearinghouse）发起的，它使银行不必再匆忙变现资产，从而缓解挤兑带来的风险。只要采用这种暂停兑换的措施，使用活期存款带来的不稳定性就相对非常小。③

然而，根据 Friedman and Schwartz（1963）的说法，随着联邦储备体系的建立，这种大体还算稳定的制度安排被破坏了。尽管联邦储备体系并没有制定反对暂停兑换的专门规章，票据清算所却明显地觉得这一新设机构减轻了自己在对抗挤兑上所负的责任。不幸的是，事实证明联邦储备体系既不能够、也不愿意承担这种责任。

从第一次世界大战直到 1930 年都没有发生严重的银行挤兑。但在 1930—1932 年间，来自世界各地的关于金融业的不利消息多如牛毛，恰如火药桶周围的点点火星，随时可能引发危机。很明显，挤兑是当时银行困境的一个重要方面。当时的报道提供了一些有关迹象，包括对引起挤兑的特定事件的描述。同样值得注意的是，银行倒闭常常在很短的时间内爆发，而不是以渐进的方式进行的（参见表 2—1 第 2 列有关倒闭银行存款额的月度数据）。直到 1932 年年底和 1933 年年初，政府的干预开始发挥作用的时候，问题才得到遏制。

这样，我们可以看出，30 年代早期的这场银行危机在规模上和挤兑造成的危险程度上都与以往的情况截然不同。结果不仅仅是小银行，而且几乎整个银行系统的行为都受到了不利影响。正如下文所要指出的那样，银行经

① Douglas Diamond and Philip Dybvig（1981）正式讨论了这一问题。对于挤兑现象的另一个分析可以参见 Robert Flood and Peter Garber（1981）。

② 例如，像现代货币市场共同基金使用的那些权益类工具可以被用作交易媒介。参见 Kenneth Cone（1982）。

③ Diamond and Dybvig 通过规范的方法得出了这一结论，并提出了一些意见。

营者对挤兑的担忧对宏观经济有着重要的影响。

2.1.2 违约和破产

金融危机的第二个主要表现就是债务人普遍无力偿债（目前历史学家们忽略了这一点）。鉴于债务合同都是以名义价格签订的，[①]价格和货币收入的长期下降极大地提高了债务负担。Evans Clark（1933）表明，债务本息占国民收入之比从1929年的9%上升到了1932—1933年的19.8%。由此产生的高违约率使借款人和贷款人都陷入了困境。

“债务危机”影响了所有的经济部门。例如，在大萧条开始之时，所有的住宅中大约一半都被抵押了。1934年1月1日的《城市住宅金融调查》(*Financial Survey of Urban Housing*，被Hart引用）指出：

“在被调查的22个城市中，自有房屋抵押贷款的违约比例均超过了21%（21%是弗吉尼亚州首府里士满的数据）；一半以上的城市超过了38%；在印第安纳波利斯和阿拉巴马州的伯明翰这两个城市达到了50%到60%；在克里夫兰达到了62%。对出租房屋来说，这一比例还要稍微高一些。”（p.164）

由于食品价格长期低迷，农民的处境比房主更加困难。1933年年初，在美国所有农场中有45%的农场主无力偿还债务，他们持有了农场抵押贷款价值的52%（Hart，p.138）。许多试图为失业者提供救济的州政府和地方政府在偿还债务方面也捉襟见肘：到1934年3月，在人口超过3万的310个城市中，有31个城市政府和3个州政府出现了债务违约（Hart，p.225）。

在商业部门，财务危机（financial distress）的影响很不均衡。所有公司的总税前利润在1931年和1932年均为负；从1930年到1933年，公司的总税后留存收益都为负（Chandler，1971，p.102）。但是在这段时期内，那些资产超过5 000万美元的公司仍然保持了正利润，那些较小的公司则承担了危机的冲击。Solomon Fabricant（1935）指出，仅仅在1932年，资产在5万

① 在20世纪30年代的通货紧缩中没有签订指数化债务合约——这与70年代通货紧缩时的情况一样——的原因至今仍不得而知。

美元及以下的公司的损失就达到了总资本额的33%。对资产在5万至10万美元之间的公司，这一数字为14%。结果小公司破产率居高不下。

虽然30年代的通货紧缩异常漫长，但在1921至1922年间也曾经出现过类似的情况，不过那时并没有引起大规模的资不抵债。大萧条中问题的严重性不仅仅源于通货紧缩的严重程度，它还与20年代内在债务大规模的、毫无限制的扩张有关。Charles Persons在1930年的一篇论文中考察了大萧条之前十年信贷扩张的情况。他指出，发行在外未清偿的公司债券和票据从1920年的261亿美元增长到了1928年的471亿美元；同一时期，非联邦政府的公共债券从118亿美元增加到了336亿美元（相比之下，1929年美国国民收入才868亿美元）。更加值得注意的是，在20年代，像家庭和非法人企业这样的小额借款人的债务急剧增长。例如，城市房地产抵押贷款的未清偿价值从1920年的110亿美元增加到1929年的279亿美元，消费者按揭贷款的增长反映了主要耐用消费品开始进入大众市场。

与银行危机一样，30年代发生的这场债务危机并不新鲜；但它在严重性和普遍性方面都是前所未有的。

2.1.3 金融危机与宏观经济活动之间的相关性

Friedman and Schwartz（1963）等学者都注意到了金融危机（尤其是银行倒闭）发展的各个阶段与实际产出变动之间的紧密联系。表2—1中的月度数据可以使我们对这一联系有一个大概的了解。其中第1列是实际工业产值的一个指数，第2列是倒闭的银行的名义负债额，第3列是破产的非银行商业企业的名义负债额。

表中的工业产值数据说明，美国从1929年开始出现了衰退。到1930年后期，尽管这种衰退十分严重，但并不比1920—1922年间的衰退更糟糕。随着衰退开始减慢，人们很自然地认为经济会像1922年那样迅速地实现复苏。

然而，随着第一次银行危机的爆发，出现了Friedman and Schwartz（1963）所说的“收缩的特点发生了变化”（p. 311）。美国经济先是持续低迷，随之就被1931年6月再次出现的银行倒闭拖进了新的深渊。

表2—1　　1929年7月至1933年3月的宏观经济数据

月份	*IP*	*Banks*	*Fails*	*ΔL/PI*	*L/DEP*	*DIF*
1929年						
7月	114	60.8	32.4	0.163	0.851	2.31
8月	114	6.7	33.7	0.007	0.855	2.33
9月	112	9.7	34.1	0.079	0.860	2.33
10月	110	12.5	31.3	0.177	0.865	2.50
11月	105	22.3	52.0	0.121	0.854	2.68
12月	100	15.5	62.5	−0.214	0.851	2.59
1930年						
1月	100	26.5	61.2	−0.228	0.837	2.49
2月	100	32.4	51.3	−0.102	0.834	2.48
3月	98	23.2	56.8	0.076	0.835	2.44
4月	98	31.9	49.1	0.058	0.826	2.33
5月	96	19.4	55.5	−0.028	0.820	2.41
6月	93	57.9	63.1	0.085	0.818	2.53
7月	89	29.8	29.8	−0.055	0.802	2.52
8月	86	22.8	49.2	−0.027	0.800	2.47
9月	85	21.6	46.7	0.008	0.799	2.41
10月	83	19.7	56.3	−0.010	0.791	2.73
11月	81	179.9	55.3	−0.067	0.777	3.06
12月	79	372.1	83.7	−0.144	0.775	3.49
1931年						
1月	78	75.7	94.6	−0.187	0.763	3.21
2月	79	34.2	59.6	−0.144	0.747	3.08
3月	80	34.3	60.4	−0.043	0.738	3.17
4月	80	41.7	50.9	−0.104	0.722	3.45
5月	80	43.2	53.4	−0.133	0.706	3.99
6月	77	190.5	51.7	−0.120	0.707	4.23
7月	76	40.7	61.0	−0.013	0.704	3.93
8月	73	180.0	53.0	−0.103	0.706	4.29
9月	70	233.5	47.3	−0.050	0.713	4.82
10月	68	471.4	70.7	−0.310	0.716	5.41
11月	67	67.9	60.7	−0.101	0.726	5.30
12月	66	277.1	73.2	−0.120	0.732	6.49

续表

月份	*IP*	*Banks*	*Fails*	*ΔL/PI*	*L/DEP*	*DIF*
1932 年						
1 月	64	218. 9	96. 9	−0. 117	0. 745	4. 87
2 月	63	51. 7	84. 9	−0. 138	0. 757	4. 76
3 月	62	10. 9	93. 8	−0. 183	0. 744	4. 91
4 月	58	31. 6	101. 1	−0. 225	0. 718	6. 78
5 月	56	34. 4	83. 8	−0. 154	0. 696	7. 87
6 月	54	132. 7	76. 9	−0. 170	0. 689	7. 93
7 月	53	48. 7	87. 2	−0. 219	0. 677	7. 21
8 月	54	29. 5	77. 0	−0. 130	0. 662	4. 77
9 月	58	13. 5	56. 1	−0. 091	0. 641	4. 19
10 月	60	20. 1	53. 1	−0. 095	0. 623	4. 44
11 月	59	43. 3	52. 9	−0. 133	0. 602	4. 79
12 月	58	70. 9	64. 2	−0. 039	0. 596	5. 07
1933 年						
1 月	58	133. 1	79. 1	−0. 139	0. 576	4. 79
2 月	57	62. 2	65. 6	−0. 059	0. 583	4. 09
3 月	54	3 276. 3[a]	48. 5	−0. 767[a]	0. 607[a]	4. 03

注：*IP*＝经过季节调整的工业产值指数，1935—1939 年数据＝100；数据来源：《联邦储备公告》（*Federal Reserve Bulletin*）。

Banks＝倒闭银行的存款数额（单位：百万美元）。数据来源：《联邦储备公告》。

Fails＝倒闭的商业公司的负债（单位：百万美元）。数据来源：《当前商业调查》（*Survey of Current Business*）。

ΔL/PI＝商业银行贷款的净增量对个人月收入的比率。数据来源：《银行和货币统计》（*Banking and Monetary Statistics*）和《国民收入》（*National Income*）。

L/DEP＝未清偿贷款与活期和定期存款之和的比率（来自每周都报告数据的银行）。数据来源：《银行和货币统计》。

DIF＝Baa 级公司债券和美国长期政府债券的收益率之差（以百分点衡量）。数据来源：《银行和货币统计》。

[a] 1933 年 3 月宣布实行银行歇业。

接着就是整个经济和金融系统的长期下滑。1932 年年初，银行的处境终于稳定下来，随后不久，非银行机构的破产就达到了顶峰。到 8 月份，经济再次出现了复苏的迹象，但几个月后就销声匿迹了。[①] 1933 年 3 月，金融系统和整个经济都到达谷底。银行歇业之后采取的措施结束了银行挤兑，并大大减轻了债务负担。同时总产出开始复苏，并且一直持续到 1937 年。

对金融部门状况与整个经济状况之间的相关性的最重要的解释是由 Friedman and Schwartz（1963）提出的，他们强调了银行危机对货币供给的影响。我同意货币是 1930—1933 年危机的一个重要因素，但是，鉴于引言中所提到的保留意见，我怀疑它能否完全解释金融部门与总产出之间的关系。这促使我开始研究金融危机可能发挥作用的非货币渠道。

2.2 危机对信贷中介成本（CCI）的影响

本章假定，1930 年到 1933 年的金融危机除了通过影响货币供给外，还通过降低某些金融服务（主要是信贷中介）的质量来影响宏观经济。其论证过程分两步：首先必须证明，银行危机和债务危机导致的金融部门混乱提高了联系贷款人与特定借款人的中介服务的实际成本。其次需要证明这种较高的中介成本与总产出下降之间存在联系。我们在此首先进行第一步，第二步留至第 2.3 至第 2.5 节。

为了讨论金融部门提供的服务的质量，首先必须描述一下金融部门真正应该提供的服务。对这些服务的详细描述与选择何种经济模型有关。对于 Eugene Fama（1980）描述的那种经济——金融市场是完全的，信息成本和交易费用可以忽略不计——我们显然不感兴趣。在那种经济中，银行和其他中介机构只是投资组合的被动持有者；由于存款人可以通过调整个人投资组合来抵消银行任何行为的影响，因此银行对资产组合的选择或银行系统的规

① 从表 2—1 来看，这次复苏的失败似乎与金融部门的困境无关。然而，当时的报道却表明 1932 年末和 1933 年初的银行危机（这一危机在银行歇业之后结束）事实上相当严重。参见 Susan Kennedy（1973）。当时报道的银行倒闭比例相对较低，可能是政府延期支付、对提前支取的限制和其他干预所造成的假象。

模都不起任何作用①。

作为对 Fama 的完全市场理论的替代，我们考虑下面这种典型的经济模型。假定储蓄者可以通过多种方式将资源在现在与未来之间进行转换，例如持有不动产、在组织良好的交易所购买政府或公司债券。储蓄者的一种选择是将手中的资源借给银行系统，银行也有许多不同的资产可供储蓄者选择。但是，假定银行专门贷款给特殊的小额借款人，这些借款人的债务金额太少，不足以进行公开交易（我们就是在这里放弃了完全市场的假定）。

为了简单起见，假定接受银行贷款的小额借款人可分为两种极端的类型——“优良”的借款人和“不良”的借款人。优良借款人希望得到贷款，以便进行个人的投资项目。假定这些项目产生的收益是个随机变量，服从某个分布，其均值总是超过投资的社会机会成本。如果风险是非系统风险的话，贷款给优良借款人是符合全社会利益的。不良借款人总是试图表现得像优良借款人，但事实上他们并没有“投资项目”。假定他们会将获得的贷款全部浪费在奢侈消费上，然后赖账不还，即贷款给不良借款人是不符合全社会利益的。

在本模型中，银行系统提供的真正服务就是甄别优良借款人和不良借款人。② 对竞争性的银行系统而言，我将信贷中介成本（cost of credit intermediation，CCI）定义为将资金从最终储蓄者/贷款人手中引导到优良借款人手中所花费的成本，包括甄别成本、监督成本、会计成本和不良借款人所造成的期望损失。银行被认为应该采用那些能最小化 CCI 的操作程序，这可以通过以下几种方法来实现：完善评估潜在借款人资质的技术、与客户建立长期的关系以及设计能够激励潜在借款人以有利的方式自我选择（self-select）的贷款条件③。

给定这一简单的模型，我将描述金融危机的两个主要表现对信贷配置过

① 需要注意，Friedman and Schwartz（1963）所强调的现象——银行系统收缩对交易媒介和实际产出的量的影响——在完全市场模型中也不可能存在。

② 为了集中分析信贷中介服务，我忽略了银行提供的交易和其他服务。

③ 参见 Dwigh Jaffee and Thomas Russell（1976）和 Joseph Stiglitz and Andrew Weiss（1981）关于银行激励借款人选择有利行为的方法。

程的效率的影响（即对 CCI 的影响）。

2.2.1 银行危机对信贷中介成本的影响

1930—1933 年间银行业的问题给信贷流动渠道造成了大规模的意外变动，从而打断了信贷配置的过程。由于担心发生挤兑，存款人大规模地提前支取存款，这使政府预防性地提高了准备金/存款比率，同时银行也增加了对高流动性或可再贴现资产的需求。这些因素与现实中发生的银行倒闭共同导致了银行系统信贷中介作用的收缩。① 银行系统的一些信贷业务逐渐被日益增长的其他信贷渠道所取代（见下文）。然而，由于银行多年来积累了大量的经验、信息和客户关系，这种迅速脱离银行系统的借贷行为无疑会损害金融效率，并提高信用中介成本。②

如果能直接测算出信贷中介成本，那将十分有用。但不幸的是，我们无法找到衡量这一概念的、真正令人满意的实证指标。银行报告的商业贷款利率反映了实际发放的贷款的价格，而不代表将银行资金借给代表性潜在借款人所花费的影子成本。由于在信贷收缩时期，银行只发放最安全、质量最高的贷款，因此计算得到的贷款利率很可能与 CCI 反向变动。我使用 Baa 级公司债券和美国政府债券收益率之差来代表 CCI，得到了一些有趣的结果。但是，使用 Baa 级债券的收益率，与前面假定银行小额借款人的债务额不足以进行公开交易不一致。

尽管我们无法直接观测到银行困境对 CCI 的影响，但我们能看到它对银行信贷展期的影响——表 2—1 给出的一些数据可以说明这一问题。表中的第 4 列给出了未偿还的银行贷款的月度变动额与个人月收入之比，它可以作为衡量银行信贷流动的指标。③ 人们可能会认为，贷款变动幅度与收入之比

---

① 当时 Eugene H. Burris 在《美国银行家》（*American Banker*, October 15. 1931）所发表的文章为这一过程提供了一种有趣的解释。

② 如果时间足够长，中介资源原本能够从处于困境的银行部门转移出来，因此，根本上来说，我持的是调整成本的观点。

③ 在构建银行贷款序列时，我们把按周报告数据的成员银行（它们持有的贷款额占所有银行贷款额的 40%）所报的数据插入到那些观测频率较低的数据中。注意，对我们的研究目的来说，考察贷款的增量变动比考察未偿还的实际贷款存量更加有用：在名义债务收缩和发生严重的、未预期到的通货紧缩的环境中，实际债务存量的稳定并不意味着借款人处境良好。

主要受到贷款需求、进而受到产出增速的影响。然而，通过与表2—1的前两列相比较可以看出，银行危机是这一变量的、与产出水平同等重要的决定因素。例如，到1930年10月为止，工业产值下降了25%，但是除了股票市场崩溃之后投机性贷款被清算的那一小段时间外，未偿还信贷的下降幅度非常小。但是随着1930年11月第一次银行危机的爆发，长期的信贷收缩开始了。信贷收缩与银行危机同步发生，例如，在银行歇业之前银行倒闭最为严重的1931年10月，信贷的净下降幅度达到了个人收入的31%，创下了历史纪录。①

1930年11月之后的银行贷款下降，并不只是资产负债表上对存款下降的简单反映。表2—1的第5列给出了每月未偿还银行贷款与活期存款和定期存款之和的比率。当银行开始放弃贷款业务、转向其他流动性更大的投资时，这一比率急剧下降。

当时的学者也认为，银行危机和随之产生的银行对流动性的追求导致了银行信贷收缩。1932年全美工业会议（National Industrial Conference Board）对信贷状况的一份调查报告中指出“1930年的商业贷款收缩只是商业衰退导致的。而（报告所研究的）1931年和1932年上半年的信贷收缩，则无疑是银行向客户施加的还款压力和银行拒绝发放新的贷款导致的”（p. 28）。当时的其他资料也倾向于赞同这一观点（例如，参见Chandler，1971，pp. 233–239）。

关于银行信贷收缩还有另外两个现象。第一，受信贷收缩影响最大的借款人是家庭、农民、非法人企业和小公司。这类借款人直接或间接地、高度地依赖着银行信贷。第二，美国银行信贷收缩的规模是其他主要国家的两倍，即使与那些经历了相似的产出下滑的国家相比也是如此（Klebaner，p. 145）。

未偿还的银行贷款的下降部分地被其他形式的信贷的相对扩张抵消了。

---

① 在测算信贷收缩情况时包括了那些暂停营业的银行所发放的、还没有转移给其他银行的贷款，这一事实夸大了银行倒闭对未偿还信贷的影响。但我估计这种计算习惯对1930年10月至1933年2月期间（测算的）总信贷收缩的高估不会超过1/8。

与银行和那些主要由银行支持的分期付款金融公司相比，零售商、收息债权人（service creditor）以及非银行贷款机构在消费者金融领域的地位有所提高（Rolf Nugent，1939，pp. 114–116）。在这段时期内，小公司明显减少了传统上对银行贸易信贷的依赖（Charles Merwin，1942，pp. 5 和 75）。但是，正如上文所讨论的那样，在存在交易费用和需要甄别借款人的经济中，这种脱离信贷中介的行为很可能至少暂时地降低了信贷配置过程的效率，从而提高了将信贷投放给潜在借款人的效率成本。

2.2.2 破产对信贷中介成本的影响

下面简要讨论一下当时违约和破产的增加对信贷中介成本的影响。

破产不是一种简单的或自然的现象，而是存在着破产程序，这就给经济理论提出了深刻的问题。例如，为什么债权人和违约的债务人愿意向第三方（律师、行政部门）支付破产程序所需的费用，而不愿意相互协商来分享这些费用？在完全市场中不会出现破产的现象。这是因为完全状态依赖的贷款合同（complete state-contingent loan agreements）在所有可能的情况下都能唯一地界定各方当事人的责任，从而不需要第三方的协调。而我们在不完全市场中的确看到了破产现象，这说明债权人和债务人发现，简单的贷款协议和破产的事后判决（如果必要的话）的组合，要比拟订和执行一份完全状态依赖的贷款合同更划算。

为了更具体化，我们使用“优良借款人—不良借款人”的例子来说明。在与一个潜在借款人签订贷款合同的时候，银行有两种截然不同的选择。第一种选择，它可以将借款人的行为包括在合同之中，并允许借款人的还款随项目产出的变动而变动，从而使合同尽量接近完全状态依赖的合同。如果正确地签订和执行的话，这种合约能够完全消除任一方无法履行责任的可能性；它的明显缺陷就是需要监督成本。银行的第二种选择是签订一份非常简单的协议（规定“借款人应于某年某月某日偿还某一金额”之类的），然后只有在确信借款人可能还款的情况下才发放贷款。当然，第二种选择总是优于第一种，对小额借款人来说尤其如此。

使用抵押物可以使简单合同的成本优势变得更加明显。如果银行在借款人不归还贷款的情况下，能够获得借款人的部分财产，那么银行的风险就会降低。另外，损失抵押物的威胁也会激励借款人将贷款只用于那些有利可图的项目。因此，抵押物和简单贷款合约的组合有助于降低信贷中介成本。

人们可以将1930—1933年的债务危机看成是借款人的抵押品价值相对其债务负担逐步减少的过程。当代表性借款人越来越无力偿还债务时，银行（和其他贷款人）就进退两难。简单的非状态依赖贷款会面临日益增长的违约风险，而回到复杂的合约则会导致其他很多成本，在这两种情况下，债务人破产都必然会提高银行的信贷中介成本。

银行进行调整从而适应更高的信贷中介成本的一种方法是提高向借款人收取的利率水平。然而，如果较高的利率增大了违约风险的话，这种方法就适得其反。银行更一般的做法是不再向某些人发放贷款，尽管在经济景气的年头可能贷给他们，这正是30年代的情况。例如，据报道，住宅抵押贷款过高的违约率迫使银行和寿险公司"除了从事贷款展期外，实际上停止了发放抵押贷款"（Hart，p. 163）。这种情况使很多借款人，甚至是那些拥有好的投资项目的借款人无法获得资金，而贷款人则争先恐后地去争夺现存的高质量资产。正如当时的一名学者D. M. Frederiksen所描述的：

"我们发现资金都集中起来，却难以找到安全的投资项目；利率降到了前所未有的水平；那些明显具有安全性的项目能够获得大量的资金，而那些事实上很安全或在正常经济条件下完全可行的项目（这样的项目多如牛毛），现在却受到贷款人的怀疑，从而根本无法得到资金。"（1931，p. 139）

正如这段引文所说的，认为当时国库券或优质公司债券的低收益率反映了"货币是宽松的"的观点是错误的。资金对一些安全的借款人来说是宽松的，而对所有其他人来说则是可望而不可即的。

一个能够反映贷款人对安全的流动性资产的偏好程度，因而也能反映风险借款人获得资金的困难程度的指标是Baa级公司债券和美国长期国债的收益率之差（表2—1第6列）。由于当一些公司被重新划分到更高的风险级别时，该变量没有进行相应的调整，因此它容易低估代表性风险资产和无风险资产①的收益率的真实差值。尽管如此，这一指标仍然表现出了一些明显的变动，它从1929—1930年间的2.5%上升到了1932年年中的接近8%（在1920—1922年间的严重衰退中，这一差值也从未超过3.5%）。当然，这一收益率之差反映了人们对违约风险的预期在不断变化，但是也应该注意到这一差值与银行危机之间的密切关系（Friedman and Schwartz，1963）。随着对挤兑的担心促使银行持有那些能被用作储备或用于再贴现的资产，银行危机压低了低质量投资项目的价格。在Fama的完全市场经济中，银行投资组合的选择对资产价格就不会产生这种影响。

最后，有必要考察一个发生了债务危机但却没有发生银行危机的国家的情况。加拿大刚进入大萧条时拥有大量的外债，其中大部分需要用外币偿还。通货紧缩和加元贬值双管齐下，导致了大量违约现象。在加拿大，农业和按揭市场的债务问题与美国一样严重，同时主要行业（特别是造纸业）出现了大量破产现象（A. E. Safarian，1959，ch. 7）。尽管加拿大的银行经营者没有面临严重的挤兑风险，但他们也从贷款业务转向了更安全的资产。这种向安全性和流动性的转移尽管不如美国那样明显，但也引起了加拿大社会各界的批评。1932年12月6日的《美国银行家》（*The American Banker*）刊登了一位加拿大非民粹主义政治家的抱怨：

“对我国当前经济系统最主要的批评似乎是经济繁荣时期信贷的过度扩张……但是，一旦人们意识到困难时期的窘迫，银行就会突然大量收缩信贷……目前，银行只有在具有很宽的安全边际的时候才会发放贷款，并且还千方百计地回笼未偿还贷款。所有银行都在竭尽所能地变现它们的资产……”（p. 1）

除了银行，加拿大的其他贷款机构也在不遗余力地收缩信贷：根据1932年5月14日《金融邮报》（*Financial Post*）的报道，“面对不动产价值和租金的下跌、与日俱增的违约行为、财产税日益加重的负担以及损害债权

① 这里的“代表性风险资产”是指Baa级公司债券，“代表性无风险资产”是指美国长期国债——译者注。

人利益的法律，保险公司、信托公司和贷款公司越来越不愿意贷出资金”（被 Safarian 援引，p. 130）。

对加拿大在大萧条时期的情况进行更细致的研究十分有益。但是首先要指出的是，加拿大的情况并不与下面的观点相矛盾：在出现大量债务人无力偿债的现象时，即便优良借款人也发现信贷越来越难以获得，或者贷款成本越来越高。除了银行危机之外，债务危机可能也是造成信贷系统中断的一个根源。

2.3 信贷市场与宏观经济表现

如果我们相信大萧条期间的金融危机确实影响了信贷的正常流动，那么还必须说明这一现象是如何影响宏观经济的运行的。

信贷市场的问题可能通过很多途径影响宏观经济，其中的一些可以归纳为“对总供给的影响”。例如，如果信贷流动遭到堵塞，经济中的潜在借款人就可能得不到资金去完成那些有利可图的项目或投资，同时储蓄者也可能不得不将资金用于效率低下的投资。信贷市场运行失常还会导致其他一些问题，包括降低有效分担风险的可能性或导致大型的、不可分割的项目融资困难，其中任一种情况都会限制经济的生产能力。

这些论断使人想起在发展经济学领域由 John Gurley and E. S. Shaw（1955）和 Ronald McKinnon（1973）等学者倡导的一些观点。这类文献认为：不成熟的或受抑制的金融部门会引起欠发达经济出现“割裂”的现象，从而降低社会所能达到的生产可能性的有效组合。

20 世纪 30 年代的那场金融危机是否将美国变成了一个——按照 Bog Hall 的贴切说法——“暂时性的欠发达经济”？尽管这种可能性令人很感兴趣，但答案恐怕是否定的。虽然很多企业的确缺乏营运资本和投资资金，但是多数大公司在 30 年代初都拥有足够的现金和流动性资产来支持经营活动和任何意愿的业务拓展（例如参见 Friedrich Lutz，1945）。除非我们认为大公司的产出与小公司的产出之间不能相互替代，否则就必须承认总供给在数量上受到的影响不是很大。

在萧条期间，即使是那些现金充裕的企业也不愿扩张生产，这说明从总需求角度来考察信贷市场对产出的影响可能效果更好。事实上，从总需求角度进行论证十分容易：对某些借款人（比如家庭和小公司）来说，较高的信贷中介成本意味着，给定无风险利率（safe interest rate），借款人必须面对较高的有效信贷成本（实际上，他们很可能根本就无法借到资金）。如果家庭和小公司需要支付这种较高的借款利率，而他们的存款利率却没这么高（他们的储蓄可能只获得无风险利率），那么较高的借款成本无疑会降低他们对当期产品和服务的需求。从经典的两期储蓄模型中可以很容易导出这种纯粹的替代效应（用未来消费来代替当期消费）。①

假定那些未受到信贷市场问题影响的借款人的行为不发生变化，那么以上的分析意味着：对给定的无风险利率，信贷中介成本的上升降低了当前对产品和服务的需求总量。也就是说，金融危机把总需求曲线（它是无风险利率的函数）向下移动了。在任何一种宏观经济模型中，这都意味着更低的产出和更低的无风险利率。当然，低产出和低利率正是1930年到1933年间的特征。

下面给出金融市场混乱影响总产出的程度的一些证据。

2.4 金融危机对宏观经济的短期冲击

本节研究金融危机的短期影响或“冲击”。出于这一目的，我只使用相关变量的月度数据。另外，样本包括了从1919年1月到1941年12月整个时期的数据，而不是仅仅孤立地考察1929年至1933年的情况。

前文第1.3节已经给出了有关金融部门困境与整个经济困难之间的联系的一些证据。但是，要支持本章的观点，还需要将金融危机对产出的非货币影响与Friedman and Schwartz（1963）所提出的货币影响分离开来。我的方

① 如果读者愿意，可以在经典模型中加入流动性约束、倒闭成本或风险厌恶。参见我在1981年发表的论文。

法是：首先使用货币变量来拟合产出方程，然后证明加入金融危机的代理变量能大大提高方程的解释能力。像 Temin 所建议的将大萧条的金融根源与非金融根源进行比较，则有待未来进一步研究。

为了分离出对经济的纯货币影响，我们需要对货币—收入关系进行结构性解释。Lucas（1972）提出了一个规范的模型，在这一模型中，货币冲击使人们对价格水平做出错误判断，从而对生产决策造成影响。受这一观点启发，近来对货币作用的大多数实证研究都将国民收入同“未预期到的”货币或价格变动联系起来。①

为某一变量未被预期到的组成部分构造代理变量的最常用方法，是 Robert Barro（1978）采用的两步回归法——将第一次回归为（例如）货币拟合的预测方程的残差作为第二次回归的被解释变量。我既尝试了 Barro 的方法，也尝试了其他一些方法②。因为技术的改变并没有影响我得到的结果，所以在这里只报出使用 Barro 的方法所得的结果。

秉承 Lucas-Barro 的分析思想，我既考虑了“货币冲击”对产出的影响，也考虑了“价格冲击”对产出的影响。将 M1 增长率对工业产值增长率的四阶滞后项、批发价格增长率的四阶滞后项以及 M1 增长率本身的四阶滞后项进行回归，并定义该回归的残差为货币冲击（$M-M^e$）。与此对称地可以定义出价格冲击（$P-P^e$）。③ 我使用普通最小二乘法估计货币冲击和价格冲击对工业产值增长率的影响，这种影响是相对于趋势来说的。

表 2—2 中的方程（1）和（2）给出了使用两次大战之间的样本得到的基本回归结果。即使不提本章的其他结果，仅仅这两个方程也会引起人们的兴趣。估计得到的“Lucas 供给曲线（Lucas supply curve）”即方程（2）表明价格冲击对产出的影响在统计意义上和经济意义上都是显著的。它也是对 Thomas Sargent（1976）的研究结果的补充——Sargent 发现在战后存在着类似的关系。方程（1）所反映的产出与货币冲击之间的关系则略显薄弱。我

① Mishkin（1982）是一个明显的例外。

② 我尝试过的方法主要有：（1）使用预期到的和未预期到的量作为解释变量；（2）使用 Andrew Abel and Mishkin（1981）提出的更有效、计算也更复杂的方法重新估计了某些方程。

③ 第一阶段回归得到的结果很正常，限于篇幅，不再报出。

表 2—2　　**估计得到的产出方程**

(1) $Y_t = 0.623\ Y_{t-1} - 0.144\ Y_{t-2} + 0.407(M-M^e)_t + 0.141\ (M-M^e)_{t-1} + 0.051\ (M-M^e)_{t-2} + 0.144\ (M-M^e)_{t-3}$

(10.21)　(-2.37)　(3.42)　(1.16)　(0.42)　(1.19)

标准误 = 0.0272　　DW 统计量 = 2.02　　样本期间:1919 年 1 月至 1941 年 12 月

(2) $Y_t = 0.582Y_{t-1} - 0.118\ Y_{t-2} + 0.533(P-P^e)_t + 0.350\ (P-P^e)_{t-1} + 0.036\ (P-P^e)_{t-2} + 0.069\ (P-P^e)_{t-3}$

(9.50)　(-1.76)　(5.33)　(3.33)　(0.34)　(0.66)

标准误 = 0.0260　　DW 统计量 = 2.01　　样本期间:1919 年 1 月至 1941 年 12 月

(3) $Y_t = 0.613\ Y_{t-1} - 0.159\ Y_{t-2} + 0.332(M-M^e)_t + 0.113\ (M-M^e)_{t-1} + 0.110\ (M-M^e)_{t-2} + 1.56\ (M-M^e)_{t-3}$

(9.86)　(-2.63)　(2.92)　(0.99)　(0.96)　(1.38)

$-0.869\times10^{-4}DBANKS_t - 0.406\times10^{-4}\ DBANKS_{t-1} - 0.258\times10^{-3}DFAILS_t - 0.325\times10^{-3}\ DFAILS_{t-1}$

(-4.24)　(-1.93)　(-1.95)　(-2.47)

标准误 = 0.0249　　DW 统计量 = 1.99　　样本期间:1921 年 1 月至 1941 年 12 月

(4) $Y_t = 0.615\ Y_{t-1} - 0.131\ Y_{t-2} + 0.455(P-P^e)_t + 0.231\ (P-P^e)_{t-1} - 0.004\ (P-P^e)_{t-2} + 0.024\ (P-P^e)_{t-3}$

(9.76)　(-2.13)　(3.99)　(1.97)　(-0.03)　(0.22)

$-0.799\times10^{-4}DBANKS_t - 0.337\times10^{-4}\ DBANKS_{t-1} - 0.202\times10^{-3}DFAILS_t - 0.242\times10^{-3}\ DFAILS_{t-1}$

(-4.03)　(-1.66)　(-1.52)　(-1.83)

标准误 = 0.0246　　DW 统计量 = 1.98　　样本期间:1921 年 1 月至 1941 年 12 月

注:Y_t=工业产值的增长率(来自《联邦储备公告》)相对于指数趋势而言。

$(M-M^e)$= 经过季节调整的 M_1 名义增长率(来自 Friedman and Schwartz,1963 的表 4—1 的数据)-预期增长率。

$(P-P^e)$= 批发价格指数增长率(来自《联邦储备公告》)-预期增长率。

$DBANKS_t$=倒闭银行存款额的一阶差分(用批发价格指数作为平减因子,亦即除以批发价格指数)。

$DFAILS_t$=破产企业的债务额的一阶差分(除以批发价格指数)。

以上均为月度数据,括号里报告的是 t 统计量。

们使用月度数据,发现得到的货币的作用小于 Paul Evans(1981)的研究结果,这主要是因为我们在方程右边引入了产出的滞后项。从统计学角度和经济学角度来说,引入产出滞后项是合理的,因为产出调整成本会导致产出中存在序列相关性。和 Evans 一样,我们发现货币(或价格)超过三个月的滞后项已经没有影响了。

尽管这些回归结果在统计上是显著的，同时所有系数估计值的符号也都符合预期，但还有个地方令人失望：如果使用方程(1)和方程(2)来对1930年年中至1933年3月“银行歇业”之间的产出变动情况进行动态模拟，则最多只能捕捉到这一时期产出真实下降幅度的一半。这也就是为什么我在本章引言中指出货币的下降“在数量上似乎不足以”解释1930年至1933年的产出下滑。

有了基本回归方程(1)和(2)之后，下一步就是考察将非货币性的金融冲击的代理变量作为产出的解释变量引入回归方程会对结果产生什么影响。根据前文的分析，最明显的代理变量就是倒闭银行的存款额和破产企业的负债额。

关于银行存款序列，首先需要讨论一个问题，即1933年3月“银行歇业”时的存款额。如表2—1所示，1933年3月倒闭的银行的存款额是第二差的月份①的7倍之多。这就提出了一个问题：在进行回归之前，是否应该对这一数据进行调整。

我们认为将“银行歇业”时期的数据完全从样本中剔除是错误的。根据当时的报道，强制实施银行歇业并非是事先制定好的、有条不紊的政策，而是(政府)对当时极度混乱和恐慌的金融环境的被动反应。尽管1933年3月倒闭银行的存款额如此之大，但它也没把所有倒闭银行的存款都计在内，而只计入了截止到1933年6月30日还未获准重新开业的银行的存款额。这些银行中大部分都被清算或破产在管，只有不到25%的银行在1936年12月31日前获准重新营业。② 因此，1933年3月的情况与早期的危机在性质上是类似的；如果不以某种方式把这种危机及其解决方案对经济的影响纳入分析，我们就丢掉了一些信息。

另一方面，与没有政府介入的情况相比，由政府出面关闭大量银行或许能减少混乱和对未来危机的担忧。我保守地假定1933年3月“有监管地”关闭银行的做法与造成15%存款被冻结的“无监管的”银行危机在冻结存款方面

---

① 指1931年10月——译者注。
② 《联邦储备公告》(*Federal Reserve Bulletin*)，1937，pp. 866–867。

具有相同的影响，这就将1933年3月的危机缩小到了与1931年10月相同的规模。估计结果对这一假定的敏感性如下：如果认为1933年3月的危机影响更大的话，那么估计得到的金融危机对产出的影响的大小和统计显著性都会增加（正是在这种意义上说前面估计的15%是保守的）。然而，即使赋予1933年3月危机更小的权重，回归结果中银行倒闭变量的系数估计值仍然具有很高的统计显著性。

现在来分析将倒闭银行的（实际）存款额和破产企业的债务额加入产出方程之后的结果，见表2—2的方程（3）和（4）。由于无法获得1921年之前银行倒闭的月度数据，所以样本数据从1921年开始。在这两个回归中，新加入的变量的一阶差分的当期项和滞后项①被作为工业产值增长率（相对于趋势）的解释变量，它们的符号都符合预期，同时合在一起看，具有很高的统计显著性。在这两个方程中，货币冲击和价格冲击的系数估计值的大小和统计显著性的变化都不大。这至少暂时证明了：在产出的短期决定中，金融危机的非货币影响增强了货币影响。

我还曾尝试使用其他一些代理变量来衡量金融危机的非货币影响。限于篇幅，在此只简要地概括一下这些结果：（1）为了考察银行信贷收缩对经济的直接影响，我用银行贷款额的增长率对倒闭银行的存款额和破产企业的债务额的当期项和滞后项进行回归（结果表明金融危机对银行贷款有强烈的负向影响）。将该回归的拟合值作为衡量由金融危机导致的信贷收缩的代理变量。我们发现，当方程中包括货币冲击和价格冲击时，该变量的下降对产出水平的影响在前两个月为负，在随后的两个月为正，而在下降发生后的第五个月和第六个月又显著为负。对于1921年至“银行歇业”这一样本期间，当把货币变量纳入模型时，信贷收缩对产出的总影响——用多项式分布滞后模型中各个滞后项的系数之和来衡量——很大（与货币影响相当）、为负、并且在95%的置信水平下是显著的。而对整个两次大战之间的样本来说，

① 在方程（3）和（4）中，新加入的变量是指 $BANKS_t$ 和 $FAILS_t$，它们的一阶差分的当期项是 $DBANKS_t$ 和 $DFAILS_t$，一阶差分的一阶滞后项是 $DBANKS_{t-1}$ 和 $DFAILS_{t-1}$。当期项 $DBANKS_t$、$DFAILS_t$ 和一阶滞后项 $DBANKS_{t-1}$、$DFAILS_{t-1}$ 都作为产出 Y_t 的解释变量——译者注。

这一变量的统计显著性就大大降低了。这是因为1933—1941年间的经济复苏是由非银行机构融资促成的,这期间银行贷款仍然维持在较低的水平上。

(2)我们还尝试了另一个反映金融危机的代理变量——Baa级公司债券与美国长期国债收益率之差。正如第2.1.3节所描述的那样,该变量对银行危机和债务人无力偿债都有强烈的反应,因而可以作为反映金融市场状况的敏感指标。对整个样本和每个子样本来说,这个“收益率之差”变量都是当前和未来产出增速的强有力的解释变量。鉴于该变量的预测能力无疑主要源于金融市场对未来产出下降的纯粹预期,我又用“收益率之差”变量对倒闭银行的存款额和破产企业的债务额进行了一阶段回归。假定后面这两个变量本身不取决于对未来产出下降的预期(见下文),那么使用这一回归的拟合序列,就“消除”了“收益率之差”变量中纯粹预期的成分。与原始序列比起来,拟合序列在产出方程里的解释能力要弱一些,不过它的符号仍然是正确的,并且在95%的置信水平下是统计显著的。

这样,在几乎所有情况下,加入反映整体金融危机的代理变量,都能提高对短期(月度)产出波动的纯货币解释能力。这一结论对各个回归“实验”都是稳健的。例如,除了前文所提到的1933—1941年间信贷变量是个例外之外,各个子样本的回归系数大体稳定。另一个实验是:在上面的回归中,为1931年第1季度到1932年第4季度的每个季度都引入自由虚拟变量(free dummy variables)。这样做的目的是检验这样一种观点——即我们得到的结果仅仅是“代表产出水平和金融危机的变量在1930—1933年波动很大”这一事实的一个反映。一个令人相当惊讶的发现是:加入虚拟变量之后,代表银行倒闭和企业破产的解释变量的系数大小和统计显著性都有所提高。最后,我们通过使用各种回归方程对1930年年中到1933年3月的月度工业产值(相对于趋势)进行动态模拟,来检验回归结果的经济意义。与前文所描述的只考虑货币冲击和价格冲击的方程的模拟效果相比,引入金融危机代理变量的方程的模拟效果更好。与方程(1)和(2)相比,方程(3)和(4)的模拟均方误(mean squared simulation error)降低了大约50%。其他方程(未列出)表现得更好。例如,那些使用了“收益率之差”变量的方程,模拟均方误降低了90% ~95%。

这些结果都是令人鼓舞的。然而必须注意:要想得出“观测到的相关性支持本文勾勒出的理论”这一结论,还需要另一个假定,即银行和商业企业的倒闭不是由对(未来)产出变动的预期所引起的。譬如有关下个月工业产值的不利消息造成了银行挤兑,则“银行倒闭领先于产出下降”这一事实,并不表明是银行倒闭助长了产出下降。①

虽然不太可能说服顽固的质疑者相信银行和企业破产不是纯粹的预期现象,但我们可以举一个很好的例子来反驳这种观点。例如,虽然在一些情况下,不好的销售预测可能会引起公司破产,但破产更多时候是由无力偿债引起的(无力偿债是过去的经营状况导致的)。对银行来说,倒闭不但相对独立于对产出的预期,而且也不单单是现在和过去的生产状况的结果——首先,在此以前,银行危机从来都不是产出下降的必然结果;②其次,Friedman and Schwartz(1963)等学者都已指出,有一系列具体事件是导致1930—1933年银行挤兑的重要根源,其中包括合众国银行(the Bank of the United States)——一家私有银行,它在1930年12月成为当时倒闭的最大银行——丑闻的曝光、奥地利信贷银行(Kreditanstalt)的倒闭以及随后的中欧金融恐慌、英国脱离金本位制、美国和欧洲巨大的金字塔骗局的曝光等。所有这些都与美国工业产出的变动没有直接的联系。

如果我们认为银行倒闭和企业破产是由对产出下降的纯粹预期之外的其他因素引起的,那么本节提供的证据就支持了以下观点:金融危机的非货币影响至少是大萧条的传播机制的一个组成部分。如果进一步认为金融危机包含了大量的外生因素(银行恐慌的发生为此提供了例证),那么本章的观点就有了因果关系的成分。

---

① 事实上,对Barro的研究和我自己关于货币和价格的回归也可以提出类似的批评。

② Philip Cagan(1965)指出了这一点,参见pp. 216,227-228。例如,1920—1922年的衰退并没有导致任何银行问题。

2.5 金融危机的持久性

在引言中提到，我提出的这一理论与其他主要理论不同，它似乎能够解释大萧条不同寻常的持久性和深度。在上一节，我试图讨论危机的影响深度问题，用回归方程进行的模拟表明，把金融危机的货币和非货币影响相结合，能够解释大部分产出下降。本节主要讨论大萧条的持久性。

从理论上来说，第 2.2 节提到的信贷影响的持续时间取决于以下两种行为所需要的时间：(1)在信贷中断后建立新的或疏通旧的信贷流动渠道；(2)对无力偿债的债务人提供帮助使其恢复正常经营。鉴于这些过程可能十分缓慢和困难，因此金融危机的非货币影响的持久性似乎具有了合理的基础(与此相反，纯货币影响的持久性则依赖于信息的缓慢扩散或者难以解释的名义工资和价格黏性)。当然，仅仅有合理性是不够的，我们还需要举出一些关于金融恢复速度的证据。

在困境中挣扎过 1931 年和 1932 年后，当 1933 年 3 月新任总统罗斯福宣布“银行歇业整顿”、关闭了大部分金融中介机构和市场时，整个金融系统都跌入了谷底。从很多方面来看，1933 年 3 月都是一个分水岭：它不仅标志着经济和金融复苏的开始，也标志着政府开始真正广泛地干预金融系统的各个方面。[①] 有人可能会认为，联邦政府主导的金融重建——采取强硬措施解决债权人和债务人的问题——是新政计划中唯一成功地促进经济复苏的政策。[②] 无论如何，大规模的政府干预说明当时公众对金融系统的自我修正能力已经失去信心。

尽管政府的措施将金融系统引上了复苏的道路，但这种复苏既不迅速也不彻底。在歇业整顿之后，很多银行没有重新开业，而很多重新营业的银行也只能从事有限的业务，或是勉强维持资产负债表的平衡。直到 1934 年，存款

① 参见 Chandler(1970,ch. 15)和 Friedman and Schwartz(1963,ch. 8)。
② E. Cary. Brown(1956)认为新政的财政政策并没有起到很大作用。Brunner(1981)中收录的 Michael Weinstein 的一篇论文指出了负面影响。

才开始大规模地流回银行，政府不得不通过复兴金融公司（Reconstruction Finance Corporation）和其他机构为银行和其他中介机构大量注资。然而，最重要的是贷款人的态度发生了明显的变化，由于 1930 年至 1933 年间所经历的困境，它们变得谨慎和保守起来。Friedman and Schwartz（1963，pp. 449–462）指出，在此期间，银行从发放贷款业务转变为持有具有安全性和流动性的资产。银行流动性的增加造成了货币宽松的假象（如 Friedman and Schwartz，1963 指出的那样），但是，贷款人惜贷和债务人持续资不抵债一起，在 1933 年之后的好几年内都阻碍了信贷的流动。

我们不难找到有关银行歇业整顿之后信贷问题的证据。例如，如前所述，那些在经济收缩中遭到更大打击的小企业在经济复苏中仍面临着信贷困境。1932 年全美工业会议（National Industrial Conference Board）的调查报告发布之后，Lewis Kimmel（1939）发表了一份对 1933—1938 年间的信贷可获得性的调查报告。总体上说，他的结论是积极的，这可能是由于这项工作是由美国银行家协会（American Bankers Association）委托进行的。即便如此，他的研究结果（p. 65）也表明，在接受调查的通常依赖银行贷款的制造业企业中，有 30. 2% 的微型企业（资本金少于 50 000 美元）被银行拒绝或限制贷款，小型企业（资本金在 50 001 ~ 500 000 美元）的这一比例为 14. 3%，中型企业（资本金在 500 001 ~ 1 000 000 美元）为 10. 3%，最大型企业（资本金超过 1 000 000 美元）为 3. 2%（1932 年全美工业会议调查的相应数据分别为 41. 3%，22. 2%，12. 5% 和 9. 7%）。

两位著名的经济学家 Hardy 和 Viner 在 1934—1935 年调查了美国第七联邦储备区的信贷状况。基于“对 2600 份个案的广泛调查”，他们发现“有偿付能力的借款人的信贷需求确实没能得到满足，他们中的大部分是能够有效地使用这些营运资金的……与其他很多因素相比，这种未被满足的信贷需求是延缓经济复苏的一个重要因素。”他们还指出“至于小公司，与几年前相比，获得银行信贷变得比以前获得贸易信贷要困难得多”。（这些内容转引自 W. L. Stoddard，1940）。

最后，受美国商务部委托，小企业调查委员会（Small Business Review

Committee)对 1933—1938 年间的信贷状况进行了调查,它考察了 6 000 家雇员数目在 21 到 150 人的公司,从中挑出了一个包含 600 家公司的特殊样本,“挑选这些公司是因为它们被标准的商业评级机构给予了较高的评级”。即使对这些优质企业来说,在这一时期,也有 45% 的公司难以获得运营所需的资金,75% 的企业无法通过正规市场获得资本或长期贷款(参见 Stoddard,1940)。

读者可能会把美国银行家协会和小企业调查委员会的调查结果视作企业信贷的最差和最好状况,而认为 Hardy 和 Viner 的研究反映了一般情况。不管怎样,这些调查的共识是:在银行歇业整顿之后,小企业面临的信贷困难又持续了至少两年。[①] 像 Chandler 这样严谨的学者也持这种观点。

住房抵押贷款是另一项重要的信贷业务。在 1933 年之后,私人贷款者对这一业务的态度变得比对商业贷款更加谨慎。这种保守态度是有理由的:虽然在经济复苏时期企业破产的数量有所下降,但不动产违约和丧失抵押品赎回权的情况仍然十分普遍,一直持续到 1935 年。[②] 如前所述,一些传统的抵押贷款的贷款人几乎已经放弃了这个市场:例如 1929 年人寿保险公司发放了 5.25 亿美元的抵押贷款,而在 1933 年只发放了 1 000 万美元的新贷款,在 1934 年只发放了 1 600 万美元。[③] 这一时期,私人机构的抵押贷款只发放给那些最优质的潜在借款人——其证据就是,30 年代早期发放的贷款的违约率比以前大大降低(参见 Carl Behrens,1952,p. 11),仅仅商业环境的改善并不足以解释违约率的这种大幅下降。

1933 年之后住房抵押贷款市场仍然处于运行中,这大部分要归功于联邦政府的直接介入。除了建立一些重要的新机构——例如联邦储蓄贷款保险公司(FSLIC)和联邦政府授权的储蓄贷款(savings and loans)体系——外,政府还对既存的债务进行了“重新调整”,投资参股困难的金融机构,并代替不愿发放贷款的私人机构提供直接信贷。1934 年,在所有新增的抵押贷款中,

① 参见 Chandler(1970),pp. 150–151。
② U. S. Department of Commerce(1975),N301 系列。
③ U. S. Department of Commerce(1975),N282。

71%是由政府支持的房主贷款公司(the Home Owners Loan Corporation)发放的。[①]

在农业信贷市场和其他市场上也存在类似的情况,但限于篇幅,不能一一赘述。综合当时的经济学家和其他学者所提供的证据,似乎可以肯定地说:1933年3月之后私人金融系统向正常状态的恢复并不迅速,并且如果没有政府的大力干预和扶持的话,这种恢复会更加困难。一个温和的估计是,美国的金融系统在阻力下运行了5年以上(从1931年年初到1935年年末),这跨越了1929—1930年以及1937—1938年两次衰退之间的大部分时间。这与"金融危机的影响能够解释萧条的持久性"这一论断是一致的。

2.6 国际方面

大萧条是一种全球性现象,而银行危机则没有那么普遍,除美国外只有一些重要国家发生了银行危机。在30年代早期,一些大国没有发生严重的国内银行危机,但也经历了实际产出的剧烈下降。这与我们所描述的金融危机在美国的重要作用是否一致呢?想要给出一个完整的回答,需要再另写一篇论文,不过我在此可以给出一些观测资料:

(1)不同国家的情况迥然不同,它们面对的萧条的成因也千差万别。例如因为英镑高估,英国的失业率在整个20年代一直居高不下。1931年放弃金本位制之后,英国成了复苏最早的国家之一。食品和原材料出口商面临的最大问题是日益下降的价格和逐渐萎缩的海外市场。因此不能在所有情况下都将国内金融系统看作是造成衰退的一个重要的原因。

(2)发生银行危机的国家(美国、德国、奥地利、匈牙利等国)也是受萧条影响最严重的国家。并且它们在全世界的国际贸易和产出中都占有很大份额。1925—1929年间,单单美国的工业产值就几乎占了世界工业产值的一半,同时它在1927—1928年进口的原材料和食品占到了这些商品贸易总额的

① U. S. Department of Commerce(1975),N278和N283。

40%。[1] 随着这些国家的经济被削弱，其进口的下降也给贸易伙伴带来了不利的影响。

(3)国内金融系统与国际金融系统的问题之间存在着并行关系。20 年代，联邦储备系统最引以为傲的一项成就就是建立了国际金汇兑本位。不幸的是，与国内银行一样，金汇兑本位制具有部分准备金体系所具有的不稳定性。国际储备不仅仅包括黄金，还包括外国货币，特别是美元和英镑。对于美国和英国之外的其他国家来说，外国货币占到了总储备的 35%。

1931 年，对国际金融系统将会崩溃的预期自我实现了。各国普遍试图将货币兑换成黄金，促使各种货币接二连三地脱离金汇兑本位制，资本和黄金的流动被普遍予以限制。到 1932 年，只有美国和少数几个国家仍然维持金(汇兑)本位制。

随着金本位制的崩溃与国内银行的倒闭同时发生，国内的无力偿债问题在国际上也有类似的表现形式。主要由于实行固定汇率制，全球范围内都出现了通货紧缩。拥有大量名义债务的国家，尤其是农业出口国(如加拿大)无力偿债。在美国发行的外国债券的价值急剧下降。

与国内经济问题一样，这些国际问题也破坏了全球范围的信贷机制。国际资本流动的规模变得非常小，这对许多国家来说都是一个严重的问题。

总而言之：大萧条打击了没有发生银行危机的国家这一事实，与银行危机和债务问题在美国(或银行稳健但债务人无力偿债的国家)非常重要并不矛盾。另外，我关于国内金融系统的分析对研究当时国际金融的困境可能也有启发。

2.7 结　论

除了货币渠道之外，30 年代早期的金融危机是否还通过别的渠道对宏观经济产生了实际影响？现有的证据与这种论断至少是不矛盾的。然而，关注

---

① U. S. Department of Commerce(1947), pp. 29–31。

这种观点的更重要原因是引言中所提到的:该理论希望把大萧条时期的次优行为与理性的、受市场约束的代表人假设进行调和。调和这一悖论的关键在于认识到经济机构并不仅仅是简单的“面纱”,而是能够影响交易费用,并因而能影响市场机会和资源配置。在外生冲击或政策失误促使经济偏离轨道的情况下,那些在正常时期能够经营良好并发展壮大的金融机构就可能造成不利的影响。30 年代早期金融机构的失灵就证明了这一点。

参考文献

Abel, Andrew and Mishkin, Frederic, "An Integrated View of Tests of Rationality, Market Efficiency, and the Short-Run Neutrality of Monetary Policy," Working Paper 726, National Bureau of Economic Research, 1981.

Barro, Robert, "Unanticipated Money, Output, and the Price Level in the United States," *Journal of Political Economy*, *August* 1978, 86, 549-80.

Behrens, Carl, *Commercial Bank Activities in Urban Mortgage Financing*, New York: National Bureau of Economic Research, 1952.

Bernanke, Ben, "Bankruptcy, Liquidity, and Recession," *American Economic Review Proceedings*, May 1981, 71, 155-59.

Brown, E. Carey, "Fiscal Policy in the 'Thirties: A Reappraisal," *American Economic Review*, December 1956, 46, 857-79.

Brunner, Karl, *The Great Depression Revisited*, Boston: Martinus Nijhoff, 1981.

Cagan, Philip, *Determinants and Effects of Changes in the Stock of Money, 1875—1960*, New York: National Bureau of Economic Research, 1965.

Chandler, Lester, *America's Greatest Depression*, New York: Harper & Row, 1970.

——, *American Monetary Policy*, 1928-1941, New York: Harper & Row, 1971.

Clark, Evans, *The Internal Debts of the United States*, New York: Macmillan Co., 1933.

Cone, Kenneth, "Regulation of Depository Financial Intermediaries," unpublished doctoral dissertation, Stanford University, 1982.

Diamond, Douglas and Dybvig, Philip, "Bank Runs, Deposit Insurance, and Liquidity," mimeo., University of Chicago, 1981.

Evans, Paul, "An Econometric Analysis of the Causes of the Great Depression in the U. S.," mimeo., Stanford University, 1981.

Fabricant, Solomon, *Profits, Losses, and Business Assets*, 1929—1934, Bulletin 55, National Bureau of Economic Research, 1935.

Fama, Eugene, "Banking in the Theory of Finance," *Journal of Monetary Economics*, January 1980, 6, 39–57.

Fisher, Irving, "The Debt—Deflation Theory of Great Depressions," *Econometrica*, October 1933, 1, 337–57.

Flood, Robert and Garber, Peter, "A Systematic Banking Collapse in a Perfect Foresight World," Working Paper No. 691, National Bureau of Economic Research, 1981.

Frederiksen, D. M., "Two Financial Roads Leading Out of Depression," *Harvard Business Review*, October 1931, 10, 131–48.

Friedman, Benjamin, "Debt and Economic Activity in the United States," Working Paper No. 704, National Bureau of Economic Research, 1981.

Friedman, Milton, and Schwartz, Anna J., *A Monetary History of the United States*, 1867—1960, Princeton: Princeton University Press, 1963.

Goldsmith, Raymond, *Financial Institutions in the American Economy Since 1900*, Princeton: Princeton University Press, 1958.

Gurley, John G. and Shaw, E. S., "Financial Aspects of Economic Development," *American Economic Review*, September 1955, 45, 515–38.

Hart, A. G., *Debts and Recovery*, 1929—1937, New York: Twentieth Century Fund, 1938.

Jaffee, Dwight, and Russell, Thomas, "Imperfect Information and Credit

Rationing," *Quarterly Journal of Economics*, November 1976, 90, 651-66.

Kennedy, Susan E., *The Banking Crisis of* 1933, Lexington: University Press of Kentucky, 1973.

Kimmel, Lewis H., *The Availability of Bank Credit*, 1933—1938, New York: National Industrial Conference Board, 1939.

Kindleberger, Charles P., *Manias, Panics, and Crashes*, New York: Basic Books, 1978.

Klebaner, Benjamin, *Commercial Banking in the United States*: A History, Hinsdale: Dryden Press, 1974.

Lucas, Robert E., Jr., "Expectations and the Neutrality of Money," *Journal of Economic Theory*, April 1972, 4, 103-24.

——, *Studies in Business Cycle Theory*, Cambridge: Massachusetts Institute of Technology Press, 1981.

Lutz, Friedrich, *Corporate Cash Balances, 1914—43*, New York: National Bureau of Economic Research, 1945.

McKinnon, Ronald J., *Money and Capital in Economic Development*, Washington: The Brookings Institution, 1973.

Merwin, Charles L., *Financing Small Corporations*, New York: National Bureau of Economic Research, 1942.

Minsky, Hyman P., "A Theory of Systematic Fragility," in E. I. Altman and A. W. Sametz, eds., *Financial Crises*, New York: Wiley-Interscience, 1977.

Mishkin, Frederic, "The Household Balance Sheet and the Great Depression," *Journal of Economic History*, December 1978, 38, 918-37.

——, "Does Anticipated Money Matter? An Econometric Investigation," *Journal of Political Economy*, February 1982, 90, 22-51.

Nugent, Rolf, *Consumer Credit and Economic Stability*, New York: Russell Sage Foundation, 1939.

O'Hara, Maureen and Easley, David, "The Postal Savings System in

Depression," *Journal of Economic History*, September 1979, 39, 741–53.

Persons, Charles E., "Credit Expansion, 1920 to 1929 and Its Lessons," *Quarterly Journal of Economics*, November 1930, 45, 94–130.

Safarian, A. E., *The Canadian Economy in the Great Depression*, Toronto: University of Toronto Press, 1959.

Sargent, Thomas J., "A Classical Macroeconometric Model for the United States," *Journal of Political Economy*, April 1976, 84, 207–38.

Stiglitz, Joseph E. and Weiss, Andrew, "Credit Rationing in Markets with Imperfect Information," *American Economic Review*, June 1981, 71, 393–410.

Stoddard, W. L., "Small Business Wants Capital," *Harvard Business Review*, Spring 1940, 18, 265–74.

Temin, Peter, *Did Monetary Forces Cause the Great Depression?*, New York: W. W. Norton, 1976.

Upham, Cyril B. and Lamke, Edwin, *Closed and Distressed Banks: A Study in Public Administration*, Washington: The Brookings Institution, 1934.

Board of Governors of the Federal Reserve System, *Banking and Monetary Statistics*, 1943.

Federal Reserve Bulletin, various issues.

National Industrial Conference Board, *The Availability of Bank Credit*, New York, 1932. Survey of Current Business, various issues.

U. S. Department of Commerce, *Historical Statistics of the United States*, Washington: USGPO, 1975.

——, *National Income*, Washington: USGPO, 1954.

——, *The United States in the World Economy*, Washington: USGPO, 1947.

第3章

大萧条中的金本位制、通货紧缩和金融危机：一个国际比较*

与 Harold James 合著

3.1 引 言

近期关于大萧条根源的研究多是批评国际金本位制带来了那场灾难。Temin(1989)在他的新书中指出：两次世界大战之间的金本位制的结构缺陷，

---

* 经 R. Glenn Hubbard 允许重印自《金融市场与金融危机》(*Financial Markets and Financial Crises*)(芝加哥：芝加哥大学出版社，1991)。版权(1991)属于美国国家经济研究局(the National Bureau of Economic Research)。版权所有。

作者感谢 David Fernandez、Mark Griffiths 和 Holger Wolf 所提供的帮助。国家经济研究局与国家科学基金(the National Science Foundation)提供了经费支持。

加上受金本位制的“游戏规则”支配的政策,使全球货币收缩和通货紧缩几乎无法避免。Eichengreen and Sachs(1985)证明,那些放弃了金本位制和与之相联系的收缩性货币政策的国家,比那些坚持金本位制的国家从大萧条中复苏得更快。Hamilton(1987,1988)的研究支持这样一种观点,即法国与美国的收缩性货币政策引发了经济大滑坡(the Great Slide),两国对金本位平价的捍卫强化了通货紧缩压力[①]。

基于金本位制对大萧条的解释(在第3.2节中将详细阐述)在很多方面都是令人信服的。20世纪20年代后期至30年代早期的通货紧缩的持久性和深度强烈地表明大萧条存在货币根源,通货紧缩与各国坚持金本位制之间(在时间和空间上的)的紧密联系,显示了这一体制在传递收缩性货币冲击中的威力。在表示通货紧缩(价格下跌)与萧条(产出下滑)的数据之间也存在高度的相关性,这是上述学者已经指出的,我们还将在下面再次证明。

如果说这种观点[②]发展迄今,尚有一个薄弱环节的话,那可能就是它对如下问题的解释:金本位制失灵引发的通货紧缩是如何引发大萧条的?亦即这次大规模的货币非中性的根源是什么[③]?本章试图更好地理解通货紧缩引发20世纪30年代大萧条的机制。我们考虑了早期的文献中所提出的几种渠道,尤其是通过实际工资和通过利率产生的影响。但我们关注的是一种几乎被近期的金本位制研究文献忽视了的传导机制,即通货紧缩对金融体系的破坏性影响。

通货紧缩(以及金本位制对央行政策的约束)是20世纪30年代早期很多国家发生的银行恐慌的重要诱因。正如Bernanke(1983)[④]以美国为例所指出的,由于银行恐慌会扰乱正常的信贷流动,因此它可以影响实际经济的运行。的确,如果银行体系被严重削弱的话,即便没有大的恐慌,经济运行也很有可能受到影响。因为在各种形式的金融危机中,严重的银行恐慌是最

① 当然,最早将大萧条作为货币现象的是Friedman and Schwartz(1963)。我们发现,最近的研究虽然在更大程度上关注问题的国际方面,但本质上都是对Friedman-Schwartz分析的补充。
② 指“大萧条的金本位制解释”这一理论——译者注。
③ Eichengreen and Sachs(1985)讨论了几种机制,并提供了一些各国横向比较的证据,但是他们的研究方法不太规范,并且他们并没有考虑不同效应之间的相对重要性。
④ 即本书第2章——译者注。

容易用实证方法确认的,所以在本书中我们将关注它们的影响。不过,我们也不想忽略第二个潜在的影响,即价格下降对金融体系的影响,亦即"债务型通货紧缩"(Fisher,1933;Bernanke,1983;Bernanke and Gertler,1990)。通货紧缩通过提高名义债务的实际价值,使借款人无力偿债,制造出一种财务危机(financial distress)的环境:借款人的(借款)动机被扭曲了,并且(贷款机构)难以拓展新的信贷。这也提供了价格下降对经济产生实际影响的一种途径。

为了考察通货紧缩与萧条之间的联系,我们像 Eichengreen and Sachs (1985)那样采用比较分析方法。我们使用一个包含 24 个国家的年度数据集,来测算坚持金本位制的国家与脱离金本位制的国家之间的差异,或者发生银行恐慌的国家与没发生银行恐慌的国家之间的差异。我们的研究方法的一个不足是,由于缺乏客观地衡量金融问题严重程度的指标,我们不得不依靠虚拟变量来指示危机的发生时期。尽管存在这一问题,总体上来说,我们的确发现金融危机——尤其是银行恐慌——在解释价格下跌与产出下滑之间的联系时有着重要作用。那些(因为制度或历史的原因)其通货紧缩引起了银行恐慌或其他严重银行问题的国家,比那些银行更稳定的国家经历了更为严重的萧条。另外,可能存在一个反馈环,通过它,银行恐慌(尤其是美国的银行恐慌)加剧了全球通货紧缩的严重性。因为得不到数据,我们没有提供债务型通货紧缩机制的直接证据,但我们确实发现,通货紧缩对产出的许多显著影响无法用我们明确考虑过的机制来解释,于是"债务型通货紧缩可能很重要"这一问题就悬而未决。

本章其余部分组织如下:第 3.2 节简要重述不利于两次世界大战之间的金本位制的基本证据,表明金本位制是通货紧缩与萧条的一个根源,并提供一些与该观点一致的新证据;第 3.3 节初步考察一些可以把通货紧缩传递到萧条的机制;第 3.4 节回顾两次大战之间所发生的金融危机;第 3.5 节报出并讨论我们对 20 世纪 30 年代金融危机的影响的主要实证研究结果;第 3.6 节进行总结。

3.2 金本位制与通货紧缩

在本节中,我们讨论一种观点,即两次世界大战之间金本位制管理不善导致了20世纪20年代后期与30年代早期全球性的通货紧缩,并提供一些新的证据。

20世纪初,人们普遍认为金本位制是导致19世纪后期和20世纪早期经济相对繁荣的根本原因。但是随着第一次世界大战爆发,金本位制被中止了。金本位制在战时被暂时搁置并不稀奇。实际上,Bordo and Kydland(1990)认为,战时搁置金本位制和战后尽快地按战前的平价重返金本位制,都应该被视为金本位制正常运转的一部分。他们指出,按战前平价(从而按接近战前的价格)重返金本位制所带来的声誉使政府销售名义债券更加容易,并能得到更多铸币税。因而,做出坚持金本位制的可信的承诺有利于政府以较低的总成本为战时开支融资。

可能是因为这些声誉原因,当然还因为人们对战后混乱的货币和金融形势(在中欧存在恶性通胀,其他地区通胀虽然稍为温和但也很严重)普遍不满,在20世纪20年代初,各国重返金本位制的愿望非常强烈。然而很多人注意到,即便没有通货膨胀,也缺乏足够的黄金去满足全球货币需求。1922年热那亚经济与货币会议(The 1922 Economic and Monetary Conference at Genoa)推荐采用金汇兑本位制来解决这个问题,即使用可兑换的外汇储备(主要是美元和英镑)和黄金来支持国内货币供给,以便"节约"黄金。虽然在第一次世界大战之前就有国家使用"关键货币"作为储备,但热那亚会议的倡议使这一做法得到了更广泛的、官方的批准和实施(Lindert,1969;Eichengreen,1987)。

20世纪20年代,主要国家大多都成功地重返金本位制(在我们的数据集中,表3—1的第1列给出了各国恢复金本位制的日期)。1925年,英国按战前平价重返金本位制,尽管凯恩斯(Keynes)认为按照战前平价,英镑会被高估。到1925年底,国际联盟(the League of Nations,1926)的一张表中所列出的48种货币里,有28种钉住黄金。法国在庞加莱稳定(Poincaré Stabilization)之后按照

表3—1 **金本位制政策的变动日期**

国家	重返金本位制的日期	脱离金本位制的日期	外汇管制日期	贬值日期
澳大利亚	1925年4月	1929年12月	—	1930年3月
奥地利	1925年4月	1933年4月	1931年10月	1931年9月
比利时	1926年10月	—	—	1935年3月
加拿大	1926年7月	1931年10月	—	1931年9月
捷克斯洛伐克	1926年4月	—	1931年9月	1934年2月
丹麦	1927年1月	1931年9月	1931年11月	1931年9月
爱沙尼亚	1928年1月	1933年6月	1931年11月	1933年6月
芬兰	1926年1月	1931年10月	—	1931年10月
法国	1926年8月—1928年6月	—	—	1936年10月
德国	1924年9月	—	1931年7月	—
希腊	1928年5月	1932年4月	1931年9月	1932年4月
匈牙利	1925年4月	—	1931年7月	—
意大利	1927年12月	—	1934年5月	1936年10月
日本	1930年12月	1931年12月	1932年7月	1931年12月
拉脱维亚	1922年8月	—	1931年10月	—
荷兰	1925年4月	—	—	1936年10月
挪威	1928年5月	1931年9月	—	1931年9月
新西兰	1925年4月	1931年9月	—	1930年4月
波兰	1927年10月	—	1936年4月	1936年10月
罗马尼亚	1927年3月—1929年2月	—	1932年5月	—
瑞典	1924年4月	1931年9月	—	1931年9月
西班牙	—	—	1931年5月	—
英国	1925年5月	1931年9月	—	1931年9月
美国	1919年6月	1933年3月	1933年3月	1933年4月

数据来源:国际联盟,各年《年鉴》(*Yearbook*),以及其他各种补充来源。

新的平价逐渐恢复金本位制,尽管人们普遍认为按照这一平价法郎被低估了。到1928年底,除了中国和一些小国采用银本位制外,只有西班牙、葡萄牙、罗马尼亚和日本尚未恢复金本位制。罗马尼亚于1929年重返金本位制,葡萄牙也于1929年事实上恢复(到1931年才正式宣布恢复)金本位制,日本则于1930年12月重建金本位制。在同一个月,国际清算银行(the Bank for International Settlements)给予西班牙一笔稳定贷款,但是1931年4月共和派发动的革命打断了这一措施。共和派的纲领中最具吸引力的特征之一就是反对从外国获取稳定贷款。因而西班牙没有加入金本位制俱乐部,否则该体系涵盖的范围就更广了。

在第一次世界大战之前，古典金本位制非常平稳地运行了 30 多年，没有发生过大的兑换危机。相反，两次世界大战之间的金本位制在 1925—1928 年刚刚建立起来，1931 年就开始大范围崩溃，到 1936 年就彻底消失了。有很多文献分析了古典金本位制与两次世界大战之间的金本位制之间的差异。这些文献在不同程度上关注了使两次世界大战之间的贸易和货币调整复杂化的基本经济问题，以及两次世界大战之间的金本位制本身的技术问题。

就"基本经济问题"而言，Temin（1989）强调了第一次世界大战的影响，认为战争本身是引发大萧条的终极因素。战争除了造成物质破坏（这种破坏能相对较快地恢复）外，其后果还包括：明显缺乏经济理性的新划的政治边界；相对于长期均衡而言，某些部门（例如农业和重工业）产能大大过剩，另一些部门则产能不足；引起财政负担和财政不确定性的战争赔款和国际战争债务。一些学者（尤其 Charles Kindleberger）指出，第一次世界大战前的金本位制是以大英帝国为中心的霸权体系。相反，在两次世界大战之间，英国的相对衰落、新的潜在霸主美国的经验不足与狭隘僵化，以及各中央银行之间缺乏有效协作，使这一体系处于群龙无首的状态。

两次世界大战之间金本位制的技术问题包括以下三点：

（1）盈余国和赤字国对黄金流动的货币反应不对称。Temin 认为这是金本位制最重要的结构缺陷，我们认为他是对的。理论上说，在金本位制的"游戏规则"下，发生黄金流入的国家的中央银行应该通过扩张国内货币供给、催生通货膨胀来协助价格—铸币流动机制（price-specie flow mechanism）发挥作用，而赤字国则应该降低货币供给、制造通货紧缩。在实践中，赤字国为了避免黄金储备完全流失、本币丧失可兑换性，不得不服从这一规则，但是却没有法律能禁止盈余国冲销黄金流入并无限地积累黄金储备（只要政府为实现国内目标而愿意这样做）。因此在金本位制的运行中潜藏着通货紧缩倾向。

盈余国与赤字国之间的这种不对称性在第一次世界大战之前也存在，但是与第一次世界大战之后有很大不同，因为第一次世界大战前的金本位制是以英格兰银行[1]的运作为中心的。英格兰银行当然必须持有足够的黄金以确保可兑换性,但是作为一个盈利机构,它又有很强的动机不去持有大量不能生息的黄金(和付息资产相反)。因此,在其他中央银行的协助下,英格兰银行管理金本位制以避免黄金持续流入和流出,并且它以少得惊人的黄金储备保证了持续的可兑换性。相反,两次世界大战之间两个主要的黄金盈余国家——美国和法国——的中央银行几乎没有动力去避免积累黄金。

第一次世界大战之后,金本位制调整中的不对称性所带来的通货紧缩倾向,被许多中央银行尤其是新成立的中央银行制定的法定部分准备金制度放大了。英国、挪威、芬兰和瑞典采用信用发行方式,即只用国内政府证券支持发行银行券的方式(这些政府证券须有100%的黄金支持);但是大多数国家要求黄金最低持有量等于中央银行负债的一个固定比例(通常接近美联储规定的40%)。这些规则有两个潜在的有害影响。

首先,正如央行要求现代商业银行缴纳的"准备金"其实不能作为真正的准备金拿来使用一样,央行持有的黄金中大部分受制于储备制度而不能动用,不能用于解决暂时性的国际收支失衡。例如,根据国际联盟的数据(League of Nations,1944,12),1929年,在41个国家持有的共93.78亿美元黄金储备中,只有21.78亿美元是"盈余"储备,其余则用做覆盖(cover)[2]。实际上,这还高估了自由储备(free reserves)的真实金额,因为当储备降到最小值的10%以内时,市场和中央银行都会非常担忧。结果,赤字国只要损失非常少的黄金储备,就会被迫削减国内货币供给,以免损失更多黄金。同时,正如我们已经指出的,由于不存在对黄金储备的最大限制,盈余国家可以接受黄金流入而不增加货币供给。

其次,部分准备金制度的第二个影响涉及黄金流出与国内货币收缩之间的关系。在部分准备金制度下,黄金流出与货币供给的下降不是一比一的关系。例如,如果准备金要求是40%,则黄金流出对货币供给的影响是外部损失(external loss)的2.5倍。所以我们再次看到,黄金流失会立刻引起严重的

① 英格兰银行(the Bank of England)是英国的中央银行——译者注。
② 指用于对本币提供支持——译者注。

通货紧缩冲击,却没有其他因素引起通货膨胀来抵消。

(2)储备的上涨。正如我们已经指出的,在两次世界大战之间的金汇兑本位制下,非储备货币国被鼓励持有可兑换的外汇储备,以便部分地(或有时几乎完全)代替黄金。但这些可兑换的外汇储备通常只是部分地受黄金支持。因此,与公众从由部分准备金支持的存款转向通货会降低国内货币供给总量一样,金汇兑本位制也导致了一种可能:中央银行从外汇储备转向黄金会降低全球货币供给,这给金本位制又增加了一个通货紧缩倾向。在20世纪30年代,当贬值的威胁使外汇资产风险增大时,各国中央银行确实曾一同放弃了外汇储备。不过根据Eichengreen(1987)的研究,没有统计资料能够证明中央银行抛弃外汇储备,是只降低了覆盖率(这对货币供给没有直接影响),还是将外汇换成了黄金(这有收缩性影响)。但是,即便中央银行只是降低了覆盖率,也会提高其货币供给对此后任何储备流出的敏感性。

(3)中央银行权力不够。两次世界大战之间的金本位制的一个重要的制度特点是,对于欧洲大陆的绝大部分中央银行而言,公开市场操作都是不被允许的或受严重限制的。对中央银行权力的这种限制一般是20世纪20年代早期和中期的稳定化计划(stabilization program)的结果。稳定化计划的设计者们希望通过禁止中央银行大量持有或交易政府证券,使财政赤字的货币化更为困难,从而防止未来发生通货膨胀。这迫使中央银行把贴现政策(即中央银行向商业银行贷款)作为影响国内货币供给的主要工具。但是在很多国家,主要商业银行很少从中央银行借款,这意味着除了在危机时期,中央银行对货币供给的控制力可能是非常弱的。

在20世纪30年代,如果国内货币供给与中央银行储备之间的联系的减弱能够缓和储备流出对货币供给的影响,那么这种减弱在某些情况下可能是有益的。然而,至少在一种非常重要的情况下,中央银行不能进行公开市场操作可能对稳定是非常有害的。正如Eichengreen(1986)指出的,法兰西银行[①]在1932年之前接受了大量黄金流入,它也是被禁止进行公开市场操作的银行

① 法兰西银行(the Bank of France)是法国的中央银行——译者注。

之一。这严重限制了该银行按照金本位制的游戏规则将黄金流入转换为货币扩张的能力。法国未能产生通货膨胀意味着它将继续吸引黄金流入,从而导致其他国家发生通货紧缩①。

由于国际经济基本面存在若干问题,金本位体系又存在结构性缺陷,因此即便是相对比较微小的通货紧缩冲击也可能产生显著的影响。事实正是如此,当时两个主要的黄金盈余国法国和美国(它们一共持有了全球货币性黄金的近60%)在1928—1929年走上了通货紧缩之路(Hamilton,1987)。

我们已经指出,在法国,通货紧缩冲击表现为流入法国的黄金大部分被冲销。由于几个原因——包括成功的稳定计划(伴随着高实际利率)、可能被低估的法郎、外汇管制加强,以及法国是资本的"安全港"的观念——1928年初黄金开始涌入该国,而且一直持续到1932年。1928年,在我们数据集里的24个国家持有的货币性黄金总量中,法国约占15%(Board of Governors,1943)。这个份额与法国的经济地位已经不匹配了。1929年这一份额上升至18%,1930年为22%,1931年为28%,1932年为32%。因为美国在货币性黄金总量中的占比一直维持在40%多一点,所以黄金流入法国意味着德国、日本和英国等国家的黄金在大量流失。

随着黄金的积累,法国本应该发生通货膨胀,但是部分是因为上文讨论过的对中央银行公开市场操作的限制,部分是因为刻意选择的政策,黄金流入对法国价格水平的影响非常小。随着黄金储备的流入,法国的货币基础确实增大了,但是经济增长使人们对法郎的需求增长得更快,结果,从1929年1月到1930年1月,法国的批发价格下降了近11%。

Hamilton(1987)还记述了美国1928年收紧货币的历史,这次货币收缩部分是为了避免黄金流向法国,但更可能是因为联储决定抑制股市投机。1929年,美国的价格水平下降了大约4%;1929年8月,美国到达了经济周期的波峰;到了10月,美国股市崩盘了。

① 黄金流入法国并没有一比一地直接增加法国的基础货币。但是由于缺乏补充性的公开市场购买,黄金流入法国意味着法国的黄金储备与货币基础之比上升了。加上法国的货币乘数极低,这种覆盖率升高意味着黄金流入法国引致的货币扩张远远没有这种流入在世界其他国家引发的货币收缩那么大。

美国与法国最初的货币收缩很大程度上是自我伤害的(self-inflicted wounds)。外部约束的缺乏迫使美国在1929年发生通货紧缩,而法国政府原本应该授权法兰西银行进行扩张性的公开市场操作。不过Temin(1989)认为,在中央银行承诺维持金本位制的前提下,一旦采取了这些破坏稳定的政策,就无法再避免通货紧缩和萧条。一旦通货紧缩过程开始,中央银行就陷入了竞争性通缩和对黄金的争夺中,并希望通过提高覆盖率来保护它们的货币免受投机冲击。任何单个中央银行尝试扩张货币都会导致黄金立即流出,这将迫使中央银行提高贴现率并再次陷入通货紧缩。Temin(1989)认为,即便是拥有大量黄金储备的美国也面临着这个约束,因此他不同意Friedman and Schwartz(1963)所说的美联储未能维持美国货币供给是因为它不了解问题之所在或者缺乏领导能力。Temin的观点是:在承诺固守金本位制(并缺乏有效的中央银行协作)的前提下,美联储除了听任银行倒闭和货币供给下降外,几乎无计可施。

就我们[①]这里的目的而言,重要的不是中央银行原本应该选择什么,而是它们选择了什么。对于是什么引起了大萧条这一实际问题,我们只需注意:从美国和法国开始了一场货币收缩,并通过国际货币本位制传导到了全世界[②]。

如果通过金本位制传播的货币收缩是全球通货紧缩和萧条的原因,则放弃(或从未采用)金本位制的国家应该避免了很多通货紧缩压力。事实似乎确是如此。Choudhri and Kochin(1980)在一篇重要的论文中曾经指出:从未恢复金本位制并且允许汇率自由浮动的西班牙就避免了影响其他欧洲各国的价格下降和产出下滑。他们还证明,和英国一起于1931年放弃金本位制的斯堪的纳维亚国家,比坚持金本位制更长时间的其他欧洲小国从大萧条中恢复得更快。这些观点的大部分都被Haberler(1976)富有洞察力的论文提前预见到了。

与Choudhri and Kochin(1980)相似,Eichengreen and Sachs(1985)关注了货币贬值(即放弃金本位制或法定贬值)带来的好处。他们根据10个欧洲国

① 原著中这里的"我们的(our)"被误印为"out"——译者注。
② Temin(1989)认为德国的货币政策也提供了另外的紧缩推动力。

家的样本证明,贬值国比未贬值国的出口和工业产值增长得更快。并且贬值国的实际工资更低、利润更高,这有助于提升产出。他们指出,在这种情势下,不必认为贬值是“以邻为壑”的政策,由于贬值减轻了全球货币供给增长面临的约束,因此在给本国带来利益时对外国也有好处(虽然各国相互协调后进行的贬值原本可能比现实中发生的、缺乏协调的贬值更好)①。

表3—2至表3—4给出了其他一些关于坚持金本位制或脱离金本位制的影响的证据,这些证据大多与Eichengreen and Sachs(1985)的思想一致,但使用的数据集包含了更多国家。这些表总括了坚持金本位制的决策与一些关键宏观经济变量——包括批发价格涨幅(表3—2)、一些国内货币政策指标(表3—3)和工业产值增速(表3—4)——之间的关系。为了构造这些表格,我们将样本中的24个国家分为4类②:

(1)没有恢复金本位制的国家(西班牙)和1931年以前放弃金本位制的国家(澳大利亚和新西兰);

(2)于1931年放弃完全金本位制③的国家(14个);

(3)1932—1935年间放弃金本位制的国家(罗马尼亚于1932年、美国于1933年、意大利于1934年、比利时于1935年放弃);

(4)到1936年仍然坚持完全金本位制的国家(法国,荷兰,波兰)④。

表3—2和表3—4报出了每个国家的数据、于1931年放弃金本位制的国家的数据的平均值、到1936年仍在坚守金本位制的金本位国家集团成员国的

---

① 这里仍然有一个问题,即国家脱离金本位制的时间差异是否可以看作外生的。Eichengreen and Sachs(1985)认为,考虑到单个国家的经历、制度和偶然事件在其决定脱离金本位制的时间上的重要性,外生性是合理的假设。各国对金本位制截然不同的态度(例如金本位国家集团和英镑集团之间)相当持续地影响了它们的政策。

② 表3—1列出了我们样本中的国家。其中包括国际联盟相当完整地搜集了其数据(工业产值、价格水平和货币供给)的那些国家,见国际联盟的《月度统计公告》和《年鉴》,各期;也可见于国际联盟的《工业化与对外贸易》(*Industrialization and Foreign Trade*,1945)。但我们没有包括拉美国家,这是因为我们担心拉美的数据有问题,并且我们预期商品(commodity)价格等因素在这些国家起着更重要的作用。但是Campa(即将发表)证明:金本位制以一种与在其他地方观察到的方式非常类似的方式把通货紧缩和萧条传递到了拉丁美洲。

③ 完全金本位制(full gold standard)是指古典的金币本位制(Gold Specie Standard)。相应地,由于金块本位制(Gold Bullion Standard)和金汇兑本位制(Gold Exchange Standard)不满足古典金本位制的诸多要求,所以被称为“不完全金本位制”或“残缺不全的金本位制”——译者注。

④ 我们把“放弃金本位制”笼统地定义为一个国家开始强加外汇管制,贬值或暂停黄金支付的第一天,见表3—1列出的日期。不符合这个定义的一点是:有的国家在(按我们设定的标准)“脱离”了金本位制后,仍然继续试图把汇率定在金本位制下确定的水平上,例如加拿大和德国。对此我们不试图加以解释,因为假如要说明该建议的话,就要通过考察诸如汇率、货币增长或价格风险等变量来定义“坚持金本位制”。

数据的平均值，以及1932—1935年所有金本位制和非金本位制国家（当时每一类都包括许多国家）的平均值。鉴于我们想在表3—3中报出四个不同变量的数据，为了节约篇幅，只能报出平均值①。

表3—2　　批发价格指数的对数差分

	1930年	1931年	1932年	1933年	1934年	1935年	1936年
1. 未采取金本位制的国家或1931年以前就放弃金本位制的国家							
西班牙	-0.00	0.01	-0.01	-0.05	0.03	0.01	0.02
澳大利亚(1929)	-0.12	-0.11	-0.01	-0.00	0.04	-0.00	0.05
新西兰(1930)	-0.03	-0.07	-0.03	0.03	0.01	0.03	0.01
2. 于1931年放弃完全金本位制的国家							
奥地利	-0.11	-0.07	0.03	-0.04	0.02	-0.00	-0.01
加拿大	-0.10	-0.18	-0.08	0.01	0.06	0.01	0.03
捷克斯洛伐克	-0.12	-0.10	-0.08	-0.03	0.02	0.04	0.00
丹麦	-0.15	-0.13	0.02	0.07	0.09	0.02	0.05
爱沙尼亚	-0.14	-0.11	-0.09	0.02	0.00	-0.01	0.08
芬兰	-0.09	-0.07	0.07	-0.01	0.01	0.00	0.02
德国	-0.10	-0.12	-0.14	-0.03	0.05	0.03	0.02
希腊	-0.10	-0.11	0.18	0.12	-0.01	0.02	0.02
匈牙利	-0.14	-0.05	-0.01	-0.14	0.00	0.08	0.03
日本	-0.19	-0.17	0.05	0.11	-0.01	0.04	0.06
拉脱维亚	-0.16	-0.18	0.00	-0.02	-0.01	0.05	0.04
挪威	-0.08	-0.12	0.00	-0.00	0.02	0.03	0.05
瑞典	-0.14	-0.09	-0.02	-0.02	0.06	0.02	0.03
英国	-0.17	-0.18	-0.04	0.01	0.04	0.04	0.06
平均值	-0.13	-0.12	-0.01	0.00	0.02	0.03	0.04

① 在计算金本位制和非金本位制国家的“总平均值”时，如果一个国家在一年的中间放弃金本位制，那它就会被同时包含在金本位制和非金本位制类别中，并且权重等于该年其在每个类别中所处时间所占的比例。在表中我们使用简单平均而非加权平均，在下文给出的回归结果中也简单地赋予各国相同的权重。这样做是因为，对于检验假设（例如关于通货紧缩与萧条之间的关系）而言，将每个国家（及它自己的货币、法律体系、金融体系等）都视为观测值的一个基本单元并赋予每个观测值相同的权重似乎更为合理。但是如果我们试图衡量（例如）单个国家政策决策的总体经济影响，则用加权平均更为适合。

续表

	1930年	1931年	1932年	1933年	1934年	1935年	1936年
3. 1932—1935年间放弃金本位制的国家							
罗马尼亚(1932)	-0.24	-0.26	-0.11	-0.03	0.00	0.14	0.13
美国(1933)	-0.10	-0.17	-0.12	0.02	0.13	0.07	0.01
意大利(1934)	-0.11	-0.14	-0.07	-0.09	-0.02	0.10	0.11
比利时(1935)	-0.13	-0.17	-0.16	-0.06	-0.06	0.13	0.09
4. 到1936年仍在坚持完全金本位制的国家							
法国	-0.12	-0.10	-0.16	-0.07	-0.06	-0.11	0.19
荷兰	-0.11	-0.16	-0.17	-0.03	0.00	-0.02	0.04
波兰	-0.12	-0.14	-0.13	-0.10	-0.06	-0.05	0.02
平均值	-0.12	-0.13	-0.15	-0.07	-0.04	-0.06	0.08
5. 总平均值							
金本位制国家			-0.13	-0.07	-0.04	-0.05	
非金本位制国家			-0.01	0.00	0.03	0.04	

注:批发价格数据来自国际联盟(League of Nations)的《月度统计公告》(*Monthly Bulletin of Statistics*)与《年鉴》(*Yearbook*),各期。括号中的日期为该国放弃金本位制的年份,“放弃金本位制”被定义为实施外汇管制、贬值或暂停金本位制。参见表3—1。

从表3—2看,通货紧缩和固守金本位制之间的联系似乎相当明显。正如Choudhri and Kochin(1980)所指出的,西班牙因为未恢复金本位制而免遭席卷各国的通货紧缩的损害,新西兰和澳大利亚虽然较早地放弃了严格的金本位制,但仍与英镑保持联系,因此也遭受了一定程度的通货紧缩。那些在1931年仍然坚持金本位制的国家,在1930和1931年都发生了大约13%的通货紧缩。但在1931年之后,那些坚持金本位制的国家和那些放弃金本位制的国家之间出现了显著的差异。到1933年,那些放弃金本位制的国家的价格水平就已经稳定下来(只有一两个国家例外),并在1934—1936年发生了温和的通货膨胀。相反,那些坚持金本位制的国家继续忍受通货紧缩的煎熬(虽然通货紧缩率较低),一直到1936年金本位制瓦解。

表 3—3　　**货币指标**

	1930 年	1931 年	1932 年	1933 年	1934 年	1935 年	1936 年
1. 于 1931 年放弃完全金本位制的国家							
M0 增长率	−0. 04	−0. 02	−0. 07	0. 06	0. 05	0. 05	0. 08
M1 增长率	0. 01	−0. 11	−0. 07	0. 02	0. 05	0. 04	0. 08
M2 增长率	0. 03	−0. 08	−0. 04	0. 03	0. 05	0. 05	0. 06
贴现率变动幅度	−0. 08	0. 04	−0. 02	−1. 2	−0. 4	−0. 1	−0. 1
2. 到 1936 年仍在坚持完全金本位制的国家							
M0 增长率	0. 03	0. 07	−0. 06	−0. 02	0. 01	−0. 03	0. 03
M1 增长率	0. 05	−0. 06	−0. 07	−0. 05	0. 01	−0. 06	0. 08
M2 增长率	0. 08	−0. 00	−0. 02	−0. 02	0. 02	−0. 03	0. 05
贴现率变动幅度	−1. 4	−0. 4	0. 1	−0. 4	−0. 4	0. 8	−0. 3
3. 总平均值:坚持金本位制的国家							
M0 增长率			−0. 04	−0. 03	0. 01	−0. 02	
M1 增长率			−0. 09	−0. 04	−0. 01	−0. 06	
M2 增长率			−0. 05	−0. 01	0. 01	−0. 02	
贴现率变动幅度			0. 2	−0. 5	−0. 4	0. 7	
4. 总平均值:放弃金本位制的国家							
M0 增长率			−0. 07	0. 05	0. 03	0. 06	
M1 增长率			−0. 06	0. 01	0. 04	0. 05	
M2 增长率			−0. 03	0. 02	0. 04	0. 05	
贴现率变动幅度			−0. 3	−1. 0	−0. 4	−0. 2	

注:M0 指流通中的货币和银行券(notes)。M1 是基础货币加商业银行存款。M2是M1加储蓄存款。货币总量的增长率以对数差分的形式计算。贴现率的变动幅度以百分数计。数据来自国际联盟的《月度统计公告》(*Monthly Bulletin of Statistics*)与《年鉴》(*Yearbook*),各期。

表3—4　**工业产值指数的对数差分**

	1930年	1931年	1932年	1933年	1934年	1935年	1936年
1. 未采用金本位制的国家或1931年以前就放弃金本位制的国家							
西班牙	-0.01	-0.06	-0.05	-0.05	0.01	0.02	NA
澳大利亚(1929)	-0.11	-0.07	0.07	0.10	0.09	0.09	0.07
新西兰(1930)	-0.05	-0.14	0.05	0.02	0.13	0.09	0.14
2. 于1931年放弃完全金本位制的国家							
奥地利	-0.16	-0.19	-0.14	0.03	0.11	0.13	0.07
加拿大	-0.16	-0.18	-0.20	0.04	0.20	0.10	0.10
捷克斯洛伐克	-0.11	-0.10	-0.24	-0.05	0.10	0.05	0.14
丹麦	0.08	-0.08	-0.09	0.14	0.11	0.07	0.04
爱沙尼亚	-0.02	-0.09	-0.17	0.05	0.17	0.10	0.10
芬兰	-0.10	-0.13	0.19	0.02	0.03	0.10	0.09
德国	-0.15	-0.24	-0.24	0.13	0.27	0.16	0.12
希腊	0.01	0.02	-0.08	0.10	0.12	0.12	-0.03
匈牙利	-0.06	-0.08	-0.06	0.07	0.12	0.07	0.10
日本	-0.05	-0.03	0.07	0.15	0.13	0.10	0.06
拉脱维亚	0.08	-0.20	-0.08	0.31	0.15	0.05	0.04
挪威	0.01	-0.25	0.17	0.01	0.04	0.10	0.09
瑞典	0.03	-0.07	-0.08	0.02	0.19	0.11	0.09
英国	-0.08	-0.10	-0.00	0.05	0.11	0.07	0.09
平均值	-0.05	-0.12	-0.07	0.08	0.13	0.10	0.08
3. 1932—1935年间放弃金本位制的国家							
罗马尼亚(1932)	-0.03	0.05	-0.14	0.15	0.19	-0.01	0.06
美国(1933)	-0.21	-0.17	-0.24	0.17	0.04	0.13	0.15

续表

	1930 年	1931 年	1932 年	1933 年	1934 年	1935 年	1936 年
意大利(1934)	−0.08	−0.17	−0.15	0.10	0.08	0.16	−0.07
比利时(1935)	−0.12	−0.09	−0.16	0.04	0.01	0.12	0.05
4. 到 1936 年仍在坚持完全金本位制的国家							
法国	−0.01	−0.14	−0.19	0.12	−0.07	−0.04	0.07
荷兰	0.02	−0.06	−0.13	0.07	0.02	−0.03	0.01
波兰	−0.13	−0.14	−0.20	0.09	0.12	0.07	0.10
平均值	−0.04	−0.11	−0.17	0.10	0.02	0.00	0.06
5. 总平均值							
金本位制国家			−0.18	0.09	0.03	0.01	
非金本位制国家			−0.06	0.08	0.12	0.09	

注:工业产值数据来自国际联盟的《月度统计公告》(*Monthly Bulletin of Statistics*)与《年鉴》(*Yearbook*),各期。并根据国际联盟的《工业化与对外贸易》(*Industrialization and Foreign Trade*,1945)予以补充。

坚持金本位制的国家与放弃金本位制的国家的价格变动如此迥异,人们自然会预期它们的货币政策也出现类似的差异。表 3—3 比较了三种货币总量(简称为 M0、M1、M2)增长率的平均值和中央银行贴现率变动幅度的平均值。M0 对应流通中的货币和银行券(notes),M1 等于 M0 加商业银行存款,M2 等于 M1 加储蓄银行存款①。从数据中似乎能看到所预期的金本位制与非金本位制国家货币政策的差异,虽然不够明显。具体来说,尽管 1932 年金本位制与非金本位制国家的通货紧缩率之间相差 12 个百分点,但该年两类国家的平均货币增长率差异很小。原因可能是:在放弃金本位制的国家,较高的通货膨胀预期降低了货币需求,从而通胀得以自我实现了。但从 1933—1935

① 在使用 M1 与 M2 时,不应该严格按照字面意思对待,因为在不同国家,包含在每个类别中的资产的交易特征差别相当大。这两个总量的关键区别是深深地涉足于商业贷款的商业银行,它们在银行恐慌时更为脆弱。相反,储蓄银行持有的大多是政府证券,因此在恐慌时期常常获得存款。

年，各种货币指标与 Eichengreen and Sachs（1985）所强调的结论更为一致，即脱离金本位制使一个国家得以更自由地扩张货币供给，从而逃出了通货紧缩的泥潭。

基于金本位制对大萧条进行解释的理论的基本命题是：因为金本位制具有通货紧缩性影响，所以坚持金本位制对实际经济活动产生了负面结果。表3—4 报出了我们样本中各国的工业产值增速，相当清楚地表明了这一命题的正确性。虽然那些在 1931 年放弃金本位制的国家 1930 和 1931 年的工业产值增速比金本位集团成员国表现稍差，但是脱离金本位制之后就表现得好得多。在 1932—1935 年间，非金本位制国家的工业产值增长率比金本位制国家每年高出 7%，这是一个非常显著的效应。

总之，我们包括 24 个国家的样本数据支持了如下观点：在坚持金本位制与通缩、萧条的严重程度之间存在很强的联系。这些数据也与如下假说一致：能自由地扩张货币是 20 世纪 30 年代早期放弃金本位制的国家经济表现较好的一个原因，尽管这方面的证据不是非常清晰。

3.3 通货紧缩与萧条之间的联系

给定上述讨论和证据，似乎可以得出如下结论：20 世纪 30 年代早期的全球性通货紧缩是货币收缩通过国际金本位制传播的结果。但这又提出了一个更难的问题：连接通货紧缩（价格下跌）与萧条（产出下滑）的确切渠道到底是什么呢？本节初步考察前人提出的一些机制。首先介绍近期研究强调的两个主要渠道，然后讨论另一个渠道——引致性金融危机（induced financial crisis）。

（1）实际工资。如果名义工资具有某种程度的黏性，那么产品价格下降将会提高实际工资，降低对劳动的需求。工资（或其他投入成本）的向下黏性也会降低利润，因而会降低投资。这个渠道是 Eichengreen and Sachs 强调的（尤其见他们 1986 年的论文），Newell and Symons（1988）也强调过。

表 3—5 报出了大萧条期间实际工资变动的一些证据，它与表 3—2 至表3—4 的格式类似。注意表 3—5 使用了批发价格指数（它是可以最广泛地获

得的价格指数)作为工资的平减因子。根据此表,在1930—1931年间,大多数国家的实际工资确实大幅上涨了。1931年之后,放弃金本位制的国家实际工资温和地下降,而坚持金本位制的国家实际工资则温和地上升。这些发现与Eichengreen and Sachs(1985)的发现类似。

表3—5 **实际工资的对数差分**

	1930年	1931年	1932年	1933年	1934年	1935年	1936年
1. 未采用金本位制的国家或1931年以前就放弃金本位制的国家							
西班牙	数据不可得						
澳大利亚(1929)	0.10	0.01	−0.05	−0.04	−0.03	0.01	−0.03
新西兰(1930)	0.03	0.00	−0.00	−0.05	−0.01	−0.01	0.10
2. 于1931年放弃完全金本位制的国家							
奥地利	0.14	0.05	−0.04	−0.00	−0.05	−0.03	0.06
加拿大	0.11	0.15	0.00	−0.06	−0.05	0.02	−0.01
捷克斯洛伐克	0.14	0.11	0.08	0.02	−0.04	−0.05	−0.00
丹麦	0.17	0.11	−0.03	−0.07	−0.09	−0.01	−0.04
爱沙尼亚	0.16	0.07	0.02	−0.06	−0.01	0.06	−0.03
芬兰	数据不可得						
德国	0.12	0.06	−0.03	−0.00	−0.07	−0.03	−0.02
希腊	数据不可得						
匈牙利	0.14	−0.00	−0.07	0.09	−0.06	−0.11	−0.00
日本	0.05	0.21	−0.04	−0.12	0.02	−0.05	−0.05
拉脱维亚	0.20	0.18	−0.15	−0.05	0.01	−0.05	−0.02
挪威	0.08	0.08	0.02	−0.02	−0.01	−0.03	−0.02
瑞典	0.17	0.09	0.01	−0.02	−0.06	−0.01	−0.02
英国	0.17	0.16	0.02	−0.02	−0.03	−0.03	−0.03
平均值	0.14	0.11	−0.02	−0.03	−0.04	−0.03	−0.02
3. 1932—1935年间放弃金本位制的国家							
罗马尼亚(1932)	0.20	0.14	−0.10	−0.05	−0.02	−0.15	−0.12
美国(1933)	0.10	0.13	−0.01	−0.03	0.04	−0.03	0.02
意大利(1934)	0.10	0.07	0.05	0.07	−0.01	−0.11	−0.06
比利时(1935)	0.19	0.10	0.07	0.04	0.01	−0.16	−0.02

续表

	1930年	1931年	1932年	1933年	1934年	1935年	1936年
4. 到1936年仍在坚持完全金本位制的国家							
法国	0.21	0.09	0.12	0.07	0.06	0.09	-0.06
荷兰	0.12	0.14	0.09	-0.02	-0.04	-0.01	-0.06
波兰	0.11	0.06	0.05	0.00	0.01	0.02	-0.03
平均值	0.15	0.10	0.09	0.02	0.01	0.03	-0.05
5. 总平均值							
金本位制国家			0.05	0.03	0.01	0.02	
非金本位制国家			-0.02	-0.03	-0.03	-0.04	

注:实际工资是男性工人(熟练工人,如果数据可得的话)的名义小时工资除以批发价格指数。工资数据来自国际劳工办公室(the International Labor Office),《劳工统计年鉴》(*Year Book of Labor Statistics*),各期。

用名义工资黏性来解释通货紧缩的实际影响与凯恩斯主义者的传统是一致的,但是在大萧条的背景下却多少有点麻烦。要知道:①那段时间失业严重;②相对缺乏长期合同,工会力量薄弱;③公众清楚地知道价格在下降,因而生活费用也在下降,所以我们很难理解当时名义工资为何会反应如此迟钝。在1921—1922年的经济收缩中很多国家的名义工资下降很快。在1931年秋天之前,美国的名义工资一直保持稳定(这可能是大公司之间的协议导致的,见O' Brien,1989),但是之后就迅速下降。在大萧条初期,德国政府实际上试图压低工资。那么为什么我们在数据中发现实际工资大幅上升了呢?

一个可能的解释是测算问题。有很多情况(例如技能和工业结构的变化)使得测算实际工资的周期变化相当困难,即便今天仍是如此。Bernanke(1986)指出,就美国来说,由于每周工作时间的大幅削减和劳工窖藏(hoarded labor)现象的出现,实际工资可能只是衡量劳工边际成本的一个粗劣指标。

在测算问题上,Eichengreen and Hatton(1987)正确地指出,应该用相关的产品价格(relevant product prices)而不是广义的价格指数对名义工资进行平减。他们给出了一个产品工资指数(名义工资比制造业价格)表,我们把其中五个国家1929—1938年间的数据制作成表3—6。与表3—5一样,表3—6也

表 3—6 **产品工资指数**

年份	英国	美国	德国	日本	瑞典
1929	100. 0	100. 0	100. 0	100. 0	100. 0
1930	103. 0	106. 1	100. 4	115. 6	116. 6
1931	106. 4	113. 0	102. 2	121. 6	129. 1
1932	108. 3	109. 6	96. 8	102. 9	130. 0
1933	109. 3	107. 9	99. 3	101. 8	127. 9
1934	111. 4	115. 8	103. 0	102. 3	119. 6
1935	111. 3	114. 3	105. 3	101. 6	119. 2
1936	110. 4	115. 9	107. 7	99. 2	116. 0
1937	107. 8	121. 9	106. 5	87. 1	101. 9
1938	108. 6	130. 0	107. 7	86. 3	115. 1

数据来源:Eichengreen and Hatton(1987,15)

表明,在 20 世纪 30 年代早期实际工资是增长的。但总体上说,实际工资增长与萧条之间的相关性不是特别强。注意,在主要国家中,德国的失业或许最为严重,其实际工资几乎没有增长①。英国于 1932 年开始复苏,在复苏阶段,实际工资以相当平稳的趋势增长。美国的实际工资只是在其复苏之初短暂下降,之后是增长的。因此就这一点而言,把名义工资黏性作为一个传递机制似乎多少有点含糊。

(2)实际利率。在标准的 IS-LM 宏观模型中,货币收缩通过使 LM 曲线左移而减少产出、提高实际利率,从而减少支出。但是正如 Temin(1976)在他最初批评 Friedman and Schwartz(1963)时指出的:影响 LM 曲线的是实际货币余额而非名义货币余额;并且在货币收缩时,因为价格下降很快,所以实际货币余额下降很少,甚至是上升的。

但是即便实际货币余额根本不变,通货紧缩也会通过另一种机制提高事前实际利率:因为对现金不支付名义利率,所以在均衡状态下,一种资产的名义利率必定不低于其相对于现金的流动性升水和风险升水之和。因此即使价

① 但是必须指出,近期从实际工资角度对德国失业率的解释认为:不仅是 1929 年之后的高失业率,而且 20 世纪 20 年代中后期的高失业率都可以用高实际工资来解释(Borchardt,1979)。

格和工资具有完全弹性，10%的通货紧缩预期将导致至少10%的实际利率。在纵轴为名义利率的IS-LM图上，通货紧缩预期增大相当于IS曲线左移。

人们是否预期到了20世纪30年代早期的通货紧缩？对此众说纷纭（虽然几乎完全是讨论美国的情况）。我们在此增加两点理由，来支持人们对全球通货紧缩的程度预期得不充分的观点。

第一，存在一个问题：在发生通货紧缩的国家，名义利率下限在现实中是否具有约束力（这一机制要想发挥作用，则名义利率下限应该是具有约束力的）。虽然在20世纪30年代，美国政府债务的利率常常近乎为0，但其他国家并非如此。例如，法国国库券收益率从1932年的低点0.75%上升到1933年的2.06%、1934年的2.25%、1935年的3.38%。在1933—1935年间，法国国库券名义收益率比英国国库券名义收益率平均高出几百个基点[①]。

第二，如果认为通货紧缩很大程度上被预期到了，则难以解释当时放弃和坚持金本位制的国家的安全资产的名义收益非常相近这一事实。如果人们预期金本位制国家将发生持续的通货紧缩，放弃金本位制的国家将发生通货膨胀，则两类国家名义收益率相近意味着实际收益率差异巨大。如果实际汇率的预期变动能够平衡这种差异的话，则这种差异在均衡状态下仍然会存在，但是似乎不太可能差11%~12%这么多（11%~12%是1932年坚持和放弃金本位制的国家已实现的收益率之差）[②]。

（3）金融危机。通货紧缩引起萧条的第三个机制是通过影响金融系统的运行来发挥作用的，这在近期的文献中未被提及。非中性的根源不过是因为债务工具（包括存款）一般是用货币来计算名义价值的，所以通货紧缩会导致借款人——包括非金融性企业和金融中介——的金融头寸缩水。

首先考虑金融中介（银行）的情形[③]。银行的负债（主要是存款）几乎全

---

① 不过，由于法国存在大量赤字，因此当时可能存在对政府违约的担忧。可以想见，这能解释法国国库券利率较高的问题。

② 对此观点的可能回应是：对贬值的担忧提高了金本位制国家资产的风险升水。可以通过考察外汇远期利率来检验该观点，见Einzig（1937）。除了贬值前夕，金本位货币的远期升水一般都很小。具体来说，1932年美元兑英镑汇率的三个月期升水在6月的第一周达到最大值，约为4.5%（年率），但在该年的大多数时候，升水比该值小得多。

③ Flood and Garber（1981）用一个理论模型分析了通货紧缩对银行的影响，以及通货紧缩与银行挤兑之间的关系。

都是按名义价值锁定的。根据银行体系的不同(见下文),银行持有的资产要么主要是债务工具,要么是负债加权益。对负债和权益的所有权本质上等价于对资本的直接所有权。因此在这种情况下,银行的负债是名义的,资产则是实际的,所以未预期到的通货紧缩会立即压缩银行的资本头寸。当资产中只包括债务时,通货紧缩的影响才暂时是中性的或稍微有利于银行的。但是一旦借款人的股本缓冲额(equity cushion)被耗尽,银行就成了借款人的实际资产的所有者,因此最终这类银行也会遭到通货紧缩的压榨。

根据以上讨论,随着银行的资本所受的压力越来越大,其正常运行将会受阻。例如,它可能不得不收回贷款或拒绝发放新的贷款。最后,银行资本即将耗尽,引起存款人挤兑,这会使银行一命呜呼或者严重破坏其运行,最终通常是由政府出面接管这一中介机构。例如政府通过发行债券融得资金来收购濒临倒闭的银行,这种情形在大萧条中屡见不鲜。政府发行的这些债券由消费者直接或间接地持有,代替了那些(消失了的)商业银行存款。这样政府机构实际上成了中介链条上的一环①。

虽然银行问题可能是大萧条中比较引人注目的事件,但是相同类型的非中性也可能影响非金融企业和其他借款人。“债务型通货紧缩”过程(即价格下跌引起名义债务的实际价值上升)会侵蚀借款人的净财富头寸。借款人持有的金融头寸缩水会影响其行为(例如企业可能试图通过解雇工人或消减投资来保留金融资本),并且借款人—贷款人之间的代理关系恶化会导致新的信贷难以达成。因此,正如 Bernanke and Gertler(1990)详细讨论过的:原则上说,即使企业没有经历破产清算,(例如由债务型通缩引起的)“财务危机”也会带来巨大的经济损失。

在定量估计这些机制和其他机制对产出的影响之前,我们首先简要讨论一下大萧条时期金融危机的国际同步性。

---

① 我们这里不能解决的一个重要问题是:政府接管银行后,是否会恢复一些中介服务?或者相反的问题:政府是否主要作为清偿代理机构(liquidation agent)行使职能?

3.4 两次世界大战之间的银行业与金融危机

金融危机是两次世界大战之间的显著特征。本节关注银行部门的问题，并略微关注上文讨论过的国内债务人的问题。股市崩盘和外债违约当然也很重要，但是限于篇幅，在此不做重点讨论。

表 3—7 列出了两次世界大战之间一些重要的银行危机的编年表。从表中的简述可知，它覆盖了严重程度各异的银行危机。此外，这个编年表还表明：①在两次大战之间，有很多国家的银行都出现过严重问题；②这些问题，在 1931 年 5 月奥地利信贷银行（Creditanstalt）发生危机和德国银行危机恶化之后，于 1931 年春季和秋季之间达到了顶峰。

Friedman and Schwartz（1963）提出用存款/通货比率作为衡量银行问题的统计指标。表 3—8 中报出了我们样本中各个国家商业银行的存款/通货比率的变动情况。把表 3—8 和表 3—7 相互对比是很有意思的。主要银行危机大多（但不是都）伴随着存款/通货比率的大幅下降。最重要的例外是 1931 年的意大利，在意大利政府的接管受到影响之前，它隐瞒了银行系统的大部分问题。另外，也有些存款/通货比率的显著下降与银行业恐慌并无关系，而是银行体系的重建和汇率困难导致的。

到底是什么引起了银行业恐慌？从某种程度来说，恐慌是对通货紧缩和金本位制度运行的内生反应。在全球性银行危机于 1931 年达到顶峰之时，通货紧缩和萧条已经持续了将近两年。与上一节最后的分析一致，价格下跌降低了银行资产的名义价值，但没有降低银行负债的名义价值。另外，金本位制的游戏规则严重地限制了中央银行发挥最后贷款人的作用以便消除恐慌的能力。确实，由于银行恐慌常常与外汇危机（下文将深入讨论）同时发生，为了维持可转换性，中央银行在面临恐慌时通常会收紧货币政策。证明银行问题与通货紧缩和金本位制“游戏规则”的约束之间存在关联性的证据是：任何国家在放弃金本位制之后都没再发生严重的银行恐慌——尽管大多数国家在放弃金本位制时确实已经采取了有力的金融改革措施。

表 3—7　　两次世界大战之间的银行危机编年表(1921—1936)

日期	国家	危机
1921 年 6 月	瑞典	开始于 1921—1922 年的存款收缩,导致银行重组。1922 年政府通过信贷银行(Credit Bank)治理危机
1921—1922 年	荷兰	银行危机(如著名的 Marx and Co.)与兼并
1922 年	丹麦	丹麦最大的银行之一 Danske Landmandsbank 发生严重损失,一些小银行破产清算。Landmandsbank 维持经营,直到 1928 年 4 月在政府的担保下重组
1923 年 4 月	挪威	Centralbanken for Norge 发生危机
1923 年 5 月	奥地利	一家大银行通用存款银行(Allgemeine Depositenbank)陷入困境,7 月破产清算
1923 年 9 月	日本	在东京地震的影响下,坏账威胁台湾银行(Bank of Taiwan)和朝鲜银行(Bank of Chosen),这两家银行在政府协助下进行了重组
1925 年 9 月	西班牙	Banco de la Union Mineira 和 Banco Vasca 两家银行破产
1926 年 7—9 月	波兰	银行挤兑引起三家大银行停止支付。银行危机一直持续到 1927 年
1927 年	挪威、意大利	无数小银行陷入困境,但没有大银行破产
1927 年 4 月	日本	32 家银行无力支付存款。第十五银行(15 th Bank)和台湾银行(Bank of Taiwan)重组
1929 年 8 月	德国	法兰克福一般保险有限责任公司(Frankfurter Allgemeine Versicherungs AG)崩溃,接下来很多小银行破产,柏林和法兰克福的储蓄银行发生挤兑
1929 年 11 月	奥地利	第二大银行波登信贷银行(Bodencreditanstalt)破产,并与奥地利信贷银行(Creditanstalt)合并
1930 年 11 月	法国	Banque Adam,Boulogne-sur-Mer 和 Oustric Group 破产。各省银行(provincial banks)发生挤兑
	爱沙尼亚	两家中等规模的银行——塔林爱沙尼亚政府银行(Estonia Government Bank Tallin)与塔林信贷银行(Reval Credit Bank)①倒闭。危机持续到 1 月
1930 年 12 月	美国	合众国银行(Bank of United States)破产
	意大利	三家最大的银行开始发生挤兑。1931 年 4 月爆发银行恐慌,接下来政府重组和接管了冻结的工业资产

① “Reval”是爱沙尼亚共和国塔林(Tallinn)的德语和瑞典语旧称——译者注。

续表

日期	国家	危机
1931年4月	阿根廷	政府通过允许国民银行(Banco de Nacion)在政府拥有的Caja de Conversión对其他银行的商业票据进行再贴现贷款,以应对银行恐慌
1931年5月	奥地利	奥地利信贷银行(Creditanstalt)发生危机,外国存款者挤兑
	比利时	关于该国第二大银行布鲁塞尔银行(Banque de Bruxelles)即将破产的谣言引发了所有银行的挤兑。当年晚些时候,贬值预期导致了外国存款的流失
1931年6月	波兰	银行挤兑,与奥地利信贷银行(Creditanstalt)有关的华沙贴现银行(Warsaw Discount Bank)挤兑尤甚。这是奥地利危机的蔓延
1931年4—7月	德国	银行挤兑,使1930年夏季开始便处于困境的银行系统问题更为严重。在6月存款大量流失以及外汇持续增加的压力之下,许多银行不能支付存款,Darmsttader银行倒闭。银行歇业整顿
1931年7月	匈牙利	布达佩斯(Budapest)各银行尤其是通用信贷银行(General Credit Bank)发生挤兑。外国存款人提款,随后签署了外国债权人暂停提款合约。银行歇业整顿
	拉脱维亚	与德国有关的银行发生挤兑。Librau银行(Librau Bank)与里加国际银行(Riga International Bank)遭受重创
	奥地利	维也纳Mercur银行(Vienna Mercur-Bank)倒闭
	捷克斯洛伐克	对外国存款的挤兑引发了对本国存款的挤兑,但没有发生一般性的银行恐慌
	土耳其	在德国危机影响下,德意志银行(Deutsche Bank)的分行发生挤兑,土耳其工商银行(Banque Turque pour le Commerce et l'Industrie)倒闭
	埃及	德意志东方银行(Deutsche Orientbank)在开罗和亚历山大的分行发生挤兑
	瑞士	通过日内瓦贴现公司(Comptoir d'Escompte de Geneve)的接管挽救了Union Financiere de Geneve
	罗马尼亚	德国控制的Banca Generala a Tarii Romanesti倒闭。Romand信用银行(Banca de Credit Romand)以及罗马尼亚银行(Banca Romaneasca)发生挤兑
	墨西哥	墨西哥西班牙人信贷银行(Credito Espanol de Mexico)发生挤兑之后暂停支付。墨西哥国家银行(Banco Nacional de Mexico)发生挤兑

续表

日期	国家	危机
1931 年 8 月	美国	发生一系列银行恐慌,1931 年 10 月最为严重。从 1931 年 8 月—1932 年 1 月,有 1 860 家银行倒闭
1931 年 9 月	英国	外国人挤兑,传闻深陷欧洲(尤其匈牙利和德国)危机的伦敦商人银行受到威胁
	爱沙尼亚	英镑危机之后,发生了广泛的银行挤兑;11 月发生第二波挤兑
1931 年 10 月	罗马尼亚	Banca Marmerosch,Blank & Co. 破产。严重的银行挤兑
	法国	主要的存款银行国民信贷银行(Banque Nationale de Credit)倒闭,重组为国民工商银行(Banque Nationale pour le Commerce et l'Industrie)。其他银行发生破产或挤兑
1932 年 3 月	瑞典	Krueger 工业与金融帝国的崩溃削弱了大银行斯堪的纳维亚信贷银行(Skandinaviaska Kreditaktiebolaget),但是没有发生广泛的恐慌
1932 年 5 月	法国	大型投资银行巴黎联合银行(Banque de l'Union Parisience)发生损失,被迫与法国信贷公司(Credit Mobilier Francaish)合并
1932 年 6 月	美国	芝加哥一系列银行倒闭
1932 年 10 月	美国	新一轮银行倒闭风潮,特别是美国中西部和远西地区①
1933 年 2 月	美国	广泛的银行恐慌,导致各州银行歇业整顿,以及 3 月全国范围的银行歇业整顿
1933 年 11 月	瑞士	大型银行瑞士信贷银行(Banque Populaire Suisse)遭受重大损失之后重组
1934 年 3 月	比利时	比利时旅游银行(Banque Belge de Travail)的倒闭演变成全面的银行和外汇危机
1934 年 9 月	阿根廷	贯穿整个秋季的银行问题促使政府出面发起四家的银行合并,分别是 Banco Espanol del Rio de la Plata,Banco el Hogar Argentina,Banco Argentina-Uruguayo 和 Ernesto Tornquist &Co.
1935 年 10 月	意大利	意大利入侵阿比西尼亚②之后存款额下降
1936 年 1 月	挪威	多年来存款额一直稳定。但立法机构引入银行存款税后引发了挤兑,一直持续到秋季
1936 年 10 月	捷克斯洛伐克	预期将发生第二次克朗贬值导致存款挤兑

① 美国远西地区(Far West)指落基山至太平洋沿岸的地区——译者注。
② 阿比西尼亚(Abyssinia)是埃塞俄比亚的旧称——译者注。

表3—8　　**商业银行存款/通货比率的对数差分**

国家	1930	1931	1932	1933	1934	1935	1936
澳大利亚	−0.05	−0.12*	0.05	0.01	0.05	−0.03	−0.01
奥地利	0.17	−0.40*	−0.06	−0.20*	−0.07	−0.01	−0.02
比利时	−0.13*	−0.22*	−0.10*	0.07	−0.13*	−0.27*	−0.02
加拿大	0.07	−0.01	0.03	−0.05	0.00	0.01	−0.06
捷克斯洛伐克	−0.11	−0.08	0.07	0.02	0.07	−0.03	−0.11*
丹麦	0.08	−0.03	0.00	−0.07	0.02	0.02	−0.00
爱沙尼亚	0.16	−0.29*	−0.02	−0.05	0.10	0.05	0.13
芬兰	0.09	−0.05	0.14	−0.04	−0.06	−0.04	−0.09
法国	−0.07	−0.12*	−0.01	−0.10*	−0.07	−0.10	−0.03
德国	−0.11*	−0.40*	0.05	−0.09	−0.01	−0.08	−0.02
希腊	0.17	0.07	−0.27*	−0.03	0.06	−0.04	0.02
匈牙利	0.07	−0.07	0.10	−0.03	−0.08	−0.05	−0.03
意大利	0.04	−0.01	0.05	0.06	0.01	−0.20*	0.08
日本	0.09	0.03	−0.12*	−0.04	0.03	−0.00	0.09
拉脱维亚	0.03	−0.57*	0.11	−0.06	0.12	0.10	0.45
荷兰	0.10	−0.36*	−0.05	−0.06	−0.05	−0.08	0.24
挪威	0.04	−0.15*	−0.06	−0.09	0.01	0.03	−0.23*
新西兰	0.04	−0.11*	0.03	0.07	0.15	−0.08	−0.32*
波兰	0.07	−0.29*	−0.02	−0.08	0.10	−0.06	0.10
罗马尼亚	0.11	−0.76*	−0.05	−0.11*	−0.28*	0.10	−0.16*
瑞典	−0.00	−0.00	−0.02	−0.06	−0.11*	−0.08	−0.07
西班牙	0.00	−0.24*	0.08	0.03	0.01	0.06	N.A.
英国	0.03	−0.07	0.10	−0.07	−0.02	0.01	−0.03
美国	0.00	−0.15*	−0.26*	−0.15*	0.14	0.05	0.02

注:表中数字为商业银行存款额与流通中的现金和银行券之比的对数差分。数据来自国际联盟《月度统计公告》(*Monthly Bulletin of Statistics*)和《年鉴》(*Yearbook*),各期。

*表示下降超过0.10。

然而,虽然通货紧缩和坚持金本位制是恐慌的必要条件,但却不是充分条件。在两次世界大战之间,许多国家遭受了与那些发生银行危机的国家相似的通货紧缩冲击,但却一直没有发生大的银行挤兑和倒闭①。以下因素有助于解释哪些国家遭受了银行恐慌。

(1)银行的结构。银行体系的组织结构是决定银行脆弱性的重要因素。首先,拥有"单一银行"体系——即拥有大量规模小且业务相对单一的银行——的国家遭受了比较严重的银行恐慌。最主要的例子当然就是美国。美国的银行业集中度很低,但其小银行的倒闭具有高度一致性,其他国家(如法国)也有这种现象。加拿大银行是分支银行制(branch banking),在大萧条期间没有经历银行破产(虽然许多分支行被关闭)。瑞典和英国也因为风险通过银行分支体系分散而受益匪浅②。

其次,那些按德国或比利时模式建立的"全能型"或"混合型"银行体系在通货紧缩时似乎更加脆弱。在盎格鲁—撒克逊(Anglo-Saxon)银行模式中,至少从理论上来说贷款是短期的,银行与企业之间关系密切。相反,全能银行在客户企业中拥有长期的、有时占主导地位的股权头寸。与盎格鲁—撒克逊银行主要持有债务工具不同,全能银行的资产包括长期证券和股权。在危机期间,长期证券缺乏流动性,股权则使全能银行受到股市崩盘的影响。最极端的例子或许是奥地利。经过一系列兼并之后,到 1931 年,声名狼藉的奥地利信贷银行更像是一家庞大的控股公司,而不是一家银行。在它于 1931 年 5 月破产时,它已经控股了 64 家企业,占了奥地利名义资本的 65%(Kindleberger,1984)。

(2)银行对短期外债的依赖。有些最严重的银行问题发生在那些其大部分存款被外国人持有的国家。与国内存款相比,所谓的"热钱"对负面的金融

① 在下一节我们将样本分为两组:11 个存在严重银行问题的国家和 13 个没有这些问题的国家。在 1930 年,即银行危机最严重的前一年,那些没有发生银行问题的国家通货紧缩幅度平均是 12%,工业产值下降幅度平均是 6%;发生了银行恐慌的那组国家的相应数据则分别是 13% 和 8%。因此,在大萧条早期,这两组国家之间没有很大的差异。相反,在 1932 年(最严重的银行危机之后的那一年),没有发生银行危机的国家工业产值增长率平均为-2%,发生了银行危机的国家工业产值增长率平均是-16%。

② 虽然在大萧条时期似乎存在这种相关性,但我们不想无条件地得出分支银行制更加稳定的结论。分支有利于分散化,但也带来了一种风险:一旦几个大银行出了问题,可能导致整个金融网络瘫痪。

问题更为敏感。外国存款者的挤兑不仅意味着银行系统的损失，还意味着国际储备的流失。正如我们已经指出的，这些外在威胁制约了中央银行对银行形势做出反应的能力。因此，银行危机和汇率危机交织在一起了①。中欧许多银行危机的解决方案是签订"冻结协议"(standstill agreements)，即禁止外国债权人提款，留待未来商议。

银行资产负债表上资产方的国际联系也很重要。具体而言，欧洲大陆许多银行受到了奥地利和德国危机的严重影响。

(3)20世纪20年代的金融和经济历程。毫不奇怪，20世纪20年代从相对较差的条件中，新兴的国家更容易受到银行恐慌的损害。奥地利、德国、匈牙利和波兰都在20世纪30年代遭受了恶性通货膨胀和经济混乱，也都在1931年遭受了严重的银行恐慌。限于篇幅，我们对此不作详细讨论。有一点似乎很明显，即欧洲金融危机的肇始至少部分地独立于美洲——这与那种完全以美国为中心来解释大萧条起源的观点是不一致的。

不过，还应该强调，不仅20世纪20年代的金融危机很重要，应对危机的政策也很重要。奥地利可能是三番五次地"解决"接二连三发生的银行问题的最极端例子。该国在20世纪20年代始终都存在银行问题，主要的解决办法是把濒临倒闭的银行并入仍然有偿债能力的银行。1927年奥地利波登信贷银行(Austrian Bodencreditanstalt)被迫兼并两家濒临倒闭的银行，这一兼并削弱了波登信贷银行的实力，这是导致它在1929年被迫并入奥地利信贷银行的部分原因。1931年5月，奥地利信贷银行的一位董事拒绝在一份"乐观的"金融报告上签字，致使该行无力偿债的问题最终大白于天下，从而导致欧洲危机进入了最为严重的阶段。

相反，那些在20世纪20年代早期阶段发生问题后进行了根本性改革的银行，在大萧条时期的表现就更好一些。例如瑞典、日本和荷兰在20世纪20年代都发生了严重的银行问题，但政府的反应是进行彻底的重组和援助，使银行能够稳健运营(最脆弱的银行被关闭了)。可能因为这一原因，这三个国家

① 这两方面可能互为因果。例如，Wigmore(1987)争论说1933年美国的银行恐慌部分地是由挤兑美元引起的。

在20世纪30年代遇到的问题较少。在瑞典的克罗伊格金融帝国(Kreuger financial empire)崩溃之后，一家大银行——斯堪的纳维亚信贷银行(Skandinaviska Kreditaktiebolaget)遭受了惨重的损失。丹麦一家中型银行——阿姆斯特尔银行(Amstelbank)则因为与奥地利信贷银行有业务关联而倒闭。但这都只是孤立的倒闭,没有引起广泛的恐慌。

关于这方面,荷兰与其邻居比利时相映成趣。比利时的银行问题从1931一直持续到1935年,它试图保护银行免受更大的损失,结果导致比利时法郎最终贬值。这两个国家都严重依赖对外贸易,都固守金本位制,然而在大萧条早期,荷兰的表现却比比利时好得多(见表3—4)。这是银行危机对产出产生影响的一点证据。

总体来说,虽然银行危机是对萧条的内生反应,但是不同国家银行危机的同步性也反映了各种制度性因素和其他前提条件。因此,比较通货紧缩对发生和未发生严重银行危机的国家的实际影响,将会是个有趣的课题。

与银行危机相比,人们很少记载“债务型通货紧缩”,即非金融借款人(nonfinancial borrowers)的问题。只有美国在20世纪30年代发生的债务问题被很好地记录下来,参见Bernanke(1983)的摘要和参考文献。在美国,大公司没有遇到严重的危机,但是由于未清偿债务中有将近一半都发生了违约,所以其他多数部门——小企业、农民、抵押借款人、州政府和地方政府——都受到了严重的影响。新政中的大部分政策就是各种形式的债务调整和减免。

其他国家有很多零散的记录但没有系统的数据。因为日益严重的财务危机迫使破产的操作和程序都不断发生变动,所以很难对银行破产和违约的总体数据做出解释。例如,国际联盟于1932年12月出版的《月度统计公告》(*Monthly Bulletin of Statistics*)去掉了有关破产的表格,给出的理由是:“目前各种形式的协议使公开破产得以避免,使该表再无价值可言。”(p. 529)破产规则变动的最极端例子也许是罗马尼亚的《1932年4月债务让渡法》(*April 1932 Law on Conversion of Debts*),它本质上剥夺了债权人强迫债务人破产的权利。破产处理方法的变动无疑减小了债务违约的影响,但是发生这些变动就意味着当局意识到问题非常严重。如果数据可得的话,更具体地逐个研究每个国家的通货紧缩对企业资产负债表的影响,以及财务状况与企业投资、生产和雇用决策之间的关系,将是非常有价值的。类似的评论也适用于外债(external debt)问题,同内债(domestic debts)问题相比,Eichengreen and Sachs(1986)等人最近取得的重要研究成果已经为我们提供了较好的研究基础。

3.5 回归结果

本节报出我们基于面板数据集进行实证研究得到的结果。我们感兴趣的主要问题是从通货紧缩到产出的各种传递机制的相对重要性。我们也提出一个迄今为止没有讨论过的问题,即银行危机是否曾经加剧了通货紧缩。

表 3—9 给出了基本的回归结果,该表列出了各样本国家工业产值的对数差分与解释变量的各种组合之间的关系。每个回归方程右边的变量定义如下。

表 3—9 **工业产值的对数差分的决定因素(被解释变量:$\Delta\ln IP$)**

方程	解释变量					
	$\Delta\ln PW$	$\Delta\ln EX$	$\Delta\ln W$	$DISC$	$PANIC$	$\Delta\ln M_0$
(1)	0.855 (0.098)					
(2)	0.531 (0.095)				-.0191 (0.0026)	
(3)	0.406 (0.121)	0.231 (0.043)				
(4)	0.300 (0.111)	0.148 (0.041)			-0.0157 (0.0027)	
(5)	0.364 (0.141)	0.231 (0.046)	0.272 (0.206)			
(6)	0.351 (0.128)	0.150 (0.044)	-0.072 (0.197)		-.0156 (0.0029)	
(7)	0.296 (0.123)	0.103 (0.044)	-0.119 (0.189)	-0.0358 (0.0102)	-0.0138 (0.0028)	
(8)		0.217* (0.048)	-0.015 (0.189)		-0.0126 (0.0031)	0.405 (0.098)

注:各变量的定义见正文。样本区间是 1930—1936。面板数据包括 24 个国家,在估计方程(5)至(8)时,芬兰、希腊与西班牙因为缺失工资数据而被排除。表中没有报出国别虚拟变量(country-specific dummies)的系数估计值。括号中是标准误(standard error)。

* 方程(8)中的出口增长率用实际量衡量。

$\Delta\ln PW$：批发价格指数的对数差分；

$\Delta\ln EX$：名义出口额的对数差分；

$\Delta\ln W$：名义工资的对数差分；

DISC：中央银行的贴现率，用其与 1929 年数值的相对值来衡量（对加拿大使用的是政府长期债券利率；因为没有找到新西兰 1929 年的利率，所以在包括 *DISC* 的那个回归中排除了新西兰）；

PANIC：虚拟变量，等于一国某年遭受严重银行问题的月份数（详见下文）；

$\Delta\ln M_0$：流通中现金和银行券的对数差分。

我们把出口作为解释变量纳入方程，来估计贸易对增长的影响，其中包括 Eichengreen and Sachs（1986）所讨论过的竞争性贬值带来的好处。我们还引入名义工资作为解释变量，以便检验从通货紧缩到萧条的实际工资传递渠道。当然，理论表明应该在方程中采用这两个变量的实际量而非名义量，然而不幸的是，理论上应该采用的平减因子在实践中并不总是可以获得的（正如上文在讨论实际工资时指出的那样）。我们可以通过假设出方程的真实形式（例如如下）来解决这个问题：

$$\Delta\ln IP=\beta_e(\Delta\ln EX-\Delta\ln P_e)+\beta_w(\Delta\ln W-\Delta\ln P_w)+\text{误差项} \tag{3.1}$$

其中最优平减因子 P_e 和 P_w 是得不到的。假设未观测到的平减因子的对数差分在批发价格指数的对数差分上的投影（projections）如下：

$$\Delta\ln P_i=\psi_i\Delta\ln PW+u_i \qquad i=e,\ w \tag{3.2}$$

其中 u_i 与 $\Delta\ln PW$ 之间无相关关系，且推测 ψ_i 为正。则（1）式变为：

$$\Delta\ln IP=-(\beta_e\psi_e+\beta_w\psi_w)\Delta\ln PW+\beta_e\Delta\ln EX+\beta_w\Delta\ln W+\text{新误差项} \tag{3.3}$$

这表明可以允许 $\Delta\ln PW$、名义出口的增速、名义工资的增速自己进入方程，我们正是这么做的①。将 $\Delta\ln PW$ 放入方程还有个额外的好处，即可以使我们解释通货紧缩的影响（例如债务型通货紧缩）中没有被其他解释变量解释的部分。

---

① 有人已经向我们指出：如果名义工资是严格刚性的，那么，即使实际工资变动可能是通货紧缩效应的一个重要传递渠道，这种方法也无法发现工资的影响。我们对此的答复是，如果名义工资是完全刚性的，那么永远无法把零假设“实际工资很重要”与备择假设“通货紧缩通过其他某个渠道发挥作用”区分开。

把贴现率 *DISC* 纳入方程是为了体现利率渠道,并作为货币政策的另一个代理变量。因为每个方程中都含有 $\Delta\ln PW$,因此把名义利率 *DISC* 纳入方程等价于把事后的现实(actual)利率纳入方程,也就是说,我们其实是假定通货紧缩被完全预期到了。这对检验实际利率渠道假说是有利的。

为了估计财政政策的影响,我们在估计的第一个方程中还引入了衡量中央政府支出的变量。因为估计得到的系数总是负的(符号不对)、很小且不是统计显著的,所以在报出估计结果时把这个政府支出变量忽略了。

构建虚拟变量 *PANIC* 要求我们判断哪个国家的银行危机最为严重,我们通过阅读一手和二手资料来进行判断。我们以首次发生严重银行问题的时间作为计算危机时期的起点。如果存在一些清晰的分界点(例如美国1933年的银行歇业),我们就将其作为危机的结束时间,否则我们将武断地假定银行危机的影响会在其高峰点之后持续一年。虚拟变量反映的银行危机如下(也可见表3—7):

①奥地利(1931年5月—1933年1月):从奥地利信贷银行危机爆发到官方出面解决奥地利信贷银行的外债问题。

②比利时(1931年5月—1932年4月;1934年3月—1935年2月):最初的比利时危机(在奥地利信贷银行危机之后爆发)之后一年;旅游银行(Banque Belge de Travail)倒闭引发全面危机之后一年。

③爱沙尼亚(1931年9月—1932年8月):全面的银行危机之后一年。

④法国(1930年11月—1932年10月):1930年11月法国银行危机的高峰后一年;1931年10月法国银行危机的高峰后一年(见Bouvier,1984)。

⑤德国(1931年5月—1932年12月):从德国爆发主要银行危机开始,到德国建立国有机构清算银行坏债为止。

⑥匈牙利(1931年7月—1932年6月):布达佩斯发生挤兑和银行歇业整顿之后一年。

⑦意大利(1931年4月—1932年12月):从爆发银行恐慌开始,到意大利

建立新的国家控股公司“工业重建机构”[①](IRI)接管银行资产为止。

⑧拉脱维亚(1931 年 7 月—1932 年 6 月):银行恐慌爆发之后一年。

⑨波兰(1931 年 6 月—1932 年 5 月):银行恐慌爆发之后一年。

⑩罗马尼亚(1931 年 7 月—1932 年 9 月):从爆发危机开始,到 1931 年 10 月危机高峰之后一年为止。

⑪美国(1930 年 12 月—1933 年 3 月):从合众国银行(the Bank of United States)倒闭开始直到银行歇业整顿为止。

把奥地利、比利时、爱沙尼亚、德国、匈牙利、拉脱维亚、波兰、罗马尼亚和美国包括在上述名单里是毫无争议的,它们中的每一个都遭受了严重的恐慌。有人可能会对我们给出的危机的精确起止时间吹毛求疵,例如 Temin(1989)等人认为美国到 1931 年年中才发生真正的银行危机,但我们认为起止时间差几个月不会影响估计结果。样本中包含法国和意大利更是备受争议。例如 Bouvier(1984)认为法国的银行危机不像其他国家那么严重,因为法国虽然有大量银行挤兑和倒闭,最大的那些银行却幸存了下来。Bouvier 还认为,法国银行与工业部门的关系不像欧洲大陆的其他银行体系那样紧密。就意大利而言,正如我们已经指出的,意大利早前实施的大规模政府干预减少了恐慌的发生(见 Ciocca and Toniolo,1984),但是银行处境非常艰难并且(正如上文指出的)最终将它们的大部分工业资产转给了工业重建机构(IRI)。

为检查我们结果的敏感性,我们先从 *PANIC* 变量中剔除法国危机,然后剔除法国和意大利危机,再重新估计前面的关键方程。剔除法国时影响很小(在一个典型方程里,*PANIC* 的系数和 t 统计量降低了大约 5%)。再从 *PANIC* 变量中去掉意大利危机基本没有影响[②]。

---

① 工业重建机构(Istituto por le Riconstruzione Industriale,IRI)是 1933 年由意大利法西斯政府成立的一家公共控股机构,目的是对大萧条期间濒临破产的银行和私人企业进行救援、重建和融资。二战之后,该机构在 20 世纪 50 年代至 60 年代的意大利经济奇迹中发挥了关键的作用,2002 年被解散——译者注。

② 在另一个敏感性检验中,为了考虑恐慌的不同严重程度,我们也曾尝试将 *PANIC* 乘上存款/通货比率的变动,结果出现一个极端值问题。把罗马尼亚(1931 年其存款/通货比率变动了-0.76)排除后,得到的结果与只使用 *PANIC* 时得到的结果类似。但是,包含罗马尼亚则削弱了银行恐慌对产出的影响的大小和统计显著性。“原因”是:1931 年,尽管罗马尼亚的存款大幅收缩,当年工业产值仍增长了 5%。尚不清楚这是否与银行恐慌影响实际产出的观点相矛盾,但根据国际联盟的数据,直到 1931 年 9 月或 10 月罗马尼亚危机才到达顶峰,在随后一年里工业产值下降了 14%。指摘这些结果的另一理由是:正如意大利的情况表明的,存款/通货比率的变化可能不是衡量银行危机严重性的一个良好的指标。

为了进一步研究，我们还依次剔除①美国，②德国和奥地利，③所有东欧国家，然后重新估计关键方程。所有这些估计中，我们的基本结果都没有被大大削弱，这表明单个或少数几个国家不会影响我们的结果。

表3—9的前七个方程不是从任何单个模型中导出的，而是试图把对通货紧缩与萧条之间关系的各种解释嵌套在一起。我们使用普通最小二乘法进行估计，这可能产生联立性偏差。然而，因为我们认为通货紧缩是由外生的货币力量引发的，所以我们将把方程右边的变量当作外生变量或先决变量。

从表3—9的前七行得出的主要推论如下[①]：

(1)出口增长率始终进入产出增长方程，它的系数估计值大小合理，并且是高度统计显著的。

(2)当工资增长率仅仅与批发价格指数和出口增长率一起进入产出方程时(第5行)，它的符号是错误的。只有当*PANIC*变量也被包含在方程中时(第6、7行)，名义工资增长率的符号才是正确的(负的)。在包含了所有传导渠道的方程中(第7行)，名义工资增长率的系数估计值符号正确、大小合理，但并不是统计显著的。

(3)在包含所有传导渠道的方程中(第7行)，贴现率的系数估计值符号正确，并且是高度统计显著的。据估计，贴现率增加100个基点会使工业产值的增长率下降3.6个百分点。

(4)银行恐慌对产出的影响很大(在方程7中，长达一年的恐慌会使产出增长率下降12×0.0138，或者说下降16个百分点以上)，并且在统计上高度显著(t统计量为4.0或更高)。变量*PANIC*的系数估计值似乎不太依赖于方程中包括的其他变量是什么。

(5)在通货紧缩对产出的影响中，可能有一些不能被上述任何机制解释的残余影响。为了看清这一点，我们应该注意在表3—9的方程(7)中，$\Delta\ln PW$的系数估计值原则上应该等于$\Delta\ln EX$、$\Delta\ln W$和$DISC$的系数估计值的加权和(其中权重是各个“正确”的平减因子在$\Delta\ln PW$上的投影系数)，且符号相反。

① 当工业产值增长率的滞后项进入方程时，结果没有发生变化。产出滞后项系数的估计值一般很小并且统计上不显著。

为了便于说明，假定每个投影系数都等于1（亦即假设批发价格指数是正确的平减因子），则 $\Delta \ln PW$ 的系数的期望值应该近似为0.052，实际上是0.296，标准误为0.123。因此，可能存在某些我们这里没有明确考虑到的、联系通货紧缩与萧条的渠道。一个可能的原因是我们仅仅考虑了一种联立性偏差（从产出到价格的反向因果关系）的影响。此外，我们可能还应该考虑其他因素，例如债务型通货紧缩。

除了把不同的传导渠道嵌套在单个方程中这一方法外，作为一种备选方法，我们在表3—9的方程(8)中给出了简单的总需求-总供给（AD-AS）模型的简化形式的估计结果。在传统假定下，在AD-AS模型中，产出增长率应该取决于货币增长率、自发性支出增长率（这里用实际出口[①]的增长率代替）和名义工资增长率。货币增长率和自发性支出增长率会引起AD曲线移动，名义工资增长率会引起AS曲线移动。此外，因为银行恐慌原则上对总需求和总供给都有影响，所以我们把*PANIC*纳入模型。结果表明实际出口增长率、货币增长率和银行恐慌对产出增长率的影响都很大，并且都是统计显著的。名义工资增长率的系数估计值的符号是正确的，但是数值很小且统计上不显著。

迄今为止，我们已经讨论了银行恐慌等变量对产出的影响。另外还有一个问题支持这里的讨论，那就是银行恐慌本身可能加剧通货紧缩过程。

我们必须重视这一观点。银行恐慌对一国货币供给的构成、货币乘数和货币需求无疑都有很大的影响。但是正如Temin（1989）强调过的，在金本位制下，小国的价格水平是由国际货币条件决定的，其国内货币供给和货币需求必须根据国际货币条件进行调整。因此，小国发生的银行恐慌不会加剧其通货紧缩[②]。实际上，我们把批发价格指数的变动对*PANIC*变量和时间虚拟变

---

① 平减因子是批发价格指数。

② 对于一个小国来说，此命题的一个可能的例外也许是这样一种情况：公众担心政府令本币贬值或放弃金本位制。在这种情形下，国内价格水平可能会降到世界水平以下，而不引起黄金储备流入，1932年的波兰就是一个例子。作为金本位国家集团的一员，波兰的批发价格水平一直紧紧跟随着法国的批发价格水平，一直到1931年年中波兰发生严重的银行问题和外国存款挤兑（这威胁了货币的可兑换性）为止。从那时起，虽然两个国家继续保持金本位制，但它们的货币供给和价格开始分道扬镳。从1931年6月波兰危机到1932年底，波兰流通中的货币和银行券下降了9.1%，法国则增加了10.5%；波兰商业银行的存款额下降了24.5%，法国则下降4.1%；波兰的批发价格指数下降了35.2%，法国则下降18.3%。尽管波兰的通货紧缩更为严重，但是1932年它损失了其黄金储备的1/6，而法国的黄金储备则增长了。

量(这是为了分离出纯粹的横截面影响)进行回归,结果(未报出)证明这两个变量之间几乎没有相关关系。

但是对一个大国来说,银行恐慌不影响价格水平的命题就未必成立了。用计量经济学的术语来说,在金本位制下,大国的价格水平必须与世界价格水平是协整的。这意味着国内价格最终必须根据来自国外的冲击进行调整,不过它也考虑了国内冲击影响世界价格水平的可能性。注意,在一个大国里,如果银行恐慌引发了通货紧缩冲击,并且这些冲击通过金本位制传播到全世界,那么横截面比较将发现银行恐慌与价格水平之间并无关联。

第3.2节对金本位制与通货紧缩的讨论引用了Hamilton(1987)的观点,即1928—1929年的最初的通货紧缩冲击来自于法国与美国——从经济重要性和黄金储备数量来说,这两个国家都是"大"国。因为银行恐慌最早是1930年底才开始的,因此显然不能把这种早期的通货紧缩归咎于银行恐慌。但是,无论如何,"美国和法国的银行恐慌助长了1931—1932年的全球通货紧缩"这一假说[①]与金本位制理论并非不一致。

表3—10给出了关于这一问题的实证结果。我们利用1928—1932年这5年间的月度数据,为美国和法国的批发价格涨幅估计了方程。我们在两个方程中都加入了误差修正项,以便考虑美法价格水平之间的协整关系——金本位制意味着这两国价格之间应该存在协整关系。这个误差修正项是t-1期美法批发价格水平的对数之差。如果两国价格确实是协整的,则美国价格增速对美法价格差的反应应该是负向的,而法国价格增速对美法价格差的反应应该是正向的。方程中还包含了通货膨胀率的滞后项(用于刻画暂时的价格动态)、基础货币增速的当期项和滞后项、倒闭银行存款额的当期项和滞后项(因为数据的可得性问题,该变量限于美国)。

这里的结果是引人注目的。首先,存在协整的证据:误差修正项的系数符号正确、大小合理,尽管只有美国的误差修正项是统计显著的。因此我们可以

① 这个假设与Temin(1989)的论断——在金本位制下,中央银行对银行危机无计可施,难有作为——无关。而是指:如果法国和美国没有发生银行危机,那么1931—1932年的全球通货紧缩就不会那么严重。

表 3—10　　美国与法国批发价格的误差修正方程

	被解释变量	
	Δln*USAWPI*	Δln*FRAWPI*
常数	0. 044 （t =3. 81）	−0. 006 （t =1. 57）
log*USAWPI*−log*FRAWPI*（一阶滞后）	−0. 166 （t =2. 77）	0. 071 （t =1. 10）
本国 WPI 增长率的四阶滞后项	−0. 530 （F = 1. 57;p = 0. 202）	0. 320 （F =2. 48;p = 0. 057）
基础货币增长率的当期项和四阶滞后项	1. 412 （F =5. 62;p = 0. 0005①）	0. 519 （F =0. 78;p =0. 569 ）
美国倒闭银行的存款额的当期项和四阶滞后项,对数形式	−0. 020 （F =5. 61;p = 0. 0005）	
R^2	0. 531	0. 307
DW 统计量	1. 62	1. 87

注:倒闭银行的存款额来源于《联邦储备公告》（*Federal Reserve Bulletin*）。*USAWPI* 与 *FRAWPI* 分别指美国和法国的批发价格指数。使用了 1928—1932 年的月度数据。

推断,无论法国还是美国的价格受冲击,最终都会影响两国的价格水平。其次,美国的基础货币增速与银行倒闭都是美国通货紧缩率的重要决定因素（可以类似推广到法国）,在美国的价格方程中,这两个变量的系数估计值都有正确的符号和 0. 0005 的边际显著性水平。

就银行恐慌对价格的影响而言,恰当的结论似乎是:与那些没有发生银行恐慌的国家相比,发生银行恐慌的国家没有遭受更严重的通货紧缩②。但是美国的银行恐慌可能是 1931—1932 年全球通货紧缩的重要根源,并且因而可

① 在本书原文中,这里的 p 值是“0. 005”,与正文中“在美国的价格方程中,这两个变量的系数估计值都有正确的符号和 0. 0005 的边际显著性水平”的说法不一致。为此我查阅了本章于 1991 年发表之前、1990 年 10 月的底稿（NBER working paper,No. 3488,table 10）,发现那里写的是 0. 0005。因此这里根据该底稿改为 0. 0005——译者注。

② 实际上,如果银行恐慌导致某些国家放弃金本位制,则这些国家可能对价格水平的最终上涨做出间接贡献。

能是全球经济萧条的重要根源。

3.6 结　论

两次世界大战之间的货币和金融制度具有严重的缺陷，并且是实际产出下滑的主要根源。银行恐慌是通货紧缩借以影响实际产出的一种机制，并且美国的恐慌可能加剧了全球通货紧缩的严重性。

在本章的实证研究中，我们集中考察了严重的银行恐慌的影响。但我们相信，通货紧缩对金融体系的影响可能不限于这些极端的情况。即使在没有发生恐慌的国家，银行的财务状况也被削弱了，它们收缩了自己的业务范围。在每个国家，国内的债务型通货紧缩都在某种程度上是一个重要因素。本章完全没有讨论通货紧缩对外债负担的影响，对许多国家来说，这个问题至关重要。如前所述，这些问题需要更详细的研究。

参考文献

Bernanke, Ben. 1983. Non-monetary effects of the financial crisis in the propagation of the Great Depression. *American Economic Review* 73: 257–76.

——. 1986. Employment, hours, and earnings in the Depression: An analysis of eight manufacturing industries. *American Economic Review* 76: 82–109.

Bernanke, Ben, and Mark Gertler. 1990. Financial fragility and economic performance. *Quarterly Journal of Economics* 105: 87–114.

Board of Governors of the Federal Reserve System. 1943. *Banking and monetary statistics, 1919—41.* Washington, DC: Government Printing Office.

Borchardt, Knut. 1979. Zwangslagen und Handlungsspielraume in der grossen Wirtschaftskrise der fruhen dreissiger Jahren: Zur Revision des uberlieferten Geschichtesbildes. *Jahrbuch der Bayerische Akademie der Wissenschaften*, 87–132. Munich.

Bordo, Michael, and Finn Kydland. 1990. The gold standard as a rule. Typescript, Rutgers University and Carnegie-Mellon University.

Bouvier, Jean. 1984. The French banks, inflation and the economic crisis, 1919–1939. *Journal of European Economic History* 13: 29–80.

Campa, Jose Manuel. Forthcoming. Exchange rates and economic recovery in the 1930s: An extension to Latin America. *Journal of Economic History*.

Choudhri, Ehsan U., and Levis A. Kochin. 1980. The exchange rate and the international transmission of business cycle disturbances: Some evidence from the Great Depression. *Journal of Money, Credit, and Banking* 12: 565–74.

Ciocca, Pierluigi, and Gianni Toniolo. 1984. Industry and finance in Italy, 1918–40. Journal *of European Economic History* 13: 113–36.

Eichengreen, Barry. 1986. The Bank of France and the sterilization of gold, 1926–1932. *Explorations in Economic History* 23: 56–84.

——. 1987. The gold-exchange standard and the Great Depression. Working Paper no. 2198 (March). Cambridge, Mass.: National Bureau of Economic Research.

Eichengreen, Barry, and T. J. Hatton. 1987. Interwar unemployment in international perspective: An overview. In *Interwar unemployment in international perspective*, ed. B. Eichengreen and T. J. Hatton, 1–59. Boston: Kluwer Academic Publishers.

Eichengreen, Barry, and Richard Portes. 1986. Debt and default in the 1930s: Causes and consequences. *European Economic Review* 30: 599–640.

Eichengreen, Barry, and Jeffrey Sachs. 1985. Exchange rates and economic recovery in the 1930s. *Journal of Economic History* 45: 925–46.

——. 1986. Competitive devaluation in the Great Depression: A theoretical reassessment. *Economic Letters* 21: 67–71.

Einzig, Paul. 1937. *The theory of forward exchange*. London: Macmillan.

Fisher, Irving. 1933. The debt-deflation theory of great depressions. *Econometrica*

1: 337-57.

Flood, Robert P., Jr., and Peter M. Garber. 1981. A systematic banking collapse in a perfect foresight world. NBER Working Paper no. 691 (June). Cambridge, Mass.: National Bureau of Economic Research.

Friedman, Milton, and Anna J. Schwartz. 1963. *A monetary history of the United States*, 1867—1960. Princeton: Princeton University Press.

Haberler, Gottfried. 1976. The world economy, money, and the Great Depression. Washington, DC: American Enterprise Institute.

Hamilton, James. 1987. Monetary factors in the Great Depression. *Journal of Monetary Economics* 19: 145-69.

——. 1988. The role of the international gold standard in propagating the Great Depression. *Contemporary Policy Issues* 6: 67-89.

Kindleberger, Charles P. 1984. Banking and industry between the two wars: An international comparison. *Journal of European Economic History* 13: 7-28.

League of Nations. 1926. *Memorandum on Currency and Central Banks*, 1913—1925. Geneva.

——. 1935. *Commercial banks*, 1929—1934. Geneva.

——. 1944. *International currency experience: Lessons of the inter-war period.* Geneva.

Lindert, Peter. 1969. Key currencies and gold, 1900—1913. *Princeton Studies in International Finance*, no. 24.

Newell, Andrew, and J. S. V. Symons. 1988. The macroeconomics of the interwar years: International comparisons. In *Interwar unemployment in international perspective*, ed. B. Eichengreen and T. J. Hatton, 61-96. Boston: Kluwer Academic Publishers.

O' Brien, Anthony. 1989. A behavioral explanation for nominal wage rigidity during the Great Depression. *Quarterly Journal of Economics* 104: 719-35.

Temin, Peter. 1976. *Did monetary forces cause the Great Depression?* New

York: W. W. Norton.

——. 1989. *Lessons from the Great Depression*. Cambridge, Mass.: MIT Press.

Wigmore, Barrie. 1987. Was the Bank Holiday of 1933 a run on the dollar rather than the banks? *Journal of Economic History* 47: 739–56.

第4章

大萧条中的通货紧缩与货币收缩：一个简单的比率分析

与 Ilian Mihov 合著

近年来的研究认为，大萧条发生的核心原因是全球各国货币供给崩溃，这种崩溃导致20世纪20年代末到20世纪30年代初总需求急剧收缩、价格下降。近来大多数作者进一步指出，造成全球货币供给大幅收缩的原因是20世纪20年代后期大多数国家采用（或重新采用）的国际金本位制存在的技术缺陷和管理不善①。

支持“大萧条的罪魁祸首总的来说是货币因素，具体来说是金本位制”

① 作者感谢国家科学基金对本研究的支持以及 Refet Gurkaynak 的出色帮助。
更为详尽的历史分析可以参见 Eichengreen（1992）。更确切地说，两次大战之间的金本位制度是“金汇兑”本位制，反映了许多国家用可兑换外汇来补充黄金储备。在下文中，我们将会对其含义作进一步的讨论。

的证据，总体上是令人信服的。对这一观点，最有说服力的证据也许是那些率先放弃金本位制（因而其国内货币供给和价格得以再次膨胀）的国家从大萧条中复苏最早（Choudhri and Kochin，1980；Eichengreen and Sachs，1985，1986；Bernanke and James，1991）。同样值得注意的是，实际上在每个“重新采用金本位制”的国家，货币收缩、价格下降、产出和就业严重下滑等现象几乎都是同时发生的。这些现象的全球性特征，对那种只针对单个国家的解释——例如一些曾经流行的观点认为，美国大萧条的原因是20世纪20年代耐用消费品或住房的“生产过剩”——提出了强烈的质疑。

尽管货币因素在大萧条中起决定性作用的观点现在已经获得了广泛的赞同，但学者们对国内价格水平和货币存量下降的各个特定根源的相对重要性仍在争论不休。具体来说，在对金本位制的总体考察中，人们注意到很多可能导致通货紧缩的因素。可能的传导机制包括银行业危机对货币乘数的影响、黄金在各国间“分布不均”（具体来说，美法两国占有了全球货币性黄金的大部分）、赤字国和盈余国对黄金流动的调整不对称、央行外汇储备的枯竭、即使在金本位制的约束下也显得过紧的货币政策，以及全球货币性黄金的短缺。下文将更详细地进行解释。

所有这些因素都与金本位制下的货币供给有关。货币需求的变化也被认为是大萧条时期通货紧缩的根源。例如，人们通常认为法国人对实际货币余额的需求在1926—1928年的庞加莱稳定（Poincaré stabilization）之后显著上升。Friedman and Schwartz（1963）也指出，在1929—1933年间，美国和加拿大的货币流通速度急剧下降。在国际金本位制下，随着黄金向货币需求增加的国家流动，货币需求的增加将给本国（可能还包括外国）的价格和产出带来下降的压力①。

此外，学者们对货币因素在大萧条的不同阶段所发挥的作用也有讨论。具体而言，虽然没有人对货币因素在1931年初的重要性提出严重质疑，但

① 在金本位制下，货币需求的增加也会影响到货币存量，具体情况取决于新增需求的形式。例如，在其他条件不变时，对通货的需求相对于对存款的需求的上升，将会减小货币乘数，从而导致货币存量的下降。

对货币在大萧条初期（即1928—1931年）的作用存在分歧。例如，Kindleberger（1973）强调商品（commodity）的过度供给和由此引起的商品价格下跌是大萧条的重要导火线，Temin（1976）则认为非货币性因素（尤其是消费支出的自发性下降）引起的总需求下滑才是大萧条的导火线。相反，Hamilton（1987）认为从1928年开始，收缩性货币政策就已经开始严重地抑制生产和就业。

本章的目的是为大萧条时期影响全球经济的通货紧缩因素的生效时间和相对重要性提供一些量化的证据。我们深知，要想分析清楚这个问题，需要构建一个能精确地描述20世纪30年代全球经济的宏观计量模型、一个庞大的数据集以及相当多的历史信息和制度信息。尽管这一分析确实值得进行，但在本章中，我们只采取一种简单得多的方法，在一国和多国的层面上考察货币与价格如何被其决定因素所决定。我们的方法秉承Friedman and Schwartz（1963）的思想，他们考察了通货/存款比率、准备金/存款比率和“货币乘数”，阐释了货币存量的这些决定因素与经济发展之间的关联（例如参见他们著作中的图31）。虽然我们的方法不能代替充分的结构分析，但相信我们能够通过它有效地洞察大萧条时期的价格水平和货币发展，也许还有助于确定更加彻底的结构分析所应该解决的问题。

我们的分析得到的结论如下：首先，在讨论两次世界大战之间的通货紧缩的成因时，确定使用哪种价格指数至关重要。在大萧条早期，批发价格的下降比消费者价格的下降要剧烈得多，这反映了国际贸易商品的价格在全球范围内都在下降。虽然还有待进一步研究，但是看起来批发价格下降的背后可能存在重要的非货币因素，这可能与前述的Kindleberger（1973）的观点相同。在大萧条早期，批发价格似乎还是其他宏观经济变量的良好预测指标[①]。

相反，用国内货币存量的变动和实际货币需求的正常变动似乎就能很好

① 称一个变量 X 是另一个变量 Y 的“预测指标（*predictor*）”，一般可能有两种意思：一是在估计方程里，X 可以作为 Y 的解释变量；二是在经济周期上，X 领先于 Y。并且第二种意思隐含着第一种意思——译者注。

地解释消费者价格的变动。几乎没有证据表明货币需求的异常变动（就像据称在美、法曾经发生的一样）会导致通货紧缩。不过，有资料表明，初始平价选择不当导致的不均衡调整过程有助于解释大萧条前期消费者价格的变动。

其次，名义货币存量的收缩或增长缓慢是大萧条早期（即1931年银行危机和汇率危机之前）和1931年以后通货紧缩的重要根源，这与Hamilton（1987）的观点一致。尽管在整个大萧条期间，货币因素的作用都很重要，但在不同阶段造成货币收缩的原因大不相同。从大萧条开始到1930年，货币的缓慢增长或负增长未必是央行的收缩性政策造成的，而是美国等盈余国家对黄金流入进行冲销造成的。在这一时期，黄金在主要经济体之间“分布不均”也造成了收缩性影响，并且全球货币性黄金供给的增长不足以抵消黄金分布不均的这种负面影响。

然而，1931年危机之后，货币收缩的根源发生了根本性变化，由此引发的严重通货紧缩一直持续到1933年。银行业恐慌（它使货币乘数变小）和黄金“分布不均”成为全球货币供给下降的主要原因。平均来说，在这一时期，货币政策中的相机抉择成分越来越倾向于扩张货币，但尚不足以抵消银行恐慌和黄金“分布不均”造成的紧缩性影响。虽然黄金对外汇储备的替代（有时认为这种替代是造成通货紧缩的一个因素）会影响个别国家（尤其是法国）的价格水平，但对全球价格水平似乎并无重要影响。我们可以把全球货币收缩的原因概括为：1931年金融危机前是“自我伤害”性政策导致的，1931至1933年是“不可控制力”（forces beyond our control）造成的破坏性后果导致的。

最后，我们还将考察单个国家的历史，研究各国央行所采用的货币政策和这些政策对全球经济整体的影响。为了坚持金本位制，法兰西银行在不同时期采取的政策似乎最为一致。法国是唯一一个似乎完全遵守金本位制“游戏规则”的国家。但是，巨额黄金流入法国（这部分地反映了法兰西银行用黄金储备代替外汇），加上黄金流入对法国货币供给影响不显著，是全球货币收缩的重要原因。

我们对德国的分析在某种程度上可以为海因里希·布吕宁①的政策洗刷罪名。过去人们一直批评他在德国银行危机的前一年大幅收缩了德国的货币供给。但我们发现，布吕宁的政策倾向于缓和德国黄金流失和货币乘数下降所带来的影响。我们的研究表明，德国货币政策中最富误导性的部分发生在1931年恐慌之后的18个月里，在这期间，德国国家银行（Reichsbank）②的政策实际上导致了货币存量灾难性地下降。

我们的分析对美联储和美国货币政策提出了最明确的批评，由于之前已经有了Friedman and Schwartz（1963）、Hamilton（1987）等人的研究，所以这些非议不会再令人惊诧。从1928年中期到1931年春爆发金融危机这段时间，美联储不仅拒绝将流入美国的巨额黄金货币化，反而设法把储备的净流入转换成了货币存量M1的负增长。因而在1931年前，美联储的政策实际上是在积极地破坏稳定。我们把1931年前全球通货紧缩的大部分归咎于美联储的这些政策，很大程度上是由于美国经济规模庞大（在我们所考察的八个主要工业国中，美国的实际产出大约相当于八国总产出的一半）。

本章的剩余部分组织如下：第4.1节回顾我们样本中八个工业国的产出、价格和货币的变动情况，以及这些变量加总后的变动情况；第4.2节介绍我们的基本分析方法，即把价格水平和货币存量的变动分解成一系列具有经济含义的比率；第4.3节使用这些比率和八个国家的月度数据，分析各国价格和八国总价格的变化情况；第4.4

① 海因里希·布吕宁（Heinrich Brüning，1885—1970），德国保守政治家。1924年被选入国会，以财经专家闻名。1929年成为天主教中央党的领袖，1930年3月29日被魏玛共和国总统兴登堡（Paul von Hindenburg）任命为总理。

布吕宁的上台被认为是议会民主制开始解体、专制主义倾向重新抬头的标志。一方面，布吕宁政府经常得不到国会多数的支持，于是就利用宪法第48条授予总统的特权，通过“紧急条例”来管理国家。结果议会民主不断削弱，专制倾向被加强。另一方面，当时欧美都处于大萧条之中，为克服危机，信奉自由经济理论的布吕宁大幅减少政府开支，积极支持和扶助垄断组织和容克地主，大幅增加税收，削减工资、养老金和救济金，停止为从1927年开始推出的失业保障金提供任何公帑，希望能刺激经济增长。结果是把危机的沉重负担转嫁到了劳动人民身上，柏林每天因饥饿而自杀的有60多人，布吕宁因而被称为“饥饿总理”。德国人民陷入困苦和绝望的深渊，对魏玛共和国强烈不满。这种不满被20世纪20年代兴起的纳粹运动所利用。

最初，德国资本家与地主支持政府趋向保守，并非因为他们喜欢布吕宁，而是因为他们相信保守分子可以维护他们的利益。但当工人阶级与中产阶级都普遍反对布吕宁的时候，资本家与地主就转而支持布吕宁的政敌阿道夫·希特勒（Adolf Hitler）和阿尔弗雷德·胡根贝格（Alfred Hugenberg）。1931年末，保守政策最终失败。兴登堡与德国国防军决定放弃布吕宁，转而与希特勒和胡根贝格合作。1932年5月30日，失去兴登堡支持的布吕宁自愿下台。

关于如何评价布吕宁的政策，历史学家争论不休。但他的政策肯定使魏玛共和国渐渐衰退了。至于当时布吕宁有没有更好的方略，至今仍颇具争议——译者注。

② 或译“德意志帝国银行”，建于1876年。曾经是德国的中央银行。1948年结束营业——译者注。

节考虑货币存量的决定因素;第4.5节对我们的方法和研究结果进行总结。

4.1 产出、价格和货币的变动：总体评述

本章的主要目的是提出一个分析国际金本位制下价格和货币存量的变动情况的简单方法，并将其用于研究工作。首先回顾1928—1936年间各样本国家的产出、价格和货币存量的变动情况，以此作为分析的背景。

图4—1绘制了我们研究的八个工业国（加拿大、法国、德国、日本、波兰、瑞典、英国和美国）的工业产值和价格（消费者价格指数CPI与批发价格指数WPI）的变化情况。之所以选取这些国家，主要是因为我们能得到它们的关键货币变量的月度数据。图4—1的左侧是工业产值，它也许是我们能得到的衡量两次大战之间经济活动的最好指标；图4—1的右侧是两个价格指数。为了与下文将使用的八国加总数据的图形相一致，图4—1中所有的变量都是从1928年6月开始的对数累计增幅。不过，在讨论图4—1时，除非有专门说明，我们都将使用更常用的指数形式来指代这些数据，其中设定1928年6月等于100。当然，这两种衡量方法在本质上是相似的。

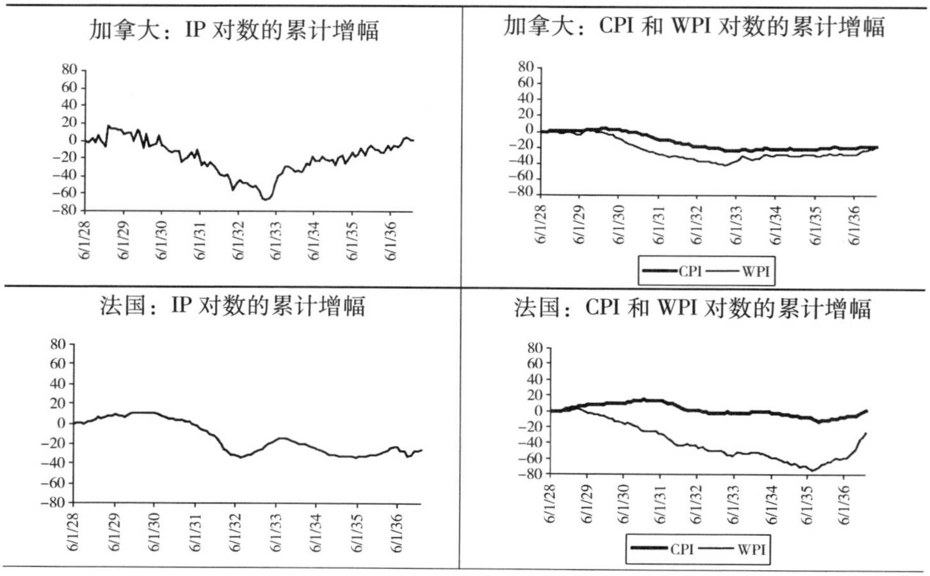

续图

德国：IP 对数的累计增幅

德国：CPI 和 WPI 对数的累计增幅

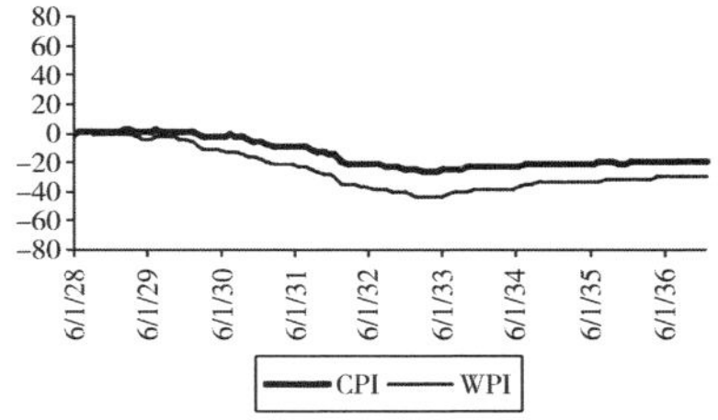

日本：IP 对数的累计增幅

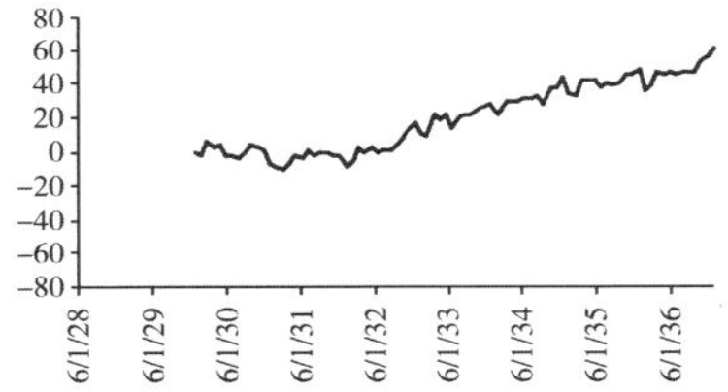

日本：CPI 和 WPI 对数的累计增幅

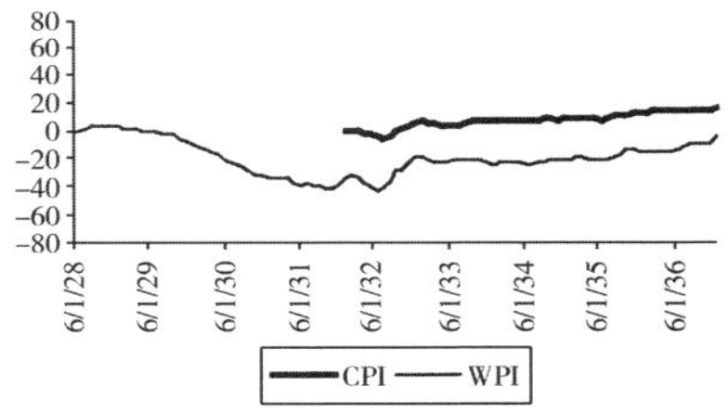

波兰：IP 对数的累计增幅

波兰：CPI 和 WPI 对数的累计增幅

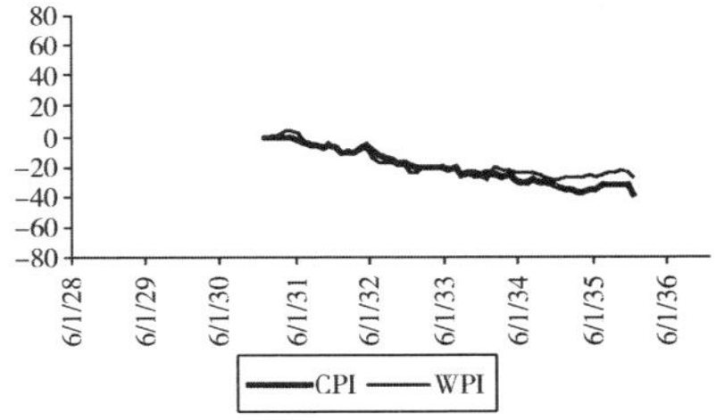

瑞典：IP 对数的累计增幅

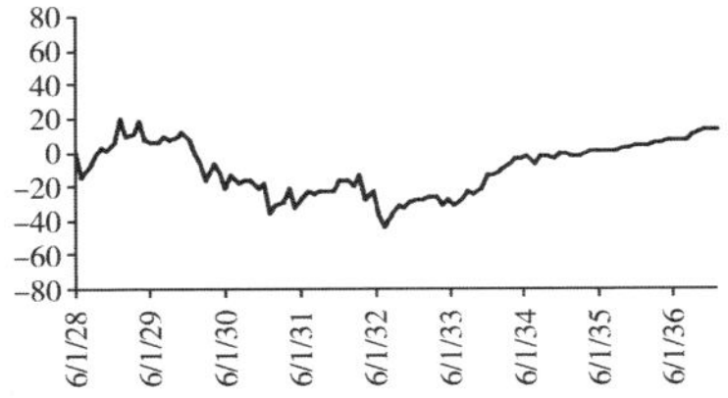

瑞典：CPI 和 WPI 对数的累计增幅

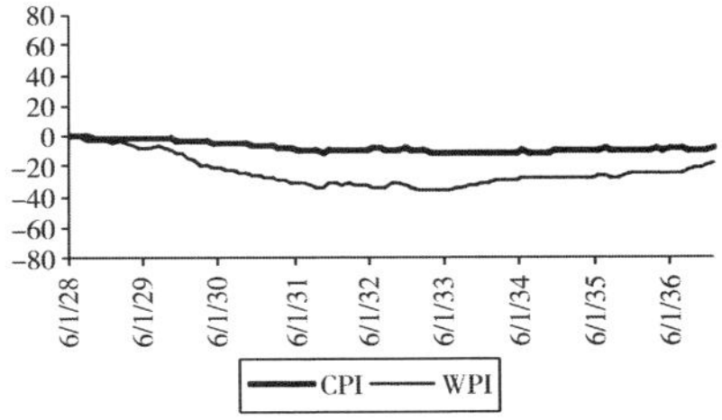

续图

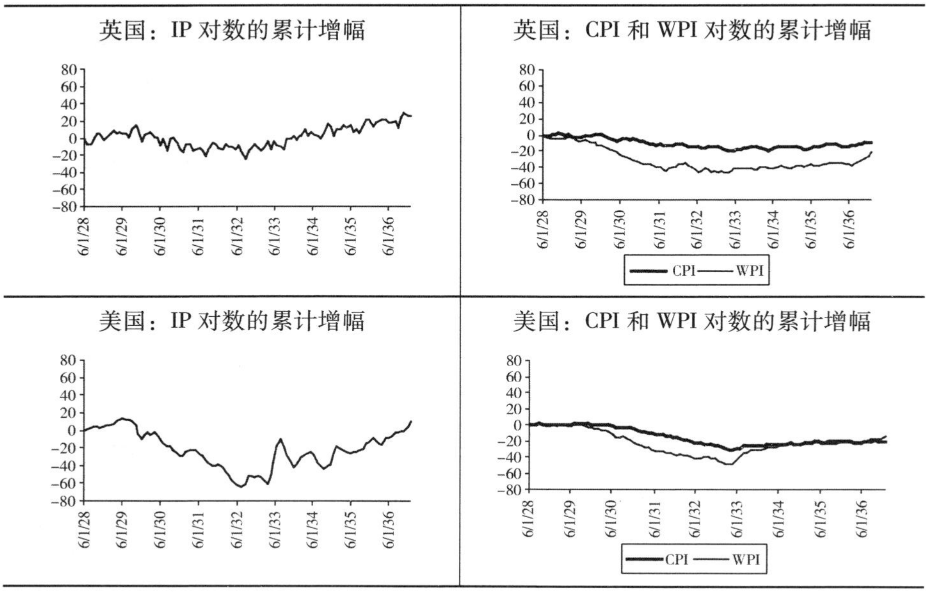

图 4—1　1928—1936 年八个国家工业产值与价格（左侧为工业产值 IP 对数的累计增幅，右侧为消费者价格指数 CPI 与批发价格指数 WPI 对数的累计增幅）

观察图 4—1 可知，在各个样本国家中，加拿大、美国和德国的产出与价格水平下降得最为陡峭。设定 1928 年 6 月等于 100，则到 1929 年 1 月，加拿大工业产值上升到 119，但 1933 年 2 月又降到 51。直到 1936 年 9 月，加拿大的产出才恢复到 1928 年中期的水平。加拿大批发价格指数于 1933 年 2 月降到最低点 66，消费价格指数于 1933 年 4 月降到最低点 78。1933 年以后，加拿大的价格（尤其是消费者价格）实际上一直保持稳定。

美国的情况与加拿大相似。美国工业产值于 1929 年 6 月上升到 115，1932 年 6 月降到 55，1933 年 3 月降到 55。直到 1936 年 11 月，美国的产出才恢复到 1928 年 6 月的水平。美国的批发价格指数在 1933 年 2 月降到最低值 61，消费者价格指数在 1933 年 4 月（与加拿大是同一个月）达到最低值 73。

在德国，产出从 1928 年 6 月的 100 开始上升到一年后的 110，此后开始下降，于 1932 年 8 月降到了 59。在美、加的批发价格指数到达最低点后不久的 1933 年 4 月，德国的批发价格指数也达到最低。德国的消费者价格指数于1933年3月降低到77，然后稳定下来。

Eichengreen and Sachs（1985，1986）和 Bernanke and James（1991）等学者都曾经更加详细地指出：主要工业国的产出和价格的变化情况与其汇率制度和货币政策密切相关。显然，美、加两国产出和价格的最低点几乎恰好出现在1933年3月罗斯福总统决定令美元贬值和银行歇业整顿之际，随后两国货币迅速扩张。虽然德国通过在1931年中期采取资本管制而在事实上摆脱了金本位制，但在此后几年，德国却一直试图维持其货币供给与国际储备之间的联系。一直到1933年希特勒上台后德国的货币供给才不再下降。

当加拿大、美国和德国（为了坚持金本位制）把约束性的政策维持到1933年时，所谓的英镑集团国家（包括我们样本中的英国、瑞典和日本）却在20世纪30年代初较早地搁置了金本位制，并扭转了此前与金本位制相联系的紧缩性货币政策。其中最著名的是英国于1931年9月放弃金本位制，并在稍后借助其刚建立的浮动汇率实施了温和的扩张政策。英国的工业产值在1929年10月达到117，1931年8月下降到81，但随后就开始上升，大概就是这些政策的一个结果。英国的批发价格指数也于1931年8月达到最低点65，消费者价格指数逐渐下降了稍长的时间，在1933年3月达到82。

瑞典在1931年9月与英国同时脱离金本位制。在瑞典货币贬值时，该国已经处于严重萧条之中，其工业产值指数从1929年1月的最高点129一直降到70。脱离金本位制之后，瑞典开始实施其著名的价格水平稳定政策（例如参见 Jonung，1979）。不过，很明显，瑞典政府在稳定价格之前并没有实施扩张货币（reflating）的政策：瑞典的批发价格指数在1931年9月已经下降到了71，而到了1933年6月仍然维持在70的水平。瑞典的工业产值在1932年7月达到最低点64。从1933年6月开始，批发价格开始逐步上升；到1935年4月，瑞典的产出也恢复到了1928年6月的水平。

日本也在1931年12月相对较早地脱离了金本位制。我们没有找到1931年之前日本的产出数据。不过图4—1显示，脱离金本位制以后，日本经济的增长相对较好，价格温和地上升。

第三组国家，也就是所谓的金本位集团国家，倔强地固守着金本位制，直到

1935或1936年。在我们的样本中,法国和波兰就是这一集团的代表。正如图4—1显示的,法国产出的总下降幅度不像一些国家那么大,这可能是20世纪30年代早期黄金大量流入的结果。但是,法国经济的萧条明显地更为持久。从1929年12月到1930年3月,法国的工业产值一直徘徊在112左右,1932年7月下降到71。到1935年5月法国的工业产值仍然只有71。与之相反,我们已经提到,那些较早脱离金本位的国家在此时已经有了实质性的复苏。法国的批发价格指数在1935年7月达到最低点48,也比其他绝大多数国家的最低点出现得更晚。

与日本一样,我们也没有得到波兰的完整产出数据。不过,与其他金本位集团国家一样,波兰也在大萧条期间饱受摧残。即使将1931年1月作为基期(令1931年1月=100),波兰的工业产值在1933年3月也下降到63。从1933年8月至12月,波兰的批发价格指数一直在76上下徘徊,于1934年12月达到最低点75。消费者物价指数一直在下降,于1935年4月降到最低点69。在这一时期快结束的时候,波兰的经济在一定程度上开始恢复。若以1931年1月为100,则1935年12月波兰的工业产出为93,批发价格为77。

图4—2的上半部分给出了加总的产出和价格的变化情况,即图4—1中所示的加、法、德、瑞、英、美六国("全世界的")数据的加权平均①。由于日本和波兰的数据有缺失,因此在计算图4—2的加总数据时将这两个国家忽略了。图4—2的主要图形清晰易辨,且与图4—1中单个国家的图形类似。从1928年6月到1929年6月,"世界"产出增长了10.0个对数点(log points),然后从1929年秋天开始下降。到1932年7月,"世界"工业总产值到达最低点,比1928年6月低了47.4个对数点。此后一直停滞不前,直到1933年春在美国经济复苏的带动下开始反弹。

"世界"平均价格水平的图形与产出图形非常相似。例如,批发价格从1929年夏开始下降(领先于产出和CPI),到1933年3月触底时比1928年6月低45.7个对数点。加总的消费者价格指数于1933年4月达到最低点,

① 权重根据Maddison(1982)的研究计算得出,是1928年各国真实GDP在八国总体中所占的比例。权重和所有数据来源见数据附录。注意美国的权重接近50%,反映了第一次世界大战之后美国经济在世界上的主导地位。

比1928年6月低24.7个对数点。图4—1和图4—2都清楚地表明，价格的复苏明显地慢于产出的复苏：到1936年9月，加总的产出已经恢复到1928年6月的水平；而到1936年底，加总的批发价格仍然比1928年6月低18.6个对数点，加总的消费者价格则比1928年6月低15.8个对数点。图4—2左下方给出了“世界”M1货币存量，它与“世界”工业产值和价格指数一样为U形曲线，不过，值得注意的是，其触底时间（1933年10月）比“世界”产出和价格稍晚一些。

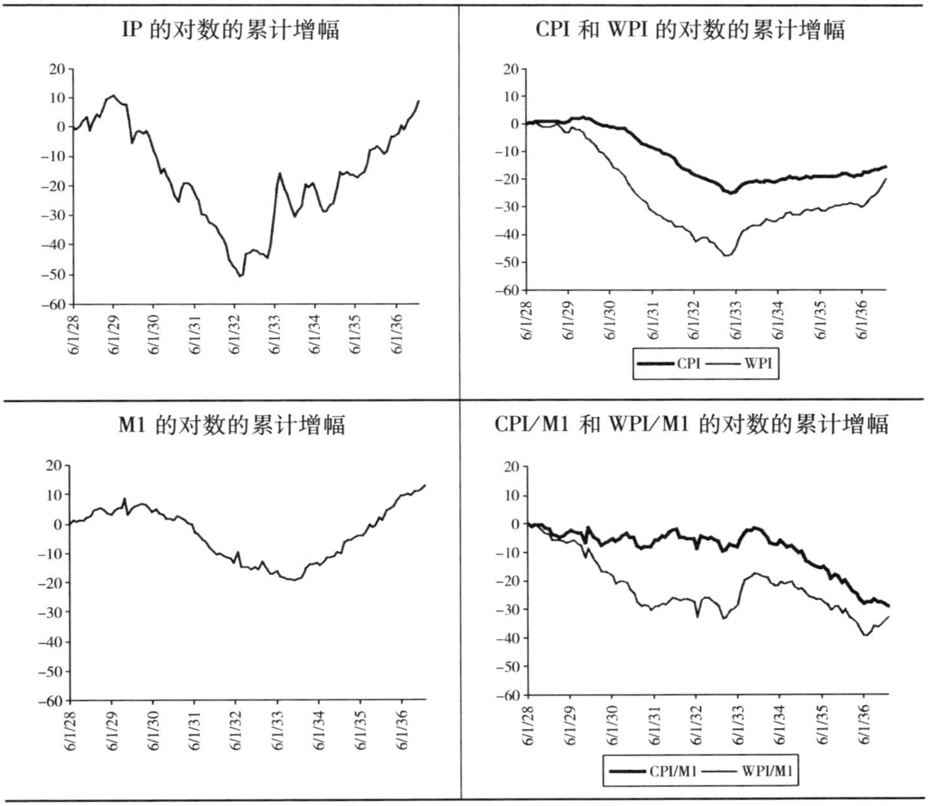

图4—2　1928—1936年“世界”工业产值、价格与货币存量（图中的值都是六个国家的加权平均值，分别是工业产值的对数的加权平均的累计增幅、CPI与WPI的对数的加权平均的累计增幅、货币存量M1的对数的加权平均的累计增幅，以及价格对M1之比的对数的加权平均的累计增幅。由于日本和波兰的数据不完整，故予以忽略。所使用的权重参见数据附录）

为了更细致地研究产出、价格与货币存量之间的领先滞后关系，我们对每个国家和“世界总量”数据分别进行了一系列格兰杰因果关系检验（Granger-causality tests）。表4—1列出了对全样本（1928年6月—1936年12月）进行格兰杰因果关系检验的结果，这些检验是基于向量自回归（VAR）进行的。对每个国家和“世界总量”数据，我们都估计了包括工业产值IP、批发价格指数WPI、消费者价格指数CPI和货币存量M1的所有可能组合在内的VAR模型（详见表下的注释）。表中加粗的字体表示在5%或更好的显著性水平下估计得到的格兰杰因果关系。

表4—1的结果说明，各变量之间存在复杂而多向的时序关系（timing relationships）。从中可以发现很多统计上显著的格兰杰因果关系，但没有哪一个因果关系在各国都是最强的。例如对美国、法国、瑞典和“世界总量”来说，批发价格是产出最强健的预测指标，但对英国和加拿大来说，M1似乎是产出更可靠的预测指标。在加拿大、瑞典和“世界总量”的数据中，CPI对产出也有预测功效，即使当VAR模型中包括变量WPI和M1时亦是如此。但是没有哪个变量能稳健地预测德国的产出。

批发价格是消费者价格和产出的强健预测指标，但这种影响并非是单向的，有证据表明产出和消费者价格对批发价格也存在反馈作用。在除英国外的所有国家，用产出、价格、抑或两者都用，都能预测M1货币存量的变动。值得注意的是，除了英国的M1对其批发价格有一致的预测能力、德国的M1对其价格有较弱的预测能力外，其他各国M1对价格都没有一致的预测能力。M1对消费者价格几乎没有任何预测力。

表4—1中没能报出令人印象深刻的结果，这可能是VAR模型的某些方面导致的。首先，在大萧条的崩溃和复苏阶段，数据的动态变动情况是迥然不同的，因此使用1928—1936年的全部样本数据就可能把这些不同的过程相互合并。其次，在回归中使用两种价格指标可能导致多重共线性，从而掩盖价格与其他变量之间的关系。为了解决这些问题，我们仅使用IP、WPI和M1（即剔除了CPI）三个变量对样本的前半部分（1928年6月—1933年12月）进行向量自回归。由于只有三个变量，因此向量自回归的模型设定

就只能采用三变量或两变量的形式。表4—2报出了使用这些更受约束的模型进行格兰杰因果检验得到的结果。

表4—1　　**格兰杰因果检验**（1928年6月—1936年12月）

a. 被解释变量:IP		国家						
变量	模型设定	美国	英国	加拿大	法国	德国	瑞典	世界
CPI	CPI		**0.000**					
	CPI,M1		**0.024**					
	CPI,WPI	**0.027**		**0.000**			**0.000**	**0.005**
	CPI,M1,WPI	0.079		**0.000**		**0.045**	**0.000**	**0.000**
M1	M1	0.075	**0.003**	**0.001**		**0.013**		
	M1,CPI		**0.000**	**0.001**	0.073			
	M1,WPI	0.053	**0.000**	**0.008**		0.058		0.064
	M1,CPI,WPI		**0.000**	**0.001**			**0.039**	**0.015**
WPI	WPI	**0.043**	**0.014**	**0.010**	**0.020**		**0.005**	**0.049**
	WPI,CPI	**0.002**		**0.000**	0.073		**0.000**	**0.001**
	WPI,M1	**0.031**	**0.009**		**0.034**		**0.003**	**0.008**
	WPI,M1,CPI	**0.003**		**0.001**			**0.000**	**0.000**

b. 被解释变量:M1		国家						
变量	模型设定	美国	英国	加拿大	法国	德国	瑞典	世界
CPI	CPI	0.059			**0.036**	**0.001**		**0.016**
	CPI,IP	**0.016**			**0.015**	**0.027**		**0.004**
	CPI,WPI	**0.000**		**0.045**		0.095		**0.000**
	CPI,IP,WPI	**0.000**			**0.003**			**0.002**
IP	IP			**0.032**	**0.021**	**0.000**	0.052	**0.009**
	IP,CPI	**0.037**		**0.020**	**0.009**	**0.003**	**0.019**	**0.002**
	IP,WPI			**0.017**		**0.034**	**0.016**	0.056
	IP,CPI,WPI			0.076	**0.002**		**0.006**	
WPI	WPI				**0.021**	**0.000**		**0.040**
	WPI,CPI	**0.000**				**0.005**		**0.000**
	WPI,IP					**0.014**		
	WPI,PI,CPI	**0.000**			**0.037**		0.083	**0.015**

续表

c. 被解释变量:CPI		国家						
变量	模型设定	美国	英国	加拿大	法国	德国	瑞典	世界
IP	IP	**0.000**	**0.000**	**0.000**	**0.047**	**0.000**	**0.001**	**0.000**
	IP, M1	**0.000**		**0.004**	0.081	**0.002**	**0.000**	**0.000**
	IP, WPI	**0.003**	**0.005**					**0.039**
	IP, M1, WPI	**0.001**						**0.000**
M1	M1			**0.001**	0.75			
	M1, IP	0.092						**0.041**
	M1, WPI							
	M1, IP, WPI							**0.000**
WPI	WPI	**0.000**	**0.001**	**0.000**	**0.000**	**0.000**	**0.000**	**0.000**
	WPI, IP	**0.002**	**0.005**	**0.000**	**0.000**	**0.001**	**0.005**	
	WPI, M1	**0.000**	**0.004**	**0.000**	**0.000**		**0.000**	**0.000**
	WPI, M1, IP	**0.004**	**0.005**	**0.000**	**0.001**	**0.003**	**0.013**	

d. 被解释变量:WPI		国家						
变量	模型设定	美国	英国	加拿大	法国	德国	瑞典	世界
CPI	CPI	**0.012**		**0.000**	**0.020**	0.067	**0.000**	**0.003**
	CPI, M1	**0.004**		**0.000**			**0.000**	**0.002**
	CPI, IP	**0.014**		**0.000**	**0.042**	0.070	**0.000**	**0.089**
	CPI, M1, IP	**0.001**		**0.000**			**0.000**	**0.002**
M1	M1		**0.000**	0.055	0.061	**0.040**	**0.005**	
	M1, CPI		**0.000**					
	M1, IP		**0.038**			**0.011**	0.058	
	M1, CPI, IP	**0.033**	**0.030**			0.077		
IP	IP	**0.022**				**0.006**	**0.011**	**0.013**
	IP, CPI	**0.025**				**0.008**		
	IP, M1	**0.015**				**0.001**		**0.007**
	IP, M1, CPI	**0.003**				**0.004**		**0.002**

注：对于表中的每一部分，检验第一列所列的变量与被解释变量之间的格兰杰因果关系。例如，第 a 部分检验在全样本中，对于每个国家和世界总量而言，CPI、M1 和 WPI 是否分别格兰杰引起 IP。第二列列出的是每个向量自回归（VAR）设定中所包含的变量（在所有情形中，都包括了被解释变量的滞后项）。后七列报出了所得到的显著性水平。加粗的值表示在 5% 或更好的显著性水平上拒绝“零假设：不存在格兰杰因果关系”。其他值表示在 10% 的显著性水平上存在格兰杰因果关系，但是在 5% 的水平上不存在。对于在至少 10% 的显著性水平上都不显著的值则予以忽略。在回归过程中根据 BIC 准则决定最优滞后长度。

表 4—2 的结果中最为一致的特征或许是批发价格的领先指标性质。对“世界总量”数据来说，无论是三变量还是两变量设定，WPI 都能在 1% 以内的显著性水平上格兰杰引起 M1 和 IP。在每个国家（德国除外）的所有设定里，WPI 都以很高的显著性水平格兰杰引起 IP。但是在不同国家，WPI 并不总是引起 M1。“世界总量”数据中的 WPI 能够格兰杰引起 M1，似乎主要是因为美国的数据在其中所占比重较大。

表 4—2　　**格兰杰因果检验（1928 年 6 月—1933 年 12 月）**

a. 三变量向量自回归	国家						
预报关系	美国	英国	加拿大	法国	德国	瑞典	世界
IP →M1					0. 081		
M1→IP		0. 080					
IP→WPI	**0. 020**				**0. 010**		
WPI→IP	**0. 016**	**0. 000**	0. 052	**0. 033**		**0. 010**	**0. 006**
WPI→M1	**0. 006**					0. 092	**0. 006**
M1→WPI	0. 060		0. 054	0. 083		**0. 014**	**0. 042**
b. 两变量向量自回归	**国家**						
预报关系	美国	英国	加拿大	法国	德国	瑞典	世界
IP→M1				0. 081	**0. 000**		0. 055
M1→IP			**0. 028**			**0. 045**	
IP→WPI	0. 071				**0. 004**		
WPI→IP	**0. 009**	**0. 003**	**0. 004**	**0. 021**		**0. 001**	**0. 004**
WPI→M1	**0. 002**			**0. 037**	**0. 001**		**0. 001**
M1→WPI			0. 063	0. 068		**0. 018**	

注：第 a 部分给出了 IP，M1 和 WPI 的三变量向量自回归的格兰杰因果检验结果。第 b 部分是基于两变量向量自回归的结果。在表中的每一部分中，第一列表示被检验的格兰杰因果关系的方向。后七列报出的是得到的显著性水平。加粗的值表示在 5% 或更好的显著性水平下拒绝“零假设：不存在格兰杰因果关系”。其他值表示在 10% 的显著性水平上存在格兰杰因果关系，但在 5% 的水平上不存在。对于在至少 10% 的显著性水平上都不显著的值则予以忽略。所有样本都到 1933 年 12 月为止。所有的向量自回归模型都包括两阶滞后。

有趣的是，在这些数据中，不同国家的M1并不总是格兰杰引起IP。只有有限的证据表明从M1到批发价格存在格兰杰因果关系。使用1928—1933年的样本和三变量模型，可以发现工业产值也并不总是格兰杰引起货币或价格。如果把样本时间截止到1932年12月（而非1933年12月），所得结果与表4—2中的结果差异也不大。

从这些发现可以得出什么结论呢？有人可能会说，批发价格在大萧条衰退阶段领先于其他变量以及M1货币存量相对较弱的预测能力与大萧条的非货币主义解释最为一致。例如，这些结果似乎与Kindleberger（1973）的观点——在大萧条早期，日益下滑的商品价格是一个重要驱动力——非常吻合。然而还有其他解释。其中一种认为，商品价格具有资产价格的一些性质，因此大萧条早期商品价格的下跌在一定程度上预示了产出的下滑和利率的上升（我们知道，商品价格一般是高度顺周期的，并且是领先指标）。下面先从总体上介绍我们的分析方法，然后再回到这个话题上。

4.2 一种对价格和货币存量变动进行分解的方法

本节的主要目的是解释1928—1936年间主要工业国家的价格和货币的变动情况。重申一下，我们的方法是考察一些具有经济含义的比率的变动情况，这样做是秉承Friedman and Schwartz（1963）的方法——他们把美国货币存量的变动分解为基础货币的变动和货币乘数的各个组成部分的变动。

我们分析的起点，是把国家i在时间t的价格水平表示为如下的恒等式：

$$P_{it}=(P_{it}/M_{it})(M_{it}/BASE_{it})(BASE_{it}/RES_{it})(RES_{it}/GOLD_{it})(QGOLD_{it}\times PGOLD_{it}) \quad (4.1)$$

其中：

P_{it}=价格水平（WPI或CPI）

M_{it}=名义货币供给（这里指M1）

$BASE_{it}$=基础货币（即流通中的银行券加银行准备金）

RES_{it}=中央银行的国际储备（即国外资产加上黄金储备），以本币计值

$GOLD_{it}$=中央银行的黄金储备，用本币计值 = $QGOLD_{it}\times PGOLD_{it}$

$QGOLD_{it}$ = 中央银行的黄金储备量，单位是盎司

$PGOLD_{it}$ = 黄金的官方本币价格

可以认为方程（4.1）是把给定时点的价格水平毫无遗漏地分解为若干决定因素。具体分析如下：

（1）实际货币余额的倒数 P_{it}/M_{it}。我们将看到，在我们的样本中，价格/货币比率经常波动很大。通常认为这一比率的变动反映了公众愿意持有的实际货币余额的变化。这种解释隐含地依赖一个假设，即价格能够迅速调整，以便使实际货币存量等于实际货币需求。有很多因素可以引起实际货币需求的变化，其中包括实际产出的变动、预期通货膨胀率的变动（体现为名义利率的变动）和支付技术的变化。在大萧条时期，公众对银行的不信任和金融资产（如股票和公司债券等）的风险性，无疑促使他们窖藏通货，窖藏通货额的变化影响了货币总需求。不过从理论上说，对货币总需求的这种影响可能为正也可能为负——这取决于公众愿意增持的通货是否超过愿意减持的银行存款。

对价格/货币比率波动（variation）① 的另外一个解释是：这些变化反映了一个不均衡调整过程的作用。当各国在20世纪20年代末恢复金本位制时，很多观察家关心官方平价的绝对值和相对值是否与长期均衡汇率一致。众所周知，凯恩斯曾经提出，按官方平价计算，英镑被高估了；当时人们还普遍认为法郎被低估了。被高估货币的调整过程会（通过黄金流失）引起货币供给收缩，价格下跌，这些情况会一直持续到该国国内实际货币余额和实际汇率达到长期均衡水平为止。如果国内价格具有某种程度的黏性，那么这个调整过程就会引起价格/货币比率随时间变化，并且这种变化与对实际货币余额的意愿需求②无关。价格/货币比率的精确变动过程以一种复杂的方式依赖于价格和黄金存量的相对调整速度。我们在下文发现，有证据表

① 单词“variation”可译为“波动”、“变化”、“变异”等。在本书中，对于同一变量在时间上的“variation”，一般译为“波动”或“变化”；对同一变量在横截面上（即在同一时间不同国家间）的“variation”，则译为“变异”，以示区别——译者注。

② 意愿需求（notional demand）是相对于有效需求（effective demand）而言的。有效需求是指对货物和服务既有需求的意愿，又有支付能力。意愿需求指只有需求意愿、没有支付能力的需求——译者注。

明，在大萧条早期，这一不均衡的调整过程确实曾经发生过。

另外四个导致价格水平变动的因素见方程（4.1），它们是名义货币供给量的决定因素[①]：

（2）货币乘数 $M_{it}/BASE_{it}$。在采用部分准备金的银行体系中，内在货币 M1 的数量是外在货币（即基础货币）的数量的倍数。正如 Friedman and Schwartz（1963）和随后的许多教科书所指出的，货币乘数取决于（公众偏好的）通货/存款比率和银行准备金/存款比率。各国的货币乘数各不相同，取决于其金融发达程度和具体的金融制度，并且在一个国家内，货币乘数还可能随着金融制度的变迁而变动。但是大萧条期间货币乘数的剧烈波动——这一定与通货/存款比率和银行准备金/存款比率的大幅波动有关——通常与银行业恐慌有关，或者至少与银行系统的问题有关。例如，在 1930 年 12 月 Friedman and Schwartz（1963）所称的“第一次银行危机”发生之后，美国的货币乘数急剧下降，此后继续或多或少地下降，直到 1933 年 3 月最后一次银行危机之后才稳定下来。因此，在下文，我们把由货币乘数的变动导致的国内货币存量的变动看作主要是由国内银行体系的问题引起的。

（3）覆盖率的倒数 $BASE_{it}/RES_{it}$。金本位制的游戏规则并不要求基础货币完全由黄金或其他国际储备做支撑。换言之，国际储备与基础货币之比 $RES_{it}/BASE_{it}$（称为覆盖率或黄金支持率）可以小于 1，并且通常都小于 1。大多数国家确实曾以法律形式规定了覆盖率的最小值。例如在美国，在这一时期覆盖率的法定最小值是 40%，这意味着它的倒数 $BASE_{it}/RES_{it}$的法定最大值是 2.5。虽然法律规定了覆盖率的下限，但对其上限却没有限制，这实际上允许金本位制下的央行在决定其国内货币政策时有一定的相机抉择权（Sumner，1991）。例如各国可以通过冲销黄金流入提高覆盖率，从而降低基础货币与国际储备的比率 $BASE_{it}/RES_{it}$。下文我们将

① 这么说是因为 $M_{it}=(M_{it}/BASE_{it})(BASE_{it}/RES_{it})(RES_{it}/GOLD_{it})(QGOLD_{it}\times PGOLD_{it})$，等号右边的四个部分可以视为 M_{it}的决定因素——译者注。

把 $BASE_{it}/RES_{it}$ 的变动看作是衡量央行冲销（不管是积极的还是消极的冲销）的指标。

（4）国际储备与黄金存量之比 $RES_{it}/GOLD_{it}$①。在金汇兑本位下，许多国家的中央银行被允许持有“储备货币”——例如美元和英镑——来代替黄金。因此，对全世界来说，国际储备与货币性黄金之比就大于1。在20世纪30年代早期，由于担心储备货币贬值，许多中央银行把外汇储备兑换成了黄金，这意味着总国际储备/黄金比率下降了（Eichengreen，1990，ch. 10）。此外，一些国家（其中以法国最令人关注）刻意坚持用外汇储备兑换黄金的政策，即使在外汇市场陷入不稳定时期之前也乐此不疲（例如参见 Hawtrey，1939，p138）。下文将用国际储备/黄金比率来衡量外汇储备的枯竭对一国国内货币供给和世界货币供给的影响。

（5）黄金的数量 $QGOLD_{it}$ 与价格 $PGOLD_{it}$。就单个国家而言，在其他因素保持不变时，黄金流入，则国内货币供给增加。在黄金的物理存量保持不变时，黄金的本币价格上升，即本币贬值，也会导致国内货币供给增加。

总之，方程（4.1）提供了一种富有启发性的方法，使我们可以把一个给定国家的价格变动分解成如下因素：

①给定货币存量时价格水平的变动，它要么反映货币需求的变化，要么反映金本位制下价格与货币存量的不均衡调整；

②货币乘数的变动，它反映商业银行体系的状况；

③覆盖率的变动，它反映央行冲销国际储备流入或流出的程度；

④国际储备（包括外汇储备）与黄金之比的变动，它反映外汇储备的枯竭；

⑤金平价（黄金的价格）的变化，或黄金物理存量的变化。

作为一个恒等式，方程（4.1）自然适用于所有国家——不管是坚持金本位制还是脱离金本位制的国家。我们将对这两组国家分别计算和解释这些

① 这句的原文是“The ratio of international reserves to gold stocks，$BASE_{it}/RES_{it}$”。显然有误。根据上下文，这一比率应该写作 $RES_{it}/GOLD_{it}$——译者注。

比率。我们将看到，金本位制和非金本位制国家之间的主要差异是，非金本位制国家的覆盖率（至少原则上）不受任何约束①。然而，即使对于放弃金本位制的国家，方程（1）在解释它们的货币存量和价格水平的变动根源时也仍然是有用的。并且，（完全地或部分地）放弃金本位制的国家（在所有情形下）都继续持有黄金，因此它们的政策与那些固守金本位制的国家有相当大的相关性。

只有对单个国家才能直接应用方程（4.1）。将所有国家加总构造一个方程（4.1）的新版本将会非常有用，因为这样我们不仅可以比较全球货币发展中各种影响因素的相对重要性，还可以解释组份效应（compositional effects），例如黄金存量在各国“分布不均”的观点。

为了使方程(4.1)可用于世界整体，令 $p=ln(P)$，$pm=ln(P/M)$，$mb=ln(M/BASE)$，$br=ln(BASE/RES)$，$rg=ln(RES/GOLD)$，$qg=ln(QGOLD)$，$pg=ln(PGOLD)$。则方程(4.1)可以更集约地(以对数形式)写成：

$$p_{it}=pm_{it}+mb_{it}+br_{it}+rg_{it}+qg_{it}+pg_{it} \tag{4.2}$$

令 ω_i 为不随时间变化的权重，它反映经济体 i 在世界经济中的相对重要性，且 $\sum_{i=1}^{n}\omega_i=1$（在应用中，我们根据 1928 年各国实际 GDP 的相对大小构造权重）。然后定义 $p_t=\sum_{i=1}^{n}\omega_i p_{it}$，$pm_t=\sum_{i=1}^{n}\omega_i pm_{it}$，…，我们可以把方程（4.2）的“世界”版本写成：

$$p_t=pm_t+mb_t+br_t+rg_t+qg_t+pg_t \tag{4.3}$$

上式中的各个量现在指相应的各国的量的加权平均。

上文已经提及，现在很多关于 20 世纪 30 年代全球货币性黄金“短缺”的讨论关注的都是黄金存量在各国之间“分布不均”的问题，而不是货币性黄金总存量的任何短缺（实际上，在那十年中货币性黄金存量大幅增长）。为了把黄金的国际分布不均引起的货币影响，与世界货币性黄金存量的变动引起的货币影响区分开来，我们把方程（4.3）隐含的分解进一步拆

① 值得注意的是，各国未必非常主动地利用了这种自由。Eichengreen（1990，p. 250）写道：“甚至在大萧条开始之后就放弃金本位制的多数国家，也仍然维持着与其传统数值相差不大的黄金覆盖率，这要么是因为有法律规定，要么是因为缺乏自信而出于防止贬值的考虑。”

分：对时间 t 的每个国家 i，将其黄金数量（以物理单位计量）的对数值拆分为该国在世界货币性黄金总存量中所占份额的对数 s_{it} 和世界货币性黄金总存量的对数 g_t 两部分，即：

$$qg_{it}=s_{it}+g_t$$

对所有国家求加权和得到 $qg_t=s_t+g_t$，其中加权份额（weighted share）$s_t=\sum_{i=1}^{n}\omega_i s_{it}$是衡量黄金“分布不均”的指标。注意到 s_t 近似等于国家经济权重 ω_i 与黄金份额的对数 s_{it}的协方差，因此若 s_t 较小，意味着各国持有的黄金数量与它们的经济重要性不匹配，即黄金“分布不均”。

利用定义 $qg_t=s_t+g_t$ 可以把方程（4.3）改写为：

$$p_t=pm_t+mb_t+br_t+rg_t+s_t+g_t+pg_t \tag{4.4}$$

再次指出，方程（4.4）中 s_t 和 g_t 的出现，使我们可以把黄金存量分布的变动对世界价格水平的影响与世界货币性黄金总存量的变动对世界价格水平的影响区分开来。

4.3 价格/货币比率的变动情况

在把方程（4.2）和（4.4）应用到大萧条时期的数据时，我们首先分别考虑单个国家和“世界加总”的价格/货币比率的变动行为。第4.4节则研究货币存量的决定因素。

图4—2中绘出了“世界总量”的价格/货币比率，图4—3则绘出了样本中每个国家的价格/货币比率。对每个国家，价格水平用WPI和CPI衡量。货币存量是M1或其近似值（关于数据序列构造的详细信息请参见数据附录）。

我们在图4—1的右半部和图4—2的右上角已经看到，从大萧条爆发到1933年春，消费者价格和批发价格都显著下降，此后开始恢复。但是它们与货币存量的比率的变动轨迹相当不同。图4—2右下角（世界总量数据）和图4—3（单个国家的数据）清楚地表明，在大萧条早期阶段，CPI/M1的下降一般相当温和，这等价于以M1/CPI衡量的实际货币余额没有上升太多。但是从 1928 年后期到 1931 年春，批发价格迅速下降，它与货币存量的比率也是如此。亦即在我们样本中的所有国家和“世界总量”中，M1/WPI 都大幅上升。

加拿大：CPI/ M1 和 WPI/ M1 的对数的累计增幅

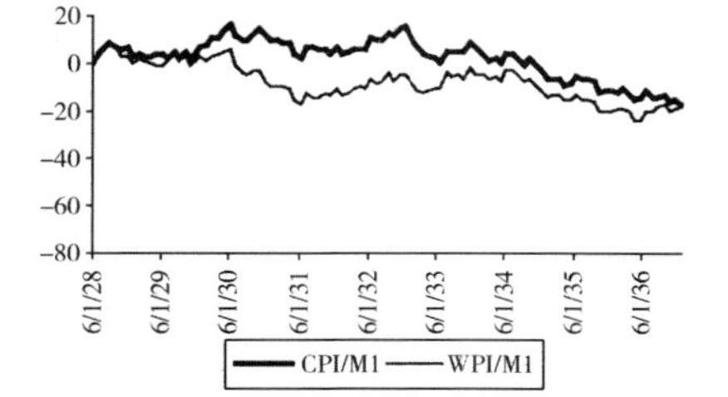

法国：CPI/ M1 和 WPI/ M1 的对数的累计增幅

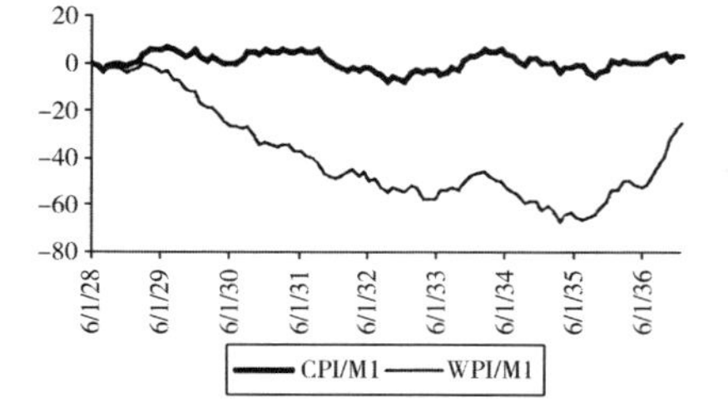

德国：CPI/ M1 和 WPI/ M1 的对数的累计增幅

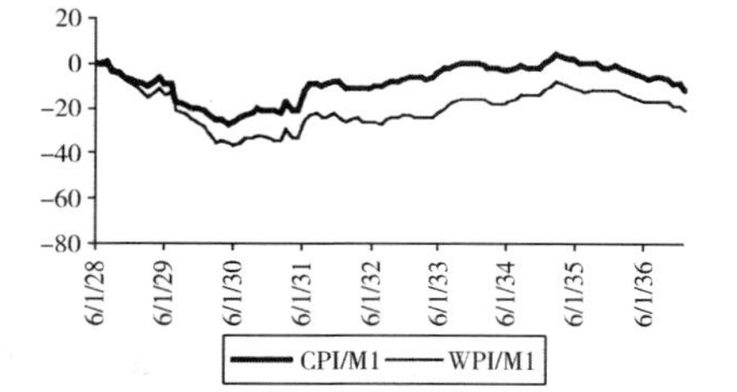

日本：CPI/ M1 和 WPI/ M1 的对数的累计增幅

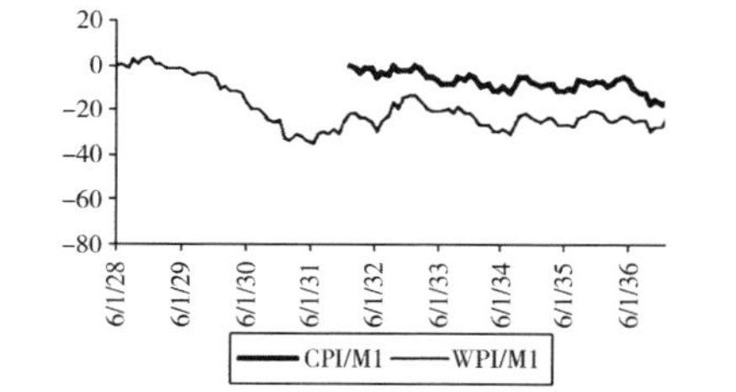

波兰：CPI/ M1 和 WPI/ M1 的对数的累计增幅

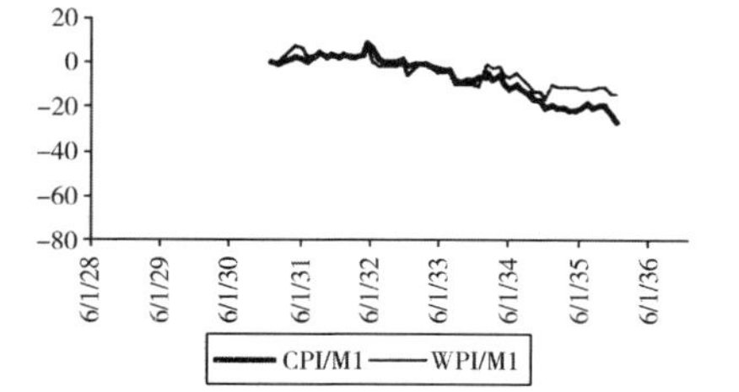

瑞典：CPI/ M1 和 WPI/ M1 的对数的累计增幅

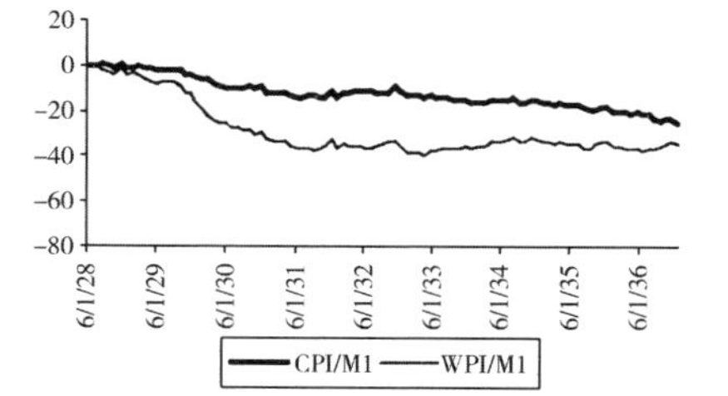

续图

英国：CPI/ M1 和 WPI/ M1 的对数的累计增幅

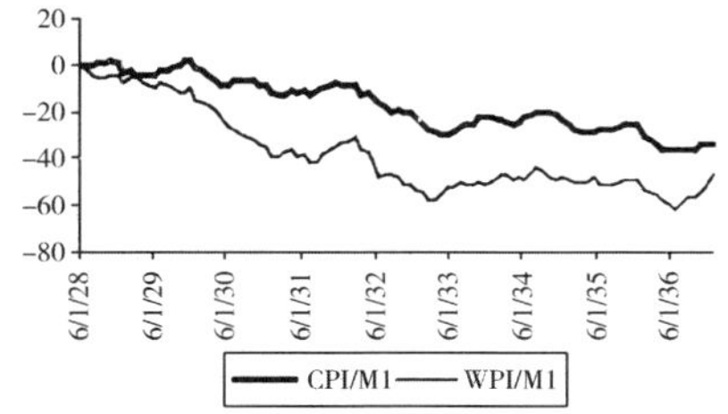

美国：CPI/ M1 和 WPI/ M1 的对数的累计增幅

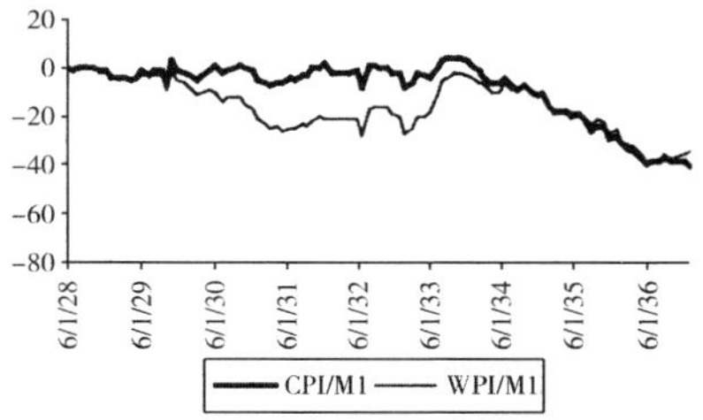

图4—3　1928—1936 年各国价格水平/货币存量比率（图中曲线为价格水平（CPI 或 WPI）与货币存量 M1 之比的对数的累计增幅）

表4—3 报出了 1928 年6 月至 1931 年6 月（这是大萧条的第一个严重阶段）这些增幅的具体数值和其他有关数值。从中我们再次看到，大萧条早期批发价格明显地大幅下降。在这三年间，表 4—3 列出的七个国家里，有四个国家的批发价格/货币存量比率 WPI/M1 下降幅度超过 35 个对数点，有六个国家下降超过 25 个对数点。各样本国家的 WPI/M1 下降幅度的加权平均接近 30 个对数点。相反，在这三年期间，CPI/M1 下降幅度的加权平均小于 6 个对数点。实际上，在 1928—1931 年间，加拿大和法国的 CPI/M1 上升了。

大萧条初始阶段批发价格暴跌的根源无疑值得专门研究，虽然这不在本章的研究范围之内。我们推测宏观经济状态的外生和内生因素都是这一下降的原因。例如，正如 Kindleberger（1973）所强调的，在外生于经济周期的各种原因之中，第一次世界大战后全球商品供给的增长无疑起了重要作用。（在这一时期，国际可贸易商品的价格在批发价格指数中占了很大份额。表 4—3 的第 1 列清楚地表明各国 WPI 之间具有很强的相关性，这说明国内批发价格指数的变动受国际可贸易商品价格的变动主导的现象，在 1928—1931 年间似乎尤其显著）。但是商品价格和一般原材料价格在衰退期常常迅速下降也是一个原因。这些价格是内生于宏观经济条件的。这种强周期敏感性可能反映了一个事实，即可储藏商品的价格具有资产价格的一些特征，其中包括“前瞻性”变动（forward-looking behavior）、对利率水平敏感，以及商品需求的产出弹性远大于1等现象。不过，尽管存在这些现象，1928—1931年的批发价格下跌似乎还可能有重要的非货币原因。

表4—3　**价格、货币和黄金存量的对数增幅**（1928年6月—1931年6月）

国　家	WPI	WPI/M1	CPI	CPI/M1	M1	QGOLD
加拿大	-28.76	-17.24	-10.51	1.36	-11.51	-18.69
法国	-29.28	-37.05	13.35	5.58	7.77	66.60
德国	-22.97	-25.41	-9.41	-11.85	2.44	-38.29
日本	-39.41	-35.42	——	——	-3.39	-24.30
瑞典	-31.68	-36.51	-9.07	-13.90	4.83	3.34
英国	-39.49	-38.99	-11.55	-11.05	-0.50	-4.05
美国	-33.24	-25.67	-12.14	-4.57	-7.57	20.75
世界加总	-32.38	-29.19	-8.68	-5.59	-3.19	7.68

注：表中给出了1928年6月—1931年6月七个国家和“世界加总”的每个变量的对数的累计增幅。因波兰数据缺失，故在计算“世界总量”时将其忽略。各变量的定义参见正文。

批发价格指数的变动固然有趣，但消费者价格与本章关注的货币问题可能更为相关。具体来说，因为居民持有货币供给的大部分，所以CPI才是衡量实际货币余额需求变动的更恰当的平减因子。与WPI相比，在CPI中，国内非贸易商品和服务的权重更大，因而可能是衡量国内价格随国际黄金流动调整的更好指标。

就消费者价格/货币存量比率CPI/M1的变动而言，正如我们已经注意到的，CPI/M1的绝对增幅比WPI/M1的绝对增幅小得多。的确，正如表4—3所表明的，如果我们把CPI的变动分解为M1的变动和CPI/M1比率的变动，则后者非常重要。例如，在关键的1928—1931年间，尽管德国和瑞典的货币供给M1都增长了，但是它们的CPI都下降了9个对数点以上。在英国，1928年6月到1931年6月CPI的全部下降幅度是11个对数点以上，几乎都反映了 CPI/M1 比率的下降，而不是 M1 本身的下降。对“世界总量”而言，CPI 下降的全部 8.7 个对数点中，有 5.6 个对数点来自 CPI/M1 比率的下降。

在这三年中，CPI 比货币存量下降更快，这等于说大多数国家的实际货币余额增加了。从这个角度来看，CPI/M1 比率的变动幅度似乎也不是非常大。例如，虽然实际经济活动减少和与之相关的交易性货币需求的下降导致货币总需求降低了，但是利率、通胀率的下降与金融混乱还是能很好地解释实际货币持有量相对温和的增长。

有时人们会认为一些国家货币需求的异常增加产生了重要的通货紧缩性冲击。Friedman and Schwartz（1963）注意到，在大萧条早期，美国和加拿大货币流通速度大幅下降加剧了货币存量收缩的影响。最近 Field（1984）提供了证据表明，在大萧条爆发之前，华尔街上的投机活动增加了对美元的交易性需求。Eichengreen（1992）等人也指出，在庞加莱稳定之后，法国货币需求的增加可能对黄金流入该国起了促进作用。正如我们已经指出的，还有一种可能是，在某些国家，金融危机和通货紧缩通过增加货币窖藏而提高了货币需求。众所周知，在封闭经济中，（由任何原因引起的）货币需求增加意味着 LM 曲线的收缩性移动（向左移动）。在与金本位制相联系的开放经济中，任何一国货币需求的额外增加，会吸引黄金从外国流入本国，导致所有国家都有通货紧缩的压力。法国和美国确实曾经以其他国家的经济利益为代价经历了大量的黄金流入，见表 4—3 最右边那一列。

在大萧条早期某些国家货币需求的异常增加是否曾经引起过重要的通货紧缩影响？表 4—3 基本没有为这一观点提供证据。在 1928 年中期至 1931 年中期的三年里——这段时间涵盖了华尔街上主要的投机风潮——美国的实际货币余额 M1/CPI 上升了不到 5 个对数点。这表明 Field（1984）所发现的货币需求增加对宏观经济整体不是特别重要。如表 4—3 所示和我们已经指出的，在 1928—1931 年间，法国的实际货币余额实际上下降了，这与该时期法国货币需求的增加是黄金流入法国的主要原因的观点并不一致。

最后，我们注意到，表 4—3 没有表明实际货币需求的变动与金融危机之间存在明显的相关性。从1928年6月到1931年6月，实际货币需求增加最多的是瑞典、德国和英国。英国和瑞典在大萧条的任何阶段都没有发生严重的银行危机。在1931年夏，即表4—3所涵盖的时间段的结尾，德国银行业确实发生了相当严重的问题。但是图4—3表明，1931年中期德国发生银行恐慌的时候，德国的实际货币余额不是增加，而是大幅下降了。因而这再次说明，似乎没有证据表明某个国家货币需求的异常增加具有显著的通货紧缩效应。

虽然似乎没有理由将CPI的下降归因于货币需求的异常上升，但似乎确实存在证据支持如下观点：在大萧条早期，价格/货币存量比率的变动可能反映了一个不均衡调整过程，并且是不恰当的初始平价使这一调整过程成为必要。将英法两国进行对比最富启发意义。现代历史学家当时广泛持有的观点是，按照英法重返金本位制时所采纳的官方平价，英镑被高估了，而法郎被低估了。如果这一观点是正确的，则预示着英国的黄金会流失并发生通货紧缩，而法国则会吸引黄金流入并发生通货膨胀。众所周知（并且如表4—3所示），事实正是如此。在该时期，法国得到了大量的黄金（见表4—3最后一列），虽然流入的这些黄金大部分都被冲销了，法国的货币供给还是增加了大约8个对数点。英国的黄金流失了，因而在1928年6月至1931年6月，英国的名义货币供给略有下降。并且，两国货币增长之差是大约8个对数点，与两国消费者价格指数之差相比显得相当小——法国的消费者价格上涨了13个对数点以上，而英国则下降了将近12个对数点，二者相差25个对数点。消费者价格的这种差异正是一个不均衡调整过程的可能结果，如果法国最初的实际货币余额高于其长期均衡水平，英国最初的实际货币余额低于其长期均衡水平，最后得到的就是这种结果。

使用方程（4.1）有助于阐明这一观点。将方程（4.1）改写为：

$$P_{it}=(P_{it}/M_{it})\ k_{it}\ (QGOLD_{it}\times PGOLD_{it}) \tag{4.5}$$

其中 $k=(M/BASE)(BASE/RES)(RES/GOLD)$。方程（4.5）适用于时期 t 的某个国家 i。类似可以写出适用于同一时期另一个国家 j 的方程。我们把国家 i 的方程（4.5）与国家 j 的方程相除，并注意到这两国之

间的名义汇率 e 定义为 $PGOLD_{jt}/PGOLD_{it}$，则可以把这两国之间的实际汇率的表达式构造为：

$$(eP_{it}/P_{jt}) = (P_{it}/M_{it})(M_{jt}/P_{jt})(k_{it}/k_{jt})(QGOLD_{it}/QGOLD_{jt}) \quad (4.6)$$①

为了方便讨论，假设方程（4.6）定义的实际汇率高于其长期均衡值（即将国家 i 看成英国，把国家 j 看成法国）。并且认为 k（它取决于政策体制和机构因素）或多或少地是固定的。则方程（4.6）给出了实际汇率向其长期均衡值调整的两种方式。这两种方式分别是：（1）英国和法国的价格/货币比率之比（P_{it}/M_{it}）（M_{jt}/P_{jt}）下降；（2）英国黄金持有量相对于法国黄金持有量下降。我们已经指出，只有当英国最初的实际货币余额低于其均衡水平、法国最初的实际货币余额高于其均衡水平时，第（1）种方式才可行。实证表明，在1928至1931年间两种机制似乎都曾发挥作用。

综上所述，在1928至1931年间，除货币存量的收缩外，是否曾经有显著的通货紧缩力量发挥作用，取决于所采用的是哪个价格水平指标。在大萧条早期阶段，批发价格指数的下降速度远远快于货币存量，在很大程度上反映了国际贸易商品价格的急剧下降。商品价格的下降在多大程度上是由当时的和预期的宏观经济条件的外生或内生因素引起的尚有待确定，并且这将是未来研究的有趣课题。不过，看起来，在批发价格的下降幅度中，至少有相当一部分本质上是非货币性的。

相反，消费者价格指数的变动情况很大程度上都可以用货币存量的下降（与之相联系的是实际货币余额需求的温和上升）来解释。另外，由初始的平价选择和黄金持有量的国际分布引起的价格水平的不均衡调整，可以解释价格/货币存量比率的变动情况的一部分。但是没有证据支持如下观点：美国、法国或其他国家货币需求的异常大的增长带来了大的通货紧缩冲击。

① 本书原文中此式是（eP_{it}/P_{jt}）=（P_{it}/M_{it}）（M_{jt}/P_{jt}）（k_{it}/k_{jt}）（$QGOLD_{it}/QGOLD_{ij}$），最后一个下标错误，这里做了修改——译者注。

4.4 货币存量的变动

在上一节我们看到，至少就消费者价格指数而言，20 世纪 30 年代早期破坏性的通货紧缩似乎不能主要归咎于价格水平/货币存量比率的下降。更加合理的解释是，当时的广泛通货紧缩主要是货币供给下降（或非常缓慢地增长）的结果。表4—3 的第6 列（变量名为 M1）使这一观点最为引人注目。从 1928 年 6 月至 1931 年 6 月，即该时期主要的银行业和汇率危机发生之前，表中所列的七个国家中有四个国家的名义货币存量其实是下降了。实际上，从 1928 年 6 月到 1931 年 6 月，尽管各国国内黄金存量的加权平均值增长了将近 8 个对数点①，但是名义货币存量 M1 的“世界”加权平均值却下降了 3 个对数点以上。虽然德国和瑞典的名义货币存量增长了（三年内德国增长了 2. 44 个对数点，瑞典增长了 4. 83 个对数点)，但必须承认这些货币增长速度非常缓慢。只有法国的货币增长更加接近于“正常”幅度，从 1928 年中期到 1931 年中期累计增长了 7. 77 个对数点。我们认为这些数据支持 Hamilton（1987）的观点——即使在大萧条的最早阶段，货币紧缩（monetary tightness）也起了很重要的作用。当然，在 1931 年的动荡之后，很多国家的货币存量下降得甚至更快，这些将在下文讨论。

为什么货币存量的变化如此乖张无常？为了解释这个问题，本节我们用第 4. 2 节描述的分解方法来分析货币存量 M1（或其近似等价量)，首先分析样本中每个国家的数据，然后再分析各国数据的加总。我们的目标是定量地确认最能导致大萧条期间国内和世界货币供给崩溃的因素。

我们得到的基本结果见图 4—4、图 4—5 和表 4—4、表 4—5。图 4—4 绘出了样本中所有八个国家的货币存量 M1 及其构成比率（component ratios）的变动情况，图 4—5 则绘出了“世界”加总量（波兰除外）的类

① 在同一时期，世界货币性黄金存量的总量增加了 21 个对数点。21 与 8 之间的差异反映了货币性黄金日益“分布不均”，下文将加以讨论。

似分解结果。表4—4列出了四个经济上最重要的国家（法、德、英、美）在选定的季度里的分解结果，表4—5给出了“世界”加总量的类似分解结果。注意，图4—5和表4—5中给出的对“世界”货币存量变动的分解包括了第4.2节讨论的黄金分布效应。表4—4还列出了中央银行贴现率以供参考。除了表4—4中的贴现率之外，报出的每个变量的数据，都是自1928年6月开始的累计增幅，以对数点表示。表中的数据都是该季度最后一个月的数据。如果采用该季度的平均数据，对结果不会有实质性影响。

a. 加拿大

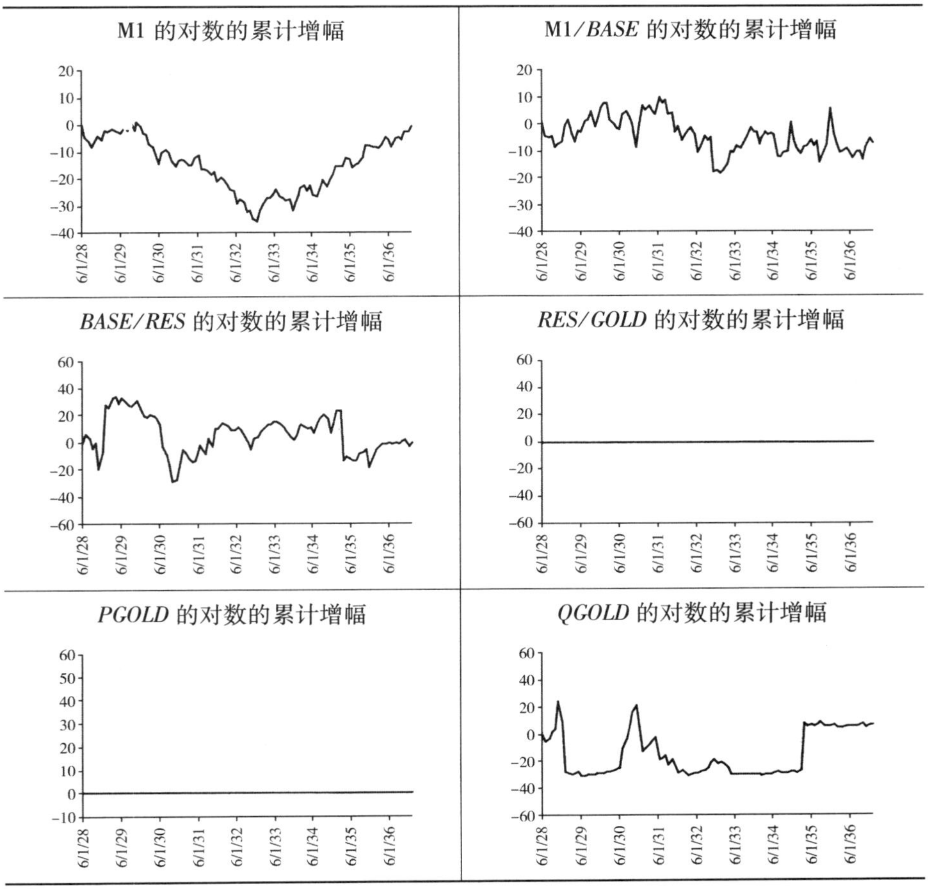

续图

b. 法国

M1 的对数的累计增幅

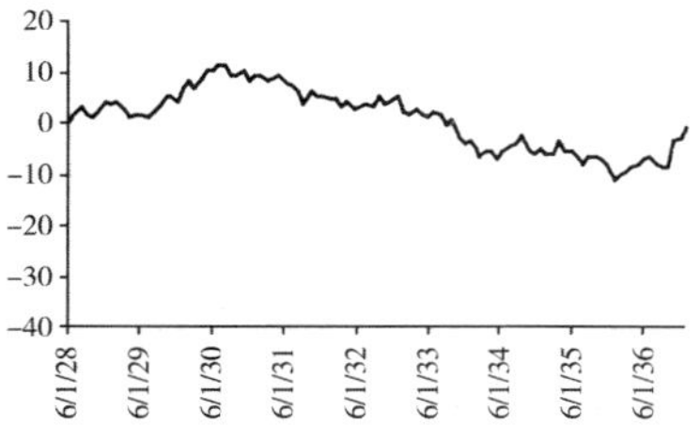

M1/*BASE* 的对数的累计增幅

BASE/RES 的对数的累计增幅

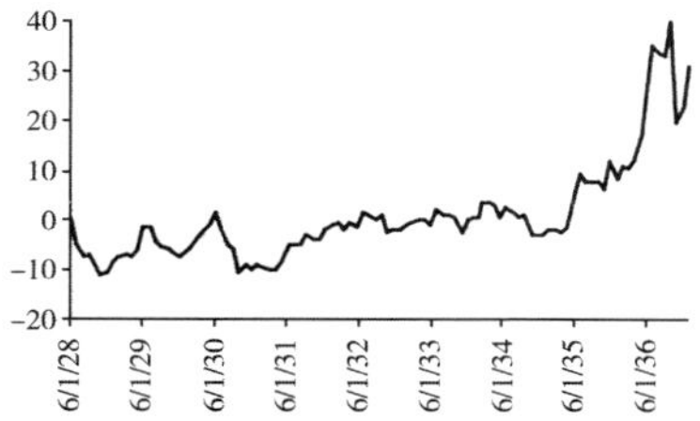

RES/GOLD 的对数的累计增幅

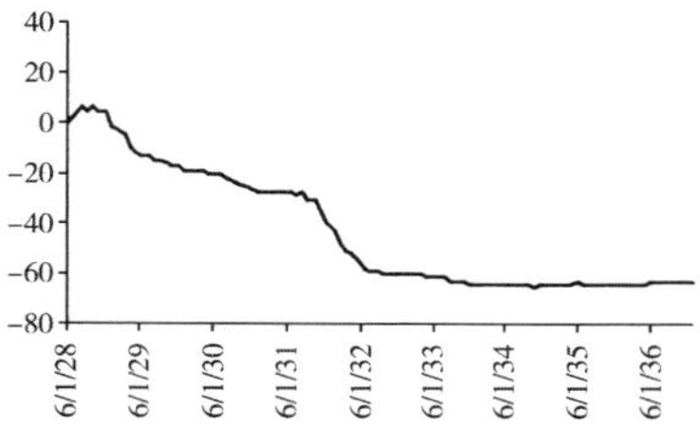

PGOLD 的对数的累计增幅

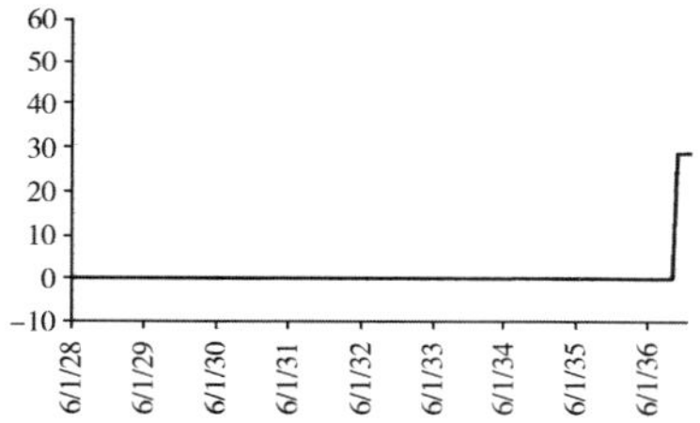

QGOLD 的对数的累计增幅

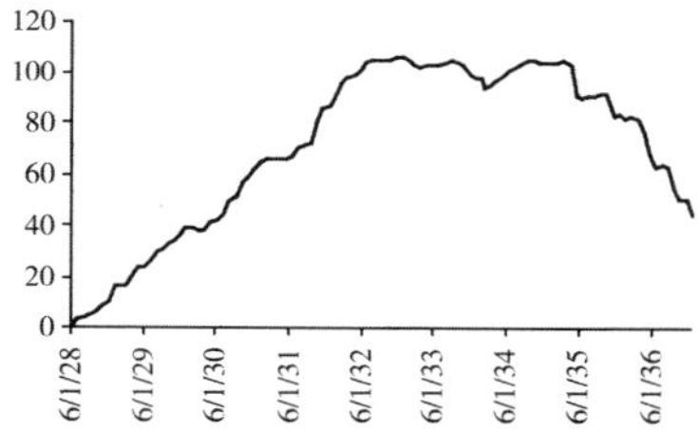

c. 德国

M1 的对数的累计增幅

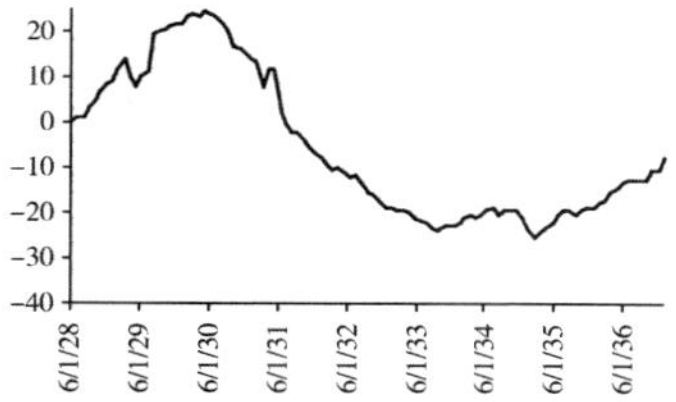

M1/*BASE* 的对数的累计增幅

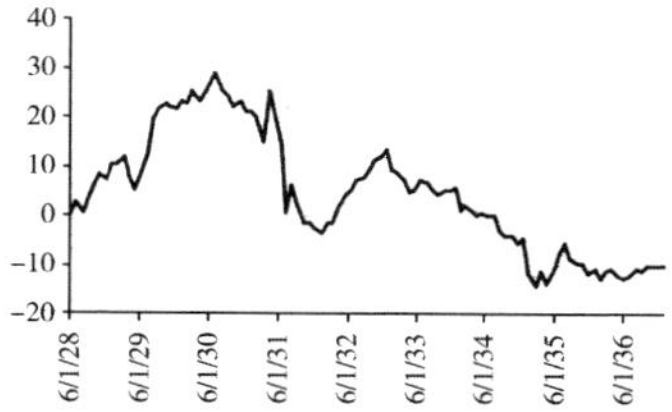

续图

BASE/RES 的对数的累计增幅

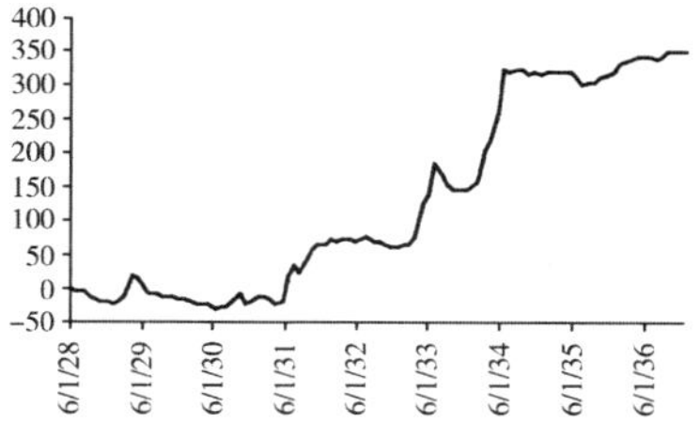

RES/GOLD 的对数的累计增幅

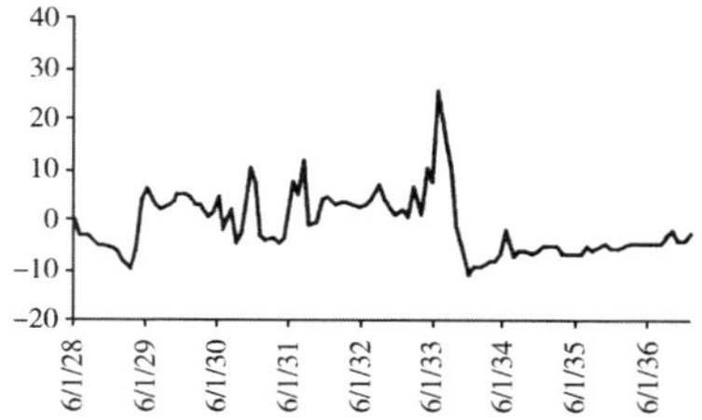

PGOLD 的对数的累计增幅

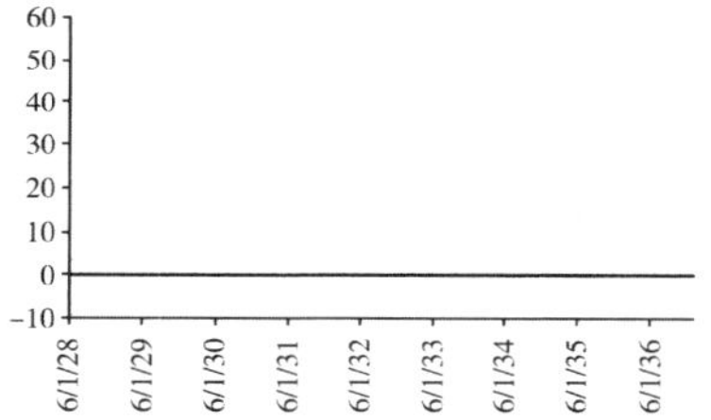

QGOLD 的对数的累计增幅

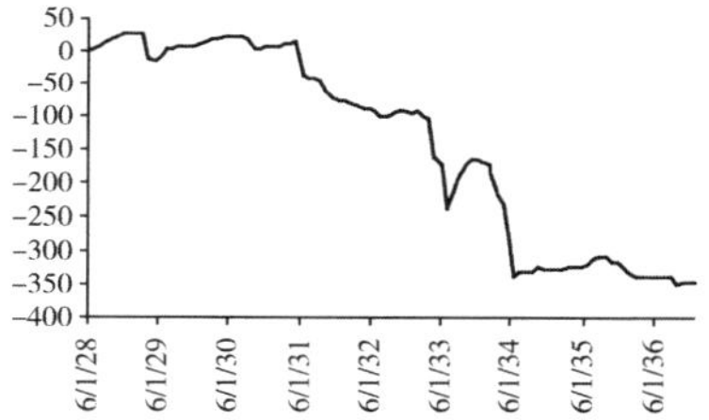

d. 日本

M1 的对数的累计增幅

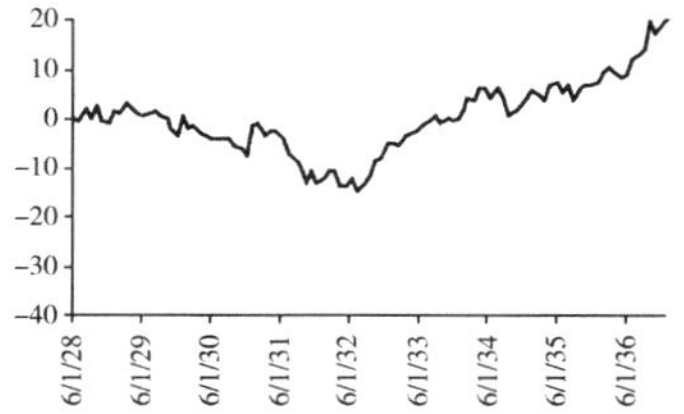

M1/*BASE* 的对数的累计增幅

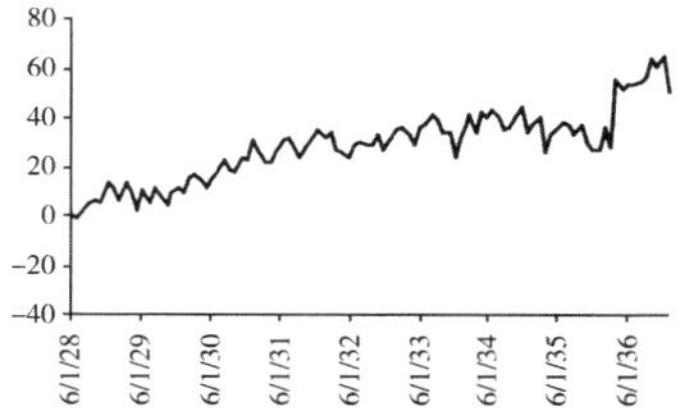

BASE/RES 的对数的累计增幅

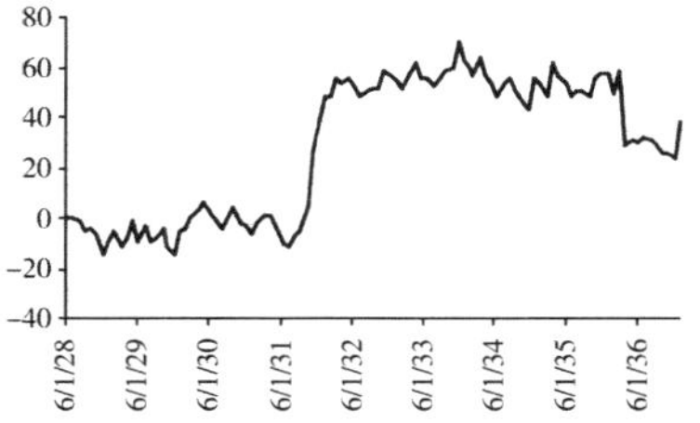

RES/GOLD 的对数的累计增幅

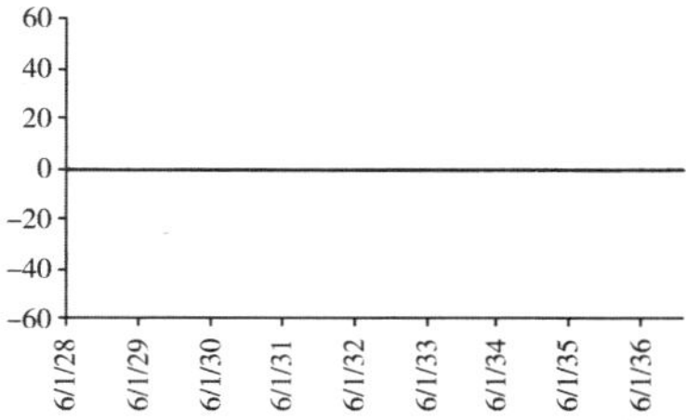

续图

PGOLD 的对数的累计增幅

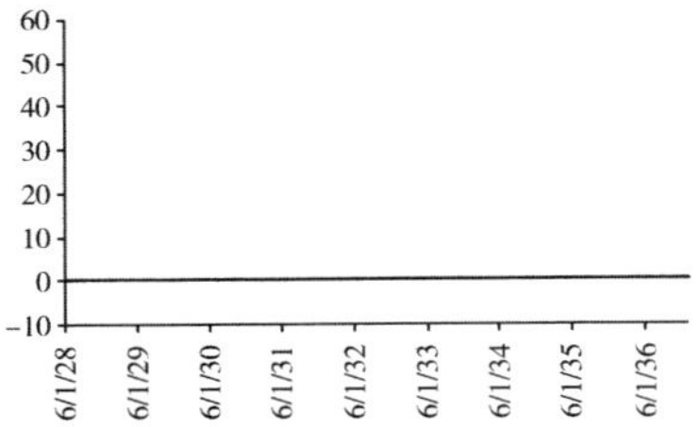

QGOLD 的对数的累计增幅

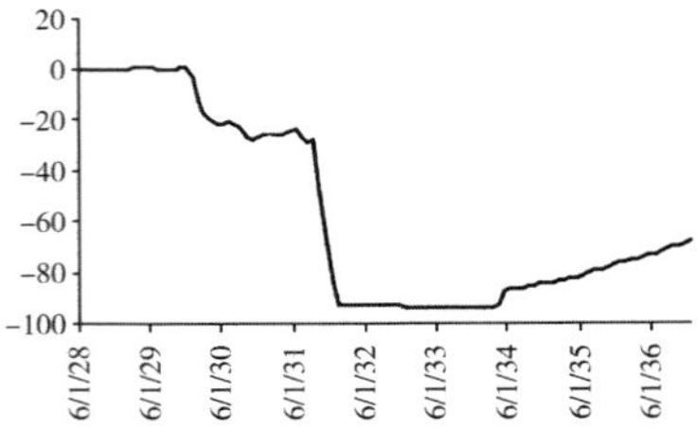

e. 波兰

M1 的对数的累计增幅

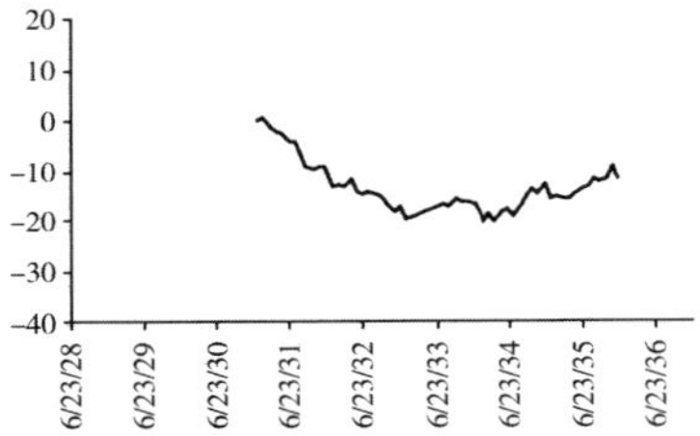

M1/*BASE* 的对数的累计增幅

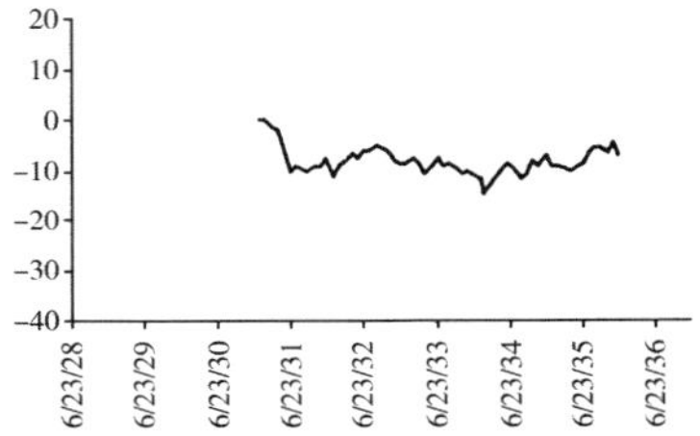

BASE/RES 的对数的累计增幅

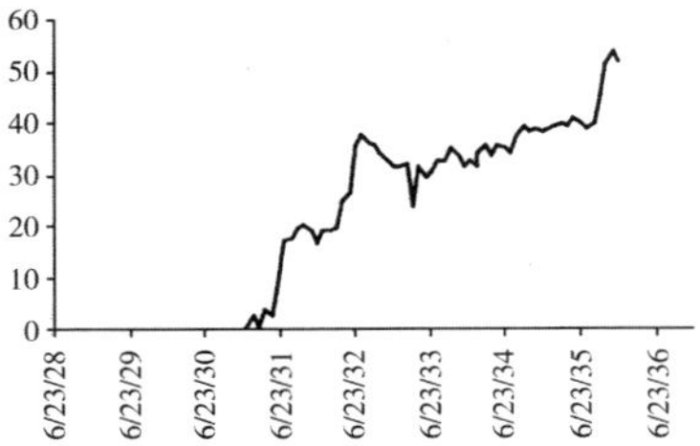

RES/GOLD 的对数的累计增幅

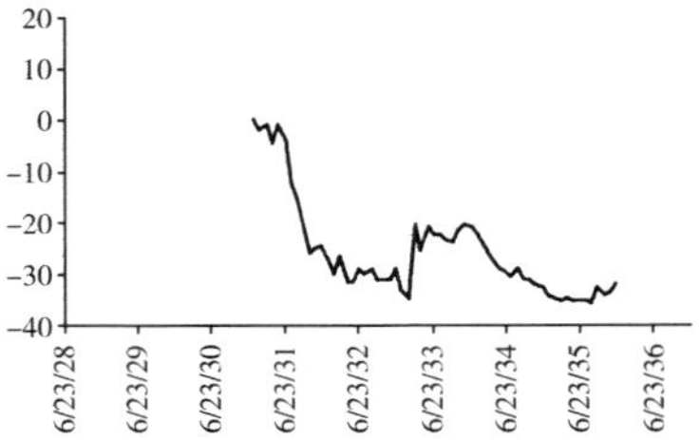

PGOLD 的对数的累计增幅

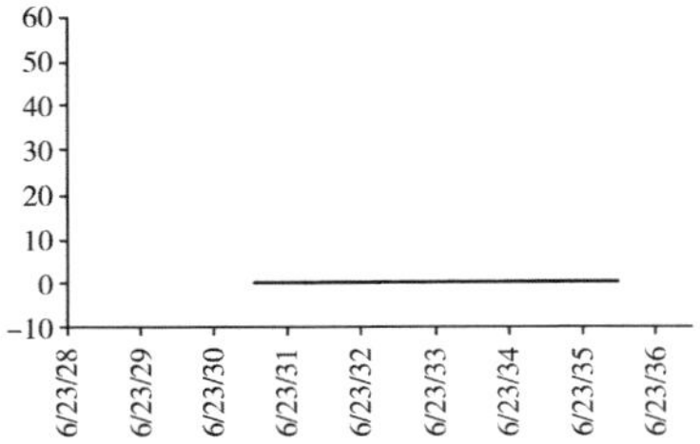

QGOLD 的对数的累计增幅

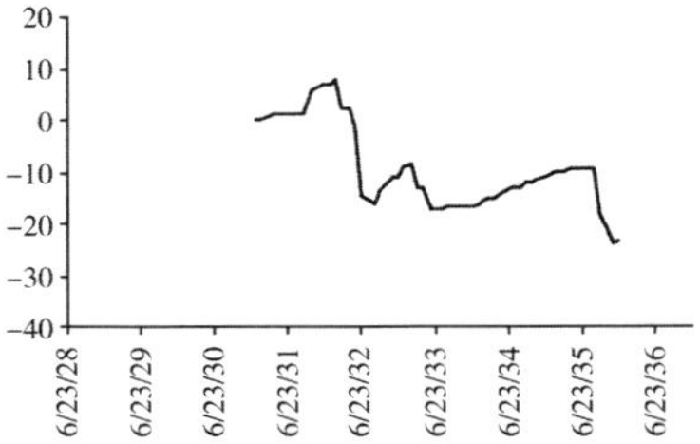

f. 瑞典

续图

M1 的对数的累计增幅

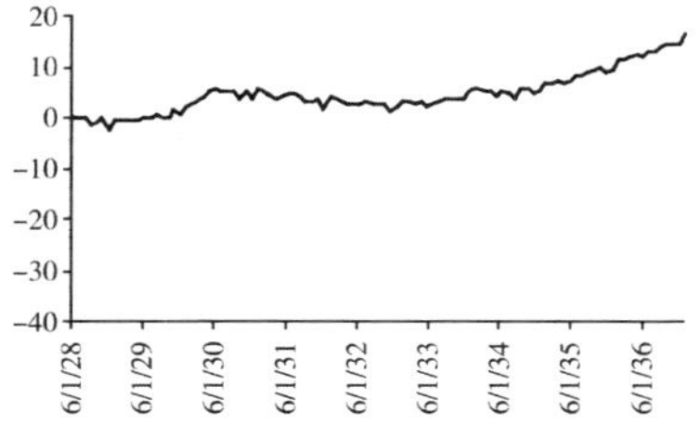

M1/*BASE* 的对数的累计增幅

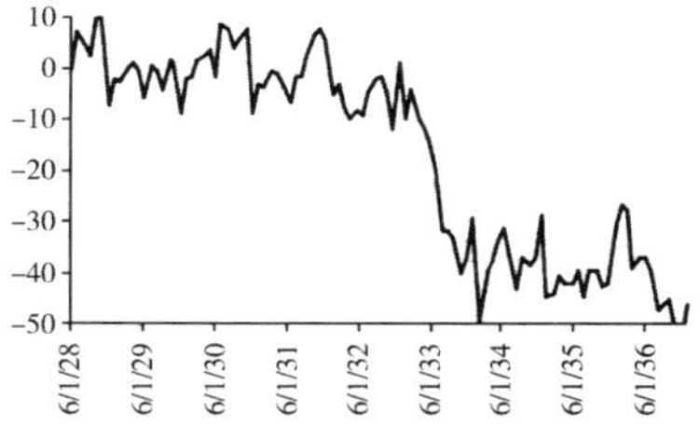

BASE/*RES* 的对数的累计增幅

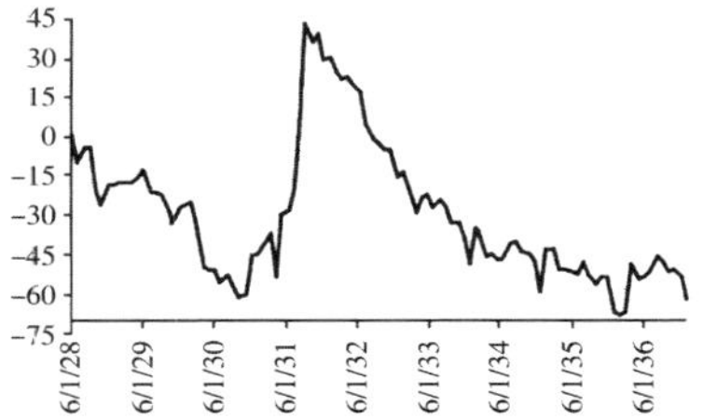

RES/*GOLD* 的对数的累计增幅

PGOLD 的对数的累计增幅

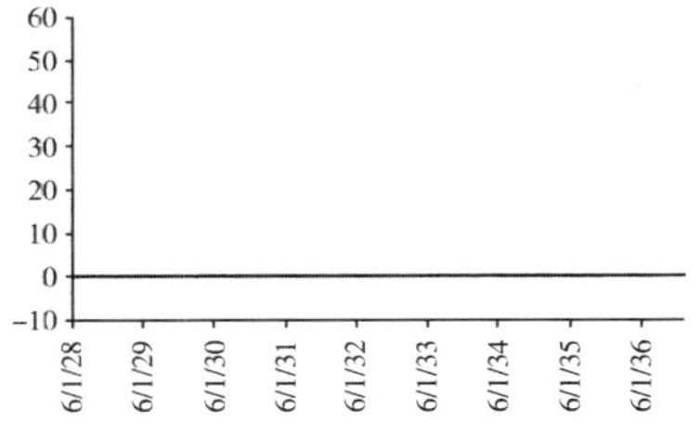

QGOLD 的对数的累计增幅

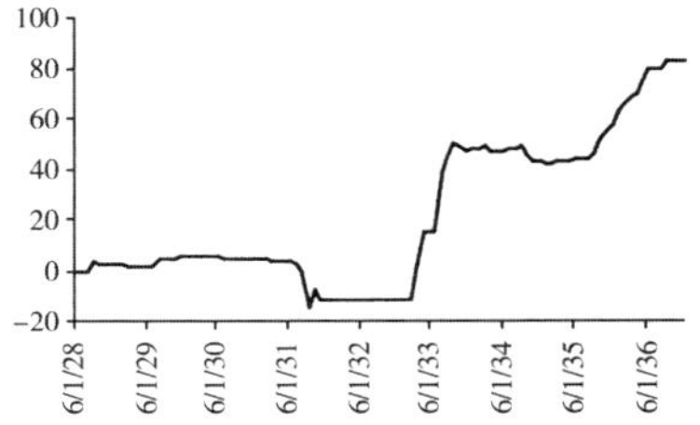

g. 英国

M1 的对数的累计增幅

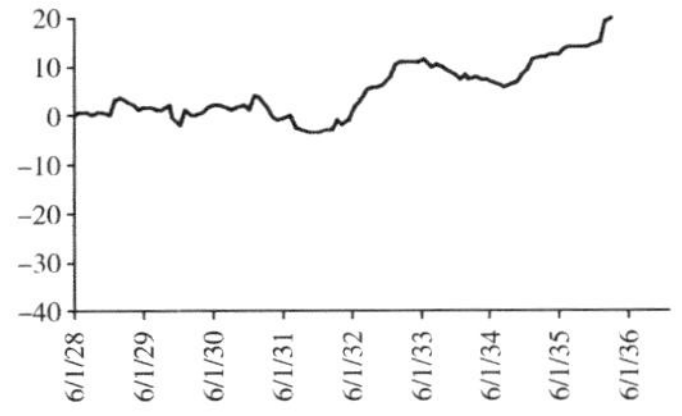

M1/*BASE* 的对数的累计增幅

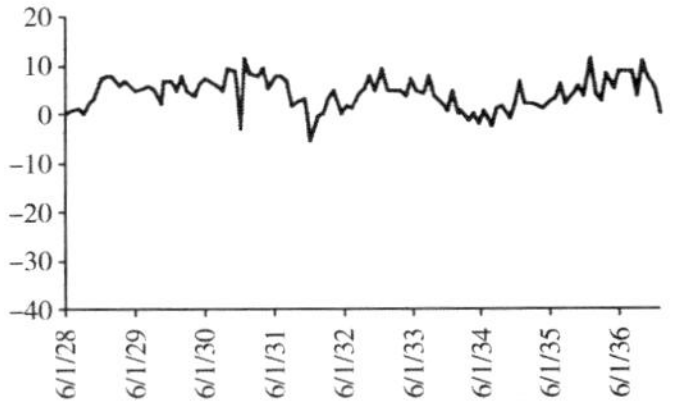

续图

***BASE/RES* 的对数的累计增幅**

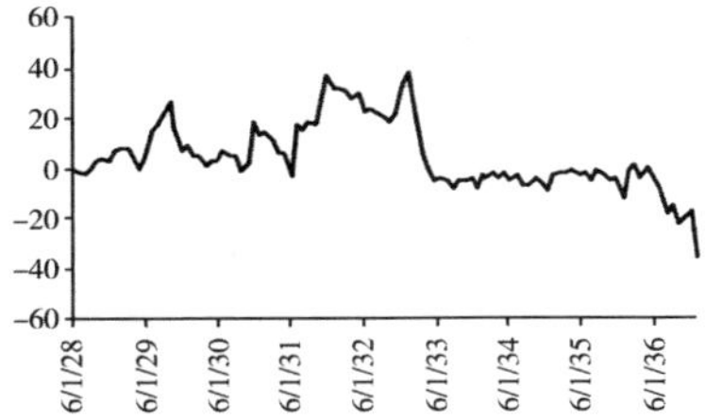

***RES/GOLD* 的对数的累计增幅**

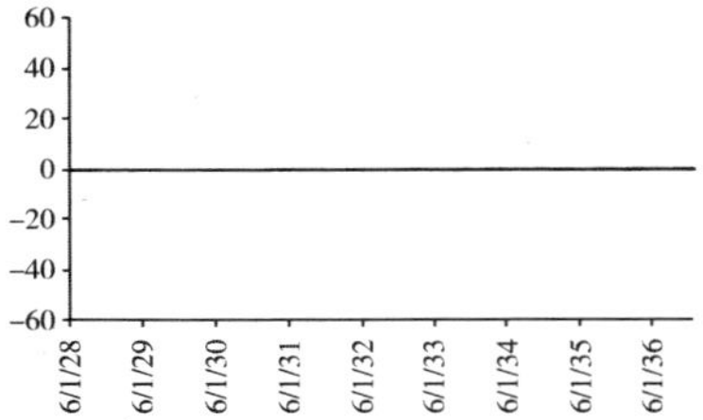

***PGOLD* 的对数的累计增幅**

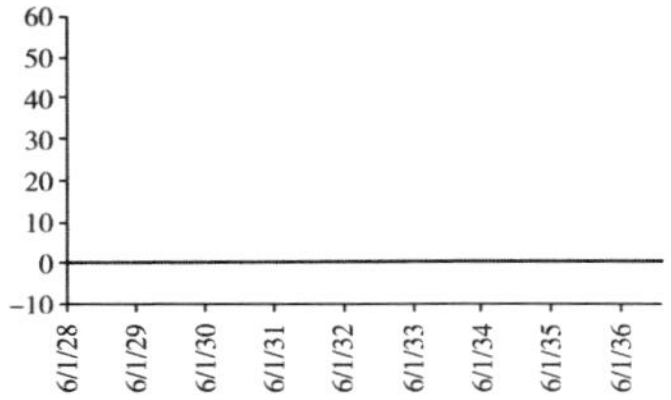

***QGOLD* 的对数的累计增幅**

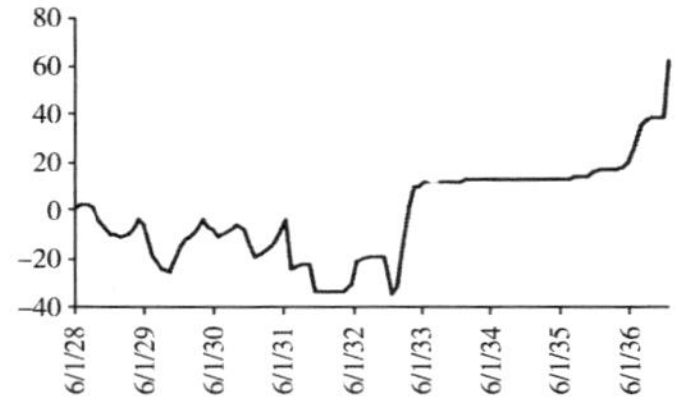

h. 美国

M1 的对数的累计增幅

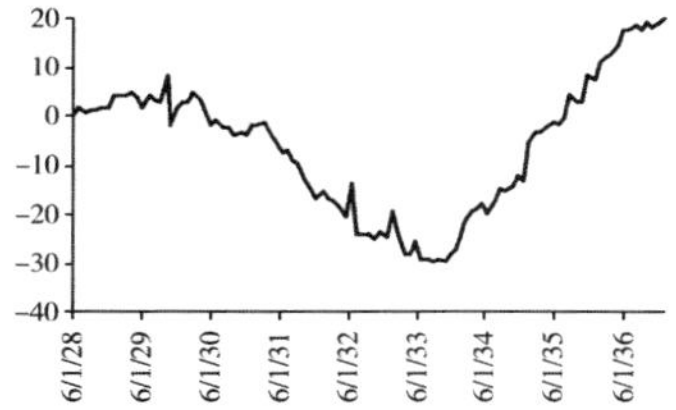

M1/*BASE* 的对数的累计增幅

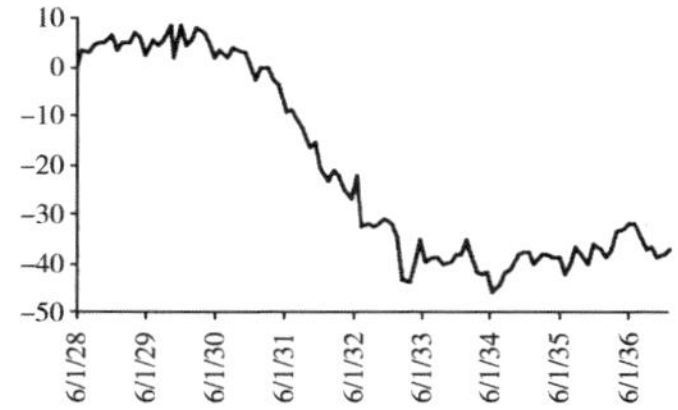

***BASE/RES* 的对数的累计增幅**

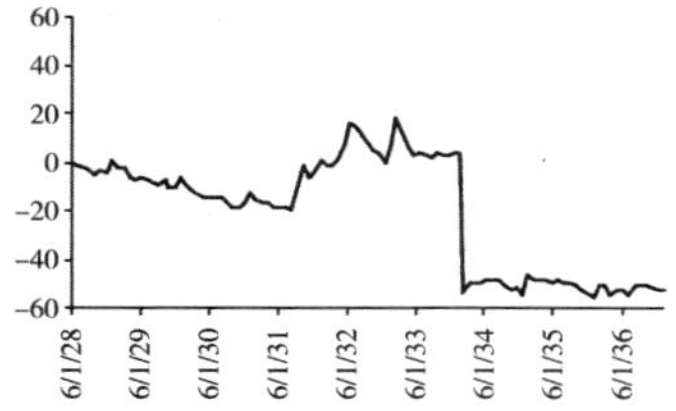

***RES/GOLD* 的对数的累计增幅**

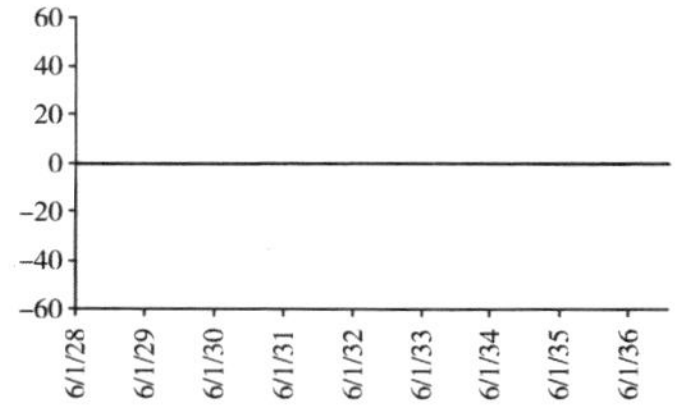

续图

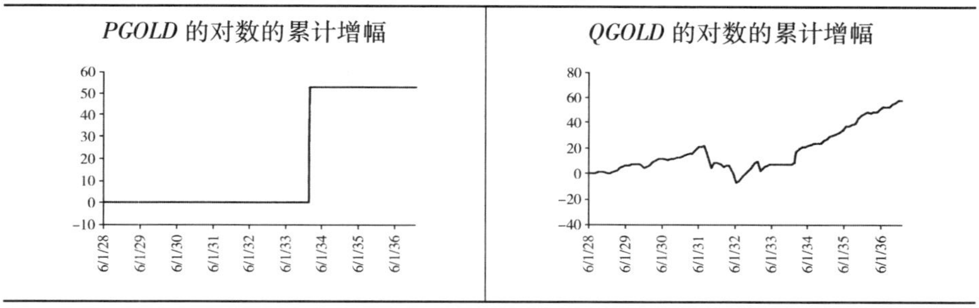

图4—4　1928—1936年各国货币存量变化的分解（每个样本国家的M1的对数的累计增幅被分解成几个组成部分。各变量的定义参见正文）

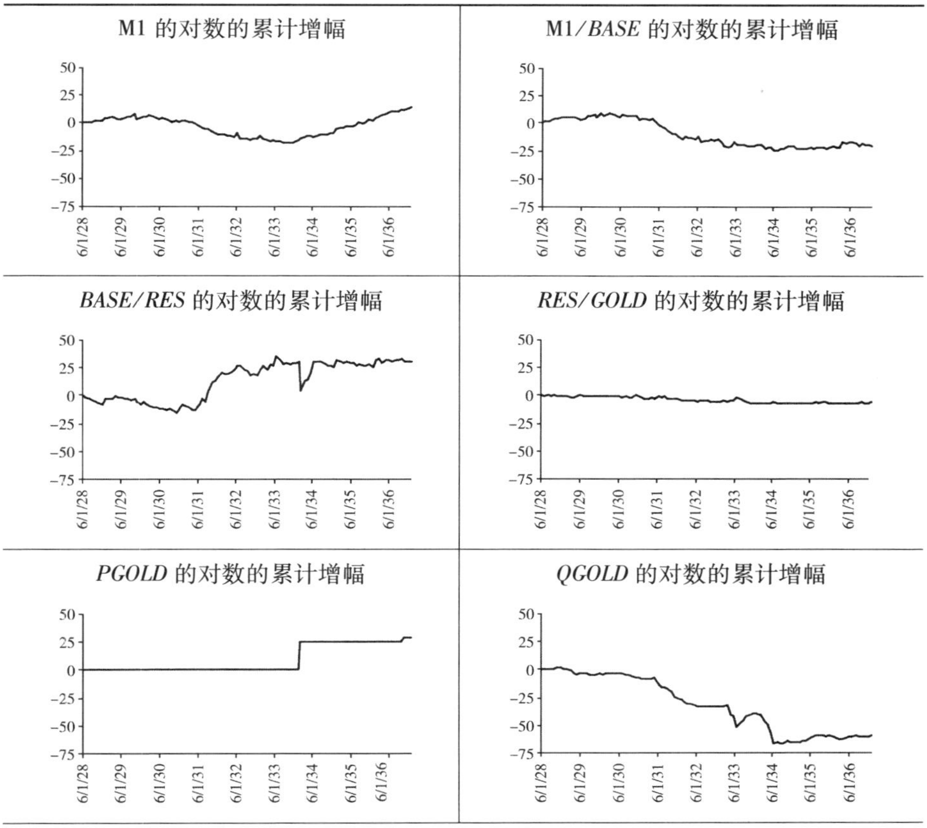

续图

世界货币性黄金的对数的累计增幅

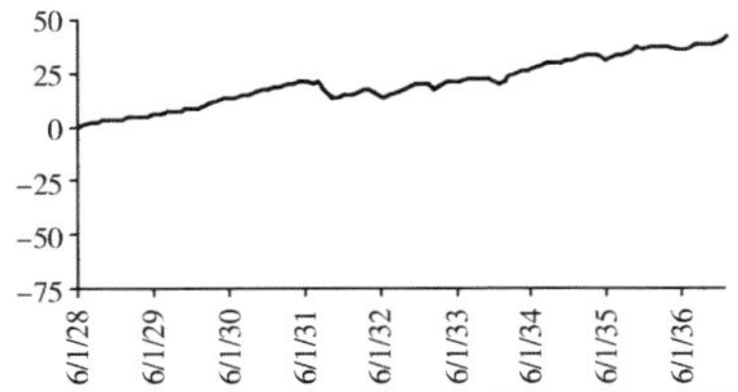

图 4—5　1928—1936 年世界货币存量 M1（七国加权平均值）的变化的分解（七国 M1 对数的加权平均值的累计增幅被分解为对应的加权平均组成部分。波兰因为部分数据缺失而被忽略。所使用的权重参见数据附录。各变量定义参见正文）

为了节省篇幅，我们这里的讨论只集中于表 4—4 和表 4—5。对应的图形留待读者自己去观察。

表 4—4　　**四个国家货币存量的决定因素**

（1928 年第 2 季度—1936 年第 4 季度）

a. 法国

		M1	M1/*BASE*	*BASE/RES*	*RES/GOLD*	*PGOLD*	*QGOLD*	*Disc.*（%）
1928	Ⅱ	0.00	0.00	0.00	0.00	0.00	0.00	3.5
	Ⅲ	1.74	−0.52	−7.11	3.90	0.00	5.48	3.5
	Ⅳ	4.04	1.00	−10.85	4.09	0.00	9.8	3.5
1929	Ⅰ	2.39	−1.70	−7.43	−4.98	0.00	16.49	3.5
	Ⅱ	1.52	−7.30	−1.52	−13.04	0.00	23.28	3.5
	Ⅲ	2.93	−6.14	−5.76	−15.88	0.00	30.71	3.5
	Ⅳ	4.12	−6.37	−7.89	−17.90	0.00	36.28	3.5
1930	Ⅰ	6.78	−8.42	−4.08	−19.11	0.00	38.39	3.0
	Ⅱ	10.37	−12.68	1.65	−20.44	0.00	41.84	2.5
	Ⅲ	8.98	−12.07	−6.41	−23.87	0.00	51.32	2.5
	Ⅳ	8.29	−16.46	−10.15	−26.51	0.00	61.42	2.5
1931	Ⅰ	8.28	−19.75	−10.16	−27.85	0.00	66.05	2.0
	Ⅱ	7.77	−25.68	−5.01	−28.41	0.00	66.60	2.0

续表

		M1	M1/BASE	BASE/RES	RES/GOLD	PGOLD	QGOLD	Disc.（%）
	III	3. 75	−34. 00	−3. 01	−30. 88	0. 00	71. 65	2. 0
	IV	5. 18	−39. 82	−2. 00	−39. 52	0. 00	86. 52	2. 5
1932	I	3. 11	−41. 50	−1. 82	−51. 04	0. 00	97. 47	2. 5
	II	3. 03	−43. 80	1. 55	−58. 83	0. 00	104. 10	2. 5
	III	5. 22	−40. 12	0. 95	−60. 41	0. 00	104. 80	2. 5
	IV	5. 02	−37. 34	−1. 85	−61. 00	0. 00	105. 21	2. 5
1933	IV	−3. 80	−37. 13	0. 29	−64. 77	0. 00	97. 81	2. 5
1934	IV	−5. 23	−41. 38	−2. 89	−65. 09	0. 12	104. 01	2. 5
1935	IV	−11. 07	−37. 77	8. 26	−64. 28	0. 12	82. 60	5. 0
1936	IV	−1. 17	−41. 51	30. 82	−63. 87	29. 14	44. 25	2. 0

b. 德国

		M1	M1/BASE	BASE/RES	RES/GOLD	PGOLD	QGOLD	Disc.（%）
1928	II	0. 00	0. 00	0. 00	0. 00	0. 00	0. 00	7. 0
	III	3. 48	3. 69	−10. 09	−4. 13	0. 00	14. 00	7. 0
	IV	8. 49	7. 40	−20. 08	−5. 81	0. 00	26. 97	7. 0
1929	I	13. 78	11. 80	−13. 28	−10. 00	0. 00	25. 25	6. 5
	II	10. 25	7. 64	5. 29	5. 97	0. 00	−8. 64	7. 5
	III	20. 18	21. 33	−9. 89	2. 77	0. 00	5. 96	7. 5
	IV	21. 48	21. 68	−14. 28	4. 96	0. 00	9. 12	7. 0
1930	I	24. 10	25. 25	−22. 27	3. 09	0. 00	18. 03	5. 0
	II	23. 94	26. 80	−30. 53	4. 82	0. 00	22. 84	4. 0
	III	19. 74	24. 18	−17. 14	−4. 66	0. 00	17. 36	4. 0
	IV	15. 17	20. 78	−19. 62	7. 87	0. 00	6. 13	5. 0
1931	I	7. 55	15. 00	−14. 77	−3. 55	0. 00	10. 87	5. 0
	II	2. 44	14. 53	18. 37	7. 82	0. 00	−38. 29	7. 0
	III	−1. 95	2. 75	43. 62	−1. 18	0. 00	−47. 15	8. 0
	IV	−6. 55	−2. 35	66. 06	4. 78	0. 00	−75. 04	7. 0

续表

		M1	M1/*BASE*	*BASE/RES*	*RES/GOLD*	*PGOLD*	*QGOLD*	*Disc.* (%)
1932	I	-10. 30	-1. 67	74. 09	3. 65	0. 00	-86. 36	7. 0
	Ⅱ	-12. 05	5. 05	71. 52	3. 19	0. 00	-91. 81	5. 0
	III	-15. 56	9. 21	67. 31	4. 11	0. 00	-96. 19	5. 0
	IV	-18. 67	13. 22	61. 20	1. 90	0. 00	-94. 99	4. 0
1933	IV	-22. 57	5. 74	149. 27	-9. 03	0. 00	-168. 56	4. 0
1934	IV	-21. 09	-4. 62	315. 86	-5. 20	0. 01	-327. 14	4. 0
1935	IV	-18. 86	-10. 58	320. 01	-5. 45	0. 01	-322. 85	4. 0
1936	IV	-7. 90	-10. 41	349. 76	-2. 69	0. 01	-344. 56	4. 0

c. 英国

		M1	M1/*BASE*	*BASE/RES*	*RES/GOLD*	*PGOLD*	*QGOLD*	*Disc.* (%)
1928	Ⅱ	0. 00	0. 00	0. 00	0. 00	0. 00	0. 00	4. 5
	III	0. 17	0. 15	-0. 53	0. 00	0. 00	0. 56	4. 5
	IV	0. 12	7. 18	2. 74	0. 00	0. 00	-9. 81	4. 5
1929	I	2. 78	5. 62	7. 27	0. 00	0. 00	-10. 10	5. 5
	Ⅱ	1. 50	4. 42	3. 51	0. 00	0. 00	-6. 43	5. 5
	III	0. 79	5. 25	20. 66	0. 00	0. 00	-25. 12	6. 0
	IV	-1. 80	6. 84	6. 46	0. 00	0. 00	-15. 10	5. 0
1930	I	-0. 18	4. 53	4. 22	0. 00	0. 00	-8. 93	3. 5
	Ⅱ	2. 08	7. 10	2. 78	0. 00	0. 00	-7. 81	3. 0
	III	1. 07	4. 76	4. 49	0. 00	0. 00	-8. 18	3. 0
	IV	1. 18	-3. 02	18. 10	0. 00	0. 00	-13. 90	3. 0
1931	I	1. 53	7. 63	10. 55	0. 00	0. 00	-16. 65	3. 0
	Ⅱ	-0. 50	7. 61	-4. 06	0. 00	0. 00	-4. 05	2. 5
	III	-2. 85	1. 74	18. 38	0. 00	0. 00	-22. 97	6. 0
	IV	-3. 35	-5. 42	36. 06	0. 00	0. 00	-33. 99	6. 0
1932	I	-1. 06	2. 95	29. 94	0. 00	0. 00	-33. 94	3. 5
	Ⅱ	1. 50	1. 44	22. 06	0. 00	0. 00	-22. 00	2. 0
	III	5. 57	5. 36	19. 81	0. 00	0. 00	-19. 61	2. 0
	IV	7. 88	9. 34	33. 34	0. 00	0. 00	-34. 80	2. 0
1933	IV	7. 13	5. 54	-9. 13	0. 00	0. 00	11. 73	2. 0
1934	IV	9. 33	6. 51	-9. 71	0. 00	0. 01	9. 33	2. 0
1935	IV	14. 66	11. 38	-13. 22	0. 00	0. 01	16. 49	2. 0
1936	IV	25. 29	0. 13	-36. 32	0. 00	0. 01	61. 46	2. 0

续表

d. 美国

		M1	M1/*BASE*	*BASE*/*RES*	*RES*/*GOLD*	*PGOLD*	*QGOLD*	*Disc.*（%）
1928	Ⅱ	0.00	0.00	0.00	0.00	0.00	0.00	4.49
	Ⅲ	1.22	4.14	-3.45	0.00	0.00	0.53	4.83
	Ⅳ	1.70	6.28	-4.93	0.00	0.00	0.37	4.83
1929	Ⅰ	4.24	4.83	-2.75	0.00	0.00	2.16	4.87
	Ⅱ	1.65	2.32	-6.50	0.00	0.00	5.82	5.00
	Ⅲ	2.65	5.44	-9.92	0.00	0.00	7.13	5.08
	Ⅳ	1.70	8.26	-10.97	0.00	0.00	4.41	4.80
1930	Ⅰ	4.43	7.70	-11.71	0.00	0.00	8.43	4.26
	Ⅱ	-1.83	1.61	-14.72	0.00	0.00	11.28	3.81
	Ⅲ	-2.69	3.64	-17.17	0.00	0.00	10.84	3.40
	Ⅳ	-4.19	0.28	-16.89	0.00	0.00	12.41	3.37
1931	Ⅰ	-1.75	-0.29	-16.63	0.00	0.00	15.16	3.08
	Ⅱ	-7.57	-9.67	-18.65	0.00	0.00	20.75	2.81
	Ⅲ	-9.60	-12.62	-12.64	0.00	0.00	15.65	2.81
	Ⅳ	-17.15	-20.88	-4.48	0.00	0.00	8.21	3.58
1932	Ⅰ	-17.69	-22.37	-1.91	0.00	0.00	6.58	3.45
	Ⅱ	-13.76	-22.31	15.95	0.00	0.00	-7.40	3.45
	Ⅲ	-24.12	-32.32	7.77	0.00	0.00	0.43	3.36
	Ⅳ	-24.51	-31.96	-0.59	0.00	0.00	8.04	3.36
1933	Ⅳ	-27.41	-38.22	3.58	0.00	0.00	7.23	2.92
1934	Ⅳ	-13.21	-37.55	-54.84	0.00	52.67	26.51	2.46
1935	Ⅳ	7.10	-36.97	-55.74	0.00	52.67	47.14	1.91
1936	Ⅳ	20.19	-37.42	-52.79	0.00	52.67	57.74	1.91

注：表中显示了每个国家的每个变量的对数自1928年6月起的累计增幅。增幅用每季度最后一个月的值计算得到。各变量的定义参见正文。“*Disc.*”表示中央银行贴现率。

表 4—5　　　　"世界"货币存量的决定因素

(1928 年第 2 季度—1936 年第 4 季度)

		M1	M1/*BASE*	*BASE/RES*	*RES/GOLD*	*PGOLD*	*SHARE*	*TOTGOLD*
1928	II	0.00	0.00	0.00	0.00	0.00	0.00	0.00
	III	1.08	2.84	−4.61	−0.31	0.00	0.78	2.38
	IV	2.29	5.98	−7.88	−0.19	0.00	1.27	3.11
1929	I	5.03	5.75	−3.34	−1.83	0.00	−0.13	4.58
	II	2.74	2.81	−1.99	−0.07	0.00	−3.70	5.69
	III	4.94	6.87	−4.36	−0.79	0.00	−3.87	7.08
	IV	4.10	8.64	−8.36	−0.51	0.00	−3.67	8.01
1930	I	6.32	8.87	−8.99	−0.94	0.00	−3.29	10.67
	II	3.52	5.80	−11.61	−0.45	0.00	−3.43	13.21
	III	2.26	6.56	−12.48	−2.26	0.00	−4.57	15.01
	IV	0.38	3.01	−11.37	−0.55	0.00	−7.48	16.77
1931	I	0.69	3.19	−10.93	−2.71	0.00	−8.22	19.36
	II	−3.19	−1.38	−8.53	−0.96	0.00	−13.33	21.01
	III	−6.19	−6.86	3.26	−3.63	0.00	−16.26	17.30
	IV	−10.99	−12.43	16.33	−3.44	0.00	−25.51	14.07
1932	I	−11.52	−12.98	19.53	−4.41	0.00	−30.24	16.57
	II	−9.91	−12.47	26.77	−5.16	0.00	−32.51	13.46
	III	−14.82	−15.50	21.09	−4.98	0.00	−32.81	17.38
	IV	−14.82	−13.96	17.87	−5.25	0.00	−33.47	19.99
1933	IV	−17.13	−18.88	28.35	−7.23	0.00	−39.57	20.21
1934	IV	−9.19	−20.27	25.39	−6.43	25.72	−64.97	31.38
1935	IV	1.80	−20.43	25.48	−6.41	25.72	−60.10	37.54
1936	IV	13.64	−21.03	29.67	−6.04	28.56	−59.40	41.88

注：该表给出了"世界加总"的每个变量的对数自 1928 年 6 月的累计增幅。增幅用每季度最后一个月的值计算得到。各变量的定义参见正文。在计算"世界加总量"时，因为波兰数据有缺失，故将其忽略。

法 国

表 4—4 的第 a 部分概括了法国的货币存量数据及其构成。法国数据最显著的特征是，在整个样本期间，黄金的大量流入与名义货币存量的小幅增加（或甚至减少）形成了鲜明的对比。例如，到 1932 年底，法国的黄金存量相对于 1928 年中期增长了 105 个对数点，但是 M1 货币存量只增长了 5 个对数点。

表 4—4 的第 a 部分表明，有两个因素有助于解释黄金的大量流入以及为什么这些流入没能影响法国国内货币和价格。第一，按照货币稳定和改革时期[①]实施的法律要求，法兰西银行积极地设法把它持有的外汇储备兑换成黄金储备（例如见 Eichengreen，1990，第 10 章）。从 1928 年 6 月到 1932 年底，法国国际储备与黄金持有量之比下降了 62 个对数点，就是把外汇资产换成黄金的反映。实际上，把 *RES/GOLD* 与 *QGOLD* 两列数据相比较就可以知道，这种把外汇储备换成黄金的行为能够解释法兰西银行黄金持有量增长幅度的大约一半。重要的是，正如 Eichengreen 等人强调过的，因为等量的黄金替代外汇不会增加法国总的国际储备，因此黄金流入的这一组成部分对国内货币供给不会有直接影响。

如该表所示，第二个抵消黄金流入法国的影响的主要因素是货币乘数 M1/*BASE* 的持续下降。虽然大萧条中出现的法国各大银行相对未受损害，但区域性银行和其他小银行经历了严重困难（Bernanke and James，1991），这或许能解释为什么法国公众要把存款转换为通货，尤其是在 1931 年。货币乘数下降，加上法兰西银行把外汇储备兑换成黄金，就可以从根本上解释为什么黄金流入对法国国内货币供给的影响被完全抵消了。

法国当时的货币政策中的相机抉择成分怎么样呢？因为推行通货紧缩性政策，法兰西银行受到英国等国的严厉指责。然而该表暗示，给定法国坚持金本位制的承诺，并且唯一地依赖于黄金储备，则法兰西银行的行为无可挑

① 指 1926—1928 年的庞加莱稳定时期，参见第 1 章有关注释——译者注。

剔。首先，法兰西银行几乎完全遵循金本位制的“游戏规则”来实施政策，这可以从基础货币与国际储备之比（*BASE/RES* 那一列）的相对稳定看出来。例如，在 1933 年底，法国的基础货币与国际储备之比与其 1928 年中期的值实际上是相等的。

第二，在金本位制的一般约束下，有证据表明法兰西银行尽其所能地执行了逆周期的货币政策。如果我们把基础货币/国际储备比率（*BASE/RES*）作为一个政策指标，则该表表明，在 1931 年，面对外国的金融危机和国内的产出下滑，法国曾经试图大幅放松政策——从法国中央银行贴现率由 1929 年底的 3.5% 下降到 1931 年秋的 2.0% 可以证实这一点。

表 4—6 给出了另外一些证据，证明法国坚持金本位制的“游戏规则”的程度。对于那四个经济最重要的国家中的每一个，该表列出了其国内基础货币的月度增量对该月国际储备的流入量与流出量进行回归的结果[1]。根据“游戏规则”的一般观点，基础货币的变动应该与国际储备流动的方向相同（“储备增加”和“储备减少”的系数都应该为正），并且大小近似等于覆盖率的倒数。表 4—6 给出了按照 Bernanke and James（1991）提供的日期划分的、分别由坚持金本位制和放弃金本位制的国家组成的两个子样本的回归结果，更多的信息请参见该表下面的注释。当然，在整个样本期内，法国都坚持了金本位制。表 4—6 列出的结果代表了当我们引入国际储备变动的滞后项作为解释变量，以及当我们在回归中加入误差修正项（error correction terms）时所得到的结果。

表 4—6 表明，法国的基础货币对储备流动的反应具有正确的符号（正号），并且国际储备的流入量和流出量的系数估计值都是统计显著的。在报出结果的四个国家里，法国是此结论正确的唯一一个国家。有证据表明法国的反应有些不对称，例如，国际储备流出被法兰西银行冲销的程度似乎比国际储备流入被冲销得程度更大。并且，估计得到的系数小于 1，这与如下观

① 对法国与德国，国际储备包括外汇储备与黄金；但是对英国与美国（它们不使用外汇储备），国际储备只包括黄金。我们没有发现表明法、德的基础货币对它们国际储备的两个组成部分作出不同反应的证据。

表4—6　　**货币政策与“游戏规则”**

（被解释变量：基础货币的增幅）

坚持金本位制的国家								
	法国（1928年7月—1936年8月）		德国（1928年7月—1931年5月）		英国（1928年7月—1931年7月）		美国（1928年7月—1933年1月）	
常数	-64.32	(215.4)	8.325	(29.57)	0.008	(3.793)	22.94	(33.49)
储备增加	0.717	(0.140)	-0.260	(0.250)	-0.286	(0.906)	-0.067	(0.612)
储备减少	0.330	(0.105)	0.034	(0.122)	0.098	(0.467)	-0.035	(0.288)
脱离金本位制的国家								
			德国（1931年9月—1936年12月）		英国（1931年11月—1936年12月）		美国（1934年4月—1936年12月）	
常数	—		13.97	(16.03)	1.868	(2.386)	45.09	(73.89)
储备增加	—		-1.152	(0.847)	0.268	(0.229)	0.685	(0.541)
储备减少	—		-0.124	(0.207)	0.624	(0.717)	6.741	(16.19)

注：表中给出了基础货币的增量对同期国际储备（对不持有外汇储备的国家，国际储备就用黄金表示）的流入量和流出量的回归结果。“坚持金本位制的国家”和“脱离金本位制的国家”这两个子样本是基于 Bernanke and James（1991）给出的划分日期划分的，子样本中剔出了分界点之前的两个月和之后的两个月。另外，从美国暂停金本位到其正式贬值这段时间的美国数据被剔除。括号中的数字为标准误。

点——法国在采取行动减少而不是放大国际储备变动对国内货币供给的影响——是一致的①。

综上所述，与表4—6中的其他国家相比，法国最认真地努力遵守“游戏规则”（虽然，不可否认，它甚至未能达到合乎规范的理想目标）。这并非断言法国的货币政策对整个世界没坏处，不是灾难性的：具体来说，法兰西银行把外汇兑换成黄金和法国公众从存款转向通货引起了黄金大量流入，给其他金本位制国家带来了很大压力，迫使它们收紧自己的货币政策。不过，法国货币政策的危害主要在于法国政府选择的货币体制——承诺坚持金

① 原则上说，“游戏规则”要求中央银行“倾向于”黄金流动，因此储备增加1法郎，应该会导致基础货币增加1法郎以上。但是正如 Eichengreen（1990，第10章）中所讨论的，《1928年银行法》（*the 1928 Bank Law*）禁止法兰西银行实施放大储备流动的影响所必需的公开市场操作。

本位制并最小限度地使用外汇储备——这比法兰西银行实施该体制造成的危害更大。

德　国

表4—4的b部分总结了德国的货币发展，它似乎自然地分成四个阶段。第一阶段是从样本期开始到1930年中期，德国货币高速增长，在两年中累计增长了24个对数点。货币存量的增长很大程度上反映了黄金的流入（推测这是1929年德国高贴现率、1930年4月杨计划与贷款①带来的信心所引起的结果）和货币乘数的上升。值得注意的是，尽管有德国国家银行（Reichsbank）的强烈限制，货币仍然增长了。特别注意，这一时期基础货币/国际储备比率的急剧下降（下降了30个对数点以上）反映了积极冲销黄金流入的行为。

第二阶段是从1930年第2季度到1931年第2季度，正好是海因里希·布吕宁——他于1930年3月到1932年5月任德国总理——掌权的第一年。从1930年第2季度到1931年第2季度，德国的M1显著地下降了21.5个对数点。Temin（1989，p.31）认为货币存量的这种收缩是布吕宁持续执行紧缩政策的结果，但是表4—4的b部分表明情况要略为复杂一些。这一时期德国M1下降的原因大致有二：第一是当时黄金流失，且在1931年6月金融危机爆发时加速流失；第二是货币乘数显著下降，这在金融危机爆发之前

---

① “杨计划（Young Plan）”或译“杨格计划”，是第一次世界大战后战胜国为代替道斯计划（Dawes Plan）而实施的德国支付赔款计划。1929年，德国声称其财政濒于崩溃，无力实行道斯计划。同年2月11日至6月7日，英、法、比、意、日、美、德七国代表组成的专家委员会在巴黎召开会议，重新审议德国赔偿问题。美国纽约储备银行的行长杨（Owen D. Young，1874—1962）为主席。会议通过主要由杨起草的报告书，史称杨计划，于1930年4月推出，1930年9月起生效。主要内容是：（1）确定德国赔款总额为1 139.5亿金马克，在58年零7个月内偿清，分两期支付，其间从1930—1965年的36年零7个月中每年平均偿付20.5亿金马克（较道斯计划每年减少4.5亿），从1966—1988年22年中每年偿付16.07亿~17.11亿金马克。德国每年应付数额中，1/3无条件必付，其余可缓期2年，年息5.5%。（2）对德国提供12亿金马克的“杨计划贷款”。（3）取消赔偿委员会及有关国家对德国国民经济与财政的一切形式的监督。（4）战胜国从德国莱茵区撤军。另外，1930年，美国摩根保证信托公司、纽约花旗银行、芝加哥花旗银行组成的银行团和英、法、比、意、日、德等国央行共同投资，在瑞士巴塞尔成立国际清算银行（Bank for International Settlements），管理有关德国赔偿的金融业务，并就原协约国之间的债务进行结算与清偿。

杨计划减少了德国的赔款负担，通过国际清算银行的业务活动，扩大了外国资本特别是美国资本对德国经济的渗透。杨计划实施不久，1931年6月德国总统兴登堡声明因经济恶化而无力支付赔款。1932年6—7月，英、法、意、比、日、葡、南、罗、希、美、德等国举行洛桑会议，决定推翻杨计划，把德国的赔款总额减少到30亿金马克。但德国从未支付，杨计划遂告终结，纳粹上台后，德国的赔款一笔勾销——译者注。

就开始了。这两个因素似乎都不能归咎于当时过紧的货币政策。的确，1930年第2季度至1931年第2季度德国 *BASE/RES* 的变动表明货币当局曾经努力试图抵消货币收缩的影响。1930年贴现率下降了2个百分点也说明了这一点，此后因为面临黄金流失和金融危机而再次上升。最后，表4—6的回归结果表明，在1931年2季度之前，德国国家银行总体上试图把国内基础货币与储备的流入流出隔绝开来。

第三阶段是从1931年6月的银行恐慌到1932年底。至少在我们看来，这一时期德国的货币政策最不恰当。与法国和美国的情形不同，德国的银行危机对货币乘数的影响是暂时性的。到1932年底，M1/*BASE* 比率[①]已经回到了银行恐慌前的水平。虽然1932年第1季度黄金流失严重，但在1932年的剩余时间里显著减缓了（尽管贴现率在下降）。因此整体来说，当时人们会预期德国货币状况在1932年稳定下来。令人迷惑的是，虽然德国国家银行没有义务允许黄金储备决定货币存量，但在1931年底到1932年底它并没有对黄金的流出进行冲销。实际上，正如表4—4的b部分所示的，在此期间，随着德国黄金持有量下降20个对数点，基础货币/国际储备比率下降了大约5个对数点。结果是从1931年第4季度到1932年第4季度，M1下降了近12个对数点（尽管货币乘数回升有利于阻碍M1下降），这对经济来说是灾难性的[②]。

最后一个阶段从1933年1月希特勒上台到样本期结束。1933年M1又下降了4个对数点，但紧接着德国采取了货币扩张政策（reflationist policies）。1934和1935年，M1温和增长，1936年则大幅增长。这次货币增长的鲜明特征是，虽然当时黄金和外汇正在大量外流，货币乘数显著下降，但货币存量还是增长了。换句话说，在希特勒统治下，德国的货币政策在追求国内目标的同时，完全摆脱了国际货币体系的传统约束。从1933年初开始，德国的产出步入了持续的复苏（请再次参考图4—1）。

---

① 原文是 M/*BASE*，这里做了修改——译者注。

② 关于德国国家银行不愿意冲销黄金流出的问题，参见本章第11个脚注中引用的 Eichengreen（1990）的话。

英　国

从1928年中期到1930年底，英国（表4—4的c部分）的名义货币增长率实际上是0。正如该表所示，这一货币紧缩很大程度上是黄金流失的结果，而黄金流失可能是（前文讨论过的）起初英镑高估引起的。1929年，英国曾经调高贴现率以试图稳定形势，同时冲销了部分黄金流出（*BASE/RES*得以上升）。关于此，1929年第3季度的情形尤其引人注目（把贴现率的增幅与*BASE/RES*的增幅相互对比就可以知道）。

表4—4的c部分表明，虽然英国的货币增长在1930年和1931年第1季度保持平稳，但其货币政策更关注国内目标，而不是遵循金本位制的"游戏规则"。该表的第4、第7和第8列表明，虽然英国的黄金存量大大低于1928年的水平，英格兰银行还是降低了贴现率（从1929年第3季度的6.0%降到1931年第2季度的2.5%），并冲销了黄金流出对基础货币的影响（比较*BASE/RES*与*QGOLD*两列可知）。幸运的是，与表4—4中的另外三个国家相比，在整个样本期间，英国的银行问题一直最少，并且货币乘数一直保持稳定。并且因为英国是储备货币发行国，只持有黄金作为国际储备，所以外汇储备也不是个问题。

英国对1931年9月危机的反应是提高贴现率，但同时几乎完全冲销了黄金流出（注意从1930年年中起，*BASE/RES*与*QGOLD*之和近似为0）。可以论证，在这种情况下，我们的冲销指标*BASE/RES*能比贴现率更好地衡量货币政策的真实态势。我们已经知道，在这次危机中，英国被迫于1931年9月搁置了金本位制。

在样本期的剩下部分①，英国的情况相对简单。因为没有了外部约束②，1932年货币迅速增长，增幅约11个对数点。但是，1933和1934年货币增长速度又减缓了。货币扩张减缓的原因是什么？表4—4的c部分给人的印象是当时英格兰银行在集中力量稳定基础货币而不是稳定M1。再次注意，

① 指1931年第4季度到1936年第4季度——译者注。
② 指没有了金本位制游戏规则的约束——译者注。

从1930年年中[①]直到1935年，*BASE/RES* 与 *QGOLD* 之和近似为0，这意味着一直到1935年，名义基础货币几乎都等于1928年中期的水平。因为基础货币稳定，M1的变动很大程度上是由货币乘数M1/*BASE* 的变动（它在1932年第4季度至1934年第4季度下降）引起的，一直到1935年。

或许是因为欧洲大陆政治局势越来越不稳定，1936年黄金大量流入英国。有趣的是，英格兰银行只是部分地冲销了流入的黄金，结果基础货币增长了大约22个对数点。因而，虽然货币乘数在1936年急剧下降，但英国的M1货币存量依然稳健增长。从其只冲销黄金流出而不冲销黄金流入来看，英格兰银行捡起了金本位制时期不对称调整的老习惯，尽管1936年的黄金流动与英国的货币政策根本无关[②]。

美　国

表4—4的d部分中，美国的货币数据令人印象深刻，并倾向于支持Friedman and Schwartz（1963）对美联储政策的尖刻批评。特别是，与其他所有主要国家不同，人们认为美国是唯一一个其政策的相机抉择成分（与金本位制所要求的自发反应相反）严重地破坏了稳定的国家。

该表的关键一列是基础货币与国际储备的比率（*BASE/RES*）。从我们样本期的开始（1928年第2季度）直到1931年2季度，美国的 *BASE/RES* 比率持续下降。结果，从1928年第4季度到1929年第4季度，尽管黄金流入、货币乘数M1/*BASE* 上升，但美国的名义货币的增长正好为零[③]。在这方面，1930年更为糟糕：从1929年第4季度到1930年第4季度，虽然美国的黄金存量增长了8个对数点，但名义货币却下降了几乎6个对数点。M1下降的直接原因是 *BASE/RES* 的持续下降，它促使而非抵消了货币乘数的下降。这一收紧与金本位制的“游戏规则”似乎明显不一致，并使人们把大

① “从1930年年中”这几个字是译者加的——译者注。

② 相反，表4—6的回归结果表明，放弃金本位制之后英国冲销黄金流入更甚于冲销黄金流出。不过系数估计值在统计上并不显著。

③ 原文如此。由表4—4的d部分第1列知，从1928年第4季度到1929年第4季度，M1增幅接近零但不严格为零，这可能是四舍五入造成的——译者注。

萧条早期（1931 年前）世界货币总量的减缓归咎于美联储。表 4—6 证实，在美国坚持金本位制期间，流入和流出美国的黄金全部被冲销了，因此对美国的基础货币没有任何影响。

就美国的货币增长而言，1931 和 1932 年绝对是灾难性的：1931 年美国 M1 下降了 13 个对数点，1932 年则下降超过 7 个对数点。然而此时此刻，英国已于 1931 年 9 月脱离金本位制，而美国决定仍然坚守金本位制，导致美联储深深地陷入了它远远无法控制的压力之中。正如表 4—4 的 d 部分所表明的，从 1930 年第 4 季度到 1932 年第 4 季度的货币收缩，大约有 150% 源自货币乘数的急剧下降，而货币乘数的急剧下降则是一系列的银行危机导致的（Friedman and Schwartz，1963）。1931 年中期，美联储扭转了它冲销黄金的政策，导致 1931 年第 2 季度至 1932 年第 2 季度 *BASE/RES* 比率几乎上升了 35 个对数点。然而，由于同一时期黄金流出 28 个对数点以上，这些措施几乎被完全抵消了。我们在此不想纠缠于“美联储在 1931—1932 年间是否原本能做得更好?”这个富有争议的问题，但是给定这些数据和坚守金本位制的承诺，就可以理解美国的货币政策制定者们当时为什么会认定扩张基础货币（例如通过公开市场操作）是徒劳无益的。

尽管美国在 1933 年 3 月暂停了金本位制，在 4 月进行了官方贬值，但 1933 年 M1 的增长总体上仍是负的。本质上，正如表 4 的 d 部分所示，货币乘数的持续下降超过了黄金流入和 *BASE/RES* 的上升。有意思的是，与德国和英国一样，美国没有立即利用其刚刚获得的货币独立性进行积极的货币再扩张政策。但无论如何，实体经济和股市于 1933 年开始了强劲的复苏，正如 Temin（1989）所指出的，这对货币主义者就美国脱离金本位制的影响所持有的一种头脑简单的观点提出了挑战。

在 1934、1935 和 1936 年，美国的货币存量迅速增长。如表 4—4 的 d 部分所示，这一时期，美联储的政策似乎是在“冲销”贬值对基础货币的影响（注意在这三年，第 4、7 列的数据之和几乎恰好为零），同时却允许黄金从欧洲流入以扩张美国的基础货币。这一奇怪的战略表明，在 1933 年之后，美国的政策制定者们在某些程度上依然被金本位制的框架束缚着，

（正如 Christina Romer（1992）所说）美国的货币复苏很大程度上应该归功于幸好有黄金流入，而不是深谋远虑的货币政策。

“世界”总量

在主要国家中，各国的货币发展都有某种程度上的相似性。但是各国的货币发展是如何导致全球货币减少的呢？为了回答这一问题，让我们分析一下“世界”总量数据（表4—5），这些数据是前文讨论过的四个国家与加拿大、日本和瑞典的数据的加权平均值。

表4—5的第2列显示了加总的名义M1存量的变化。从1928年第2季度到1929年第1季度，M1加总量上升，此后一年走平，然后开始持续下降。我们发现，按从上一年末到下一年末算，1930年M1加总量下降了约4个对数点，1931年下降了约11个对数点，1932年下降了约3个对数点，1933年下降了大于2个对数点。1934年“世界”M1加总量开始加速增长，1934年增长了约8个对数点，1935年增长了约11个对数点（此时终于重新回到1928年的水平），1936年增长了约12个对数点。

虽然有许多因素都不同程度地引起了世界货币供给的崩溃，但其中显然不包括世界货币性黄金的短缺。表4—5的最右一列表明，从1928年中期到1933年底，七个国家持有的货币性黄金的物理总量增长了20个对数点，到1936年底则累计增长了42个对数点。当然，在这些增量中，部分是因为黄金价格上涨刺激了黄金开采、黄金从“外围”国家流入这七个国家，或者从非货币性黄金转变为货币性黄金。无论如何，我们的结论是：20世纪20年代早期人们认为黄金将长期短缺的悲观观点似乎非常不靠谱。外汇储备使用量的下降在某种程度上阻碍了货币性黄金存量的增长，但是对“世界”M1加总量来说，这种影响在数量上似乎无关紧要（见表4—5的 *RES/GOLD* 一列）。外汇储备抽逃引起的细微影响很大程度上反映了我们样本中的美国等国没有大量的外汇储备这一事实。

如表4—5所示，引起货币收缩的因素随时间变化而变化[①]。从样本期开始直到1930年，“世界加总”的货币存量实际上一直保持平稳，引起通货紧缩的因素似乎主要是货币政策中的相机抉择成分（用*BASE/RES*来度量）。黄金的分布不均用*SHARE*来度量，它也会产生负面影响，但这一影响完全被货币性黄金总量的增长抵消了。比较表4—5和表4—4可知，美国、德国和（程度较小的）法国对黄金流入的冲销，是从样本期开始到1930年世界货币增长缓慢的原因。

但是，1931年春天，货币收缩的本质发生了急剧变化。银行危机的爆发导致货币乘数M1/*BASE*从1930年底到1931年底下跌了超过15个对数点，随后又进一步下降。数量上更为显著的是黄金“分布不均”效应，1931年*SHARE*下降了18个对数点，1932年又下降了8个对数点，就反映了这一点。如表4—4所示，黄金大量流入法国（相应地流出德国和英国）是黄金“分布不均”效应的主要根源。相反，美国的黄金存量则保持相对稳定。

虽然这两个因素抑制了M1加总量的增长，但货币政策中的相机抉择成分（用加总的*BASE/RES*来衡量）迅速扩张，尤其是在德国、日本和瑞典[②]。然而，如表4—5所示，国内货币供给部分地脱离国际储备，尚不足以阻止“世界加总”的M1在1931和1932年大幅收缩。因此，像美国一样，“世界加总”的货币存量的收缩可以概括为：从样本期开始到1931年早期一直是“自我伤害”性政策导致的，随后两年是“不可控制力”导致的。

1933—1936年的“世界”总量掩盖了不同国家——尤其是坚持金本位制和脱离金本位制的国家——的情况。笼统地说，在这一时期，贬值（黄金的货币价格上涨）和扩张性货币政策（由*BASE/RES*的变化反映）战胜了黄金持续“分布不均”和货币乘数的进一步下降带来的抑制作用。

---

① 在解释以下内容时，读者应该铭记美国在总量指标中占了很大的权重（约50%）。
② 当然，基础货币/储备比率的增长既可以积极地发生（例如当中央银行进行公开市场购买时），也可以被动地发生（例如当黄金流出被冲销时）。不过，这两种情形都反映了把国内货币条件与国际储备数量之间的联系切断的政策。

4.5 结　论

本章提出并运用了一种简单的方法，把20世纪30年代的全球性通货紧缩分解成几个主要的根源，包括实际货币余额的变动、货币乘数的变动（通常与银行部门的情况有关）、基础货币/国际储备比率的变动（它衡量货币政策的相机决策成分和对储备流入的冲销程度）、外汇储备的使用量的变动、黄金在各国之间分布的变动、世界货币性黄金存量的变动，以及金平价的变动。本章的研究结果巩固了之前文献中的一些发现，并提出了一些新的问题以待未来研究。我们最重要的发现或许是确认了货币力量在世界大萧条的前期与后期都起了重要作用这一观点。然而，在作为分水岭的1931年之前和之后，导致货币收缩的根源大相径庭。在1931年之前，盈余国对黄金流入的冲销（主要是美国，在一定程度上还有法国）是主要的通货紧缩性因素。而在1931年金融危机之后，随着局势失控，货币乘数的急剧下降（这反映了商业银行部门的问题）和黄金日益“分布不均”起了最大的作用。在1931年以后，货币政策中的相机抉择成分（由基础货币/国际储备比率反映）总体上是扩张性的。但是除了那些放弃金本位制并积极采取货币再扩张政策的国家外，政策态势的这一变动尚不足以弥补以前的政策失误所释放的巨大的通货紧缩压力。

附录：数据来源

批发价格

数据来源：国际联盟（League of Nations）的《月度统计公告》（*Monthly Bulletin of Statistics*）。基年是1929年。对于新旧序列的重叠数据，所有序列都根据需要对基年的变动和商品篮子组成的变动进行了调整。波兰的WPI的数据开始于1931年1月。

消费者价格

数据来源：美国的数据来源于 NBER 宏观历史数据库（*NBER Macro History Database*），序列号是 no. 04128：Consumer Price Index，All items（BLS）。其他国家的数据来源于国际联盟的《月度统计公告》，基年是 1929 年。所有序列都根据需要对基年的变动进行了调整。法国和瑞典 1928 年 6 月到 1931 年 9 月之间的季度数据是使用几何插值法得到的。法国的 CPI 是巴黎的数据，波兰的 CPI 是华沙的数据。波兰的 CPI 数据开始于 1931 年 1 月，日本的 CPI 数据开始于 1932 年 1 月。

流通中的银行券

数据来源：美国的数据来自 Friedman and Schwartz（1963，表 A-1，第 1 列，公众持有的通货）。加拿大的数据来自 Metcalf，Redish and Shearer（1998）以及其中参考的网页。其他国家的数据来自国际联盟的《月度统计公告》。

银行准备金

数据来源：美国的数据来自 Friedman and Schwartz（1963，表 A-2，第 3 列，银行准备金）。加拿大的数据来自 Metcalf，Redish and Shearer（1998）。其他国家的数据来自各期《联邦储备公告》（*Federal Reserve Bulletin*），"外国中央银行的状况（*Condition of Foreign Central Banks*）"。

存　款

数据来源：美国的数据来自 Friedman and Schwartz（1963，表 A-1，第 2 列，经过调整的商业银行活期存款）。加拿大数据来自 Metcalf，Redish & Shearer（1998）。法国数据来自 Patat and Lutfalla（［1986］1990，商业银行的总存款）。德国与日本 1931 年之前的数据来自《联邦储备公告》，1931 年之后的数据来自国际联盟的《月度统计公告》。使用重叠数据的比率把这两个来源的数据接合在一起。这种链接方法还被用来把日本的一个修正过的存款序列（开始于 1934 年 2 月）与较早的、没有修正过的序列接合在一起。对德国一些缺失的月度数据（大多是 12 月与 1 月的数据）采用几何插值法进行填充。对于波兰，只能得到 1931 年之后的数据，来自国际联盟的《月度统计公告》。瑞典的数据，从样本期开始直到 1931 年的序列都是总存款，包括存款银行的储蓄存款和通知存款（《联邦储备公告》）；1931 年之后的序列则是存款和支票账户（国际联盟，《月度统计公告》）。使用重叠数据的比率把瑞典的这两个存款序列接合起来。

黄金存量

数据来源：黄金存量的价值（以美元计）数据来自 Board of Governors（1943，pp. 544–555）。用黄金存量除以美国官方黄金价格（从样本期开始到 1934 年 1 月是 20.67 美元/盎司，此后是 35.00 美元/盎司）得到黄金存量的物理数量。

外汇储备

不允许日本、英国和美国用外汇储备来支持其货币，参见 Eichengreen（1990，p. 248）中引用的国际联盟的《黄金法》（*Legislation on Gold*）。因此我们不把这些国家持有的国外资产（foreign assets）视为国际储备。加拿大直到 1935 年才成立中央银行，在此之前加拿大持有的国外资产数据指商业银行的净国外资产头寸（net foreign position），此序列波动剧烈且有时为负，似乎并不适宜将这些资产视为国际储备。对于其他四个国家，国外资产（来自国际联盟的《月度统计公告》）被定义如下：对于德国，只指抵补资产（cover assets）；对于法国，指可立即获得的资金加上外国国库券（foreign bills）和其他短期国外资产；对于波兰和瑞典，指国外资产。

金平价

数据来源：Board of Governors（1943，pp. 528–535）。

中央银行贴现率

数据来源：国际联盟的《月度统计公告》，月末图形。加拿大 1935 年 3 月之前的贴现率数据不可得。美国的贴现率数据是 12 个联储银行在国库券（bills）贴现上所赚取的收益率的平均值。

工业产值

数据来源：国际联盟的《月度统计公告》。对于英国，是采用 Chow and Lin（1971）的插值方法将季度数据插值到月得到的，使用了煤、生铁和钢的月度产值数据。所有序列都对基年的变动进行了调整。日本的工业产值数据从 1930 年 1 月开始。波兰的工业产值数据从 1931 年 1 月开始。

国家的权重

构造“世界加总量”所使用的权重 ω_i 是基于 1928 年实际 GDP 的相对值计算的，来自 Maddison（1982，表 A-2，表 A-3，表 A-7）。权重如下：加拿大 0.030，法国 0.098，德国 0.158，日本 0.077，瑞典 0.015，英国 0.134，美国 0.488。在不含日本的图中，权重如下：加拿大 0.032，法国 0.11，德国 0.17，瑞典 0.016，英国 0.145，美国 0.528。

季节调整

对 M1 和基础序列（base series）进行了季节调整，方法是在样本期内（1928 年 6 月至 1936 年 12 月，波兰是 1931 年 1 月至 1935 年 12 月）对月度虚拟变量做回归。

参考文献

Bernanke, Ben, and Harold James. 1991. “The Gold Standard, Deflation, and Financial Crisis in the Great Depression: An International Comparison.” in

R. G. Hubbard, ed., *Financial Markets and Financial Crises*. Chicago: University of Chicago Press.

Board of Governors of the Federal Reserve System, 1943. *Banking and Monetary Statistics*, Washington, D. C.: National Capital Press.

Choudhri, Ehsan, and Levis Kochin. 1980. "The Exchange Rate and the International Transmission of Business Cycles: Some Evidence from the Great Depression." *Journal of Money, Credit, and Banking* 12: 565–74.

Chow, Gregory, and An-loh Lin. 1971. "Best Linear Unbiased Interpolation, Distribution, and Extrapolation of Time Series by Related Series." *Review of Economics and Statistics* 53: 372–75.

Eichengreen, Barry. 1990. *Elusive Stability: Essays in the History of International Finance, 1919—1939*. Cambridge: Cambridge University Press.

——. 1992. *Golden Fetters: The Gold Standard and the Great Depression, 1919—1939*. New York: Oxford University Press.

Eichengreen, Barry, and Jeffrey Sachs. 1985. "Exchange Rates and Economic Recovery in the 1930s." *Journal of Economic History* 45: 925–46.

——. 1986. "Competitive Devaluation in the Great Depression: A Theoretical Reassessment." *Economics Letters* 22: 67–71.

Field, Alexander J. 1984. "Asset Exchanges and the Transactions Demand for Money, 1919—29." *American Economic Review* 74: 43–59.

Friedman, M., and A. J. Schwartz. 1963. *A Monetary History of the United States, 1863—1960*. Princeton, N. J.: Princeton University Press.

Hamilton, James D. 1987. "Monetary Factors in the Great Depression." *Journal of Monetary Economics* 19: 145–69.

Hawtrey, R. G. 1939. *The Gold Standard in Theory and Practice*. 4th ed. London: Longmans, Green.

Jonung, Lars. 1979. "Knut Wicksell's Norm of Price Stabilization and Swedish Monetary Policy in the 1930's." *Journal of Monetary Economics* 5: 459–96.

Kindleberger, Charles P. 1973. *The World in Depression, 1929—1939*. Berkeley: University of California Press.

Maddison, Angus. 1982. *Phases of Capitalist Development*. New York: Oxford University Press.

Metcalf, C., A. Redish, and R. Shearer. 1998. "New Estimates of the Canadian Money Stock, 1871—1967." *Canadian Journal of Economics* 31: 104-24.

Patat, J. P., and M. Lutfalla. [1986] 1990. *A Monetary History of France in the Twentieth Century*. Translated by P. Martindale and D. Cobham. London: Macmillan.

Romer, Christina. 1992. "What Ended the Great Depression?" *Journal of Economic History* 52: 757-84.

Sumner, Scott. 1991. "The Equilibrium Approach to Discretionary Monetary Policy under an International Gold Standard: 1926—1932." *The Manchester School of Economic and Social Studies* 59: 378-94.

Temin, Peter. 1976. *Did Monetary Forces Cause the Great Depression?* New York: Norton.

——. 1989. *Lessons from the Great Depression*. Cambridge: MIT Press.

第三部分

劳动市场

第 5 章

行业劳动市场的周期性变化：战前与战后的比较[①]

与 James L. Powell 合著

5.1 引 言

本章比较了一些行业劳动市场在第二次世界大战（以下简称“二战”）前（1923—1939）和二战后（1954—1982）的周期变化。本章所用的方法至少在两个方面遵循了 Burns and Mitchell（1946）的传统经济周期分析方

① 重印自 Robert J. Gordon 编著的《美国经济周期》（*The American Business Cycle*），（芝加哥：芝加哥大学出版社，1986）。版权归美国国家经济研究局（the National Bureau of Economic Research）所有。保留所有权利。

我们感谢 Frank Brechling，Ken Rogoff，Larry Summers 和参与讨论本文的学者们的有益评论。

法。第一，使用的是相对细分的数据[1]——我们使用的是两位或三位编码[2]的行业层面上的月度数据。第二，我们并没有为周期内的劳动市场构建或检验一个具体的结构模型，而是专注于测算数据的定性特征。与 Burns and Mitchell（1946）一样，我们将数据的描述性分析作为构建经济周期理论的有益前奏。因此，虽然我们的研究不能给出直接的结构性推断，但它应该有助于限定下文所考虑的结构模型或假说的类别。

我们研究的主要问题也是两个。第一，劳动投入随经济周期变动的方式是什么？我们考虑（用总劳动生产率来衡量的）劳工使用的集约程度、每周工作小时数和就业人数。我们将研究这些变量随经济周期变化的时序关系（timing）与相对幅度。第二，在经济周期中，产出和劳动投入与劳动报酬[3]之间有什么关系？我们将分析产品工资（product wages）、每周实际收入（real weekly earnings）和实际工资（real wages）的周期变化。

可以预见，我们得到的很多结果并不新奇，它们更像是对劳动市场周期性波动的现存观点的支持和提炼。然而我们确实发现，经济低迷时期厂商裁员、缩短工作小时数的行为和实际工资的周期性变动在二战前后存在显著差异。另外一个发现是：在比较严重的经济衰退中，劳动生产率可能会异常变动。最后，我们使用几种不同的方法，从一个未被使用过的、样本期相当长的数据集中发现了很多熟悉的规律。

本章结构如下：第 5.2 节回顾前人对劳动市场变量的周期性波动的实证

---

① 细分数据（disaggregated data），是相对于加总数据（aggregate data）——或称总体数据——而言的。简而言之，细分是指在不同层面上把总体数据按照某些因素（标准）进行分类，从而揭示不同因素对数据的影响，以及总体数据所反映不出的信息——译者注。

② “两位或三位编码”（two-or three-digit）指在产业分类体系中编码是两位数和三位数的产业。1941 年美国预算局（Bureau of the Budget，BOB）首次出版了制造业的标准产业分类手册（Standard Industry Classification，SIC）。几年后它又出版了非制造产业类似的分类手册。1954 年后这两个分类系统合并，作为一本手册出版，一直到 1987 年进行了修订和再版。SIC 使用 4 位编码体系：第 1 位编码是英文字母，从 A 到 J 依次表示 10 个产业门类（或称部门）；后面 2、3、4 位都是数字，分别代表主要分组（也称大类）、产业分组（中类）、特殊产业（小类），这样把 10 个产业依次细分。1997 年，北美自由贸易区的美、加、墨三国统一制定了《北美产业分类体系》（the North American Industry Classification System，NAICS）作为三国共同的产业分类标准，取代了 SIC。很多国家在制定产业分类体系时都参考了 SIC 和 NAICS。由于本文完成于 1987 年之前，因此依据的是 SIC 体系。此外，根据 two-digit 和 three-digit 在这些分类体系中的含义，也可将其分别译为“二级”和“三级”行业——译者注。

③ 劳动报酬（labor compensation）指劳动者与就业相关的报酬。为了把“compensation”和“return”区别开，在本文里，一般把“compensation”翻译成“报酬”，把“return”翻译成“回报”——译者注。

研究工作。第5.3、5.4节介绍并描述我们使用的数据集。第5.5、5.6节分别使用频域（frequency domain）和时域（time domain）方法分析关键变量随经济周期的变化情况。第5.7节关注劳动市场在四次特别严重的衰退中出现的情况。第5.8节概括前几节的结果并得出结论。

5.2 前人的工作：一些规律和谜团

迄今已经有大量的实证研究与劳动市场的周期性波动直接或间接相关。本节试图对文献里的主要实证结果加以综述，但并不期望能穷尽所有文献。我们也会简要讨论各位学者是如何解释这些实证结果的。不过本文的重点在于描述而不是结构性分析，因此下文列出的结果无助于解决现存的关于如何解释这些结果的争论。

本节的讨论围绕第5.1节中所提出的两个问题展开：一个是劳动投入随经济周期性变动的方式，另一个是劳动投入与劳动报酬之间的周期性关系。由于我们主要讨论这两个问题，而非失业频率、持续时间和劳动参与率的周期性变化（variation）等问题，因此可以说，我们在强调劳动市场的“需求方面”的同时放弃了对“供给方面”的讨论。虽然这种不平衡确实令人遗憾，但这是由二战前数据的可得性决定的①。

5.2.1 劳工使用率的周期性模式

对劳动投入随经济周期变化的最早的实证研究是美国国家经济研究局（NBER）在研究经济周期的过程中进行的。Wesley Mitchell 和随后的 Mitchell and Arthur Burns 曾经呕心沥血地分析过成百上千条数据序列的周期模式，其中就有不少是劳动市场变量。例如，Mitchell（1951）发现就业和每周工作小时数（weekly hours）与产出高度一致。（不过 Mitchell 更感兴趣的或许是衡量劳动成本的指标，见下文）。

① 这并不是说二战前就不存在关于劳动供给的周期性特点的实证研究，一个引人入胜的例子是 Woytinsky（1942）。

NBER 的一个早期发现是每周工作小时数，即每周平均工作时间在经济周期中强烈地领先于产出和就业（Moore，1955；Bry，1959）。后来每周工作小时数就成为 NBER 的著名领先指标之一（参见 Zarnowitz and Boschan（1975）对该指标的最新讨论和更新）。NBER 确认的其他领先于经济周期的劳动市场变量包括就业增长率（accession rate）、裁员率和失业保险的首次索赔额（Shiskin，1961）。人们发现就业人数和失业人数都是同步于经济周期的。

NBER 在该领域的研究项目中的最重要贡献莫过于 Hultgren（1960）的经典论文。为了研究 Mitchell 关于劳动力成本的一个假说，Hultgren 收集了 1932—1958 年间 23 个行业的产出、总工作小时数、工资额的月度数据。结合其他一些数据，Hultgren 发现，每工人每小时的产出是顺周期的（或者等价地说，就业量和工作小时数随周期的波动幅度相对小于产出的波动幅度）。

劳动生产率的顺周期性，或称“劳动的短期回报递增（short-run increasing returns to labor，SRIRL）”① 的发现，孕育了一大批文献。早期的重要贡献有：Kuh（1960，1965），Okun（1962），Eckstein and Wilson（1964）和 Brechling（1965）。著名的“奥肯定律”就是把 SRIRL 应用于宏观经济。这些研究和其他大量研究——主要包括 Ball and St. Cyr（1966），Masters（1967），Brechling and O’Brien（1967）和 Ireland and Smyth（1967）——发现，在任何一个工业国，无论其总产出水平是高是低，无论是对于生产工人还是非生产工人，SRIRL 现象都普遍存在。

正是由于新古典学派的生产要素边际回报递减的假设，使得 SRIRL 一开始就（从某种程度上来说现在仍然）被认为是一个难解之谜。一种颇受青睐的解释认为，由于存在人力资本，在经济低迷时期，厂商“窖藏”了劳工（Oi，1962；Solow，1968；Fair，1969），而当需求复苏之时，被窖藏的劳工得到了更充分的利用，从而产生了劳动回报递增的假象。为了便于进

① 简单地说，劳动的短期回报递增，是指短期内劳动需求的产出弹性（产出变动 1% 时劳动需求变动的百分点数）小于 1，而长期内劳动需求的产出弹性会较短期值大——译者注。

行实证分析，经常把劳工窖藏模型近似为如下模型：劳工存量调整的边际成本是递增的，这使得工厂只能向着意愿的雇用数量逐渐调整（Brechling，1965；Coen and Hickman，1970）。但是从概念上讲，这两个模型并不完全一样。对SRIRL的另一种流行的解释是，SRIRL是对计量经济学家观测不到的、与劳动投入变动相关的资本使用率的变动的反映（Ireland and Smyth，1967；Lucas，1970；Solow，1973；Nadiri and Rosen，1973；Tatom，1980）。

当前最流行的观点也许是：SRIRL是工厂通过解决一个复杂的动态最优化问题得到的结果，在这个最优化问题中，劳动只是众多投入品的一种，并且每种投入品都有不同程度的半固定性（quasi-fixity）。例如，Nadiri and Rosen（1973）强调说，就业量的变化速率不仅取决于劳工存量的调整成本，而且还取决于所有其他投入（包括各种投入的库存和使用率）的调整成本。Morrison and Berndt（1981）证明，即使劳动本身是一种完全可变的要素，上述这些相互作用也可以导致SRIRL现象。

总之，由Hultgren的原创性论文所引发的这些研究有两个有价值的贡献：第一，从Brechling（1965）到Nadiri and Rosen（1973）再到Sims（1974），产生了大量关于“短期内就业对产出变动调整缓慢”和“经济周期中的就业与工作小时数、库存及其他生产要素之间的关系”的实证材料。第二，这些文献里所使用的有关工厂如何使用各种投入要素的一般动态最优化模型被证明是一个非常有用而且灵活的研究工具。例如可以把它和理性预期相结合，参见Sargent（1978）或Pindyck and Rotemberg（1982）。

我们可以将关于劳动投入的周期性变化的、已经被接受的发现总结如下：就业量和每周工作小时数是顺周期的，生产率也是顺周期的，也就是说，就业量和全部劳工总工作小时数随经济周期的波动幅度不像产出的波动幅度那么剧烈。最后，每周工作小时数领先于产出，而就业量则同步于或滞后于产出。

5.2.2 劳动报酬随经济周期的变化模式

尽管劳动投入随经济周期变化的定性特征似乎相对比较确定，但是对于该如何刻画劳动报酬（尤其是实际工资）的周期性变动特征，依然众说纷纭，共识极少。关于实际工资的争论开始于凯恩斯（Keynes，1936）的推测，他认为由于边际回报递减，劳动的边际生产率应该是反周期的，因而实际工资也应该是反周期的[①]。Dunlop（1938）和Tarshis（1939）的实证研究表明凯恩斯的这个推断是错误的，但是他们的研究本身却也遭到了质疑（参见Bodkin，1969）。这次争论促使凯恩斯（Keynes，1939）宣称实际工资反周期并非他的理论的本质涵义。

二战后的研究对解决实际工资的周期变化这一问题毫无帮助。二战后的文献中既有支持顺周期性的（Bodkin，1969；Stockman，1983），也有支持反周期性的（Neftci，1978；Sargent，1978；Otani，1978；Chirinko，1980），还有支持非周期性的（Geary and Kennan，1982）。Altonji and Ashenfelter（1980）认为描述实际工资的最佳统计模型是随机游走。对这些论文进行详细比较用处不大，故而我们只是列出这些文献中一些主要的研究方法问题。

第一，研究者通常发现，是用产出价格指数（例如批发价格指数或生产者价格指数）还是生活费用指数（例如消费者价格指数）来对名义工资进行平减，对结果影响很大（见Ruggles，1940；Bodkin，1969；或Geary and Kennan，1982）。这并非不合情理，因为用工资除以产出价格——以下称为“产品工资（product wage）”——在概念上对应于劳动的“需求价格”，而用工资除以生活费用——以下称为“实际工资（real wage）”——对应于“供给价格”。不难想象这两个变量的短期变动模式在什么条件下会出现差异。但是遗憾的是，这种差异在不同研究中似乎没有系统性的变化。

第二，实际工资与产出（或就业量）的同期相关性是否是实际工资的周期性变动模式的一个重要衡量指标？对于这一问题还存在争议。Neftci（1978）和Sargent（1978）认为，由于工资—就业关系的复杂动态变化，有必要利用许多超前项和滞后项来研究这一相关关系（另见Clark and Freeman，1980）。

---

① Bodkin（1969）注意到，法国经济学家Rueff早在1925年就做出了同样的预测。

第三，人们发现，关于工资的短期行为的实证结果可能对加总偏差（aggregation biases）特别敏感，无论是对个体加总（Stockman，1983）还是对行业加总（Chirinko，1980）都是如此。

实际工资与经济周期之间明显存在的非常微弱的关系对一些关于周期性波动的著名理论（或至少对那些理论的简单版本，例如见 Altonji and Ashenfelter，1980；Ashenfelter and Card，1982）提出了一个挑战。但是在试图把工资与周期之间的弱相关同短期就业波动理论相调和的过程中，也产生了大量引人注目的研究，包括经济周期的非均衡模型（Solow and Stiglitz，1968；Barro and Grossman，1971）、把工资支付同短期劳动配置相分离的契约分析（见 Hall，1980 的讨论）、Lucas（1970）的生产能力和加班理论（theory of capacity and overtime），等等。

在衡量劳动报酬的指标中，虽然大部分研究都是针对实际工资和产品工资的周期性变化进行的，但并非只有这两个指标被研究过。Mitchell 在很早以前就提出了一个理论：单位劳动力成本可能在经济周期中发挥着重要的作用。Hultgren（1960，1965）研究发现劳动力成本滞后于经济周期，这同 Mitchell 的预测很接近。此外，NBER 的学者们还研究了衡量劳动报酬的其他各种指标，例如 Shiskin（1961）指出，名义劳动收入与周期同步变化。

另一个受到关注的变量是名义工资。在 NBER 的一篇研究论文（Occasional Paper）中，Creamer（1950）研究了 1919—1931 年间一些行业的月度工资率（他的加总的工资率序列延续至 1935 年）。他最重要的结论是，名义工资率滞后于商业活动大约 9 个月或更长时间。一些后来的学者认为这一发现是对工资“黏性”的支持。（Creamer 还证明，工资率指数的周期性变动模式与每小时平均收入的周期性变动模式是相似的。在缺乏有关工资率的直接信息时，这一结果非常有用。）“黏性”对于后来研究名义工资的学者也是一个主要的问题：例如 Sachs（1980）认为二战后工资变得更黏了，Gordon（1982）发现二战后美国的工资比英国和日本的工资更黏。Gordon 的研究结果与之前 Sachs（1979）等人所描述的特征刚好相反。

总之，如何刻画劳动报酬的周期性变化模式这一问题仍然悬而未决。考虑到工资在宏观经济理论中的核心地位，这确实令人遗憾。

5.3 数 据

本文将重新评价上节所描述的实证结果，其中特别关注二战前与二战后的差异。本节介绍我们所使用的数据集，并与其他学者所使用的数据集做一个简单的比较。

我们使用的是月度数据，大致是“行业”层面上的数据，样本期间是1923—1939年和1954—1982年。我们认为，要区分短期关系，就有必要使用高频数据①。使用行业层面的数据不仅可以降低加总偏差，还可以避免对加总的产值指数（aggregate production indexes）的过度依赖，因为就本文的目的而言，我们的加总产值指数构建质量不高（见下文）。与我们的分析相反，从Hultgren以来，很少有研究使用行业层面的月度数据（（Fair，1969）是一个重要的例外）。另外，最近的研究很少使用二战前数据，即便使用，一般也都是年度的、高度加总的数据。

可供我们选用的变量有很多。考虑到数据可得性和在经济中的重要性，我们决定使用下列变量（和缩写）：

IP 行业产出或产值

EMP 就业量（生产工人的数目）

HRS 每周工作小时数（每个生产工人）

PROD 总劳动生产率= *IP*/（*EMP*×*HRS*）

WR 每小时平均收入（名义值）除以生活费用指数，亦即“实际工资”

WP 每小时平均收入除以该行业的批发产出价格（wholesale output price），亦即“产品工资”

EARN 每个生产工人每周的实际收入= *HRS*×*WR*

在下文的分析中，我们将不使用这些变量的水平值，而是使用其对数差

① 所谓高频数据，一般指观测频率在一天以下的数据，即小时数据、分钟数据等。有的文献把日数据也看作高频数据。而本文此处所说的高频数据指月度数据——译者注。

分（粗略地说，等于月度增长率）。因此从现在起，上面定义的那些缩写就代表相应变量的对数差分形式。

我们收集了二战前的八个制造业行业、二战后的八个制造业行业和三个非制造业行业的上述变量的数据。这些行业见表5—1。注意，其中二战前的八个制造业行业与二战后的八个制造业行业近似地构成一个“匹配集（matched set）”，这是为了便于二战前和二战后对比。对于二战后的三个非制造业行业，虽然没有二战前数据可供比较，但是因为它们代表了经济的主要部门（采矿业、公用事业和建筑业），并且因为非制造业（相对于制造业而言）经常被经济周期的研究者所轻视，所以我们把它们也包括了进来。

我们所选择的这些制造业行业显得有点杂乱无章，因此需要特别加以说明。对于二战前，这八个行业是所有行业中统计数据最完整、最一致的。具体来说，由于我们想得到工作小时数序列，所以对行业的选择不得不局限于全美工业会议从20世纪20年代初开始定期调查的那些行业。虽然美国劳工统计局（the Bureau of Labor Statistics，BLS）调查过更多行业，但它在1932年前没有调查过工作小时数数据。另外，我们只选择这样的行业：其产出指数是通过直接计算物质产出（例如汽车数量）得到的，而不是通过把投入品（例如人时数）按比例扩大得到的。当然，战后可供选择的行业较多，但是数据采集和录入的负担也重，因此我们只选用了与二战前行业相匹配的制造业行业。这里所研究的行业的就业量或附加值，在二战前大约占了整个制造业的1/5，在二战后也占了大约1/6。

使用全美工业会议的数据而不是劳工统计局的数据还有一个优点：除了NBER早前的一些研究中零零散散地对这些数据的一部分进行过分析外，该数据集还没被分析过。尤其是，它与Hultgren（1960）所使用的数据集差别相当大。

20世纪20年代以来，制造业行业中的企业数目时多时少，时断时续，仅仅研究这些行业会产生一个问题：这会使样本偏向较老的、正在衰落的行业，忽视了新生的、正在蓬勃发展的领域。不过对研究劳动市场变量的周期性（而非趋势性）变化来说，这种样本偏离可能不太重要。特别是，我们把正在衰落的制造业行业与正在蓬勃发展的制造业行业和非制造业行业进行了非正式的对比，并没有发现它们的劳动市场变量的周期变化模式有什么明显不同。

表 5—1　　数据集所包含的行业

二战前的行业名称	二战后的行业名称（SIC 编码）
制造业（二战前和二战后的数据）	
1. 钢铁（STEEL）	鼓风炉与炼钢厂（331）
2. 汽车（AUTOS）	机动车与装备（371）
3. 肉类加工（MEAT）	肉类加工厂（201）
4. 造纸与纸浆（PAPER）	纸张及相关产品（26）
5. 制鞋（SHOES）	鞋类，不含橡胶（314）
6. 毛纺织品（WOOL）	纺织机与精轧机，毛织品（23）
7. 皮革鞣制与加工（LEATH）	皮革鞣制与加工（311）
8. 木材与木制品，不含家具（LUMBER）	木材与木制品（24）
9. 所有制造业行业（ALL MFG）	所有制造业行业
非制造业（仅有二战后的数据）	
10. NA（COAL）	烟煤与褐煤开采业（12）
11. NA（ELECT）	电力服务业（491）
12. NA（CONST）	建筑业（没有编码）

为了与行业层面上的发现相比较，我们也分析了二战前和二战后制造业整体（aggregate manufacturing）加总的月度数据。尽管这些数据的覆盖面比行业数据更广，但是我们对使用加总数据得到的结果不敢抱太大的信心，原因有三：(1) 众所周知，把不同行业的数据加总会引起周期性偏差（cyclical biases）；(2) 以投入为基础来核算产出会严重扭曲加总的产值指数；(3) 二战前的产出、价格和劳动投入序列之间不是完全一致的（对此的解释、对所有数据及其来源更详细的讨论见本章的数据附录）。

5.4　一些基本的统计结果

以下分析大部分是为了消除“对数差分”数据序列中的季节性和均值。本节首先考察一下原始的对数差分序列的性质。

表 5—2 和表 5—3 分别给出了二战前和二战后每个行业各变量的均值。这些均值都乘了 100，因此可被近似地视作月度增长率的百分点数。

表 5—2　**产出、就业量、每周工作小时数和生产率的月度增长率（%）**

行业	期间	*IP*	*EMP*	*HRS*	*PROD*
STEEL	1923—1939	0. 18	0. 07	−0. 25	0. 35
	1954—1982	−0. 12	−0. 26	−0. 01	0. 14
AUTOS	1923—1939	0. 34	0. 07	−0. 14	0. 42
	1954—1982	0. 16	−0. 09	0. 00	0. 25
MEAT	1923—1939	0. 04	0. 05	−0. 08	0. 07
	1954—1982	0. 18	0. 02	−0. 01	0. 17
PAPER	1923—1939	0. 33	0. 06	−0. 12	0. 39
	1954—1982	0. 33	0. 03	0. 00	0. 29
SHOES	1923—1939	0. 01	−0. 07	−0. 14	0. 22
	1954—1982	−0. 13	−0. 22	−0. 01	0. 10
WOOL	1923—1939	0. 04	−0. 08	−0. 12	0. 24
	1958—1982	−0. 14	−0. 43	0. 01	0. 28
LEATH	1923—1939	−0. 09	−0. 14	−0. 10	0. 15
	1954—1982	−0. 17	−0. 29	0. 00	0. 12
LUMBER	1923—1939	−0. 07	−0. 14	−0. 10	0. 17
	1954—1982	0. 18	−0. 06	0. 01	0. 23
ALL MFG	1923—1939	0. 22	−0. 01	−0. 12	0. 34
	1954—1982	0. 27	−0. 02	0. 00	0. 29
COAL	1954—1982	0. 18	−0. 13	0. 06	0. 26
ELECT	1954—1982	0. 48	0. 11	0. 00	0. 36
CONST	1954—1982	0. 13	0. 11	0. 02	0. 00

首先看表 5—2 中的生产率 *PROD* 一列，我们注意到，各行业生产率的增速的平均值在战前战后不相上下。在八个制造业行业中，有五个行业在 1923—1939 年间生产率的增速比 1954—1982 年间更高，在制造业加总数据中也是如此。汽车、造纸与纸浆和钢铁行业二战前的生产率的增速异常地高。这些数据中二战前生产率的快速增长支持了如下观点：两次世界大战之间（尤其是 20 世纪 20 年代）是工业技术转型时期，导致成本急剧下降，

见 Jerome（1934）和 Bernstein（1960）。我们所选取的制造业行业中，二战后生产率增长最快的是纸张及相关产品行业；而在所有行业（包括非制造业行业）中，战后生产率增长最快的是电力服务业。

表 5—3　**实际工资、产品工资和每周实际收入的月增长率（%）**

行业	期间	*WR*	*WP*	*EARN*
STEEL	1923—1939	0. 31	0. 29	0. 06
	1954—1982	0. 16	0. 10	0. 15
AUTOS	1923—1939	0. 31	0. 30	0. 17
	1954—1982	0. 11	0. 16	0. 11
MEAT	1923—1939	0. 29	0. 29	0. 21
	1954—1982	0. 06	0. 15	0. 04
PAPER	1923—1939	0. 24	0. 24	0. 12
	1954—1982	0. 13	0. 15	0. 13
SHOES	1923—1939	0. 11	−0. 01	−0. 03
	1954—1982	0. 03	0. 05	0. 02
WOOL	1923—1939	0. 21	0. 20	0. 08
	1958—1982	0. 05	0. 31[a]	0. 06
LEATH	1923—1939	0. 27	0. 25	0. 17
	1954—1982	0. 05	0. 03	0. 05
LUMBER	1923—1939	0. 28	0. 27	0. 17
	1954—1982	0. 09	0. 13	0. 10
ALL MFG	1923—1939	0. 26	0. 27	0. 14
	1954—1982	0. 09	0. 10	0. 09
COAL	1954—1982	0. 12	−0. 04	0. 18
ELECT	1954—1982	0. 13	0. 05[b]	0. 13
CONST	1954—1982	0. 09	0. 03	0. 11

[a] 样本期间为 1958—1975。

[b] 样本期间为 1958—1982。

当然，从定义来看，生产率的增速等于产出增速减去就业量与工作小时数的增速之和。观察生产率的这两个组成部分，我们首先注意到，战前产出增长最快的行业是汽车、造纸与纸浆。在战后，在制造业行业中产出增长最快的是纸张及相关产品，在所有行业（包括非制造业行业）中产出增长最快的仍旧是电力服务业。这似乎表明产出增长快的行业生产率增长也快。产出增速与生产率增速之间的秩相关系数（rank correlation）在战前的八个行业中达到0.945，在战后的十一个行业中也达到0.913。

尽管20世纪30年代发生了萧条，但在我们所研究的制造业行业中，就业量的增速在战前普遍高于战后（八个行业中有七个都是这样），制造业加总数据也是如此。这种差异很大程度上反映了战后大量行业严重的长期衰退：毛纺织品、皮革鞣制与加工、制鞋行业在二战前就出现衰退趋势，二战后则加速衰退。二战前钢铁行业就业量是增长的，到二战后就转为下降了。样本中就业量增长最强劲的行业是二战后的两个非制造业行业：电力服务业和建筑业。总体来说，表5—2中就业量*EMP*这一列与我们熟知的观点“制造业就业量占总就业量的比例是长期下降的”是一致的。

生产率的最后一个组成部分是工作小时数，它的变化情况在二战前后迥然不同。在二战前，所有行业每周工作小时数都稳步下降，其中下降最快的是钢铁行业（该行业在20世纪20年代早期以“加班时间长”而声名狼藉，每周工作84个小时都不算少见）。这种下降反映了20世纪20年代工作组织的变化（有些是对公众反对加班的反应）和20世纪30年代萧条时期的“工作分享①”（有时是雇主发起的，有时是新政立法或工会要求的），进一步的讨论见Zeisel（1958）。相比之下，二战后的工作小时数则几乎是非常稳定的。

最后考虑另一个衡量生产工人报酬的指标的平均增速（见表5—3）。值得注意的是，尽管八个制造业行业中只有五个行业的生产率在二战前的增速高于二战后，但是所有八个制造业行业的实际工资在二战前的增速都远高于

① 工作分享（work sharing）指通过降低每个人工作的小时数，来增加工作数量（就业机会），从而可以使更多的人得到工作机会，共渡难关——译者注。

二战后，制造业整体的加总数据也是如此。除了制鞋行业外，产品工资在二战前也增长迅速。在主要样本期内，二战前八个制造业行业的实际工资增速与生产率增速之间的秩相关系数为 0.815，二战后十一个行业则为 0.864（尽管这两个相关系数很高，但比前文报出的生产率增速与产出增速之间的秩相关系数还是要低一点）。表 5—3 的最后一列表明，二战前工人购买力的增长没有完全反映出实际工资的快速增长。由于工作小时数快速下降，因此每周实际收入比实际工资增长得更慢。

现在从一阶矩转向二阶矩，表 5—4 和表 5—5 列出了原始对数差分序列的标准差，我们把它们都乘了 100，这样就可以把它们看作百分点数。我们不对这些数字加以评论，只请读者注意：第一，行业数据的波动幅度常常大得惊人；第二，把不同行业的数据加总似乎降低了波动性。为了搞清楚总波动中有多少来自经济周期，我们使用频域技术来滤除高频带（季节性）和低频带（趋势或长波）的方差，由此得到的五个关键变量的标准差列在表 5—6 中。从表 5—6 中可以明显地看出三个事实：第一，在数据的总波动中，与经济周期有关的部分所占的比例在二战前后都很低。第二，经济周期在二战后有相当程度的减弱。第三，从二战前到二战后，大多数行业每周工作小时数的周期性方差的下降幅度比就业量更大。

最后这个现象在原始数据（见表 5—4）和第 5.7 节也可以得到印证，值得进一步探讨。在二战后经济低迷时期，为什么雇主们更依赖于通过裁员降低劳动投入，而不是缩短工作时间呢？导致这种变化的原因可能有二：一是二战后工会变得举足轻重，二是出现了失业保险计划。工会的目标函数可能倾向于解雇相对少量的初级工（junior workers），而不是普遍缩短工作时间。Medoff（1979）给出了工会更偏爱裁员的横截面证据。Medoff 还引用了 Slichter，Healy and Livernash（1960）的研究，该研究认为工会最初赞成某种形式的工作分享，二战后初期转向偏爱裁员。比工会力量更重要的或许是：在美国，完全失业的人可以从政府领取救济金，但半失业者却不能，对此的正式分析见 Baily（1977）。

表 5—4 **产出、就业量、每周工作小时数和生产率的月度增长率的标准差（%）**

行业	期间	*IP*	*EMP*	*HRS*	*PROD*
STEEL	1923—1939	13.40	4.70	6.85	8.00
	1954—1982	16.09	11.53	2.25	7.06
AUTOS	1923—1939	30.12	10.37	8.13	22.47
	1954—1982	7.80	9.69	4.14	8.69
MEAT	1923—1939	9.91	4.03	3.16	7.95
	1954—1982	2.82	1.80	1.84	3.87
PAPER	1923—1939	5.71	1.83	2.47	5.15
	1954—1982	1.83	1.06	0.98	2.06
SHOES	1923—1939	11.87	3.18	5.39	10.08
	1954—1982	4.05	2.86	2.58	5.63
WOOL	1923—1939	12.04	6.09	4.93	8.64
	1958—1982	9.30	2.71	2.01	10.17
LEATH	1923—1939	5.52	2.93	3.52	5.46
	1954—1982	3.39	2.32	1.71	4.82
LUMBER	1923—1939	6.80	5.63	4.88	6.79
	1954—1982	2.85	2.47	1.87	3.62
ALL MFG	1923—1939	4.70	2.36	2.59	2.92
	1954—1982	3.28	1.36	1.17	2.58
COAL	1954—1982	14.00	16.05	8.18	11.74
ELECT	1954—1982	1.45	0.91	0.91	1.94
CONST	1954—1982	7.88	6.17	2.87	5.25

表 5—5　实际工资、产品工资和每周实际收入的月度增长率的标准差（%）

行业	期间	*WR*	*WP*	*EARN*
STEEL	1923—1939	2. 14	2. 24	7. 02
	1954—1982	1. 32	1. 50	2. 96
AUTOS	1923—1939	1. 90	2. 24	8. 32
	1954—1982	1. 69	1. 87	5. 21
MEAT	1923—1939	2. 24	4. 81	3. 25
	1954—1982	1. 29	4. 05	2. 43
PAPER	1923—1939	1. 30	2. 14	2. 43
	1954—1982	0. 83	3. 61	1. 36
SHOES	1923—1939	2. 70	2. 47	5. 41
	1954—1982	0. 95	1. 80	2. 60
WOOL	1923—1939	2. 14	2. 97	4. 79
	1958—1982	1. 06	1. 48[a]	2. 37
LEATH	1923—1939	1. 47	3. 03	3. 37
	1954—1982	0. 92	2. 96	2. 12
LUMBER	1923—1939	4. 14	4. 74	5. 25
	1954—1982	1. 32	1. 99	2. 37
ALL MFG	1923—1939	1. 24	1. 48	2. 55
	1954—1982	2. 30	2. 34	2. 69
COAL	1954—1982	1. 95	2. 19	9. 04
ELECT	1954—1982	0. 90	1. 11[b]	1. 44
CONST	1954—1982	1. 05	1. 02	2. 80

[a] 样本期间为 1958—1975。

[b] 样本期间为 1958—1982。

表5—6　5个变量的月度增速的标准差（%）：仅经济周期频率（12~96个月）

行业	期间	*IP*	*EMP*	*HRS*	*PROD*	*WR*
STEEL	1923—1939	3.96	1.59	1.73	1.53	0.59
	1954—1982	2.28	1.05	0.48	1.15	0.27
AUTOS	1923—1939	4.54	2.72	1.46	2.93	0.36
	1954—1982	1.85	1.43	0.47	0.77	0.31
MEAT	1923—1939	1.66	1.05	0.49	1.01	0.49
	1954—1982	0.46	0.27	0.19	0.36	0.21
PAPER	1923—1939	1.33	0.60	0.65	0.76	0.36
	1954—1982	0.56	0.30	0.16	0.27	0.14
SHOES	1923—1939	1.26	0.47	0.94	0.78	0.68
	1954—1982	0.71	0.39	0.38	0.60	0.17
WOOL	1923—1939	3.16	1.69	1.06	0.99	0.67
	1954—1982	1.56	1.01	0.61	1.74	0.22
LEATH	1923—1939	1.19	0.97	0.77	0.82	0.47
	1954—1982	0.59	0.49	0.22	0.52	0.14
LUMBER	1923—1939	1.75	1.48	0.85	1.19	0.7
	1954—1982	0.87	0.61	0.21	0.44	0.23
ALL MFG	1923—1939	1.53	0.97	0.67	0.48	0.33
	1954—1982	0.60	0.39	0.15	0.21	0.2
COAL	1954—1982	0.92	0.71	0.61	0.84	0.25
ELECT	1954—1982	0.22	0.16	0.10	0.28	0.13
CONST	1954—1982	0.69	0.75	0.21	0.77	0.15

5.5 频域分析

现在我们来研究这些变量随经济周期变化的特点。为了得到“典型的”周期性模式的特征，我们对数据进行频域和时域分析。在进行频域分析时，我们遵循 Granger and Hatanaka（1964）的方法，在进行时域分析时遵循 Sims（1980）的思想（当然，这两种方法有紧密的正式联系，所得结果的相似性就是证明）。本节讨论频域分析的结果。时域分析的结果见第 5.6 节。

频域分析（和时域分析）使用的是先对基础数据序列进行对数差分、然后消除季节性得到的数据（通过使用季节虚拟变量可以消除季节性，参见数据附录）。我们对二战前和二战后样本的每一个行业的每一个变量都进行了分析。

这些数据的谱在经济周期的频率范围内具有功效，但在该范围内却很少有清晰的峰值（萨金特（Sargent，1979，p. 254）警告说理应出现峰值）。我们决定研究时间长于一年（这样可以排除残留的季节性和其他高频影响）但小于八年的那些周期的性质（根据 NBER 的经济周期编年表，我们样本中最长的经济周期是从 1929 到 1937 年，长达八年）。对每一个行业/样本期间，我们都计算出一至八年的带宽内各变量的相干性（coherences）和相位关系（phase relationships）。

表 5—7 报出了在该经济周期范围内六个变量（即就业量、每周工作小时数、生产率、实际工资、产品工资和每周收入等六个变量的增速）与行业产出增速之间的相干性，还报出了相干性估计值的标准误。这些数据的计算方法参见本章附录。相干性用来衡量在一组既定的频率下一对变量之间的关联程度，相干性为 0 表明关联性最小，相干性为 1 表明关联性最大。表 5—7 表明，在经济周期内，就业量和工作小时数与产出的关联性最强。对大部分行业来说，生产率和每周实际收入与产出的关联性也很强。两种工资指标与产出的关联性在不同行业并不一致，且总体上较弱，在战后尤其如此。不过，注意工资与产出的关联性在两个期间内都是统计显著的。

表5—7　　六个变量的增长率与产出增长率之间的相干性

行业	*EMP*	*HRS*	*PROD*	*WR*	*WP*	*EARN*
二战前数据						
STEEL	0.828 (0.060)	0.883 (0.042)	0.915 (0.031)	0.272 (0.175)	0.230 (0.179)	0.854 (0.051)
AUTOS	0.854 (0.051)	0.583 (0.125)	0.692 (0.099)	0.252 (0.177)	0.271 (0.175)	0.568 (0.128)
MEAT	0.773 (0.076)	0.657 (0.107)	0.836 (0.057)	0.541 (0.134)	0.330 (0.168)	0.292 (0.173)
PAPER	0.661 (0.106)	0.870 (0.046)	0.721 (0.091)	0.610 (0.119)	0.507 (0.140)	0.836 (0.057)
SHOES	0.717 (0.092)	0.836 (0.057)	0.651 (0.109)	0.098 (0.187)	0.142 (0.185)	0.794 (0.070)
WOOL	0.934 (0.024)	0.878 (0.043)	0.783 (0.073)	0.449 (0.151)	0.429 (0.154)	0.797 (0.069)
LEATH	0.754 (0.082)	0.742 (0.085)	0.341 (0.167)	0.473 (0.147)	0.634 (0.113)	0.823 (0.061)
LUMBER	0.749 (0.083)	0.784 (0.073)	0.276 (0.175)	0.354 (0.165)	0.659 (0.107)	0.638 (0.112)
ALL MFG	0.935 (0.024)	0.916 (0.031)	0.567 (0.128)	0.567 (0.128)	0.607 (0.119)	0.902 (0.035)
二战后数据						
STEEL	0.898 (0.027)	0.895 (0.028)	0.863 (0.036)	0.527 (0.102)	0.180 (0.137)	0.829 (0.044)
AUTOS	0.912 (0.024)	0.724 (0.067)	0.479 (0.109)	0.733 (0.065)	0.578 (0.094)	0.809 (0.049)
MEAT	0.592 (0.092)	0.585 (0.093)	0.618 (0.087)	0.430 (0.115)	0.706 (0.071)	0.648 (0.082)
PAPER	0.911 (0.024)	0.771 (0.057)	0.856 (0.038)	0.360 (0.123)	0.735 (0.065)	0.672 (0.078)
SHOES	0.714 (0.069)	0.594 (0.092)	0.503 (0.106)	0.159 (0.138)	0.094 (0.140)	0.590 (0.092)
WOOL	0.418 (0.127)	0.295 (0.141)	0.586 (0.101)	0.252 (0.144)	0.573 (0.123)	0.294 (0.141)
LEATH	0.620 (0.087)	0.412 (0.117)	0.416 (0.117)	0.164 (0.138)	0.368 (0.122)	0.385 (0.120)
LUMBER	0.881 (0.032)	0.845 (0.040)	0.658 (0.080)	0.378 (0.121)	0.489 (0.108)	0.779 (0.056)
ALL MFG	0.941 (0.016)	0.839 (0.042)	0.684 (0.075)	0.378 (0.121)	0.314 (0.128)	0.693 (0.073)
COAL	0.603 (0.090)	0.710 (0.070)	0.331 (0.126)	0.371 (0.122)	0.063 (0.141)	0.676 (0.077)
ELECT	0.290 (0.129)	0.359 (0.123)	0.734 (0.065)	0.287 (0.130)	0.203 (0.148)	0.413 (0.117)
CONST	0.568 (0.096)	0.344 (0.125)	0.384 (0.121)	0.274 (0.131)	0.507 (0.105)	0.397 (0.119)

注：带宽（bandwidth）是12～96个月，括号里是标准误。

频域中一个特别有用的办法是计算相位关系。对于某一给定的频率，把变量看作随时间沿正弦曲线变动。所谓变量 A 相对于变量 B 的“相位领先幅度”（phase lead）是指 A 沿其正弦曲线路径达到某一个给定点之后，B 达到相应的点所需要的月数。如果一个变量相对于产出的相位领先幅度大约等于 0，则称该变量是“顺周期”的；如果一个变量相对于产出的相位领先幅度大约等于整个周期的一半，则称它是“反周期的”。（关于相位领先的这种解释还有一些重要观点，见 Hause，1971）。

表 5—8 中报出了六个变量对产出增速的相位领先幅度和标准误。这些相位领先幅度是在 54 个月对应的频率上计算出来的，54 个月正好位于我们所考虑的范围的正中间（更多讨论见附录）。我们发现就业、工作小时数和收入大致是顺周期的。生产率也是顺周期的，但略微领先[①]，在二战前领先于产出的幅度比二战后大。工作小时数领先于产出，不过它的领先幅度小于生产率，就业则一致地滞后于产出几个月。收入近似是同步于产出的。

从二战前到二战后，生产率、工作小时数、产出和就业之间的相互关系一直很稳定，并且与早前的研究结果一致，只是时序（timing）上出现了一些细微的变化。结合第 5.2 节中讨论过的厂商动态模型，这种相互关系隐含了一种简单的经济学解释：经济周期受需求变动的支配。那些预期需求将会增长的厂商，第一反应是增加非劳动投入，并要求员工工作更加努力，这会提高生产率。随着需求增长，工作小时数也在上升。最后，随着需求的增长越来越持久，厂商雇用并培训更多员工，以增加劳动投入。上述说法并非原创（例如参见 Baily，1977），再次强调我们并没有明确地进行过结构性检验。值得注意的是，尽管如此，这种解释至少与第二次世界大战前后很多行业的实际情况是一致的。

工资与产出之间的关系并不具备这种跨行业和跨样本期的稳定性。工资的变动情况在二战前与二战后似乎有明确的差异。让我们将注意力集中于实际工资，而非产品工资。在二战前，实际工资显著地滞后于产出——虽然尚

① 原文此句是“生产率也是顺周期的，但二战后略微领先”，这里根据表 5—8 和下文做了修改——译者注。

表 5—8　**六个变量的增长率对产出增长率的相位领先幅度（单位是月）**

行业	*EMP*	*HRS*	*PROD*	*WR*	*WP*	*EARN*
二战前数据						
STEEL	-4. 7	1. 8	2. 3	-5. 3	-0. 3	1. 2
	(1. 11)	(0. 9)	(0. 7)	(5. 7)	(6. 9)	(1. 0)
AUTOS	-0. 5	10. 4	-2. 9	-10. 6	-6. 0	9. 8
	(1. 0)	(2. 3)	(1. 7)	(6. 2)	(5. 8)	(2. 4)
MEAT	-6. 0	2. 2	4. 6	-22. 2	-7. 6	-5. 1
	(1. 3)	(1. 9)	(1. 1)	(2. 5)	(4. 7)	(5. 3)
PAPER	-7. 3	2. 4	2. 3	-19. 3	26. 5	-0. 5
	(1. 8)	(0. 9)	(1. 6)	(2. 1)	(2. 8)	(1. 1)
SHOES	-6. 3	-2. 4	9. 0	-11. 5	9. 0	-3. 0
	(1. 6)	(1. 1)	(1. 9)	(16. 6)	(11. 3)	(1. 2)
WOOL	-2. 6	2. 1	2. 7	-15. 8	24. 7	-0. 6
	(0. 6)	(0. 9)	(1. 3)	(3. 2)	(3. 4)	(1. 2)
LEATH	-5. 7	2. 8	11. 1	-14. 6	26. 5	-0. 7
	(1. 4)	(1. 5)	(4. 5)	(3. 0)	(1. 9)	(1. 1)
LUMBER	-3. 8	2. 0	11. 2	-19. 1	27. 0	-0. 7
	(1. 4)	(1. 3)	(5. 7)	(4. 3)	(1. 9)	(2. 0)
ALL MFG	-3. 9	2. 3	9. 3	-11. 6	-19. 5	-0. 3
	(0. 6)	(0. 7)	(2. 4)	(2. 4)	(2. 1)	(0. 8)
二战后数据						
STEEL	-2. 8	1. 1	2. 2	3. 1	9. 3	1. 6
	(0. 6)	(0. 6)	(0. 7)	(2. 0)	(6. 6)	(0. 8)
AUTOS	-2. 5	4. 5	5. 0	3. 6	3. 9	4. 1
	(0. 5)	(1. 2)	(2. 2)	(1. 1)	(1. 7)	(0. 9)
MEAT	-4. 1	2. 3	1. 8	0. 1	-1. 6	1. 3
	(1. 7)	(1. 7)	(1. 6)	(2. 6)	(1. 2)	(1. 4)
PAPER	-4. 4	2. 1	3. 9	7. 2	10. 0	3. 5
	(0. 6)	(1. 0)	(0. 7)	(3. 2)	(1. 1)	(1. 3)
SHOES	-5. 9	1. 6	3. 8	-7. 6	11. 9	0. 8
	(1. 2)	(1. 7)	(2. 1)	(7. 6)	(12. 9)	(1. 7)
WOOL	-3. 4	-1. 0	1. 5	4. 9	24. 3	0. 5
	(2. 8)	(4. 1)	(1. 8)	(4. 9)	(2. 0)	(4. 1)
LEATH	-2. 3	3. 5	1. 7	-5. 4	12. 4	1. 8
	(1. 5)	(2. 7)	(2. 7)	(7. 3)	(3. 1)	(2. 9)
LUMBER	-3. 9	2. 0	6. 4	-1. 2	25. 7	1. 0
	(0. 7)	(0. 8)	(1. 4)	(3. 0)	(2. 2)	(1. 0)
ALL MFG	-2. 4	2. 1	4. 4	0. 7	8. 4	1. 6
	(0. 5)	(0. 8)	(1. 3)	(3. 0)	(3. 7)	(1. 3)
COAL	-5. 1	-0. 1	9. 1	-10. 4	-21. 3	-1. 7
	(1. 6)	(1. 2)	(3. 5)	(3. 0)	(19. 2)	(1. 3)
ELECT	-16. 0	-0. 3	1. 9	2. 8	-5. 4	1. 3
	(4. 0)	(3. 2)	(1. 1)	(4. 1)	(4. 9)	(2. 7)
CONST	-4. 2	4. 2	5. 0	11. 6	12. 3	6. 7
	(1. 8)	(3. 3)	(2. 9)	(4. 3)	(2. 0)	(2. 8)

注：带宽（bandwidth）是 12 ~ 96 个月，括号里是标准误。

不足以被视为是反周期的，但也是“半异相的（half out of phase）”[①]（一个著名的例子是1931—1932年，虽然产出和就业已经陡峭下降，实际工资仍然保持了正增长）。相比之下，在二战后期，实际工资近乎是同相（in phase）即顺周期的，在有的行业里甚至还领先于周期。

为什么从二战前到二战后实际工资的周期性变化会有所改变呢？要给出一个满意的答案，需要建立一个显性的结构模型，本文不打算这样做。不过我们给出一个简单的、富有启发性的例子，它意味着这种改变可能与我们早前的一个发现——在二战后，裁员变得比工作分享更加重要——有关。

假设由于存在固定成本，工人在一个时点上只能拥有一份工作（只要一个人的工作努力程度在雇主之间不是无限可分的，这个例子就很一般化）。此外，劳动市场是否出清不取决于每小时工资，而是取决于工人从工作中获得的总效用。假设工人从总的实际报酬 Y 中获得正效用，从每周工作小时数 H 中获得负效用。为简单起见，假设收入和闲暇的边际效用均为常数，则 t 时刻的当期效用 U_t 可以写作：

$$U_t = Y_t - \alpha H_t \tag{5.1}$$

其中 α 是参数。

为了留住劳工，厂商必须给工人提供一个组合（Y_t，H_t），使工人从中获取的效用大于等于他从经济中其他地方能够获得的（外生的）效用水平 $\bar{U}$。为了本例的目的，假设经济周期是规则的正弦波，且 $\bar{U}$ 是顺周期的[②]，这样可以写出：

$$\bar{U}_t = \bar{U}_0\,(1 + a\ sin\ t) \tag{5.2}$$

其中 $\bar{U}_0$ 是可获得的平均效用水平，小写字母 a 是一个正的参数，用以衡量 $\bar{U}$ 的周期敏感度。

---

① 这使人联想起 Creamer（1950）关于名义工资率的结果，见第5.2节。

② 本书原文中这句话是“Assuming for purposes of this example that business cycles are regular since waves and the $\bar{U}$ is procyclical（由于波和 $\bar{U}$ 是顺周期的，为了本例的目的，假设经济周期是规则的）”，从上下文看这句话似乎有误。为此我查阅了本章发表前的原始版本（NBER 工作论文 No. 1376，1984年6月版本），发现这一句是“Assuming for purposes of this example that business cycles are regular sine waves, and that $\bar{U}$ is procyclical.”即成书时“sine”被误作为“since”，并且少印了一个逗号。这里根据原始版本译出——译者注。

厂商在考虑生产函数的性质、特定的人力资本或调整成本等因素的情况下，通过最大化计算，（从满足外生的效用约束的那些组合中）决定提供一个什么样的（Y_t，H_t）组合。对于这个启发性的例子，我们不明确地设定出厂商的最大化问题，只是简单而符合实际地假设最大化运算的结果意味着每周工作小时数是顺周期的：

$$H_t = H_0 (1 + b \sin t) \tag{5.3}$$

其中 H_0 是经济周期内每周平均工作时间，b 衡量每周工作时间的周期敏感度。等式（5.3）可以看作一个简化形式。在这个问题中，参数 b 可能取决于其他参数。

以上三个方程，再加上“实际收入足够高，能够满足外部效用约束”的假设，就意味着每个工人实际收入的周期性变化是：

$$Y_t = (\bar{U}_0 + \alpha H_0) + (a + \alpha b) \sin t \tag{5.4}$$

平均收入 $Y_0 = \bar{U}_0 + \alpha H_0$。

在这个例子中，所衡量的“实际工资” W_t 就是 Y_t / H_t。在什么条件下，这个实际工资才是顺周期的呢（即对外生的周期有一个正的敏感度）？容易证明，实际工资表现出顺周期性的充分必要条件为：

$$a > b \tag{5.5}$$

也就是说，当保留效用对经济周期的敏感度比工作小时数对经济周期的敏感度更大时，实际工资就是顺周期的。

很难说保留效用对周期的敏感度随着时间发生了什么变化。或许保留效用的周期性在二战后有所下降，如果是这样，则同目前的观点相抵触。不过我们在第5.4节介绍过一个证据：工作小时数对周期的敏感度 b 在二战后有所下降。这个例子表明，在其他所有条件不变的情况下，工作小时数的周期敏感度 b 下降，实际工资的顺周期性将变大。这样，本文的两个新发现——工作小时数的顺周期性在二战后有所下降、实际工资的顺周期性在二战后有所上升——就联系起来了。

一个重要的问题是，表5—7和表5—8所描述的周期性关系在长经济周期和短经济周期中是一样的吗？与此密切相关的问题是：研究“参考周期

(reference cycle)”有用吗？Burns and Mitchell 经常用一个标准的“参考周期”的“阶段”而非日历时间来衡量时序关系（timing relationships）。这种方法要想行得通，这些周期性的领先/滞后关系在周期长度中所占的比例必须大致不变，而不是在以日历时间衡量时大致不变。即在各种经济周期频率下，相位角必须保持不变。

表 5—9 给出了对这个问题的一些见解。对于滤除了季节性的高频带（2 ~ 12 个月）、短周期（1 ~ 2 年）和长周期（2 ~ 8 年），该表分别给出了六个变量的相位领先幅度的估计值。（这种方式将经济周期的宽度分为两段，因为 12 ~ 24 个月所对应的频率数量与 24 ~ 96 个月所对应的频率数量大致相同）。表 5—9 还报出了从短经济周期变到长经济周期时对于每个变量相位角的恒定性进行统计检验的结果。从表 5—9 可以看出两点：

第一，尽管在高频带中没有出现系统性的特征，但在短周期和长周期内（表中 b 行和 c 行），领先滞后的定性模式是一样的。例如生产率仍然领先于周期，就业仍然滞后于周期。

第二，表 5—9 似乎表现出了一点对“参考周期”的支持，并且隐含了对 Stock（1983）提出的经济周期的“时间变换”（time deformation）分析方法的支持。“参考周期”隐含着“从短经济周期变到长经济周期时相位角不变”这一假设，该假说并不总是被我们的数据所拒绝。（二战前的肉类加工行业是个例外，从某种程度上说，在二战前和二战后制造业整体都是例外）。因此，假设领先滞后幅度与周期长度是成比例就是合理的。另一方面，也应注意到，这个支持参考周期的证据可能是个伪证：正如 Hause（1971）中的一个例子表明的，在时域上具有固定的分布滞后关系的两个变量，也可能呈现出与周期大致成比例的相位关系。

到现在为止，我们所观察到的结果差不多适用于样本中的所有行业，而二战前和二战后的模式还是有一些差别。我们原本希望能发现更多的横截面差异（就像 Nadiri and Rosen，1973 发现的“耐用品行业中生产投入反应更快”）。不幸的是，当我们把行业以一目了然的方式分组时，却发现横截面上的变异（variation）比我们预想的小得多。

表5—9　　六个变量的增长率对产出增长率的相位领先幅度（单位：月）

行业		*EMP*	*HRS*	*PROD*	*WR*	*WP*	*EARN*
二战前数据							
STEEL	(a)	−0.4	0.0	0.2	−1.9	2.5	−0.1
	(b)	−1.6	0.6	0.8	2.2	2.4	0.8
	(c)	−5.0	2.1	2.5	−13.8***	−13.5***	−0.4
AUTOS	(a)	0.3	0.5	−0.2	−1.4	−1.2	0.4
	(b)	−0.3	4.1	−0.9	−2.2	−1.2	4.0
	(c)	0.1	6.6	−3.6	−15.3	−9.4	5.0*
MEAT	(a)	−1.0	−0.1	0.2	−2.0	−1.2	−0.2
	(b)	−2.2	0.6	1.1	−8.2	−5.5	0.2
	(c)	−5.8	23.9***	10.4***	−16.1	0.3***	−18.9***
PAPER	(a)	−1.4	−0.6	0.3	−3.0	−2.4	−0.9
	(b)	−3.1	0.7	0.8	−7.1	−8.9	0.1
	(c)	−4.5	3.4	2.7	−18.1	27.8	−2.7
SHOES	(a)	−0.3	−0.1	0.1	2.8	2.6	0.1
	(b)	−1.9	−0.9	3.0	−7.4	4.4	−1.1
	(c)	−8.6	−1.1	9.8	−5.0	0.6	−2.3
WOOL	(a)	−0.6	−0.1	0.4	−2.6	−3.4	−0.3
	(b)	−0.6	0.6	0.6	−5.3	−8.9	0.2
	(c)	−4.4	2.9	5.3	−17.5	25.6	−3.5
LEATH	(a)	0.0	−0.1	0.0	1.9	−3.3	0.2
	(b)	−2.4	0.8	3.5	−4.9	8.8	0.1
	(c)	−3.2	4.0	18.7	−15.9	29.5	−4.0
LUMBER	(a)	−0.4	0.6	−0.1	−2.6	−3.0	0.4
	(b)	−1.8	0.4	4.6	−7.4	−8.8	−0.5
	(c)	−1.3***	5.7	−0.9*	−5.7	28.8	0.8
ALL MFG	(a)	−0.5	−0.1	0.6	3.4	−3.2	−0.1
	(b)	−1.7	0.6	2.3	−3.9	−7.2	0.0
	(c)	−3.3*	3.4	19.9***	−12.8	−20.0	−0.7

续表

行业		EMP	HRS	PROD	WR	WP	EARN
二战后数据							
STEEL	(a)	−0.4	0.0	0.1	0.7	0.9	0.1
	(b)	−0.9	0.1	0.5	0.8	0.8	0.3
	(c)	−3.3	2.9***	4.4*	4.7	17.6	3.4
AUTOS	(a)	−0.2	−0.1	1.7	−0.2	−0.1	−0.1
	(b)	−0.8	1.5	1.6	1.2	2.0	1.4
	(c)	−2.7	4.6	6.1	3.9	−0.7*	4.3
MEAT	(a)	−1.3	0.1	0.0	−0.6	−0.4	−0.1
	(b)	−1.3	0.9	0.5	1.0	−0.2	0.9
	(c)	−4.9	1.9	2.4	−5.6*	−2.4	−1.5
PAPER	(a)	0.4	−0.6	0.0	2.7	−2.0	−0.4
	(b)	−1.2	0.3	1.0	−2.8	3.1	0.1
	(c)	−5.5	3.6	5.8*	8.7	12.0	5.8*
SHOES	(a)	0.3	0.5	0.1	1.0	1.2	0.5
	(b)	−1.9	0.9	0.6	−3.5	5.3	0.5
	(c)	−6.7	0.8	8.3	−5.6	10.9	0.1
WOOL	(a)	0.0	0.1	0.0	0.5	2.5	0.1
	(b)	−1.9	−1.9	0.5	1.0	−5.2	0.5
	(c)	−2.2	3.7	0.8	7.1	25.2**	4.6
LEATH	(a)	0.7	0.7	−0.1	0.7	1.8	0.7
	(b)	−0.4	1.5	−0.1	−3.3	−8.5	0.7
	(c)	−3.2	3.0	4.2	−2.6	13.3	1.7
LUMBER	(a)	−0.2	0.1	0.0	0.4	1.2	0.3
	(b)	−1.4	0.7	1.3	−2.6	−7.7	0.2
	(c)	−6.2	0.8	18.7***	−8.5	29.1	0.2
ALL MFG	(a)	−0.0	0.2	0.1	0.6	0.7	0.1
	(b)	−0.7	0.0	1.0	−1.8	2.8	−0.7
	(c)	−2.9	4.7***	9.5**	5.7**	9.3	9.5**
COAL	(a)	−0.2	−0.2	0.1	−2.7	−1.6	−0.2
	(b)	−1.1	−0.3	0.7	−3.7	−3.2	−1.1
	(c)	−6.2	0.8	18.7***	−8.5	29.0	0.2
ELECT	(a)	2.1	0.7	−0.1	−2.2	0.6	0.3
	(b)	−5.7	1.1	0.3	−3.3	−4.4	−0.8
	(c)	−16.5	−9.0*	3.1	8.5***	−0.1	5.2
CONST	(a)	0.0	0.2	0.0	−3.4	−3.1	0.2
	(b)	−0.8	1.6	0.6	7.0	5.6	3.2
	(c)	−6.7	1.5	8.5	4.9***	10.3**	4.0

注：星号表示对频段（b）和（c）的相位角之差进行 t 检验的显著性，边际显著水平为0.10（*），0.05（**）和0.01（***）。

（a）带宽（bandwidth）：2~12个月。（b）带宽：12~24个月。（c）带宽：24~96个月。

为了确定能否根据行业周期性变化的性质对行业分组，我们分别估计了二战前二战后各个行业的产出与产出加总指数（aggregate index of output）之间的相干性和相位，结果见表。有一个奇怪的结果：几乎所有的相位领先幅度都是正的，这可能是因为在计算加总指数时包含了基于投入核算的产出指标。相干性估计值表明，周期性影响对行业的重要性在战后相对变小了。二战后的样本中也存在一个趋势：与非耐用品行业相比，耐用品行业与经济周期有更高的相干性。不过除了肉类加工行业外，几乎没有什么证据表明二战前也是这种模式。总体上看，横截面上的差异似乎不如横截面上的相似性显著。

表5—10 **每个行业的产出增长率对“整个制造业”产出增长率的相干性和超前相位**

行业	期间	相干性（标准差）	超前相位（标准差）
STEEL	1923—1939	94.7（2.0）	1.3（0.6）
	1954—1982	64.6（8.2）	0.2（1.4）
AUTOS	1923—1939	78.0（7.4）	-4.1（1.3）
	1954—1982	78.6（5.4）	0.2（1.0）
MEAT	1923—1939	19.5（18.2）	1.2（8.2）
	1954—1982	26.2（13.2）	4.8（4.5）
PAPER	1923—1939	86.7（4.7）	2.3（0.9）
	1954—1982	79.7（5.2）	1.2（0.9）
SHOES	1923—1939	73.9（8.6）	6.7（1.5）
	1954—1982	46.4（11.1）	4.9（2.3）
WOOL	1923—1939	80.1（6.8）	3.5（1.2）
	1954—1982	31.9（13.9）	1.4（3.9）
LEATH	1923—1939	75.0（8.3）	0.6（1.4）
	1954—1982	38.8（12.0）	3.7（2.9）
LUMBER	1923—1939	88.0（4.3）	1.0（0.9）
	1954—1982	73.9（6.4）	5.3（1.1）
COAL	1954—1982	28.4（13.0）	-5.4（4.1）
ELECT	1954—1982	44.7（11.3）	-2.1（2.4）
CONST	1954—1982	57.4（9.5）	6.3（1.7）

注：带宽是12~96个月。

5.6 时域分析

作为对频域分析的补充，我们引入时域分析方法，主要是向量自回归(VARs)。我们使用四个变量（产出、工作小时数、就业量和实际工资）的12个月滞后项对二战前、二战后的每个行业和制造业整体加总数据分别估计了向量自回归模型。所使用的仍是第5.5节描述过的经过中心化和消除季节性后的对数差分数据①。同Sims（1980）一样，把估计得到的向量自回归用于三个方面：第一，观察这些系数估计值的统计显著性，以便寻找因果关系（格兰杰意义上的因果关系）；第二，对于四个预测时期，分别计算出预测误差中有百分之几来自方程右边变量的（三角化后的）新息冲击（innovation）；第三，分析向量自回归所隐含的脉冲/反应图（impulse/response diagrams），以确定这些变量之间系统性的时序关系。下面简要地讨论这三项工作。

表5—11总结了格兰杰因果F检验的结果。每个被解释变量都有一个矩阵，矩阵的各行表示估计VAR的行业，各列则对应被检验的解释变量。矩阵中的一个、两个、三个星号分别表示解释变量的12个月滞后项在0.10、0.05、0.01的显著性水平上能够联合“解释”（给定行业和样本时期的）被解释变量。方格中没有星号则表示给定的解释变量的所有滞后项对被解释变量的联合解释在0.10的水平上是不显著的。

表5—11意味着，对所有行业：

（1）相对来说，产出增速趋向于是外生的（格兰杰意义上的），至少与就业量增速和工作小时数增速相比是这样的。（因此工作小时数可以作为对产出没有预测价值的“领先指标”，见Neftci，1979）。在战后，产出增速的滞后项对产出增速当期项的预测能力更强了，从这个意义上说，产出在战后似乎更加“持久”（persistent）。

---

① 这句话的原文是：“The data were the same centered and seasonalized log differences described in section 5.”（所使用的仍是第5.5节描述过的经过中心化和加入季节性后的对数差分数据）。本章发表前的原始版本（NBER工作论文No.1376，1984年6月版本）中亦是如此。作者显然把单词“deseasonalized（消除季节性的）”误写成了“seasonalized（加入季节性的）”。翻译时做了修改——译者注。

表 5—11　**向量自回归 *F* 检验**

被解释变量	行业	解释变量			
		IP	*HRS*	*EMP*	*WR*
二战前数据					
IP	STEEL	**	*		***
	AUTOS	***		***	
	MEAT		**		**
	PAPER			**	
	SHOES	***	**		*
	WOOL	*		***	
	LEATH		*		
	LUMBER	***	***		***
	ALL MFG	***			
HRS	STEEL	***	***	***	***
	AUTOS		***		
	MEAT		**	*	*
	PAPER	***	*		*
	SHOES	***	***	***	
	WOOL	***	**	***	
	LEATH	***	***	***	
	LUMBER	**	***		
	ALL MFG	***	*	***	
EMP	STEEL	*			
	AUTOS	***	***	**	*
	MEAT	**	**		
	PAPER	**		**	
	SHOES	**	**	***	
	WOOL	***		***	
	LEATH	***		**	
	LUMBER	**		**	
	ALL MFG	**	*		

续表

被解释变量	行业	解释变量			
		IP	*HRS*	*EMP*	*WR*
WR	STEEL				
	AUTOS		**		
	MEAT				
	PAPER			**	**
	SHOES	**	**		
	WOOL				
	LEATH	**			
	LUMBER	***	*	*	***
	ALL MFG			*	
二战后数据					
IP	STEEL	*			
	AUTOS	*		***	
	MEAT	***	**		*
	PAPER	***		**	***
	SHOES	***	***	**	
	WOOL	***	***		
	LEATH	***	**		
	LUMBER	***		***	***
	ALL MFG	***	**	***	
	COAL	***		*	
	ELECT	***			***
	CONST	***			**
HRS	STEEL	**	***	**	
	AUTOS		***		
	MEAT	**	***		**
	PAPER	***	***	*	
	SHOES	***	***	***	
	WOOL	*	***	***	***
	LEATH		***	**	*
	LUMBER		***		
	ALL MFG	***	***	**	
	COAL	***	***	*	**
	ELECT		***		
	CONST		***		

续表

被解释变量	行业	解释变量			
		IP	*HRS*	*EMP*	*WR*
EMP	STEEL	***	**		
	AUTOS	***	**	***	
	MEAT	***		**	
	PAPER	***	***	***	
	SHOES	**	***	***	
	WOOL	***	***	***	***
	LEATH		***	***	
	LUMBER	***		***	**
	ALL MFG	***		**	
	COAL	*		***	
	ELECT		**	***	
	CONST			***	
WR	STEEL				***
	AUTOS	***		***	***
	MEAT	*			**
	PAPER				***
	SHOES		**		***
	WOOL		*		***
	LEATH				***
	LUMBER			**	
	ALL MFG				***
	COAL				***
	ELECT	**		***	***
	CONST				***

注：表中报出的是 F 检验（即对解释变量的所有12阶滞后项的联合显著性程度进行检验的）的结果。所有变量都是增长率的形式。

* 表示 F 检验在0.10的显著性水平上是显著的。

** 表示 F 检验在0.05的显著性水平上是显著的。

*** 表示 F 检验在0.01的显著性水平上是显著的。

（2）工作小时数和就业量很少是格兰杰外生的。它们相互影响，并且也会对产出做出反应。从上面所定义的“持久”的意义来讲，这两个变量也是持续的，无论在二战前还是二战后都是如此。对于那些认为就业量的改变存在“调整成本”的人来说，就业量的持久性是一个引人的发现。改变工作小时数是否也存在调整成本呢？从数据中看似乎确实如此。

（3）实际工资似乎完全独立于另外三个变量，它既不能一致地预测那三个变量，也不能被它们预测。关于实际工资的一个特别有力的发现是：与产出一样，从二战前到二战后，实际工资持续性显著上升。

表5—12给出了对预测误差进行分解的结果。限于篇幅，我们只报告了钢铁（耐用品行业）、造纸与纸浆（非耐用品行业）、皮革鞣制与加工（半耐用品行业）等三个行业的结果。另外还报出了制造业整体的结果。为了便于比较，我们把二战前二战后的预测误差分解结果放在一起，用“/”号隔开。还应注意：由于生产率的增速刚好是产出、工作小时数和就业增速（它们都包含在VARs中）的线性组合，因此也可以给出该变量的分解结果。

熟悉这些方法的读者知道，对不同长度的预测期间，由解释变量的（经过三角化的）新息导致的预测误差所占的比例会随着变量排序的变化而变化。这里使用的变量顺序是（下文绘制脉冲/反应图时用的也是这一顺序）：产出、工作小时数、就业量和实际工资的对数差分。由于使用的是月度数据，并且预测期间长达48个月，因此选择什么样的变量排序对结果可能就不太重要了。

表5—12蕴含的关系模式与表5—11的F检验揭示的关系模式非常相似，这或许并不奇怪。例如在表5—12中，外生性相对较强的产出变量IP很大程度上是“自我引致的”（self-caused），即使是在四年的预测期间上也是如此。（这种趋势在二战后似乎比在二战前还要显著）。工作小时数和就业量对产出的新息相当敏感，只有二战后的皮革鞣制与加工行业除外。工作小时数和就业量的“持续性”也都非常明显，而且工作小时数的持续性在二战后有明显提升。生产率变量主要是由产出的新息驱动的，二战后尤其如此，尽管生产率的其他组成部分（就业量和工作小时数）也起了一定作用。

表5—12　　每个新息冲击产生的向前 k 月预测误差百分点数

（二战前/二战后）

预测误差	三角化后的新息冲击				
	k	*IP*	*HRS*	*EMP*	*WR*
钢铁					
IP	6	89/91	2/3	3/5	6/1
	12	79/87	5/4	4/6	13/2
	24	66/85	8/5	5/8	21/2
	48	63/85	8/5	6/8	23/2
EMP	6	31/55	1/1	63/41	5/3
	12	29/52	4/6	59/39	8/4
	24	29/51	5/7	53/38	12/4
	48	29/51	6/7	51/38	15/4
HRS	6	40/43	40/52	19/4	2/1
	12	41/41	34/50	19/7	7/2
	24	40/41	31/49	17/8	12/2
	48	39/41	31/49	17/8	13/2
WR	6	3/4	3/8	6/1	88/86
	12	6/6	5/9	7/4	82/82
	24	8/6	6/9	8/4	78/81
	48	8/6	7/9	8/4	77/81
PROD	6	57/76	29/10	3/12	11/2
	12	49/74	30/10	5/13	16/2
	24	40/73	30/11	7/14	24/3
	48	39/73	30/11	7/14	24/3
纸和纸浆					
IP	6	83/92	3/2	10/5	4/0
	12	75/83	6/3	11/7	8/7
	24	71/80	8/3	12/7	10/9
	48	71/80	8/3	12/7	10/9

续表

预测误差	三角化后的新息冲击				
	k	*IP*	*HRS*	*EMP*	*WR*
EMP	6	21/31	1/5	72/62	6/2
	12	19/30	5/6	68/57	8/7
	24	19/30	5/6	65/55	11/10
	48	19/30	5/6	65/54	11/10
HRS	6	30/11	61/86	3/2	6/2
	12	32/14	56/80	4/3	8/3
	24	32/14	54/79	4/4	10/4
	48	32/14	54/79	4/4	10/4
WR	6	9/1	10/2	2/2	80/96
	12	13/2	10/3	8/3	69/93
	24	13/3	10/4	10/3	67/91
	48	13/3	10/4	10/3	66/91
PROD	6	50/64	26/18	19/17	5/1
	12	45/60	27/16	20/18	8/6
	24	43/58	26/17	19/18	12/8
	48	43/58	26/17	19/18	12/8
皮革鞣制与加工					
IP	6	84/90	5/3	8/5	3/2
	12	80/87	8/5	7/5	4/3
	24	78/85	10/7	8/5	5/4
	48	78/85	10/7	8/5	5/4
EMP	6	21/8	8/9	69/82	2/2
	12	23/8	9/10	65/78	4/4
	24	29/8	9/10	58/78	4/4
	48	29/8	10/10	56/78	5/4

续表

预测误差	三角化后的新息冲击				
	k	*IP*	*HRS*	*EMP*	*WR*
HRS	6	19/3	69/89	7/3	6/5
	12	21/5	65/84	8/6	6/6
	24	23/5	61/82	9/6	7/7
	48	24/5	60/81	9/6	7/7
WR	6	8/3	12/1	7/3	72/92
	12	14/4	14/3	8/5	64/88
	24	16/5	16/3	9/5	59/87
	48	16/5	16/3	9/5	58/87
PROD	6	24/58	36/14	37/26	3/1
	12	33/55	34/17	30/25	4/3
	24	34/54	34/17	28/25	4/4
	48	35/53	34/17	28/25	4/4
所有制造业					
IP	6	94/93	1/2	3/4	2/1
	12	77/86	8/4	8/7	7/3
	24	71/82	12/6	10/9	7/3
	48	70/80	12/6	11/10	7/4
EMP	6	64/59	1/2	33/39	2/0
	12	57/57	9/3	31/39	3/2
	24	54/57	11/4	30/38	5/2
	48	53/56	11/4	31/38	5/2
HRS	6	51/22	38/74	9/4	1/1
	12	47/21	38/71	12/5	2/3
	24	46/22	37/68	14/6	4/4
	48	46/22	37/68	14/6	4/4

续表

预测误差	三角化后的新息冲击				
	k	*IP*	*HRS*	*EMP*	*WR*
WR	6	7/2	5/3	11/1	77/94
	12	7/3	9/3	14/2	70/92
	24	13/14	9/3	15/2	62/91
	48	14/4	9/3	16/2	61/91
PROD	6	22/18	41/47	36/34	2/1
	12	22/18	39/44	34/35	5/3
	24	20/19	39/42	35/36	5/3
	48	21/19	39/42	35/36	5/3

我们再一次看到，一个最惊人的发现是实际工资和其他变量之间的关系（或者说没有关系）。实际工资的新息似乎对产出、就业量和每周工作小时数都没有什么预测力。反过来，除了实际工资本身，其他变量都不能预测实际工资。实际工资与其他变量之间的这种独立性在战后愈加显著。

时域分析的最后一个环节是用估计的向量自回归生成脉冲/反应（IR）图。这些图形表明：作为对解释变量（经过三角化后）的新息的反应，向量自回归中的每个变量随时间变动（还分析了生产率对其他变量的新息的反应）。变量的顺序与上文进行预测误差分解时的顺序一样。由于数据是对数差分数据，所以我们给出了累积反应图，这样就可以用对数水平值（log levels）解释图中的反应模式。这些图有助于我们对数据中的“典型”短期模式进行定性评价。

由于我们分析的行业、变量和样本期间个数较多，因此需要研究数百个脉冲/反应图。我们只选择三个代表性行业（钢铁、造纸和皮革）进行细致的研究，并且只绘制出几个样本的脉冲/反应图（图5—1和图5—2）。这些图展示了，对于钢铁行业产出增速一个标准差的新息，产出、工作小时数、就业量、实际工资和生产率的对数在48个月内的反应模式。图5—1$a \sim d$表示二战前的情况，图5—2$a\sim d$表示二战后的情况①。每个图中还绘制出了产出的反应路径，以供参考。

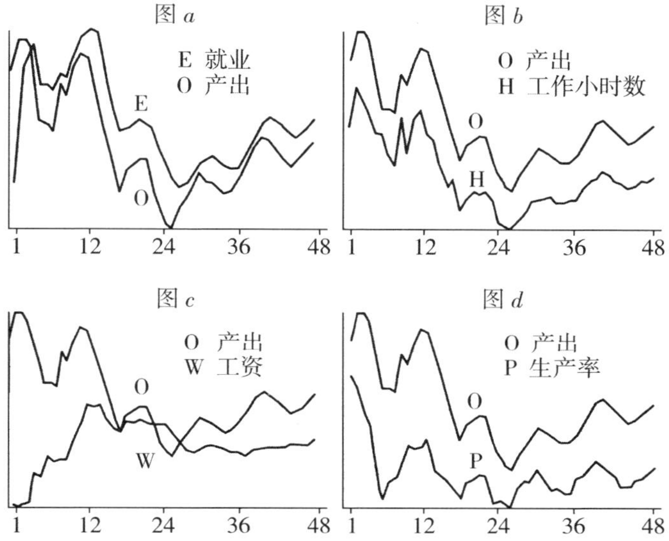

图5—1　对数水平值对产出增速的新息的反应：二战前，钢铁行业

通过对所有脉冲/反应图的分析，得到如下结论：

(1) 总体而言，脉冲/反应图巩固了从频域分析中所得到的关于周期的特征。例如第5—5节得到的结论——生产率与产出之间具有高度相干性，并且生产率领先于周期几个月——在脉冲/反应图中一目了然，并且无论是哪个干扰项提供了最初的冲击，这种关系都是成立的。类似地，在频域分析中发现的工作小时数与就业之间的高度相干性和领先/滞后模式，在脉冲/反应图中几乎完全得以重现。图5—1a，b，d和图5—2a，b，d具有非常好的代表性。

(2) 频域分析对实际工资的周期性特征没有得出清晰的结论，时域分析也一样。这些图形表明，实际工资在不同行业不甚稳定，并对初始冲击的

① 在本书原文中，图5—1和图5—2虽然都分成四个子图，但是没有标出a，b，c，d这样的序号。我们根据本章发表前的原始版本（NBER工作论文No. 1376，1984年6月版本）加上了序号——译者注。

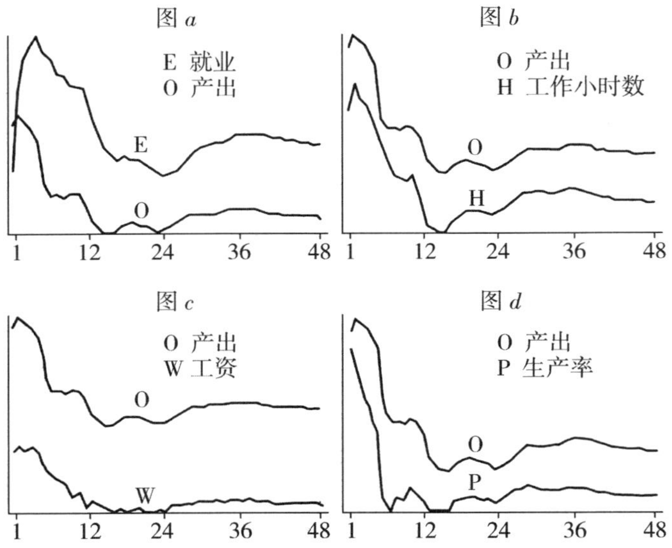

图 5—2　对数水平值对产出增速的新息的反应：二战后，钢铁行业

来源非常敏感，在二战前尤其如此。不过，正如在第 5—4 节中一样，工资的变动情况在二战前二战后有所不同（见图 5—1*c* 和图 5—2*c*）。在二战后，在产出与工资之间存在着明显关系的情况下，脉冲/反应图表明实际工资是近乎与周期同步的顺周期变量。在二战前数据中实际工资通常是“半异相”的，要么滞后（这是对产出冲击的典型响应，见图 5—1*c*），要么领先（当存在就业冲击时）。值得注意的是，工资冲击对系统中其他变量的影响在二战前和二战后正好相反：在二战前，工资冲击导致产出和失业下降；在二战后，工资冲击一般却会产生相反的作用。

（3）最后，这些图形表明，给定一个“典型的”冲击，周期波动性在二战后下降，这与前文讨论过的几个发现是一致的。尤其是，在二战后，产出和实际工资表现出更小的波动性（这是不是它们“持久性”上升的反映呢?）。

5.7 四次大的经济衰退

到目前为止，我们的分析在使用数据方面还是非常“民主的”，在计算中给予了每个样本观测值同样的权重。这与“经济周期是平稳随机过程的实现”这一观点是一致的。另有一种观点认为：严重的衰退或萧条是“特殊”的事件，它们和样本的“常规”部分服从于不同的概率法则。本节在这种观点的指导下简要分析劳动市场变量在四次大的经济低迷时期（二战前二战后各两个）中的变化。

这四次经济低迷时期分别为：1929 年第 3 季度至 1933 年第 1 季度；1937 年第 2 季度至 1938 年第 2 季度；1973 年第 4 季度至 1975 年第 1 季度；1981 年第 3 季度至 1982 年第 4 季度。注意除第一个外，其他三次衰退的时间长度差不多（高峰和低谷所在的季度引自 NBER 官方的编年表）。对每次衰退，表 5—13 都给出了（我们所研究的七个劳动市场变量中的）每个变量的水平值在谷底所在季度的平均值与前一个高峰所在季度的平均值之比（数据已经消除了趋势和季节性）。这样做是为了粗略地衡量这些变量在每次大的衰退中的表现（此外还可以建立多阶段的 Burns/Mitchell“参考周期”或者研究经济衰退期的所有季度。我们对这两种方法都进行了尝试，但是没发现更多的信息）。

应该指出，这些指定的高峰和低谷是基于经济总体的波动给出的，可能与行业层面的周期不完全一致。不过，经济总体与行业产出之间明显存在很强的相关关系：在表 13 中，（消除了趋势的）产出的“谷—峰比”在 38 种情形①中只有 4 次超过 1。

表 5—13 报出的大多数变量的谷—峰比似乎与前几节的结果都相差不远。就业量和工作小时数显示出了一贯的强顺周期性。像在第 5—4 节中提到的那样，我们在这里又一次看到，作为在经济低谷时减少劳动投入的方

① 原文如此。表 5—13 中似乎每一列都有 42 行，而不是 38 行——译者注。

表 5—13　　**四次经济衰退中七个变量的谷—峰比**

行业	周期	*IP*	*EMP*	*HRS*	*PROD*	*WR*	*WP*	*EARN*
STEEL	I	0.17	0.50	0.56	0.62	0.91	0.84	0.50
	II	0.36	0.72	0.65	0.77	0.95	0.92	0.62
	III	0.87	0.96	0.95	0.95	1.00	0.81	0.95
	IV	0.57	0.68	0.96	0.87	0.99	1.05	0.94
AUTOS	I	0.18	0.40	0.76	0.58	0.99	0.88	0.75
	II	0.36	0.49	0.85	0.86	1.02	0.90	0.87
	III	0.60	0.74	0.93	0.88	0.95	0.92	0.88
	IV	0.96	0.87	1.01	1.10	0.97	0.97	0.97
MEAT	I	0.91	0.77	0.95	1.25	0.95	1.50	0.90
	II	1.07	0.93	1.03	1.12	0.99	1.12	1.02
	III	0.97	0.98	0.99	1.00	1.01	1.17	1.00
	IV	0.90	0.96	1.00	0.94	0.94	0.94	0.94
PAPER	I	0.59	0.74	0.79	1.01	0.99	0.87	0.79
	II	0.71	0.87	0.86	0.95	1.06	1.13	0.91
	III	0.74	0.88	0.95	0.89	0.96	0.82	0.91
	IV	0.98	0.95	0.99	1.05	1.02	1.02	1.01
SHOES	I	0.79	0.89	0.92	0.96	0.99	0.95	0.91
	II	0.82	0.93	0.73	1.20	1.00	1.02	0.73
	III	0.81	0.87	0.91	1.03	0.95	0.98	0.86
	IV	0.87	0.91	0.98	0.97	1.00	1.01	0.98
WOOL	I	0.62	0.73	0.88	0.95	0.94	1.23	0.83
	II	0.44	0.68	0.80	0.80	1.01	1.21	0.81
	III	0.47	0.57	0.71	1.16	0.91	1.23	0.65
	IV	0.77	0.77	0.82	1.22	0.99	NA	0.82
LEATH	I	0.76	0.80	0.91	1.04	0.98	1.43	0.89
	II	0.71	0.79	0.85	1.06	1.03	1.23	0.87
	III	1.03	0.99	0.99	1.06	0.95	1.24	0.94
	IV	0.88	0.90	1.01	0.97	1.02	1.07	1.03
LUMBER	I	0.32	0.42	0.74	1.04	0.92	1.13	0.68
	II	0.67	0.86	0.87	0.89	1.02	1.22	0.88
	III	0.75	0.78	0.94	1.01	0.96	1.21	0.91
	IV	1.10	0.99	1.02	1.09	1.01	1.06	1.02
ALLMFG	I	0.50	0.72	0.79	0.89	0.96	1.01	0.76
	II	0.62	0.73	0.81	1.05	0.97	1.04	0.78
	III	0.81	0.88	0.96	0.96	0.97	0.88	0.93
	IV	0.90	0.90	0.99	1.01	0.99	1.02	0.98
COAL	III	1.05	1.20	1.01	0.87	0.96	0.68	0.97
	IV	0.83	0.84	0.91	1.09	1.02	1.02	0.93
ELECT	III	0.96	0.98	0.97	1.00	0.96	0.80	0.94
	IV	0.93	1.00	1.01	0.93	1.02	1.00	1.02
CONST	III	0.78	0.87	0.98	0.92	0.94	0.89	0.92
	IV	0.99	0.93	0.98	1.09	1.00	1.04	0.98

注：用于计算这些比率的变量是水平值的季度平均值（而不是增长率），并且都已经消除了趋势性和季节性。高峰和低谷所在季度引自 NBER 官方的编年表。I：1933 年 1 季度/1929 年 3 季度；II：1938 年 2 季度/1937 年 2 季度；III：1975 年 1 季度/1973 年 4 季度；IV：1982 年 4 季度/1981 年 3 季度。

法，二战后雇主们似乎更倚重于裁员而非缩短工作时间，而在二战前，雇主们相对更倚重于半日工作（part-time job）。实际工资几乎没有表现出系统性的峰—谷变化，表明实际工资与产出之间的相干性很低。产品工资比实际工资波动大，并显示出一些反周期的趋势。正如预测的一样，每周实际收入呈现出明显的顺周期性。

生产率有点令人迷惑。通常认为生产率是顺周期的，这意味着它的谷—峰比应该小于 1。但事实上，在产出从波峰降到低谷的 34 种情形中，只有大约一半情形中生产率的谷-峰比是小于 1 的。生产率在重工业耐用品（钢铁、汽车行业）中是强顺周期的；在其他行业中，当产出从波峰降到波谷时，生产率更可能上升而非下降。

遵循我们先前的发现——尽管生产率本质上是顺周期的，但它可能会领先于经济周期几个月——也许可以部分地解释这些结果。因此，当产出处于波峰时，生产率已经从其最高点降了下来，而当产出位于波谷时，生产率已经开始回升了（Gordon，1980 曾发现过类似现象）。在非常严重的经济衰退中，厂商的财务压力提高了窖藏劳工的成本或容忍员工低效率工作的成本，这可能使生产率从谷底复苏得格外强劲。这些因素并不能完全解决这个新的生产率之谜，不过至少可以降低迷惑的程度。

将生产率问题暂置一旁，表 5—13 确实表明：大的经济衰退和不太剧烈的经济波动之间确实存在着性质上的相似性。对于从事预测的学者们和政策制定者来说，这是令人鼓舞的，因为如果每一次剧烈的波动本质上都是独一无二的，那么他们就不可能完成自己的工作。

5.8 结　论

本文进行的“没有理论的研究”对关于劳动市场周期性变动情况的一些现存观点提供了支持，并且揭示了另外一些事实。我们将最重要的发现总结如下：

（1）无论二战前还是二战后，顺周期的劳动生产率（SRIRL）似乎都存在于每一个行业中。（据我们所知，本文第一次记录了 1932 年前的 SRIRL)。不过，在证实这个标准的实证结果时，我们发现了两个定性结论：第一，生产率是一个领先变量而非同步变量；第二，在大的经济衰退中，SRIRL 可能不太显著。

（2）每周工作小时数和就业都是强顺周期的。工作小时数领先于产出，就业则滞后于产出。我们找到了新证据证明就业是滞后的而非同步的。在其他方面，我们的结果与以前的结果是一样的。

（3）一个新的发现是，厂商在战后更倾向于通过裁员而非缩短工作时间来降低劳动投入。

（4）在经济周期中，实际工资与其他变量的关系很弱，在二战后变得更弱。对于"实际工资是否存在周期敏感性"这个问题，从频域分析中得到的答案比从时域分析中得到的答案更为肯定。由于频域分析屏蔽掉了一些高频干扰，而时域分析则没有，因此这两种方法有所差异。这使频域方法可以发现经济周期频率上的关系，而时域分析则不容易发现。在时域分析中，工资/就业量关系中的噪音可以解释为什么 Geary and Kennan（1982）不能拒绝"工资和就业序列相互独立"的假设。

（5）就实际工资与周期的关系来说，实际工资在二战前二战后的变动情况存在一定差异。实际工资在二战后是顺周期的（实质上是同步的），但在二战前却是"半异相"的（通常是滞后的）。虽然 Creamer（1950）曾经发现名义工资在二战前早期是滞后于周期的，但是没有人注意到实际工资的这个特点。

（6）产品工资与周期之间几乎没有关系，如果说有，也比实际工资与周期之间的关系更弱更奇怪。在两个主要的样本中，每周实际收入都是强顺周期的。

（7）在劳动市场变量的总波动（total variation）中，周期性波动只占相对较小的比例（Bernanke，1983 有过类似的发现）。战后数据呈现出了更高的稳定性（即总方差和周期性方差都更小），并且比二战前的数据更具有序列持续性，这要么是因为 Sachs（1980）发现的"刚性越来越大"，要么是因为二战后经济更加稳定。

我们希望这些分析和其他类似的分析能使人们更加透彻地理解劳动市场的周期性变动。不过还要再次强调：这项研究只是对这些现象的结构性建模的补充，而不是替代。

附录：数据来源

本文使用的二战前行业数据来源

（1）每周收入、工作小时数和就业数据来自 Beney（1936）和 Sayre（1940）。这些数据是全美工业会议（National Industrial Conference Board，NICB）从1920年至1947年进行的月度普查结果。

样本中的所有行业都至少向其一部分职工支付计件工资，见 *Monthly Labor Review* 41（September 1935）：697–700。我们对此没做任何修改。

（2）行业产值数据来自联邦储备委员会。见“New Federal Reserve Index of Industrial Production”，*Federal Reserve Bulletin* 26（August 1940）：753–69，825–74。

（3）批发价格指数来自美国劳工统计局（Bureau of Labor Statistics，BLS）。见美国劳工部（the United States Department of Labor）的下列出版物：*Handbook of Labor Statistics*（1931 ed.，bulletin 541；1936 ed.，bulletin 616；1941 ed.，bulletin 694）和 *Wholesale Prices* 1913 *to* 1927（Washington，D. C.：Government Printing Office，1929，bulletin 473）。对于汽车行业，我们把美国劳工统计局的两个机动车辆价格序列合并在一起。这两个序列都不包括1935年。我们使用所有金属产品的价格序列进行插值，插出1935年的汽车价格。

（4）消费者价格序列来自 Sayre（1948）。

所有的基础数据都没有经过季节调整。二战前的样本是从1923年1月至1939年12月。尽管1923年以前也有一些数据，但把样本扩展至更早将会产生两个问题：一些行业的产值数据缺失，并且1923年NICB有6个月没有进行调查。将样本截至 1939 年 12 月是为了避免考虑战时经济的许多特殊之处。

二战后的行业数据来源

（1）每周收入、工作小时数和就业数据来自于 *Employment and Earnings*，*United States*（美国劳工统计局）。

（2）行业 1～10 的产值指数来自联邦储备委员会（见联邦储备委员会，理事会，*Industrial Production*，1976。更新来自 *Federal Reserve Bulletin*，此外，一些未出版的序列直接来自联邦储备委员会）。建筑业的产出指数是通过将新建筑的价值（载于 *Survey of Current Business*，SCB）除以商务部建筑成本指数（也可从 SCB 获得）得到。

（3）批发价格仍然来自劳工统计局。见 *Wholesale Prices and Price Indexes*，1963（美国劳工统计局 1513 号公告）和 *Monthly Labor Review*。

（4）用于计算实际工资的消费者价格序列是美国劳工部的消费价格指数（所有条目，工薪阶层和文职人员，都经过修正。）

同样，基础数据也未经过季节调整。战后的样本除了毛纺织品行业开始于 1958 年 1 月之外，其余的都是从 1954 年至 1982 年。1975 年之后的毛纺织品行业和 1958 年之前的电力服务业的产出价格数据都不完整（因此产品工资数据也不完整）。

制造业整体数据序列的来源

（1）对于战前，产出用制造业行业产值指数衡量。就业、工作小时数和收入数据都来自全美工业会议，与 Beney（1936）和 Sayre（1940）所报的一样。这些 NICB 数据序列基于 25 个主要的制造业行业，其覆盖范围与行业产值指数相似，但不相同。制造业产出价格（该数据仅用于构造产品工资变量）是劳工统计局的非农、非燃料批发价格指数，其覆盖范围也与行业产值指数相似，但不相同。

（2）对于战后数据，仍旧用制造业产值指数衡量产出。就业、工作小时数和收入数据都是制造业生产工人的数据。产出价格用的是全体制造商的批发价格指数。这些数据来自 *Business Statistics* 和 *Survey of Current Business*。

据我们所知，这些数据相互之间是一致的。

平稳性

文中的对数差分序列一般都是平稳的。我们通过研究对数差分数据的自相关性和偏相关性，并检验对数水平值中是否存在趋势和高阶趋势项，得到了这个结论。拒绝平稳性的证据不足且很微弱，为了对数据一致地处理，我们决定忽略它们。

消除高频噪音

大部分序列的谱在较高的频率中表现出相当大的能量。高频噪音（主要是季节性）可能会干扰对（商业周期频率上）数据的分析。为了减少这种噪音，我们把每一个对数差分序列都对常数项、季节虚拟变量和（如果适用的话）罢工时间虚拟变量进行回归。（我们没有把不同行业、不同样本期间的回归合并。似乎也没有必要考虑子样本中回归系数的变化。）这些回归的残差（即从原始序列中“消除”了大部分较高频和较低频噪音的结果）用来作为频域分析和时域分析中的基本数据。

频域计算的细节

首先在（0，π）内均匀间隔的区间上对每个数据序列进行有限傅立叶变换（finite Fourier transformation），然后对它们进行简单平均，就可得到表5—7至表5—10中各项数据。由于二战前和二战后的样本容量不同，所以与“经济周期”对应的频率也不同。因此对于每个变量，每次计算时都要把周期图（periodgram）纵坐标数的大约7%（1/12-1/96）进行平均。

表5—6给出了每个变量的周期图纵坐标（在12个月和96个月之间）累计值的平方根。在对对数差分数据进行季节调整和罢工调整时，这些计算（和其他表格的计算）不会受到影响。

每两个变量之间的样本相干性 $\hat{\rho}$ 和相位 $\hat{\theta}$ 的标准误是通过下述公式计算出来的：

$$[SE(\hat{\rho})]^2=\nu^{-1/2}(1-\hat{\rho}^2) \text{ 和 } [SE(\hat{\theta})]^2=\nu^{-1/2}[(1-\hat{\rho}^2)/\hat{\rho}^2]^{1/2}$$

这些公式改编自 Hannan（1970，第7章）。其中 ν 是周期图纵坐标（在12～96个月之间）的两倍。由于这些表达式都是从有限傅立叶变换的渐近行为中推导出来的，因此得出的置信区间也都是近似的，当 $\hat{\rho}$ 接近于0或1时，该置信区间就变得不大可靠。这些标准误有助于我们理解估计值的精确度。

表5—8至表5—10中所估计出的相位领先幅度的单位是月，它是通过把估计得到的相位角 $\hat{\theta}$（及其标准误）除以位于所考虑的带宽正中间的时期①所对应的频率而得到的。即对12～96，2～12，12～24和24～96个月的带宽所计算出的相位领先幅度，分别对应长度为54，7，18和60个月的周期。这些周期长度都大于带宽的平均频率所对应的长度（例如，对于12～96个月的带宽，周期长度大约是2/（1/12+1/96）=21.33个月）。由于隐含地假设相干性和相位角在每个频率带内是不变的，因此该区间上任一频率的相位领先幅度都可以通过按比例缩放而得到。也就是说，为了得到一个"典型的"长20个月的周期的相位领先幅度，可以简单地将所报告的12～24个月的带宽的相位领先幅度（及其标准误）乘以20/18。对于表5—9中②的相位角的等同性检验（tests of equality）不使用上述"比例缩放"法得到的相位领先幅度。相反，相位角之差的 t 统计量是直接用上文给出的标准误公式构造的（并使用二战前二战后相位估计值的大样本独立性）。

所有的计算都是使用RATS统计软件包进行的，见 Doan and Litterman（1981）。此外，关于频域方法的其他理论性参考文献可参见 Hannan（1970）和 Anderson（1971）。

① 在本书原文里，这部分是"...... the period in the center off the bandwidth considered."显然有语法错误，这里根据本章发表前的原始版本（NBER工作论文No. 1376，1984年6月版本）"...... the period in the center of the bandwidth considered."译出——译者注。

② 在本书原文里，这部分是"The tests of equality of phase angles in table 10. 9 do not use ......"显然有误，这里根据本章发表前的原始版本（NBER工作论文No. 1376，1984年6月版本）的原文"The tests of equality of phase angles in table 9 do not use ......"译出——译者注。

参考文献

Altonji, Joseph, and Orley Ashenfelter. 1980. Wage movements and the labour market equilibrium hypothesis. *Economica* 47 (August): 217–45.

Anderson, T. W. 1971. *The statistical analysis of time series*. New York: John Wiley.

Ashenfelter, Orley, and David Card. 1982. Time series representations of economic variables and alternative models of the labour market. *Review of Economic Studies* 49 (special issue): 261–82.

Baily, Martin Neil. 1977. On the theory of layoffs and unemployment. *Econometrica* 45 (July): 1043–63.

Ball, R. J., and E. B. A. St. Cyr. 1966. Short-term employment functions in British manufacturing industry. *Review of Economic Studies* 33 (July): 179–207.

Barro, Robert J., and Herschel I. Grossman. 1971. A general disequilibrium model of income and employment. *American Economic Review* 61 (March): 82–93.

Beney, M. Ada. 1936. Wages, hours, and employment in the United States, 1914—1936. New York: National Industrial Conference Board.

Bernanke, Ben S. 1983. On the sources of labor productivity variation in U. S. manufacturing, 1947—1980. *Review of Economics and Statistics* 65 (May): 214–24.

Bernstein, Irving. 1960. The lean years: *A history of the American worker*, 1920—1933. Boston: Houghton-Mifflin.

Bodkin, Ronald G. 1969. Real wages and cyclical variations in employment: A reexamination of the evidence. *Canadian Journal of Economics* 2 (August): 353–74.

Brechling, F. P. R. 1965. The relationship between output and employment in

British manufacturing industries. *Review of Economic Studies* 32 (July): 187–216.

Brechling, F. P. R., and P. O. O'Brien. 1967. Short-run employment functions in manufacturing industries: An international comparison. *Review of Economic Studies* 99 (August): 277–87.

Bry, Gerhard. 1959. The average workweek as an economic indicator. Occasional Paper 69, National Bureau of Economic Research.

Burns, Arthur F., and Wesley C. Mitchell. 1946. *Measuring business cycles.* New York: National Bureau of Economic Research.

Chirinko, Robert. 1980. The real wage over the business cycle. *Review of Economics and Statistics* 62 (August): 459–61.

Clark, Kim B., and Richard B. Freeman. 1980. How elastic is the demand for labor? *Review of Economics and Statistics* 62 (November): 509–20.

Coen, Robert M., and Bert G. Hickman. 1970. Constrained joint estimation of factor demand and production functions. *Review of Economics and Statistics* 52 (August): 287–300.

Creamer, Daniel. 1950. Behavior of wage rates during business cycles. Occasional Paper 34, National Bureau of Economic Research.

Doan, T. A., and R. B. Litterman. 1981. *RATS user's manual*, version 4. 1. Minneapolis: VAR Econometrics.

Dunlop, John T. 1938. The movement of real and money wage rates. *Economic Journal* 48 (September): 413–34.

Eckstein, Otto, and Thomas A. Wilson. 1964. Short-run productivity behavior in U. S. manufacturing. *Review of Economics and Statistics* 46 (February): 41–54.

Fair, Ray C. 1969. *The short-run demand for workers and hours.* Amsterdam: North-Holland.

Geary, Patrick T., and John Kennan. 1982. The employment-real wage relationship: An international study. *Journal of Political Economy* 90 (August):

854-71.

Gordon, Robert J. 1980. The "end-of-expansion" phenomenon in short-run productivity behavior. Working Paper 427, National Bureau of Economic Research.

Granger, C. W. J., and M. Hatanaka. 1964. *Spectral analysis of economic time series*. Princeton: Princeton University Press.

Hall, Robert E. 1980. Employment fluctuations and wage rigidity. *Brookings Papers on Economic Activity* 1: 91-124.

Hannan, E. J. 1970. *Multiple time series*. New York: John Wiley.

Hause, John C. 1971. Spectral analysis and the detection of lead-lag relations. *American Economic Review* 61 (March): 213-17.

Hultgren, Thor. 1960. Changes in labor cost during cycles in production and business. Occasional Paper 74, National Bureau of Economic Research.

——. 1965. *Costs, prices, and profits: Their cyclical relations*. New York: National Bureau of Economic Research.

Ireland, J. J., and D. J. Smyth. 1967. Short-term employment functions in Australian manufacturing. *Review of Economics and Statistics* 49 (November): 537-44.

Jerome, Harry. 1934. *Mechanization in industry*. New York: National Bureau of Economic Research.

Keynes, John Maynard. 1936. *The general theory of employment, interest, and money*. London: Macmillan.

——. 1939. Relative movements of real wages and output. *Economic Journal* 49 (March): 34-51.

Kuh, Edwin. 1960. Profits, profit markups, and productivity. Joint Economic Committee Paper 15. Washington, D. C.: Government Printing Office.

——. 1965. Cyclical and secular labor productivity in United States manufacturing. *Review of Economics and Statistics* 97 (February): 1-12.

Lucas, Robert E., Jr. 1970. Capacity, overtime, and empirical production functions. *American Economic Review* 60 (May): 23-27.

Masters, Stanley H. 1967. The behavior of output per man during recessions: An empirical study of underemployment. *Southern Economic Journal* 33 (January): 388–94.

Medoff, James L. 1979. Layoffs and alternatives under trade unions in U. S. manufacturing. *American Economic Review* 69 (June): 380–95.

Mitchell, Wesley C. 1951. *What happens during business cycles*. Cambridge, Mass.: Riverside Press.

Moore, Geoffrey H. 1955. Business cycles and the labor market. *Monthly Labor Review*78 (March): 288–92.

Morrison, Catherine J., and Ernst R. Berndt. 1981. Short-run labor productivity in a dynamic model. *Journal of Econometrics* 16 (August): 339–65.

Nadiri, M. Ishaq, and Sherwin Rosen. 1973. *A disequilibrium model of demand for factors of production*. New York: Columbia University Press.

Neftci, Salih N. 1978. A time-series analysis of the real wages-employment relationship. *Journal of Political Economy* 86 (April): 281–91.

——. 1979. Lead-lag relations, exogeneity, and prediction of economic time series. *Econometrica* 47 (January): 101–13.

Oi, Walter Y. 1962. Labor as a quasi-fixed factor. *Journal of Political Economy* 70 (December): 538–55.

Okun, Arthur M. 1962. Potential GNP: Its measurement and significance. In *Proceedings of the Business and Economics Section*, 98–104. Washington, D. C.: American Statistical Association.

Otani, Ichiro. 1978. Real wages and business cycles revisited. *Review of Economics and Statistics* 60 (May): 301–4.

Pindyck, Robert S., and Julio J. Rotemberg. 1982. Dynamic factor demands and the effects of energy price shocks. Research Paper, Massachusetts Institute of Technology.

Ruggles, Richard. 1940. The relative movements of real and money wage rates. *Quarterly Journal of Economics* 55 (November): 130–49.

Sachs, Jeffrey. 1979. Wages, profits, and macroeconomic adjustment: A comparative study. *Brookings Papers on Economic Activity* 2 (1979): 269–319.

——. 1980. The changing cyclical behavior of wages and prices: 1890—1976. *American Economic Review* 70 (March): 78–90.

Sargent, Thomas J. 1978. Estimation of dynamic labor demand schedules under rational expectations. *Journal of Political Economy* 86 (December): 1009–44.

——. 1979. *Macroeconomic theory*. New York: Academic Press.

Sayre, R. A. 1940. Wages, hours, and employment in the United States, 1934–1939. *Conference Board Economic Record 2* 10 (March): 115–37.

——. 1948. *Consumers' prices, 1914—1948*. New York: National Industrial Conference Board.

Shiskin, Julius. 1961. Signals of recession and recovery. Occasional Paper 77, National Bureau of Economic Research.

Sims, Christopher A. 1974. Output and labor input in manufacturing. *Brookings Papers on Economic Activity* 3 (1974): 695–728.

——. 1980. Macroeconomics and reality. *Econometrica* 48 (January): 1–48.

Slichter, Sumner H., James J. Healy, and E. Robert Livernash. 1960. *The impact of collective bargaining on management*. Washington, D. C.: Brookings Institution.

Solow, Robert M. 1968. Distribution in the long and short run. *Proceedings of a conference held by the International Economics Association at Palermo*, ed. Jean Marchal and Bernard Ducrois. New York: St. Martin's Press.

——. 1973. Some evidence on the short-run productivity puzzle. *Development and planning: Essays in honour of Paul Rosenstein-Rodan*, ed. Jagdish Bhagwati and Richard Eckaus. London: Allen and Unwin.

Solow, Robert M., and Joseph E. Stiglitz. 1968. Output, employment, and wages in the short run. *Quarterly Journal of Economics* 82 (November): 537–60.

Stock, James H. 1983. Economic models subject to time deformation. Ph. D. diss. , University of California at Berkeley.

Stockman, Alan C. 1983. Aggregation bias and the cyclical behavior of real wages. Research Paper, University of Rochester.

Tarshis, Lorie. 1939. Changes in real and money wages. *Economic Journal* 49 (March): 150–54.

Tatom, John A. 1980. The "problem" of procyclical real wages and productivity. *Journal of Political Economy* 88 (April): 385–94.

Woytinsky, W. S. 1942. *Three aspects of labor dynamics*. Washington, D. C. : Committee on Social Security-Social Science Research Council.

Zarnowitz, Victor, and Charlotte Boschan. 1975. Cyclical indicators: An evaluation and new leading indexes. *Business Conditions Digest* 15 (May): v-xix.

Zeisel, Joseph S. 1958. The workweek in American industry, 1850—1956. *Monthly Labor Review* 81 (January): 23–29.

第 6 章

大萧条时期的就业、每周工作小时数和收入：对八个制造行业的分析*

地震学家从一次大地震中受到的启发远比从大量小地震中受到的启发多。同样道理，要研究经济周期对劳动市场的影响，20 世纪 30 年代的大萧条是一个很好的机会。除大萧条外，其他任何时期的产出、劳动投入和劳动报酬都不曾出现过如此剧烈的短期波动。

尽管如此，对劳动市场的现代计量分析一般很少使用第二次世界大战（以下简称“二战”）前的数据。但也有一些重要的例外。在假设劳动市场

* 经授权重印自《美国经济评论》（*American Economic Review*），vol. 76（March 1986），82-109。
感谢所有研讨会参与者对本文初稿的建议，他们来自斯坦福大学、麻省理工学院、哈佛大学、芝加哥大学、卡耐基-梅隆大学、罗切斯特大学、普林斯顿大学和宾夕法尼亚大学。我的许多同事也提供了很多帮助。经济政策研究中心（the Centre for Economic Policy Research）和胡佛研究所（Hoover Institution）对本文提供了支持。

持续均衡的论文中，最著名的是 Robert Lucas and Leonard Rapping（1969）。在这篇有影响的论文之后，有基本上支持 Lucas-Rapping 分析的 Michael Darby（1976）和对该分析持批判态度的 Joseph Altonji and Orley Ashenfelter（1980）与 Altonji（1982）。在考虑市场非均衡的文献中，应该提及 Harvey Rosen and Richard Quandt（1978）和 Ashenfelter（1980）[①]。但是，公正地说，上述文献中没有一篇是专门研究 20 世纪 30 年代的劳动市场的。从这方面来说，它们都至少有两点不足：

第一，所有这些论文都使用了年度数据和高度加总的数据。这是因为它们本质上无一是专门研究 20 世纪 30 年代的，加入二战前数据只是为了使样本更长些。由于它们都没使用 1929 年之前的数据，因此任何关于二战前的结论都是根据最多十几个观测得出的。

第二，这些论文在合理解释劳动市场的一些关键时间序列的变动方面能力有限。譬如，它们都没有研究大萧条时期每周工作时间[②]的剧烈波动，而现代的研究认为这一现象是大萧条时期非常重要的一部分。正如我与 James Powell 即将发表的论文[③]和我的工作底稿（1985）[④] 所证明的，在大萧条期间，（所研究的制造业行业）的劳动投入的总方差中，每周工作时间波动的贡献几乎与就业量波动的贡献相当，而在二战后，就业量的波动是更为重要的因素。每周工作时间的缩短也惊人地持续：在 20 世纪 20 年代后期，钢铁行业每周工作小时数为大约 55 小时，而在 1932—1939 年的任何一年里，平均都不到 40 小时，并且在很长时间里更少。

比每周工作时间的波动更重要、也更令人困惑的或许是实际工资的波动。我与 Powell 合写的论文（文中也使用了与其相同的行业数据集）证明，

---

① Martin N. Baily（1983）曾对 20 世纪 30 年代的劳动市场进行过值得注意的讨论，但是没有估计过一个结构性计量经济模型。

② 在本章中，凡是“每周工作时间”都指“workweek”，凡是“每周工作小时数”都指“hours of work”或“weekly hours”。这两个术语的含义常常是相同的——译者注。

③ 这篇论文就是本书的第 5 章——译者注。

④ 这篇工作底稿就是本章于 1986 年在 *American Economic Review* 发表之前的底稿。为了把底稿和正式发表的论文区分开，下文凡是遇到原文中的“my 1985 paper”，一律翻译成“我 1985 年的底稿”，而不是“我 1985 年的论文”——译者注。

在二战前，实际工资通常是反周期的。如果用工资率①指数代替平均小时工资来衡量实际工资，这种反周期性也同样明显。不仅单个行业如此，整个制造业部门也是如此（Alan Stockman，1983）。在主要的萧条周期内（1929—1937），实际工资在失业率高企的情况下仍然继续上涨的趋势尤其令人惊诧：在大萧条初期的经济低迷期（1930—1931）阶段，实际工资是上涨的；在1933—1934年和1937年，实际工资再次大幅上升，虽然这三年的失业率分别高达20.9%、16.2%和9.2%（根据Darby对Stanley Lebergott，1964的图形的修正结果）。与二战前相反，我与Powell合写的文章从二战后类似的数据中找到一些证明二战后实际工资顺周期的证据。

为什么劳动需求很低时，实际工资却在上升②？现存的均衡或非均衡分析方法都难以解释这一现象。均衡分析方面，Lucas and Rapping（1972）在回应Albert Rees（1970）时承认，他们的模型无法解释1933年至二战爆发期间工资与就业之间的关系，但他们声称能够成功地解释1929—1933年的情况。然而Rees（1972）反驳道，即使这一比较有限的解释也要求1929—1933年间名义工资和价格下降对劳动供给带来的负向影响超过实际工资平稳上升带来的正向影响。

为什么即使实际工资上升，通货紧缩仍能降低劳动供给？Lucas-Rapping的原创性解释似乎是：名义工资和价格的下跌通过提高工人的通胀预期（假设通胀预期是价格水平的对数的适应性预期）、降低事前实际利率而抑制了当期的劳动供给。受Lucas（1972）启发，对通货紧缩的这种效应的另一种解释是，工人把名义工资的下降错误地当成了（局部的?）实际工资的下降。不管是从定量角度还是从实际情况（1930—1933年间的事后实际利率是20世纪最高的）来看，第一种解释都难以成立。第二种解释成立的条件是关于工资和价格的信息传播极为缓慢。不管是哪种解释下，名义工资和

① 工资率（wage rate）数据来自Daniel Creamer（1950），只能得到前六个行业1931年8月之前的数据。

② 我将始终坚持一个假设（相信大部分经济学家也赞同这个假设），即二战前经济周期的主要特点是劳动需求总量的波动，而非劳动供给总量的波动。当然，当劳动供给波动时，实际工资的反周期性并不难解释。

价格下降的冲击似乎都没有大到和持久到可以解释所用数据的程度[①]。

非均衡理论或凯恩斯主义对20世纪30年代（至少是1930—1933）实际工资波动的解释是：名义工资“黏性”与严重的通货紧缩一起导致了实际工资意外上升，实际工资上升迫使厂商沿着劳动需求曲线向上移动，从而增加了失业[②]。我们不能否认名义工资比价格黏性更大（前者出现的高频波动更少），不过对此的经济学解释尚存争议。实际上，本文将得出如下结论：必须认识到名义工资黏性在解释实际工资波动中的作用。不过在我看来，凯恩斯主义解释的问题在于：为了使该模型与现实吻合，必须在多大程度上接受目前无法解释的工资刚性？例如 Rosen and Quandt 用他们1930—1973年的样本估计出：需要长达4年时间才能消除实发工资（actual wage）与其均衡路径之间最初差异的一半[③]；假如用相同的模型来估计二战前的数据，则得到的实际工资调整速度将会更慢（如果不为负的话）。这么慢的调整速度与我们所了解的二战前大多数劳动市场盛行的制度和惯例是不一致的[④]。

本章对大萧条时期的劳动市场进行新的实证分析，重点是纠正前面提到的两个问题。首先，我不使用加总的年度数据，而是使用八个制造业行业的月度数据，并且将样本期向前扩展到1923年，这将使每个行业的时间序列观测值增加200个以上。这个以前不曾被使用过的数据集（详见第6.2节及附录）蕴涵了丰富的信息。

其次，为了能更好地解释这一时期劳动市场变量的波动，我在本文中摒弃了标准的均衡模型和凯恩斯主义模型，而是采用一种不同的、有些折中的

---

① Darby估计了一个均衡模型，该模型对20世纪30年代劳动市场数据的解释能力比Lucas-Rapping的模型好。下文第6.3节将对此模型进行讨论和重新解释。

② 为何与削减工资相比，厂商更偏好裁员呢？凯恩斯理论对此并没有给出非常令人满意的答案，虽然（凯恩斯主义者）在这方面曾经做过一些理论尝试，例如借助逆向选择来解释。在1933—1939年间，在失业高企、价格上涨的情况下，实际工资依旧上涨，这用黏性工资理论也无法解释。

③ Rosen and Quandt（1978）假定实际工资（而非名义工资）是黏性的。在他们1985年的著作中，他们在名义工资黏性的假定下，估计了一个复杂的非均衡模型，再次发现工资的调整速度非常低。

④ 具体而言，对二战前期的大多数部门（包括本文研究的制造业）来说，阻止工资对经济冲击进行迅速调整的壁垒比今天少得多。使厂商在工资调整方面（以及在一般的就业关系方面）相对自由的因素包括：从20世纪20年代早期到新政期间工人运动较少；大规模生产技术的引进导致平均熟练程度下降；大量非熟练工人和半熟练工人的供给；政府在劳工关系方面的干预较少；对工人权利的本质缺乏社会共识。详见我1985年的底稿对此的进一步讨论和参考文献。同时也推荐读者阅读 Irving Bernstein（1960）的优秀著作。

分析方法。我的分析基于这样一个模型，在该模型中，和 Lucas（1970）一样，厂商可以改变每个员工在单位时间段内的工作时间（集约边际[①]）和雇用的员工数目（粗放边际[②]）。结合其他更常规的因素（包括名义工资对价格波动的较慢、但并非极慢的调整），该模型能够合理而成功地解释每周工作时间、实际工资和其他重要变量（如就业量）的波动。这一基本模型可能还具有独立的理论和实证意义，参见第 6.1.7 小节。

需要注意的是，本文关注的是劳动市场，而非整个经济，所给的对劳动市场变量的“解释”都是局部的，因为这些解释都把行业产出的路径看做既定的。我们采用局部均衡分析，因为它在理论上和计量上都很简洁。该方法还有一个优点，就是它得到的结果不依赖于对二战前总需求波动的具体解释。（不过，在此需要解释一下我的观点。我认为正是 1930—1933 年的货币和金融崩溃导致大萧条异常严重。参见我 1983 年的论文[③]）。

本文结构如下：第 6.1 节介绍一个简单的劳动市场模型，该模型建立在 Lucas（1970）的基本思想之上。第 6.2 节以此模型为出发点，并结合其他一些特征进行实证分析。第 6.3 节考虑模型供给方面的一种更为动态的设定。

6.1 工人的供求和每周工作小时数：一个模型

本文的分析以 Lucas（1970）在一篇短文中描述的一个模型为基础。Lucas（1970）的模型最独特的特点是：他假设厂商不仅能改变其雇用的工人（和机器）数目，而且能改变单位时间段内工人（和机器）工作的小时数，即“每周工作时间”。在该模型达到均衡时，每周工作时间的波动和雇员数量[④]的波动在总劳动投入的波动中的占比取决于生产函数的性质和工人

① 集约边际（intensive margin）指一种资源被利用或使用的集约程度。例如一个工人工作的努力程度或其投入工作的小时数目——译者注。

② 粗放边际（extended margin）指一种资源被利用或使用的范围，例如厂商雇用的员工数目或参与率——译者注。

③ 这篇论文就是本书的第 2 章——译者注。

④ 雇员数量（雇用量）即就业量。从厂商的角度来说，是对雇员的均衡需求量；从雇员的角度来说，是对雇员的均衡供给量——译者注。

的偏好。如前所述，工人每周工作小时数的大幅波动是萧条时期劳动市场的重要特征，Lucas（1970）对每周工作时间的决定进行了清晰的分析，因此我们在本文中自然愿意选用他的模型（或一个与之相关的模型）。另外，Lucas（1970）证明，他的模型对（平均）实际工资的周期性波动没有施加任何约束，因此该模型与所观测到的工资反周期波动模式（至少）不矛盾。下文的分析将表明，那些能提高每周工作时间的周期敏感性的条件，可能也会增强实际工资的反周期性。因此在两个时间序列之间似乎存在着以往未曾察觉到的联系。

下面我将秉承 Lucas（1970）[①] 的思想，设定一个简单的静态模型。该模型与其他一些要素一起（包括基本的动态变化）共同构成下文报出的估计结果的基础。

6.1.1 前 提

我的数据来自各个制造业行业，为了具体化，下文将考虑一个“初级”（制造业）部门[②]对劳动的供给和需求。我们认为每个初级部门都被它自己的“二级部门”[③] 或其他部门所包围，初级部门的从业者从事农业、贸易或服务工作，或者没有被正式雇用。假设对初级部门产出的需求比对二级部门产出的需求具有更强的周期敏感性（该假设对大部分制造业行业都是合理的）。还假设一个初级部门的某些方面（地理上或其他方面）与其他初级部门割裂，因此各个初级部门之间不会直接相互争夺工人（最后这个假设符合 20 世纪 30 年代的现实，当时工人在制造业与二级部门之间流动频繁，但很少有工人从一个制造业部门转移到另一个制造业部门。例如参见 E. Wight Bakke，1940，p. 242）。

再次强调：下文所讨论的劳动的供给或需求只是针对初级部门而言的。

---

① 需要说明的是，Lucas（1970）并没有讨论过下文的细节——这些细节与他的原文差异巨大。Yakir Plessner and Shlomo Yitzhaki（1983）使用的模型与下文的模型类似。

② 初级部门一般指把自然资源转换成初级产品的部门，该部门的大多数产品被用作其他行业的原材料。主要包括采矿业、开采辅助活动、农林牧渔业等——译者注。

③ 二级部门包括制造业和建筑业。该部门一般用初级部门的产品作为投入品，生产的产品可供消费，或者供下游厂商作为中间投入品投入下一步生产。其中制造业常常分为轻工业和重工业，轻工业和重工业下面又细分为若干子行业——译者注。

模型中不包括周期性不那么明显的二级部门。

6.1.2 供给方面

本模型要决定（1）每周工作时间，（2）雇用的工人数量，以及总工作小时数。因此，在供给方面既要考虑单个工人延长工作小时数的意愿，也要考虑参与率对初级部门能够获得的回报的敏感度。首先分析单个工人 i 供给的工作小时数。我们借助一个描述单个工人在不同工作小时数下的保留收入水平的函数，来间接地刻画单个工人的工作小时供给曲线。这与 Lucas 1970 年构建的工资计划 w（s）类似。令 E_{it} 为工人 i 在第 t 期内的名义收入，H_{it} 为工人 i 在第 t 期内工作的小时数，θ_{it} 为工人 i 在第 t 期内知道的、一组未设定的外生指标。令 COL_t 为第 t 期的生活费用，并假设目前该变量为公开信息。现在定义收入函数为：

$$E_{it}(H_{it}, COL_t, \theta_{it}) \tag{6.1}$$

该函数表示在给定生活费用 COL_t 和外生指标 θ_{it} 下，吸引工人 i 在第 t 期（在初级部门）工作 H_{it} 个小时所需要的最低（名义）收入。

把收入函数放在前面介绍，是为了强调它是个非常一般的概念，在关于工人偏好和环境的几乎任何假设下都具有良好的定义。然而，为了推导出一个具体的、特别简单的情形下的收入函数，还要作一些约束性的假定。首先假定工人的效用函数在时间上可分，其期内效用是：

$$U_i = U_i(C_{it}, \bar{H}-H_{it}) \tag{6.2}$$

其中 C 是消费，$\bar{H}-H$ 是总时间与工作小时数之差，即闲暇。还假设工人不能进行借贷，而只能消费当期收入（$C_{it}=E_{it}/COL_t$）。有了这两个假定，就可以排除工人在消费与闲暇之间进行跨期替代的复杂情况（见第 6.3 节）。最后，假设工人有一个保留效用水平 U_{it}^*，他可以从二级部门或其他部门得到这一效用。（这里 U_{it}^* 是影响工人的劳动供给的数值，即 $\theta_{it}=U_{it}^*$）。在这种情况下，可以逐期构造出收入函数。把它定义为：

$$U_i(E_{it}(H_{it}, COL_t, U_{it}^*)/COL_t, \bar{H}-H_{it}) = U_{it}^* \tag{6.3}$$

当 $H_{it}>0$ 时上式成立，否则 $E_{it}=0$，即收入函数是（E，H）空间内的一条无差异曲线。假设效用函数具有正常的曲率，（6.3）式意味着收入函数是工作小时数的凸增函数，是保留效用水平的增函数（见图6—1）。

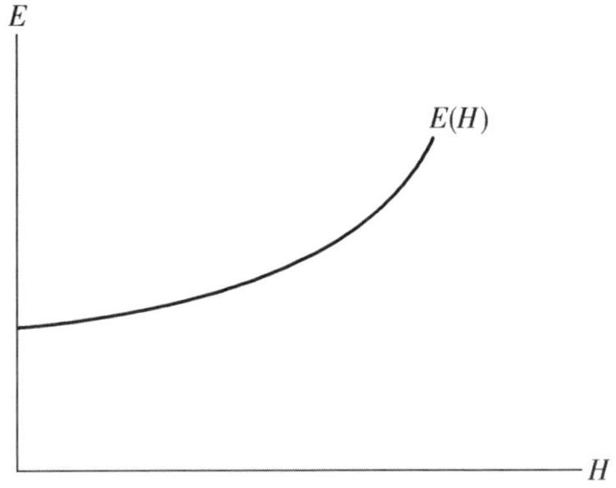

图6—1　收入函数

（6.3）式定义的收入函数具有一个重要的性质，即在工作小时数为0时不连续：工资小时数为0时，无需任何报酬，但是当工作小时数从右向左趋近于0时，收入函数为正。这一性质背后所隐含的假设是：在初级部门工作小时数为正的工人必须完全离开二级部门，不允许兼职。尽管在工作小时数为零处存在跳跃对导出实际工资的反周期性非常重要，但应该强调，不允许兼职的假定太强了，远远超过我们的需要。在允许兼职时，由于工人可以利用工作之外的时间，因此对于较小的 H，收入将比（6.3）式隐含的值小。但是，只要在不同工作之间奔波存在任何固定成本，或者只要去上班存在成本，则收入函数在零点就会不连续。

现在考虑劳动供给的第二个组成部分：单个工人的供给（即初级部门的参与率）。在模型中，我把初级部门的劳动供给作为本部门提供的效用水平的增函数。只要进行如下思考即可理解这一点：假设工人具有相同的生产率和效用函数，但是他们在二级部门找到工作的机会各不相同（或者影响保留效用的其他因素不同，例如对初级部门工作类型的厌恶程度不同）。具体来说，令：

$$U_{it}^{*}=\gamma_{t}\Omega_{i} \tag{6.4}$$

其中 γ_t 是个纯粹依赖于时间的标量，Ω_i 是因个体而异的常数。Ω_i 在总体中的分布函数是 $G(\Omega_i)$。$G(0)=0$，$G(\infty)=\bar{N}$，其中 $\bar{N}$ 是潜在的工人的总人数。假设单个工人的保留效用是私人信息，因此必须对所有工人同等对待①。那么，如果初级部门想雇用 N 个工人，它需要为每个工人提供至少 $\gamma_i G^{-1}(N)$ 的效用水平。也就是说，可以把第 t 期工人的供给曲线 $N_t^s(U_t^*,\gamma_t)$ 定义为：

$$N_t^s(U_t^*,\gamma_t)=G(U_t^*/\gamma_t) \tag{6.5}$$

该初级部门在第 t 期雇用 N 个工人并让每人工作 H 小时的总成本可以写作：

$$NE(H,COL_t,\gamma_t G^{-1}(N)) \tag{6.6}$$

现在可以看出，每个工人的收入 E 与初级部门的就业总量 N 和选择机会指数 γ 正相关，与工作小时数 H 和生活费用 COL_t 也正相关②。

6.1.3 需求方面

现在来考察初级部门中的代表性厂商 j 的行为。假设厂商的产出价格给定不变③，因此要计算厂商对劳动的引致需求，只需要设定生产函数即可。

通常使用的生产函数设定形式，是假设工人数目与每个工人工作小时数以乘积的方式进入生产函数，例如：

$$Q_{jt}=F(L_{jt},X_{jt}) \tag{6.7}$$

其中 Q_{jt} 是厂商 j 在第 t 期的产出；L_{jt} 是全部工人工作的小时总数（total work-hours），即 $L_{jt}=N_{jt}H_{jt}$，其中 N_{jt} 是厂商雇用的工人总数，H_{jt} 是每个工人每周工作小时数。X_{jt} 是一个非劳动投入向量。不过，正如 Martin Feldstein（1967）和 Sherwin Rosen（1968）指出的，假设工人数目与工作小时数以乘积形式进入生产函数未必恰当。例如，把每周工作时间延长一定比例对产出

① 正如 Andrew Weiss（1980）所述，由于工人具有相同的效用函数和生产率，厂商不能在工人中进行选择。

② 劳动总成本的表达式（6.6）假设初级部门的厂商向工人支付的工资恰好使边际工人在初级部门和二级部门之间无差异。"效率工资假说"提出了另外一个假设（例如见 Janet Yellen，1984），它假设厂商通过支付高于最低必需收入的报酬来避免持续监督雇员而带来的成本（从而给雇用的工人一个剩余），然后解雇在随机"抽查"中抓到的怠工工人。这个假设能很容易融入到本文的分析框架中去，它具有一个优势，即能够解释为什么职业介绍所门口排着长队，而雇员极不情愿离开其工作等现象。

③ 即假设厂商在产出市场中是竞争性的。我承认，对我所研究的某些行业来说，这个假设并不好。见下文关于模型模拟的讨论。

的影响，与按同样比例增加工人数量对产出的影响可能不同①。因为我在此重点关注工作小时数和工人数量之间的区别，所以遵循 Feldstein 的做法，把生产函数设定为：

$$Q_{jt}=F(N_{jt}, H_{jt}, X_{jt}) \tag{6.8}$$

如果（为了技术原因）假设厂商 j 的每个工人工作时间相同，则（6.8）式比（6.7）式更加具有一般性。

厂商 j 的利润最大化问题可以写为

$$\max_{(N,H,X)} pF(N_j, H_j, X_j)-N_jE(H_j, COL, U^*)-r(X_j) \tag{6.9}$$

其中 p 是产出价格，$r(X_j)$ 是 X_j 的成本，这里省略了时间下标。边际工人的保留效用水平 U^* 取决于部门的雇用量 N，而不是厂商 j 的雇用量 N_j，并且是厂商 j 的参数。稍后我们将讨论 U^* 的确定。

相应的一阶条件是：

$$pF_N=E \tag{6.10}$$

$$pF_H=N_jE_H \tag{6.11}$$

其中大写的下标表示对因厂商而异的变量取导数，并且符号被进一步缩写了。等式（6.10）的意思是：厂商应该雇用更多的工人，直到它每周的边际收益产品（marginal revenue product）恰好等于每周收入。等式（6.11）的意思是：厂商延长每周工作时间 H_j 的边际收益应该等于边际成本，而边际成本等于雇用工人的数量乘以为了使工人延长工作时间所需要额外支付的报酬。

对于二阶条件，我在 1985 年的底稿中有明确的陈述。这里假设二阶条件成立。

把雇员数量和工作时间的变动看做两种不同的投入，使我们可以明确地分析厂商的偏好（例如在需求下降时用裁员而不是工作分享的方式来削减劳动投入）。例如采用标准方法可以证明，在一个合理的附加假设下，厂商雇用工人的数量和每周工作时间将正向地取决于其产出的价格，有关的弹性

① 延长每周工作时间可能会导致回报递减，因为工作时间太长会增加工人的疲劳程度；增加雇员数量不会增加工人疲劳程度，但是一般会降低资本—劳动比率。参见 Feldstein 的进一步讨论。

与生产函数和收入函数的形状有关（参见我 1985 年的底稿，p. 13）。因此我们可以预期，在面对需求下滑时，厂商的反应是裁员和采用工作分享，这正是他们在大萧条中的做法[①]。类似地，（在同样的辅助假设下）可以证明，随着保留效用水平 U^* 的上升，厂商对雇员数目和每个工人工作时间的需求将下降（参见我 1985 年的底稿，pp. 13 ~ 14）。

6.1.4 部门均衡

现在我们能够很容易地决定均衡状态下初级部门的就业水平和工作时间。前面已经证明，在初级部门能够得到的效用水平 U^* 上升时，劳动供给增加，对劳动的需求却在减小。如果初级部门中有 n 个厂商，达到均衡状态时的保留效用水平记为 U^{**}，则 U^{**} 满足

$$N_t^s(U_t^{**}, \gamma_t) = \sum_{j=1}^{n} N_{jt}^d(U_t^{**}, p_t) \qquad (6.12)$$

该效用水平恰好使边际工人在二级部门和初级部门工作无差别。超边际工人在均衡时获得剩余。

给定 U^{**}，p 和诸 N_j，我们可以认为厂商根据（6.11）式选择工作时间 H_j（当然，严格地说，所有变量都是同时被决定的）。这表示在图 6—2 中，该图表明，厂商将选择每单位资本总收益曲线（per capital total revenue curve）pF/N_j（它是 H_j 的函数）与收入函数平行时的 H_j^* 水平。由于收入函数是一条无差异曲线，所以工人不在乎厂商选择的每周工作时间是多长：在均衡状态时，行业中的不同厂商（如果他们的生产函数不同）会选择不同的每周工作时间。的确，因为“工资”只是每小时平均收入，而收入函数不是穿过原点的射线（已知收入函数在零点不连续），因此采用不同工作时间的厂商在均衡状态下支付的工资也会不同。这个结论可能与传统的模型不一致，但在这里不会引起任何问题。工人在对各个工作进行比较时关注的不是工资，而是可获得的总效用水平（效用水平是收入和每周工作时间的函数）。

① 这种对单期的（single-period）裁员和工作分享决策的合理解释忽略了一个重要的动态因素，即劳动力调整和工作时间变动的成本之差。我们将把这纳入到下文的实证模型中。

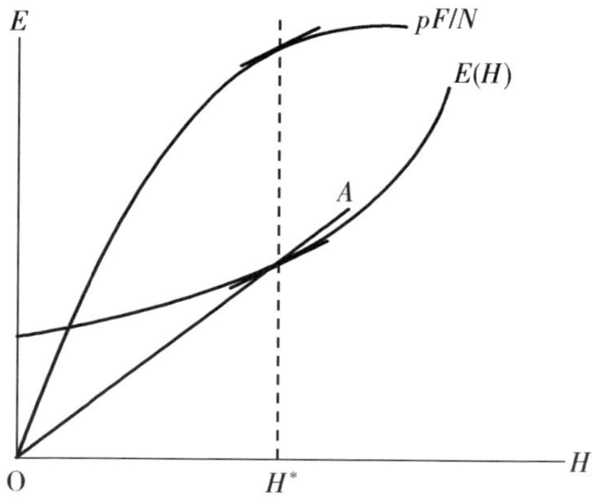

图 6—2　H^* 的决定

尽管工人对厂商会选择收入函数上的哪个点不关心，但是图 6—2 蕴含着一个值得注意的现象。注意在这种情况下，从原点出发、与收入函数交于 H_j^* 点的射线 OA 自下而上穿过收入函数。这说明在均衡工作时间水平上，平均工资 E/H 有可能超过边际工资 E_H。因此，在平均工资水平下工人会乐意工作更长时间。“抑制”他们不这样做的，并不是任何市场失灵或不均衡，而是边际工资和平均工资之间的差异。

6.1.5　反周期的实际工资

在这样的机制下，产生反周期的实际（平均）工资就是显而易见的了。由于假设初级部门是周期敏感的，因此总需求下降将引起初级部门产出的相对价格下跌。为了不失一般性，假设当产出的价格 p 下降时，生活费用 COL 保持不变。

如果 N_j 和 H_j 是正常的投入，则随着需求下降，厂商（和行业）对二者的使用量也将下降。我们姑且忽略 N_j 的下降，而只考虑 H_j 下降的影响。

工作小时数的减少表现为沿着收入函数向左移动（与图 6—1 相比）。对工作小时数的需求的减少无疑会降低边际工资 E_H。然而，工作小时数减少对平均工资的影响却是模棱两可的；并且由于 COL 固定不变，因此对平均实际工资的影响也是模棱两可的。在工作小时数减少时，平均工资上升的必要条件是收入对工作小时数的弹性小于1。该条件有可能得到满足，例如，当 U^* 不接近于0，并且劳动的边际负效用没有快速增加（即收入函数接近线性且截距为正）时，则该条件就得到满足。可以预见，实证结果一般的确会证实该弹性小于1。

反周期的实际工资背后隐藏的“故事”可以直观地描述如下：行业需求的下降导致雇主缩短每周工作时间。工人将从缩短的工作时间中受益，但是不喜欢由此引起的每周收入下降。厂商随着每周工作时间的缩短而削减周薪的速度取决于工人的偏好和保留效用。特别是在工作时间和收入水平较低时，消费相对于休闲具有更高的价值，雇主不可能在满足保留效用约束的前提下，像削减工作时间那样快地削减周薪。因此即使劳动需求（labor demand）和每周工作时间下降，工资（即每小时收入）也可能会上升。

正如 Carroll Daugherty et al.（1937）所描述的，钢铁行业为这些观点提供了例证。在20世纪30年代，该行业的每周工作时间急剧下降。发生这种现象有两个原因：一是厂商发现通过让某些设备只在部分时间开工来降低产量是有效率的；二是厂商希望能够维持劳工队伍的相对完整性，因此采用“交错工作”计划或“延伸工作”计划（staggered or spread-work schedules），在这些计划下许多工人一周只工作几天（pp. 163～165）。对大部分工人来说，缩短工作时间带来的问题是获得的收入只能满足基本生活需求。据估计，在1932—1933年，钢铁工人平均每周收入比四口之家达到“最基本的健康和舒适”标准所必需的收入的一半还低，更不用说那些最低收入者了（pp. 155～157）。并且，“在钢铁工人居住的大部分社区，没有机会赚取外快”（p. 167）。厂商肯定意识到，随着每周工作时间缩短，他们削减工人总收入的空间是有限的，因为如果工人在工业城镇得不到维持其生存的收入水平，就会被迫迁移到其他地方。因此，随着每周工作时间的缩短，钢铁行业的实际小时工资提高了，或者下降的幅度相对很小。

上述讨论强调了在其他条件不变时，每周工作时间的缩短可能趋向于提高实际工资。工作时间缩短的这种效应会在一定程度上被抵消，因为对行业产出的需求降低也会引起初级部门就业量 N 减小。与任何由经济普遍低迷导致的二级部门就业机会减少一样，对雇员数量的需求减少会降低保留效用的均衡水平 U^{**}。U^{**} 下降表现为收入函数向下移动，这意味着对于给定的 H，平均工资会降低。需求下降对平均工资的净影响将取决于各种影响因素的相对强弱。一般来说，正如 Lucas（1970）指出的，工资的周期性行为将不会受到约束。

这一分析有一个值得注意的涵义：如果一个经济越依赖于通过缩短每周工作时间（而不是通过裁员）来削减劳动投入，那么它越有可能产生反周期的实际工资。我与 Powell 合写的论文里使用了与本文相同的数据，再加上二战之后相应的数据集，验证了在大萧条时代，制造业行业确实比二战后相应行业更依赖于每周工作时间的变动，并且工资也比二战后表现出更强的反周期性。

6.1.6 熟手和生手

到目前为止，我一直假设工人在生产过程中都是相同的。但从经验来看，在整个经济周期中，技能组合（skill mix）的不断变化具有一定重要性。现在来简单地考虑这个问题。

假如存在两类工人，即熟手和生手。假定他们在二级部门的就业机会存在着系统性的差异，或者说，他们的数量不同，供给函数也不同。对一个给定的时期，我们可以写出两个类似（6.5）式的供给函数 $N_1^s(U_1^*, \gamma_1) = G_1(U_1^*/\gamma_1)$ 和 $N_2^s(U_2^*, \gamma_2) = G_2(U_2^*/\gamma_2)$，其中下标 1 和 2 分别表示熟手和生手，式中省略了时间下标和厂商下标。这两类工人相应的收入函数为 $E_i(H_i, U_i^*)$，其中 $U_i^* = \gamma_i G_i^{-1}(N_i)$，$i = 1, 2$。正常情况下，如果 $H_1 = H_2$，我们预期只会观测到使 $E_1 > E_2$ 的 N_i，亦即熟手的收入比生手高。

从需求的角度来看，假定厂商必须按照某个固定比例使用熟手和生手，但当每周工作时间（作为生产规模的一个代理变量）延长时，熟手与生手的数量之比下降（关于支持该假设的论据可以参见 Rosen 的文章及其参考文献）。具体来说，假设一个厂商每周开工 H 小时，那么他的工人中必须有 $g_1(H)$ 部分为熟手，$g_2(H)$ 部分为生手，其中 $g_1 + g_2 = 1$ 且 $g_1(H)$ 是 H

的减函数。厂商的生产函数仍然可以写为（6.8）式。此外，假设熟手和生手必须工作相同时间，则可以把厂商的平均收入函数写作：

$$\bar{E}\ (H,\ COL,\ U_1^*,\ U_2^*) = \sum_{i=1}^{2} g_i\ (H)\ E_i\ (H,\ COL,\ U_i^*) \tag{6.13}$$

和前面一样，U_i^* 取决于部门的总就业水平，却是厂商的参数。

在前述方便的假设下，把模型扩展到熟手和生手之后，厂商的最优化问题并没有变得更复杂。厂商决定其最优工作小时数和总雇员数量的方式与上文第 6.1.3 节中完全相同，只不过是用（6.13）式定义的平均收入函数 $\bar{E}$ 代替了第 6.1.3 节中简单的收入函数 E。把比例 g_1（H^*）和 g_2（H^*）代入厂商总雇用量的最优水平中，就可以求出雇用熟手和生手的数量。

本部分显得有些离题，这是为了突出技能组合的变化对通过经验观察到的平均收入函数 $\bar{E}$ 的性质的影响。例如，对于 $H>0$，为具有相同效用和生产率的工人定义的收入函数 E_1 和 E_2 必须是工作小时数 H 的递增凸函数。然而，由于在劳工中，低技术水平和低收入的工人所占的比例顺周期地变动，因此平均收入函数 $\bar{E}$ 会比单独的 E_1 和 E_2 更平坦，具有更小的弹性。这有两个含义：第一，经验观察到的平均收入函数可能不是工作小时数的凸函数①。第二，正如前文所证明的，收入函数弹性越低，越有可能观察到反周期的实际工资。因此，技能组合的周期性可能有助于解决工资之谜。

6.1.7 标准分析方法的应用

对于使用标准的劳动市场模型（这种模型把全部工人的总工作小时数的供给与需求简单地写成实际工资的函数）的人来说，本节前几部分提出的模型看上去可能有些古怪。不过，我相信这个模型比标准方法更能正确地刻画总体劳动市场。标准模型的问题在于：工人实际上通常不能根据实际工资的变化连续地改变其劳动供给（这与标准模型的主要前提正好相反）。相反，他们必须在总报酬、工作小时数和雇主提供的其他工作性质组成的

① 需要指出，收入函数的凸性假设对二阶条件的成立来说是不必要的。下文估计的收入函数是对数线性的，即收入是工作小时数的凹函数：从实证来看，这种函数形式的效果似乎最佳。

“组合”中进行选择。正如上文隐含的，这种在社会中占主流的安排的经济原因是：把雇员人数和工作小时数“捆绑”在一起①通常会产生经济或不经济。对工人来说，为八个不同的雇主每人工作一小时，与为一个雇主工作八小时是不同的。同样，对雇主来说，雇用八个工人每人工作一小时和雇用一个工人工作八小时也是不同的。只要把雇员人数和工作小时数捆绑在一起产生经济或不经济，标准模型就不可能完全正确。

不恰当地运用标准模型会引起误解。比如 Lucas-Rapping 的跨期替代分析方法的支持者和反对者之间的争论就集中在实际工资的时间序列性质上（例如参见 Altonji and Ashenfelter，1980）。然而，如果本文所使用的方法是正确的，标准模型是错误的，那么实际工资的变动在很大程度上与他们的争论没有关系。

另一个例子是关于劳动供给弹性的估计。假如工人具有完全相同的效用函数如下：

$$U=(E_t/COL_t)-\Phi H_t \tag{6.14}$$

即消费（等于实际收入）的边际效用和工作小时数的边际负效用都是常数。这些工人的劳动供给弹性（从传统意义上来说）是无穷大的。但是使用加总数据和标准模型的研究者会发现什么呢？假设本文的模型是正确的，并且保留效用 U_{it}^* 在总体中的分布如上文第 6.1.2 节假设的那样。则容易写出“加总的”实际工资额 w_t：

$$w_t=(\gamma_t G^{-1}(N_t)/H_t)+\Phi \tag{6.15}$$

注意 $\partial w/\partial N>0$，$\partial w/\partial H<0$。因此，观测到的全部工人工作总小时数与工资之间的关系取决于 N 或 H 哪个更容易变动。假设一种极端情况，即把每周工作时间从法律上固定下来，则用全部工人工作总小时数对工资进行计量经济学回归会得到一个正的弹性（尽管不是无穷大），这是因为全部工人工作总小时数的变动都来自就业量的变动。另一种极端情况是，假设每周工

① 意思是标准模型把全部工人的总工作小时数作为一个变量放在模型里会产生经济或不经济，因此本文采用了（6.8）式那样的生产函数，把厂商雇用的工人数目和每工人工作时间作为两个变量放进生产函数——译者注。

作时间是变动的而就业量不变，则估计得到的“加总的”劳动供给曲线会向后弯曲。计量经济学家还会关心他的估计在时间上的“不稳定性”，以及这些估计与从微观层面的面板数据中得到的劳动供给弹性之间缺少联系。然而问题并不出在数据或识别上，而在于使用了错误的模型。

6.2 实证应用

本节首先简要描述本研究所使用的数据。然后设定一个实证模型，并报出对八个制造行业的估计结果。被估计的模型严格地基于第6.1节的分析，但也考虑了其他一些重要因素。

6.2.1 数 据

为本研究构建的数据集包括八个制造行业，采用每个行业下列变量的月度数据：①产值；②产出的（批发）价格；③雇用的雇员人数；④每个雇员每周工作小时数；⑤雇员的平均小时工资。样本期从1923年1月到1939年12月。之所以把20世纪20年代的数据包含在内，是为了包含一个“正常”时期，以便从更广泛的背景上研究大萧条。遗憾的是，我们无法把样本向前拓展以涵盖更早的数据（详见附录）。

表6—1列出了样本涉及的八个制造业行业和衡量它们相对重要程度的指标。这些行业在产品类型（主要有耐用品、非耐用品和半耐用品）、市场结构、发展阶段、地理位置、劳工的技能构成和人口统计特征等方面各不相同。这些行业不是随意选取的，凡是我能找到最完整、最一致的数据序列的行业都包括在内。具体而言，由于我想使用每周工作小时数序列，因此不得不将样本范围局限于全美工业会议（the National Industrial Conference Board，NICB）从20世纪20年代早期开始进行定期调查的那些行业上。美国劳工统计局（Bureau of Labor Statistics，BLS）调查的行业虽然更广泛，但是它直到1932年才开始收集工作小时数数据。另外，因为我需要用产出的物理数量（例如钢铁的吨数）数据来计算工业产值序列，而不是用投入品来计算

表 6—1　　**数据集中包括的行业**

行业（缩写）	雇员[a]		附加值[b]	
	千人	占制造业的百分比	百万美元	占制造业的百分比
1. 钢铁（IRON）	419.6	5.02	1 622.8	5.40
2. 汽车（AUTOs）	226.1	2.70	1 315.0	4.37
3. 肉类加工（MEAT）	122.5	1.46	460.5	1.53
4. 造纸与纸浆（PAPER）	128.0	1.53	482.8	1.61
5. 制鞋业（SHOES）	205.6	2.46	450.9	1.50
6. 纺织（WOOL）	179.6	2.15	414.8	1.38
7. 皮革鞣质与加工（LEATH）	49.9	0.60	143.7	0.48
8. 木材加工[c]（LUMBER）	509.2	6.09	1 088.5	3.62
合计	1 840.5	22.01	5 979.0	19.89

注：a. 1929 年的雇员数量和各行业雇员数占制造业总量的百分比；来自 Solomon Fabricant（1942，附录 B）。

b. 1929 年的附加值（单位：百万美元）和各行业附加值占制造业总量的百分比；来自 Fabricant（1942，附录 C）。

c. 不包括家具。

工业产值序列①，因此有些候选行业无法被采用。

关于数据的其他讨论见附录。另外也可以参阅我和 Powell 的论文，以及本文 1985 年的底稿。

6.2.2　供给方面的设定

本模型的供给方面用每个初级部门（制造业行业）面对的收入函数来概括，如（6.6）式所示。已经证明，一个行业中雇员的平均每周名义收入取决于以下四个要素：

① 加总的行业产值指数被基于投入计算的产值数据严重“污染”了。因此我只在行业层面上进行估计，而不对整个制造业进行估计。

（1）该行业的每周工作时间 H（现在假定所有厂商的 H 都一样）；

（2）行业就业人数 N；

（3）影响工人保留效用的因素 γ；

（4）生活费用 *COL*。

每个行业的工作小时数、就业人数，以及整个经济的一般生活费用都是通过直接观察得来的。最大的难题是确定工人保留效用的月度决定因素。我认为有两个重要因素：政府救济的水平和工人运动的力量。我构建了两个（月度）变量 *EMERGWORK* 和 *UNIONPOWER* 来衡量它们（估计中用到的所有变量见表 6—2）。*EMERGWORK* 是联邦政府雇用的“应急人员”① 的数目的对数，其中包括所有主要以工代赈②项目中雇用的工人。*UNIONPOWER* 用来反映“罗斯福新政”保护工人运动的法律出台后工人运动的复苏，1935 年 5 月《Wagner 法案》③ 通过之前该变量的值都设为 0（如前所述，从样本期开始至 1935 年，工人运动的力量极其弱小）。从 1935 年 5 月开始，将 *UNIONPOWER* 的值设为（整个经济中）由于罢工而停工的累计人日（man-days）数④。这里的思路是：罢工实际上是对工会信誉这一资本品的投资，这种投资会反过来影响工人能够要求的收入水平（事实上，这一期间的罢工活动与所达成的主要新工会认可⑤和合同密切相关）。

我估计的基本收入函数的形式是：

$$\widehat{EARN}_t = \alpha_0 + \alpha_H HRS_t + \alpha_E EMPLF_t + \alpha_W EMERGWORK_t + \alpha_U UNIONPOWER_t + \alpha_N NRA_t + COL_t + \alpha_t t \tag{6.16}$$

① 应急人员（emergency worker）指特定情况下可以候补到工作岗位上的工人——译者注。

② 以工代赈（work relief）指政府对于有工作能力却欠缺工作技能的低收入者提供临时性的工作机会，以使其可以获得收入。美国在 1933 年成立了“工作进步总署（The Works Progress Administration）”，它通过以工代赈的方法，由联邦政府在 1933 年至 1943 年期间 共出资 110 亿美元，在公共工程领域提供了 800 万个工作机会——译者注。

③ 《Wagner 法案》即 1935 年 5 月通过的《全国劳工关系法》（*National Labor Relations Act*），它赋予工人加入工会和通过工会代表进行集体谈判的权利。该法还设立了全国劳工关系委员会（National Labor Relations Board，NLRB）以惩罚雇主在劳工问题上的不公正做法。如果雇主因雇员参加工会活动而解雇了他们，NLRB 可迫使雇主补偿工资。该法 1947 年被《Taft-Hartley 法案》修正——译者注。

④ 使用整个经济的数据而非行业数据的主要原因是缺乏数据。但是可以证明，单个行业中工会的成功对没有直接卷入工会运动的行业有“溢出”效应（参见本章第 44 个注释）。

⑤ “工会认可”（union recognitions）也译为“工会承认”——译者注。

表 6—2　　**估计中使用的变量的定义**

变量	定义
COL	生活费用指数
EARN	每个雇员的每周名义收入
$\widehat{EARN}$	每周名义收入，减去截距，见（6.17）式
EMERGWORK	罗斯福新政中雇用的“应急人员”
EMP	雇用的雇员数量
EMPLF	*EMP-LABORFORCE*①
HCOST	每周工作小时数 *HRS* 的边际成本，见（6.24）式
HRS	每个雇员每周工作小时数
INTERCEPT	收入函数的截距，见（6.17）式
LABORFORCE	总劳动力（来自 Lebergott），通过插值得到
NRA	美国《国家复兴法》② 的虚拟变量
P	行业产出价格
PAY	经产出价格平减的每周名义收入
Q	实际产量（没有消除季节性）
QSEAS	实际产量的纯粹季节性成分③
Q-QSEAS	消除季节性之后的实际产量
t	时间
UNIONPOWER	因罢工而停工的累计人日；以 1935 年 5 月为累计的起始日，这一天因罢工而损失的人日数记为 0。

注：除了 *COL*、*EMERGWORK*、*LABORFORCE*、*NRA*、*t* 和 *UNIONPOWER* 以外，其他变量都对八个行业中的每一个行业分别定义。除了 *NRA*、*INTERCEPT*、*t* 和 *UNIONPOWER* 外，其他变量均为对数形式。

---

① （*EMP-LABORFORCE*）是经过用全国总劳动力正规化（normalized）的行业雇员数量。由于 *EMP* 和 *LABORFORCE* 都是对数形式，因此（*EMP-LABORFORCE*）就相当于用行业雇用量水平值除以全国总劳动力水平值（即正规化），然后再取对数——译者注。

② 该法案的正式名字是《国家工业复兴法》（*the National Industrial Recovery Act*，NIRA），1933 年 6 月 16 日通过。它是罗斯福新政的一部分，目的在于通过商业的自行调节减少生产过剩、提高工资和价格、缩短工时、增加就业机会，从而刺激美国经济从大萧条中复兴。它授权总统拟定一些为工业部门自愿接受但可通过执照制度执行的公平竞争的法规。为此成立国家复兴总署（National Recovery Administration，NRA），领导几千种工业部门拟定法规。当时华盛顿出现了一种与战争时期相似的激昂气氛，最后通过了 576 项基本的和 189 项补充的法规。7 月宣布的“再就业协定”禁止雇用童工，规定产业工人每周工作 35 小时，最低工资为每小时 40 美分。遵守这项临时协定的雇主可以领到一个 NRA 的“蓝鹰”标志。1933 年仲夏，100 万雇主表示愿意遵守这一规程，900 万工人在“蓝鹰”标志下工作。1935 年 5 月 27 日以后，美国最高法院在“谢科特家禽公司诉美国案（Schechter Poultry Corp. v. United States，295 U. S. 495（1935））”等一系列诉讼案中，宣布《全国工业复兴法》中的一些条例违宪，《全国工业复兴法》被取消。关于这一法案的效果目前尚存争议，某些地区和行业显然从中受益匪浅，但是在某些领域，它并没有达到起初宣称的目标——译者注。

③ 原著中这一句误写为“purely seasonal comonent of real production”。这里根据本文在 *American Economic Review* 发表时的原文“purely seasonal component of real production”译出——译者注。

其中

$$\widehat{EARN}_t = log\text{（收入–生活费用} \times INTERCEPT\text{）} \quad (6.17)$$

各变量的含义见表 6—2。(6.16) 式的意思是：每周名义收入的对数（减去截距，稍后讨论）是每周工作小时数的对数 *HRS* 的增函数，是（经过全国劳动力正规化的）行业雇用量的对数 *EMPLF* 的增函数，是工人保留效用（用 *EMERGWORK* 和 *UNIONPOWER* 衡量）的增函数，并且与当期生活费用的对数 *COL* 一对一地相关（即不存在货币幻觉或者关于价格水平的不完全信息）。(6.16) 式还包括一个时间趋势和一个虚拟变量——时间趋势是为了体现人口统计特征或财富积累等因素对保留效用的长期影响，虚拟变量则表示 1933 年 9 月—1935 年 5 月《国家复兴法》（NRA）实施的时期，在这一时期，影响工资和工作时间的立法可能对收入有直接影响。

(6.17) 式定义了 (6.16) 式中的被解释变量，它不是简单地将每周名义收入取对数，而是用每周名义收入减去一个实际值（measured in real terms）为常数的项，然后再取对数。这样做是为了符合我们的理论的一个基本问题：收入函数在零点不连续，即工人"只要去上班"就要求一个最低工资。我并不期望能从数据中估计出常数项 *INTERCEPT* 的值，因为工作小时数的样本值都不非常接近于 0，而且收入函数可能是非线性的（以一种相对不受约束的方式）。相反，对于每一个行业，我将 *INTERCEPT* 武断地设置为按 1929 年 6 月的工资水平支付的 6 个小时工资的实际值，也就是假定"去上班的固定成本"等于标准的每周工作时间里每天 1 个小时工资的实际值①。*INTERCEPT* 的确切值并不重要，我尝试过把它从 0 小时的工资变到 12 个小时的工资，发现对结果的定性含义没有影响。

① 这里的意思是，工人每天仅仅走到工厂上班就要求有一个最低工资，或者说要有一个最低工资使工人愿意每天走去上班。雇主支付的这部分工资可以看作是为了让工人每天"去上班"所支付的"固定成本"。在 (6.17) 式中，作者把 *INTERCEPT* 设为按 1929 年 6 月的工资水平支付的 6 个小时工资的实际值，而当时一周有 6 天，因此实际上是假设雇主每天为了让工人"去上班"所支付的"固定成本"就是 1 个小时工资的实际值——译者注。

（6.16）式的估计结果显示该式的实证效果相当好，即系数估计值的符号全部正确，而且都是统计显著的。但是估计方程的 Durbin-Watson 统计量较小，在模拟中的表现不是非常好。在检查了数据之后，我意识到（6.16）式的约束条件——名义收入必须与当期生活费用直接成比例——并不好。如果这一约束条件是正确的，则意味着收入的高频波动应该与生活费用 COL 的波动相似。但实际上，一般认为“名义劳动报酬变量比价格水平变量‘更加平滑’”，并且在本文的数据里也是如此。

为了体现出这种平滑效应，假定名义收入只对生活费用变动的“永久”部分做出反应，见 John Muth（1981）。即名义收入不是与 COL 成比例，而是与 COL^* 成比例，其中 COL^* 定义为：

$$COL_t^* = \lambda_p COL_t + (1-\lambda_p) COL_{t-1}^* \tag{6.18}$$

对此假定的其他可能解释是：每期收入是在对生活费用适应性预期的基础上设定的（请与 Lucas and Rapping，1969 相比较），或者快速调整工资率的成本使雇主企图平滑生活费用波动的影响，见 Julio Rotemberg（1982）。

所以，最终的收入函数如（6.16）式所示，但是要用 COL_t^* 代替 COL_t。使用（6.18）式对（6.16）式进行 Koyck 变换（Koyck Transformation）能得到一个可观测的模型。我采用非线性估计方法，这样可以得到原始参数 α_H，α_E，α_W，α_U，α_N，α_t 和 λ_p 的估计值。这些结果与需求方面的估计结果一起放在下文讨论。

6.2.3 需求方面的设定

模型的需求方面的第一个要素是生产函数 F。为了得到 F 的具体函数形式，我假设员工雇用量和工作小时数综合成一个一般化的常替代弹性（Constant Elasticity of Substitution，CES）生产函数：

$$Q_t = B\left(\alpha e^{g_N t} N_t^{-\rho} + (1-\alpha) e^{g_H t} H_t^{-\rho}\right)^{(-k/\rho)} \tag{6.19}$$

其中 B，α，ρ，k，g_N 和 g_H 是参数。该式允许非常数的规模报酬和要素增广的技术变化（factor-augmenting technical change）。由于缺少数据，我们不考虑产出对资本存量和其他非劳动要素的显性依赖，为了短期和中期分析，我们希望这些影响能够体现在指数趋势项里（我还尝试了二次指数趋势和线性指数趋势，对结果都没有显著影响）。选择（6.19）式的根本原因是把它变形就可以得到简单的对数线性关系，而其他实证应用已经证实对数线性关系是成功的。不过还要注意，如果资本存量服从一个时间趋势，那么（6.19）式比一些标准的设定（例如 Feldstein 估计的 Cobb-Douglas 形式）更具有一般性。

在这些设定下，员工雇用量的一阶条件即（6.10）式可以写为

$$n_t^* = \beta_{n0}^* + \beta_{nq}^* uq_t - \beta_{ne}^* (e_t - p_t) + \beta_{nt}^* t \tag{6.20}$$

其中 n^* 是雇用量的对数；q 是产出的对数；$e-p$ 是“每周收入除以产出价格”的对数；系数 β^* 显然直接取决于生产函数的参数。

可以把变量 n_t^* 看作第 t 期意愿的雇用量水平①，即恰好满足一阶条件的雇用量水平。然而我们预料（6.20）式在实证应用中不会成功，因为调整成本会使这种关系不能同时成立（对月度数据尤其如此）。对此的处理方法是像 Thomas Sargent（1978）的研究那样将基本模型显性地动态化，并求解由此产生的最大化问题。但是这种方法可能极其复杂；而且正如 Sargent 指出的，它还需要辅助的假设条件。这里我将遵循之前的大量文献简单地假设现实雇用量向意愿雇用量缓慢调整。即如果 n^* 是一阶条件定义的意愿雇用量，则假设厂商根据下式调整现实的雇用量 n_t：

$$n_t - n_{t-1} = \lambda_n (n_t^* - n_{t-1}) \tag{6.21}$$

其中 λ_n 是调整速度。给定（6.21）式，对（6.20）式进行 Koyck 变换会得出如下的现实的员工雇用量需求方程：

$$n_t = \beta_{n0} + \beta_{nq} q_t - \beta_{ne} (e_t - p_t) + \beta_{nt} t + \beta_{nn} n_{t-1} \tag{6.22}$$

其中 $\beta_{ni} = \lambda_n \beta_{ni}^*$；$i = 0, q, e, t$；$\beta_{nn} = 1 - \lambda_n$。

类似地，运用一阶条件式（6.11）求意愿的工作小时数，并且合理地假设迅速调整每周工作时间数也会带来成本②。我们得到

$$h_t = \beta_{h0} + \beta_{hq} q_t - \beta_{hc} (hcost_t) + \beta_{ht} t + \beta_{nn} h_{t-1} \tag{6.23}$$

① 指厂商愿意雇用的员工数量——译者注。
② 这些成本包括重新制订生产计划的成本、引导工人重新安排他们个人计划的成本。

其中 h 是平均每周工作小时数的对数，$hcost$ 是工作小时数的边际成本的对数（从收入函数中得到，见下文）。另外，这里的系数的定义与求雇用量水平时相类似，λ_h 为工作小时数的调整速度[①]。

（6.22）和（6.23）式可以看成代表性厂商对雇用量和工作小时数（即每周工作时间）的需求函数。这两种需求都与产量水平正相关、与一个成本变量负相关。（6.22）和（6.23）式除了包括成本变量、分别设定雇用量与工作小时数方程之外，仍然是很传统的短期劳动需求函数，例如参见 Frank Brechling（1965），Robert Ball and E. B. A. St. Cyr（1966），N. J. Ireland and D. J. Smyth（1967），Ray Fair（1969）的综述和 Lucas and Rapping（1969）。

在构建（6.22）和（6.23）式的实证方程时，需要解决几个实际问题：

（1）一个最基本的问题是对季节性的处理，这些数据的季节性相当严重。关于这个问题，Fair（1969）反对消除季节性，他的理由是：能解释员工雇用量等变量的周期波动的因素应该也能解释季节性波动，而且消除季节性还可能会引入一些虚假的[②]或不真实的关系。由于这些原因，在估计之前没有消除数据中的季节性，方程中也没有使用季节虚拟变量（注意，保留季节性波动会导致拟合度表面上变差）。不过我考虑了厂商对雇员数量和工资小时数的需求对产出的季节性成分和非季节性成分做出不同反应的可能性，具体如下：对每个行业我都设置了一个变量 *QSEAS*，它表示“产出中的季节性成分”，即把行业产出消除季节性后得到的残差。然后让 *QSEAS* 和 *Q-QSEAS*（剔除季节性成分之后的产出）同时进入员工雇用量需求方程和工作小时数需求方程。

（2）在对这个数据集进行分析的前期，我考虑了在不同超前项和滞后项下，产出和劳动市场变量（就业、工作小时数和收入）的对数差分之间

---

① 为了简化起见，我假设工作小时数的调整只取决于现实工作小时数和意愿工作小时数之差，而不取决于现实雇用量和意愿雇用量之差（雇用量的调整与此类似）。M. Ishaq and Rosen（1973）的论点支持放松这一约束。

② 本书原文把“spurious（虚假的）”这个词误印为“spurilous”。此处根据本文在 *American Economic Review* 发表时的原文译出——译者注。

的交叉相关性。我关注的是，由于数据是月度的，并且产出和劳动变量的数据来源不同，因此可能存在数据配准（alignment）问题。检验的结果是没有发现任何潜在的配准困难，只是员工雇用量与产出的关系有些问题：在一些行业中，雇用量与下月产出之间的相关程度，比雇用量与当月产出的相关程度更强。既然其他劳动数据序列与产出是相匹配的（lined up with output），那么这可能反映了一种真实的经济现象（例如在生产之前就雇用工人），而不仅仅是一个数据配准问题。无论如何，我让当期产值和未来一期产值都进入雇用量需求方程（因为同时使用了季节性产值和非季节性产值，所以这样一来方程中总共有 4 个产出变量）。在估计雇用量需求方程时，没有把现实的未来一期非季节性产出视为外生变量，而是为它设置了工具变量，因此可以认为它的系数估计值衡量了未来一期产出的预测值（而不是现实中发生的未来产出）对当期雇用量的影响。由于重复的（recurring）季节性部分应该被完全预测到，所以将未来一期的季节性产量视为外生变量。

工作小时数的需求方程似乎并不需要包括未来一期的产出。

（3）在实证应用中，把每周工作时间延长一小时所带来的边际成本 HCOST 定义为

$$HCOST=EMP+\widehat{EARN}-HRS-P \tag{6.24}$$

其中$\widehat{EARN}$的定义如（6.17）式，P 是行业产出价格。这由（6.11）式和（6.16）式的收入函数直接得出（实际上，*HCOST* 与延长每周工作时间的边际成本成比例，而不是相等。这个比例因子将体现在 *HCOST* 的系数估计值里）。

每增加一个工人的边际成本 *PAY* 简单地由（$EARN-P$）给定，注意收入函数的截距与该成本变量的构建无关。

（4）根据《国家复兴法》拟定的行业法规对厂商的雇用量和工作小时数决策施加了直接的约束，例如通过工作分享条款对厂商施加约束。为了把这一点考虑在内，在估计雇用量需求方程和工作小时数需求方程时，都加入

了虚拟变量 *NRA*。

上述这些考虑与（6.22）和（6.23）式一起，使我们能估计每个行业的员工雇用量需求方程和工作小时数需求方程（这两个方程的解释变量见表 6—3 和表 6—4 的第 1 列，变量的定义见表 6—2）。下面第 6.2.4 节先岔开去讨论有关识别的问题，然后第 6.2.5 节再讨论这些估计的结果。

表 6—3　　行业对员工雇用量的需求（被解释变量：EMP_t）

解释变量	*IRON*	*AUTOS*	*MEAT*	*PAPER*	*SHOES*	*WOOL*	*LEATH*	*LUMBER*
EMP_{t-1}	0.740 (19.6)	0.610 (11.3)	0.916 (16.7)	0.881 (42.5)	0.720 (13.2)	0.578 (11.8)	0.771 (19.2)	0.684 (16.1)
PAY_t	−0.135 (−3.70)	−0.134 (−1.04)	−0.094 (−1.98)	−0.046 (−1.59)	−0.202 (−1.87)	−0.229 (−2.82)	−0.008 (0.16)	−0.204 (−2.91)
$Q_{t+1}-QSEAS_{t+1}$	0.123 (1.69)	0.450 (5.39)	0.918 (1.87)	0.179 (1.27)	−0.033 (−0.32)	0.002 (0.02)	0.046 (−0.26)	0.216 (1.39)
$QSEAS_{t+1}$	0.102 (1.94)	0.343 (4.94)	0.124 (1.90)	0.039 (0.98)	0.220 (8.12)	0.286 (2.61)	0.147 (2.36)	0.279 (3.50)
$Q_t-QSEAS_t$	0.058 (1.94)	−0.125 (−2.06)	−0.532 (−0.137)	−0.050 (−0.37)	0.240 (1.86)	−0.008 (−0.11)	0.236 (1.37)	0.071 (0.42)
$QSEAS_t$	0.081 (1.47)	−0.160 (−2.35)	−0.016 (−0.23)	0.082 (2.01)	−0.030 (−1.03)	0.393 (5.10)	0.160 (2.55)	0.172 (1.73)
NRA_t	0.010 (1.04)	0.035 (1.48)	0.026 (1.40)	0.019 (2.72)	0.018 (1.85)	−0.002 (−0.16)	0.015 (2.38)	−0.024 (−1.04)
Durbin-Watson 统计量	1.46	1.79	1.81	2.11	1.90	1.91	1.65	1.55
各产出变量的系数之和	0.364 (6.71)	0.508 (6.69)	0.494 (3.68)	0.250 (4.76)	0.397 (4.74)	0.673 (8.06)	0.497 (6.69)	0.737 (7.34)

注：样本期为 1923 年 1 月到 1939 年 12 月；采用两阶段最小二乘法进行估计；变量定义见表 6—2；工具变量见附录。表中没有报出常数项和趋势项的系数估计值。括号内为 t 统计量。

表6—4　　行业对工作小时数的需求（被解释变量：HRS_t）

解释变量	*IRON*	*AUTOS*	*MEAT*	*PAPER*	*SHOES*	*WOOL*	*LEATH*	*LUMBER*
HRS_{t-1}	0.560 (14.0)	0.761 (11.0)	0.521 (10.6)	0.612 (14.5)	0.397 (5.58)	0.512 (10.1)	0.562 (10.0)	0.381 (5.83)
$HCOST_t$	−0.312 (−7.76)	−0.162 (−2.85)	−0.116 (−6.88)	−0.056 (−2.51)	−0.509 (−6.42)	−0.334 (−7.82)	−0.217 (−5.22)	−0.159 (−3.70)
$Q_t-QSEAS_t$	0.323 (12.4)	0.131 (4.01)	0.196 (7.11)	0.220 (8.70)	0.474 (7.50)	0.242 (9.17)	0.130 (5.05)	0.254 (7.44)
$QSEAS_t$	0.231 (3.99)	0.062 (1.96)	0.111 (5.01)	0.162 (3.49)	0.160 (3.29)	0.348 (5.31)	0.263 (3.63)	0.357 (5.70)
NRA_t	−0.041 (−3.40)	−0.010 (−0.53)	−0.016 (−2.34)	−0.026 (−4.86)	0.047 (3.06)	−0.042 (−3.95)	−0.007 (−0.80)	−0.062 (−4.61)
Durbin-Watson统计量	1.99	1.57	1.73	1.80	1.47	1.44	1.49	1.54
各产出变量的系数之和	0.553 (8.17)	0.193 (3.42)	0.307 (7.54)	0.382 (7.06)	0.634 (6.42)	0.590 (7.65)	0.394 (4.94)	0.611 (6.89)

注：见表6—3。

6.2.4　识　别

收入方程和两个需求方程构成了一个联立系统，于是产生了标准估计的识别问题和工具变量的可得性问题。很明显，如果严格按照选择有效工具变量的标准进行筛选，则任何工具变量（除了常数和时间项）都会被排除，这样也就无所谓识别问题了，也无法进行下一步的估计。尤其是我们很难找到与行业产出需求的波动高度相关的、可观测的外生变量①。

三思之后，我做了一个巧妙的决定，在估计中将行业产出作为外生变量。尽管“产出是外生的”这一假设并不理想，但是除了其必要性之外，

① 对该结论来说，货币供给可能是一个例外。我对该变量进行过试验，但它与行业变量（月度数据）的相关性非常低，因此它没有作为工具变量的价值。

还有一些支持它的理由：第一，这种假设有很多先例，Lucas and Rapping（1969）就是一例，实际上，几乎所有研究劳动的短期需求的传统文献都用了这个假设。第二点更为重要，将产出视作外生变量似乎能够以相对较低的成本（引进了偏差）换取相当强的识别功效。如果假设是“劳动总需求的波动而非劳动总供给的波动决定了二战前的经济周期”，那么行业产出与“行业生产函数和收入函数的扰动项”之间的相关性应该相对较小。

除了产出外，其他被视为外生变量的变量包括生活费用变量和政府政策变量（*NRA*，*UNIONPOWER* 和 *EMERGWORK*）。另外，我冒着存在序列相关性时会产生偏差的风险，把雇用量、每周工作时间和收入的滞后项视为前定变量。给定所有这些假设，无论从正式的意义上，还是从样本会得出尖锐估计（sharp estimates）的意义上来说，那三个估计方程都能被很好地识别。但是不要忘记，因为有些被视作外生变量的变量只是近似外生的，所以解释下面的结果时必须谨慎。

我并不试图通过施加各种方程的结构推导结果所隐含的交叉系数约束来提高识别程度。不这样做的原因是：因为数据是加总的，所以没有充分的理由认为交叉方程约束会成立。例如，需求方程是为单个厂商推导的，不适用于我手头的行业层面的数据（因为和的对数不等于对数的和）。我认为最合理的假设是：在加总过程中，数量级和符号关系并不改变。这一假设就是我对结果进行解释的基础。

请注意，上述各假设使交叉系数约束对于识别问题变得不重要，不施加这些约束最多不过造成效率上的一点损失。只要数据集足够大，这算不上什么大问题。

6.2.5 估计的结果

现在来进行估计。表 6—3 和表 6—4 报出了前述两个需求方程的估计结果，表 6—5 报出了收入函数的估计结果。我们使用了两阶段最小二乘法来修正联立性偏差（对收入方程则使用非线性两阶段最小二乘法来修正联立性偏差）。附录中给出了工具变量和被视为内生变量的变量。对每个行业都分别估计了每一个方程。

表 6—5 **收入函数**

1. 样本：1923 年 1 月—1933 年 6 月

参数估计值	*IRON*	*AUTOS*	*MEAT*	*PAPER*	*SHOES*	*WOOL*	*LEATH*	*LUMBER*
α_E	0.352	0.048	0.202	0.496	1.111	0.285	0.267	0.364
	(4.13)	(0.98)	(2.71)	(2.95)	(5.76)	(4.95)	(3.07)	(3.33)
α_H	0.951	1.172	0.648	0.869	0.784	0.737	1.010	0.817
	(11.8)	(22.1)	(8.79)	(7.43)	(7.53)	(9.22)	(17.8)	(4.16)
λ_p	0.127	0.173	0.188	0.078	0.204	0.175	0.145	0.320
	(3.19)	(2.99)	(3.88)	(2.57)	(3.30)	(3.97)	(3.40)	(4.52)
Durbin-Watson	1.99	1.82	1.96	2.16	2.09	1.97	2.25	2.20

2. 样本：1923 年 1 月—1939 年 12 月

参数估计值	*IRON*	*AUTOS*	*MEAT*	*PAPER*	*SHOES*	*WOOL*	*LEATH*	*LUMBER*
α_E	0.320	0.004	0.118	0.419	0.317	0.326	0.252	0.369
	(4.08)	(0.14)	(1.85)	(2.84)	(2.46)	(5.76)	(3.90)	(4.28)
α_H	1.030	1.203	0.713	0.913	0.983	0.697	0.966	0.698
	(18.9)	(27.0)	(8.52)	(11.8)	(12.2)	(9.13)	(18.1)	(4.76)
α_N	0.029	0.020	0.009	0.008	0.053	0.057	0.040	0.036
	(1.47)	(1.25)	(0.53)	(0.64)	(2.38)	(3.11)	(3.73)	(0.98)
α_U	0.229	0.183	0.210	0.137	-0.250	0.117	0.097	0.030
	(2.42)	(1.61)	(4.00)	(2.23)	(-1.60)	(1.63)	(2.32)	(0.24)
α_W	-0.069	-0.131	0.163	0.007	0.008	-0.035	0.045	0.020
	(-0.88)	(-1.94)	(2.64)	(0.17)	(0.08)	(-0.47)	(1.03)	(0.17)
λ_p	0.129	0.073	0.204	0.095	0.068	0.163	0.157	0.217
	(3.84)	(2.22)	(4.81)	(3.27)	(1.97)	(4.45)	(4.50)	(4.60)
Durbin-Watson	1.83	1.84	2.03	2.20	1.95	1.97	2.10	2.32

注：用非线性两阶段最小二乘法（NL2SLS）进行估计。各参数的定义见正文；工具变量在附录中给出。没有报出常数项和趋势项的估计值。为了便于理解，把 α_U 和 α_W 的估计值分别乘以 10^5 和 10^4。括号里为 t 统计量。

雇用量需求方程和工作小时数需求方程是对传统形式的适度扩展，应该不存在争议。我们首先来讨论它们（见表6—3和表6—4）。估计结果表明了以下几点：

首先，雇用量和每周工作小时数的调整似乎都存在显著的成本（或者存在黏性的其他来源）。也就是说，在每个回归中，被解释变量的滞后项都是高度显著的。我们预期雇用量的黏性比工作小时数的黏性更大，所有行业（除汽车行业外）的回归结果都证实了这一点。回归结果表明调整速度相当快：平均来说，在每个行业，一个月内就可以消除现实雇用量与意愿雇用量之间缺口的1/4，以及现实工作小时数与意愿工作小时数之间缺口的将近一半。

在每个行业的雇用量需求方程和工作小时数需求方程里，成本变量 *PAY* 和 *HCOST* 的系数估计值都是负的，符合预期（只有一个行业中 *PAY* 的系数实际上是零①）。但是在某些行业的雇用量需求方程里，成本变量的系数估计值的统计显著性比较低。变量 *PAY* 的系数估计值的统计显著性低，可能是因为我们使用的是月度数据造成的，因为工人和其他生产要素之间的替代本来就缓慢，使用月度数据可能会使这种替代更不明显。相反，在工作小时需求方程中，成本变量的影响比较大，并且在每个行业都是高度统计显著的。工作小时数的黏性较小，且对短期成本变动的敏感性较大，表明在经济的周期性低迷中，每周工作时间将领先于雇用量。这与 Geoffrey Moore（1955）、Gerhard Bry（1959），还有我自己和 Powell 的发现是一致的。

我们把产出对投入品需求的影响分解了。其中产出对雇员需求量的影响被分解为：当期“季节性”产出的影响、当期非季节性产出的影响、未来一个月的季节性和非季节性产出的影响。这种分解没有得到太多系统性的结论。具体来说，某些行业的雇用量看起来主要取决于当期产出，而其他行业的雇用量则“领先产出一个月”。但是在产出的各个组成部分对雇用量的影响中，虽然有些影响的符号是负的，但产出对雇用量的总体影响仍然与预期中的一样是正的，并且非常显著（见表6—3最后一行）。结合估计得到的

① 指表6—3中 *LEATH* 那一列的 *PAY* 的系数——译者注。

调整速度可知，在某些情况下（虽然不是全部情况下），产出影响的估计结果证实了一个我们熟悉的发现：劳动的短期回报是递增的①。

在工作小时需求方程中，有必要只考虑当期产出的影响。从表 6—4 可知，产出的季节性和非季节性成分，当然还有它们的和，都对工作小时数有显著的正影响。在所有行业里都存在这个要素的短期回报递增现象。

最后的参数估计值表明了《国家复兴法》对于行业对劳动投入的需求的影响。这些结果意味着，大部分情况下，《国家复兴法》会增加就业、减少工作小时数。这与立法机构的一个明确目标——通过“工作分享”来增加就业——是一致的。这还有助于解释为何 1933 年后的经济复苏时期半日工作（part-time work）会持续存在。

两个需求方程的残差的序列相关性相对较低，当然我们还要注意：因为方程中有被解释变量的滞后项，因此 Durbin-Watson 统计量会出现偏差。（我计算了 Durbin 的 h 统计量，它可以修正被解释变量的滞后项问题；计算结果表明，对每个方程来说，都能拒绝“没有序列相关”的零假设。不过该统计量不能揭示出序列相关的程度。）我用 Fair 的方法重新估计了需求方程，得出了相似的定性结果。我还对每个行业的两个需求方程作了联合估计，这样可以将残差的同期相关考虑在内，得到的结果和前文几乎完全相同。因为计算方面的原因，我没有尝试对所有行业作联立方程估计。

在对 20 世纪 20 年代的子样本和 20 世纪 30 年代的子样本进行稳定性检验时，在 5% 的显著性水平下，8 个雇用量需求方程中有 5 个不能通过检验，8 个工作小时需求方程中有 4 个不能通过检验。这并不奇怪，因为这两个时期的经济环境差别很大。若对这两个子样本分别估计需求方程，则它们看起来差别不大。具体来说，对 20 世纪 30 年代的子样本、1923—1929 年的子样本、1923—1933 年的子样本进行估计得到的符号都是正确的，并且与对整个样本的估计结果非常相似。

---

① “产出的总影响”的系数见表 6—3（和表 6—4）的最后一行，因为这些系数代表了经过调整的产出与（乘积性）季节性调整因素同时增加的影响，所以它们其实重复计算了产出增加对雇用量（或工作小时数）的影响。当只用季节性或非季节性产出的系数之和，除以“1 减内生变量的滞后项的系数之差”，得到的结果小于 1 时，则存在短期回报递增。

总的来说，我们估计的劳动需求方程看起来相当成功，质量很好，当然可以用于模拟。它们还在一定程度上支持了把雇员人数和工作小时数看作“不同”的生产要素的做法。

表6—5报出了对模型的“供给方面”即收入方程进行估计的结果。估计的参数是方程（6.16）和（6.18）定义的。这些参数中最重要的是α_E和α_H，它们衡量收入对雇用量（用劳动力数量进行正规化后的雇用量）和工作小时数的敏感性；还有λ_p，它衡量收入对生活费用变动的调整速度。我报告了对1929—1933年的子样本（该子样本避开了新政时期立法的影响，即$\alpha_N=\alpha_U=\alpha_W=0$）和对整个样本的估计结果。

首先看对1923—1933年的子样本的估计结果。我们发现：总体上说，估计结果与理论预测非常一致。首先，给定每周工作小时数，收入和雇用量之间存在强烈的正相关关系。这可以解释为一种供给关系，即为了吸引更多的工人进入行业，厂商必须提高他们提供的“收入—工作小时数组合”的效用。其次，收入对工作小时数的弹性是高度显著的、正的，并且一般小于1①。如前所述，这个弹性小于1与实际工资的反周期性是一致的。最后，名义收入对生活费用的当期变动只做出了部分调整，在1923—1933年的子样本中，平均调整速度大约是每月17%。虽然这个值隐含的“黏性”已经很大了，但仍然比凯恩斯主义者通常假定的黏性要小的多。

汽车行业与其他行业多少有些不同。在两个样本期中，汽车行业的收入对雇用量的敏感性都很低，而收入对工作小时数的敏感性却比其他任何行业都高。在没有截距的情况下（即使用$EARN$而不是$\widehat{EARN_t}$作被解释变量）重新估计汽车行业的收入函数，结果更加令人吃惊。在这种情况下，对于两个样本期，收入对雇用量的弹性几乎都等于零，收入对工作小时数的弹性几乎正好为1。这个结果与其他行业估计得到的结果非常不同，但它与该行业的政策——设定固定的工资率（即使工作时间变化了，工资率也不变），并在

① 估计的系数α_H衡量的其实是收入和截距之差（而非收入本身）对工作小时数的弹性。收入对工作小时数的弹性是严格小于α_H的，并且对除了汽车外的每个行业来说都小于1。

求职者中配给空缺职位——是一致的。值得注意的是，在这一方面，Henry Ford 的工资和雇用政策是当时举国瞩目的标新立异行为①。一个固定的高工资加上工作配给（job rationing），也许可以描述他宣布的提高工人工作动力的策略。

对整个样本的基本参数的估计结果（表6—5的下半部分）与对1923—1933年子样本的估计结果相当相似，尽管整个样本有三个行业的收入对价格的调整速度小于0.1，而在1923—1933年子样本中只有一个行业是这样。二者的不同之处主要在于，1923—1939的样本的方程中还包含了罗斯福新政对收入的影响。简单地说，估计结果表明，首先，《国家复兴法》对每周收入有相对较小但正的影响。其次，《Wagner法》实施后，工会力量的扩张对收入有强烈的正向影响，将六个行业中的每周收入提升了10%以上（在木材行业，工会的影响为正，但是小得可以忽略。在罗斯福新政后期，制鞋行业工人的工资遭到了大幅削减）②。最后，政府雇用计划对那些受雇于私营制造业企业的工人的收入几乎没有系统性的影响③。

对这一短一长两个样本进行诊断检验都没发现严重的序列相关。因为这一点，并且因为Fair的方法的非线性"版本"使计算成本加大，所以我没有对序列相关进行任何修正。

我对估计方程做了另外一些诊断分析。在这些诊断中，最值得注意的莫过于对整个模型进行样本内模拟。限于篇幅，这里不再报告全部实验结果（具体细节可参见我1985年的底稿）。但是我要指出，在对1930—1933年间

---

① Henry Ford（1863—1947）是美国福特汽车公司创始人。20世纪初，美国汽车工业的劳动市场工资低（每天约2.20美元）、工作好找。工人作风懒散，效率低下。Ford认为，高工资意味着低成本，而不是高成本。1914年1月12日，他宣布将福特公司工人的工资涨到每天5美元，并把工作时间从每天9小时压缩到8小时，这在工业史上是罕见的。结果工人的积极性和生产率大大提高——译者注。

② Horace Davis提到，"像1937年发生的那样，（关于制革业工资下降的）另一个要点是，当工会主义第一次在其他一些制造业中确立时，制鞋业的工会化运动却面临着阻力"（1940，p.98）。1937年后制鞋业工资的不正常下降，或许也可以解释为什么1923—1933年和1923—1939年的子样本中 α_H 的估计值会如此不同。

③ Henning Bohn认为，农业收入是另一个衡量工人选择机会的指标，应该纳入行业收入函数。我对此做了尝试。R. A. Sayre（1940）的样本中按季报出了农业部门的月度工资率（名义工资，不含食宿）。我对这个序列进行了插值，并且用它除以生活费用，得到农业部门实际收入的月度序列。在包括这个变量的情况下重新估计收入函数，得到的结果与表6—5十分相似。正如理论所预测的那样，农业部门收入方程的系数估计值一般都为正，但是数值大小和统计显著性都适中。木材加工业是一个例外，该行业中农业工资对收入具有重要的影响。

和新政期间进行的动态模拟中，（根据一些标准来说）模型对主要变量的追踪总体上十分准确。具体而言，对八个行业中的每个行业来说，模型对实际工资的追踪都非常好，清楚地展现出即使在产出和就业下降时，实际工资也在上升的趋势。

我们的模型之所以能模拟工资的反周期性，得益于如下三个因素：第一，如前所述，在这个模型中，当每周工作时间具有周期敏感性时，工资呈现反周期的趋势；第二，假设名义工资具有黏性（在1930—1933年间尤为重要）；第三，工会化的影响（在1935年后很重要）。为了得到在关键的1930—1933年间名义工资黏性在实际工资决定中的相对重要性，我做了如下实验：假定名义收入对生活费用波动的调整是完全的（$\lambda_p=1$），其他所有系数都不变，然后对1930—1933年再次进行了模拟。结果发现，第一，虽然模拟还是能够预测到实际工资的上升，但是在大部分行业里，模拟对实发的（actual）实际工资的追踪能力显著下降了。有几种情况下的模拟的均方根误差（root mean square error）上升了一半或更多；第二，模拟预测的整个时期内实际工资最大值，比实发的实际工资最大值低得多。因此，一定程度的名义工资黏性似乎是解释大萧条早期的实际工资波动的基本因素，虽然不能完全解释。不过，这些模拟中还有一个令人相当惊讶的发现：工资对生活费用波动能够完全调整的假设，对模型追踪雇用量和工作小时数的能力实际上没有影响。事实上，平均来说，拟合效果稍有改善。因而，尽管调整滞后对解释这段时期内实际工资的波动很重要，但这一现象可能没有太大的配置意义。

与该模型在模拟方面的成功一样值得注意的也许就是它在某些场合下的失灵。例如它没有预测到1932年钢铁和汽车工业试图通过宣布“工作分享”战略（即大幅缩短每周工作时间，同时增加雇用量）来留住劳工的行为。另一个问题是模型的模拟多少会低估1931年的前6到9个月的工资的名义黏性。第一个问题也许反映了这两个特殊行业的寡头竞争的本质，以及它们在短期内偏离竞争行为的能力；第二个难题则无疑是源于我们的假定——工资对生活费用波动的敏感性在所有时期内保持不变，而不是取决于近期的价格波动[①]（由于20世纪20年代价格稳定，因此20世纪30年代初工资对价格的敏感程度可能要小于之后的时期）。不过，在每个行业，对计划路径（projected paths）的这种偏离都是暂时的，被模拟变量在一年或一年以内又会回到预测路径（predicted paths）上去。因此，虽然这些失灵隐含着改进模型的方法，但它们并不表明模型有致命缺陷。

6.3 一个动态的劳动供给方程

本章中提出和估计的模型的供给方面可能存在一个缺陷，即它在本质上是静态的。为了避免考虑在消费和闲暇之间进行跨期替代，我做出了很强的假设，假设工人不能借或贷，并且他们拥有跨期可分的效用函数。另外，模型中隐含的“工人在初级部门和二级部门之间改换工作没有成本”的假设，意味着工人在决定是否改换工作部门时只需要考虑当期回报，不需要考虑长期回报。只有名义收入对生活费用波动的部分调整（在估计的收入函数中）包含了一定的动态因素。

虽然从理论上说，为本章的劳动供给模型提出一个更加显性的动态表达式并非难事，但在实证应用上却有一些问题。我们对这些问题存而不论，而是建议进行一些更加有限的分析：我将证明，可以把一个关于大萧条时期劳动供给的、在实证上更为成功的模型——Darby的跨期替代模型——看作是本文的供给模型的动态版本。我们用本文的数据对Darby形式的模型做了估计，下文将报出结果。可以说[②]，这些估计的合理性表明，可以把本文的劳动供给模型拓展成一个更加动态的模型。

Darby的劳动供给模型是基本的Lucas-Rapping（1969）公式的扩展。回想一下，Lucas and Rapping论证指出：劳动供给（即用家庭数量正规化后之后的全部工人总工作小时数）应该（1）正向地取决于工作的当期回报；

① 这里的“近期”是指“1931年的前6到9个月”的“近期”，也就是1931年前的几年——译者注。

② 本书原文这句是“it will he argued”，有误，这里根据本文在*American Economic Review*发表时的原文“it will be argued”译出——译者注。

(2) 负向地取决于工作的长期回报或者说“正常”回报；(3) 负向地取决于“正常”回报与当期价格水平之比。

上述结论的推理应该是我们已经耳熟能详的。(1) 工作的当期回报较高，会提高工作与消费之间的转换率①，从而提高工人的努力程度；(2) 工作的长期回报较高，则用当前闲暇替代未来闲暇更加有利，因此抑制了当期的劳动供给；(3) 最后，假定名义利率不能对通胀的波动做出充分调整，那么正常回报与当期价格之比的上升，会导致工人预期未来实际利率将降低，从而降低当期的劳动供给。

这种分析的一个重要问题是怎样衡量工作的回报，我认为关于跨期替代的文献尚未能充分解决它。Lucas and Rapping (1969) 和其他大多数作者都假定实际工资是工作回报的良好代理变量。但是我在本文引言里已经指出，这个假定使我们难以解释 20 世纪 30 年代的劳动供给行为②。Darby 的贡献之一是：他用全职等价收入 (full-time-equivalent earnings，FTE)③ 代替工资来衡量工作回报。Darby 证明，用收入代替工资来衡量工作回报，显著地改善了模型对 20 世纪 30 年代的拟合能力。

用收入替代工资来衡量工作回报的基本原理是什么呢？Darby 的观点是，因为《国家复兴法》要求缩短每周工作时间，工人真实的工作小时数要么被厂商低报（导致小时工资指标中存在向上的偏差），要么被厂商配给。由于这些原因，Darby 预期每个 FTE 雇员的平均收入能比官方工资序列“更精确地反映 20 世纪 30 年代工资的变化情况”。

Darby 论点中的一个问题是，《国家复兴法》实施时间不到两年，但是用收入替代工资进行回归分析在整个二战前期都能得到很好的实证效果（参见 Darby 的论文和下文的结果）。通过对本文的研究进行分析，可以提出对收入变量的优越性的另一种解释。分析表明，当每周工作小时数不是常数

---

① 意思是会促使工人当期多工作，少消费（享受闲暇）——译者注。

② 还应注意，使用这些数据对 Lucas-Rapping 式的模型进行估计（即下列方程 6.25 ~ 6.27，其中用实际工资代替实际收入），得到的一些参数估计值的符号是错误的，并且与 Darby 的实际收入版本的模型相比，拟合得更差。

③ 对大多数行业（包括制造业）来说，Darby 使用的 FTE 收入变量与实发的 (actual) 平均收入本质上相同。也就是说，该变量反映的是现实中的每周工作时间，而不是正常的每周工作时间。参见 *Survey of Current Business*, June 1945, pp. 17–18。

时，能正确衡量工作回报的既不是工资，也不是收入，而是工作带来的“收入—工作小时数组合”的总效用，这一效用也许是相对于留在二级部门所能得到的效用来衡量的。但是，一个显而易见的问题是，计量经济学家观察不到这个效用，因此我们可能会问：在可以观察到的变量中，哪一个（如果有的话）与工作带来的总效用之间存在相关性？如前所述，一份工作的工资与效用经常背道而驰，因此工资不是一个好的选择。但是，如果就业的波动主要来源于需求的波动而不是供给的波动（20世纪30年代可能就是这种情况），那么保有工作的效用与收入将是高度相关的。关于这一点的证明是一目了然的。初级部门的需求增长会提高工人的均衡效用水平，通常也会使均衡的收入函数向上移动，并提高工作小时数。因此初级部门的需求增长也会提高收入。因而Darby的设定之所以具有优越性，只是因为收入是工作的总效用的一个良好的代理变量，而工资则不是。

以上这些考虑意味着，用本文的数据集来估计一个秉承Darby思想的模型可能比较有价值。我设定了这样一个实证模型：

$$EMP_t \times HRS_t - LABORFORCE_t = \beta_0 + \beta_1 (EARN_t - COL_t) + \beta_2 (EARN_t - COL_t)^* + \beta_3 (COL_t^* - COL_t) + \alpha_N NRA_t + \alpha_U UNIONPOWER_t + \alpha_W EMERGWORK_t + \alpha_t t \quad (6.25)$$

$$(EARN_t - COL_t)^* = \lambda_p (EARN_t - COL_t) + (1-\lambda_p)(EARN_{t-1} - COL_{t-1})^* \quad (6.26)$$

$$COL_t^* = \lambda_p COL_t + (1-\lambda_p) COL_{t-1}^* \quad (6.27)$$

其中星号表示一个变量的“持久”或长期成分（变量的定义见表6—2）。

方程（6.25）是一个劳动供给方程，其一般形式最早是由Lucas and Rapping（1969）写出的。被解释变量是把向一个行业供给的全部工人总工作小时数用Lebergott的总劳动力估计值进行正规化之后得到的结果（把Lebergott的年度数据进行线性插值得到月度数据序列）。方程（6.25）是根据上面的讨论设定的，它表示：向一个行业供给的全部工人总工作小时数取决于工作的当期回报、长期回报（工作回报用每周实际收入衡量），以及长期生活费用与当期生活费用之比。用收入衡量工作回报反映了Darby的创新。根据跨期替代模型的逻辑，预期各个系数的符号是$\beta_1 > 0$，$\beta_2 < 0$

和$\beta_3<0$。

劳动供给方程（6.25）还包含了反映新政时期的政府举措的项。预期各系数的符号是：α_N 的符号不能确定（因为《国家复兴法》提高了就业量但降低了工作小时数）；α_U 的符号为负（因为工会将劳动供给限制在竞争性水平之下）；α_W 的符号为负（因为公共建设项目的增加会减少向行业的劳动供给）。此外还包含一个时间趋势项。

方程（6.26）和（6.27）遵循 Lucas and Rapping 的做法，假设工作回报和生活费用中的持久成分会适应性地更新（updated adaptively），并且两种情况下的“学习速度”相同。(6.26）与（6.27）式都不包括常数项和趋势项。如果包括的话，它们将被估计方程的常数项和趋势项吸收，对重要的参数估计值则没有什么影响。

利用（6.26）和（6.27）式把劳动供给方程（6.25）变形，可以得到只含有可观测变量的方程（参见 Lucas and Rapping)。使用非线性估计程序可以解得（6.25）至（6.27）式的参数估计值。

表6—6报出了对（6.25）至（6.27）式组成的系统进行估计得到的结果。估计方法是（非线性）两阶段最小二乘法，该方法用于修正联立性偏差（工具变量见附录)。样本期从1923年1月至1939年12月。我还报出了对1923年1月至新政之前（1933年6月）的子样本进行估计得到的结果（设定 $\alpha_U=\alpha_W=\alpha_N=0$)。Durbin-Watson 统计量用于对经过 Koyck 变换的方程进行检验。

表6—6中最重要的结果是β_1 的估计值，它衡量了全部工人总工作小时数的供给对收入的弹性，它的符号为正，并且在每种情况下都是高度显著的。在不同行业和不同样本里，这个参数估计值的大小显示了惊人的一致性。这与如下思想是一致的：(6.25）式是一个真实的供给曲线，其中收入是从工作中获得的总效用的代理变量①。

① 应该注意，β_1 的估计值为正且显著，并不只是反映了每周工作时间既是被解释变量的组成部分，也是每周收入的组成部分这一事实。使用雇用量而不是全部工人总工作小时数作为被解释变量，然后重新进行估计，同样能得到正的、高度显著的$\hat{\beta}_1$。

表 6—6　　**动态的劳动供给方程**

样本：1923 年 1 月—1933 年 6 月

参数估计值	*IRON*	*AUTOS*	*MEAT*	*PAPER*	*SHOES*	*WOOL*	*LEATH*	*LUMBER*
β_1	1.78 (8.25)	1.63 (11.1)	1.77 (6.98)	1.45 (8.51)	1.04 (12.1)	2.10 (10.1)	1.21 (11.1)	1.80 (3.24)
β_2	0.03 (0.08)	2.29 (3.43)	2.99 (0.97)	0.30 (0.41)	0.29 (0.83)	0.42 (0.67)	2.92 (2.31)	0.26 (0.58)
β_3	−0.95 (−0.74)	−0.66 (−0.46)	−2.55 (−3.32)	−1.51 (−3.55)	−0.74 (−1.24)	−2.69 (−2.15)	−1.24 (−2.47)	−3.12 (−1.53)
λ_p	0.137 (2.57)	0.148 (3.49)	0.093 (1.59)	0.071 (2.30)	0.184 (3.17)	0.199 (3.26)	0.095 (2.72)	0.351 (4.24)
Durbin-Watson	2.02	1.85	1.81	2.06	2.04	2.23	1.86	2.08

样本：1923 年 1 月—1939 年 12 月

参数估计值	*IRON*	*AUTOS*	*MEAT*	*PAPER*	*SHOES*	*WOOL*	*LEATH*	*LUMBER*
β_1	1.43 (16.3)	1.99 (10.5)	1.86 (7.54)	1.38 (12.5)	1.38 (15.2)	2.24 (14.8)	1.31 (12.9)	1.59 (8.28)
β_2	0.52 (2.05)	2.61 (3.34)	4.11 (1.62)	0.79 (1.71)	0.10 (0.23)	0.67 (1.25)	3.01 (3.35)	0.52 (1.46)
β_3	−1.93 (−2.74)	−0.32 (−0.21)	−3.11 (−4.39)	−1.64 (−5.97)	0.07 (0.12)	−2.01 (−2.35)	−1.53 (−4.17)	−4.21 (−3.99)
α_N	−0.021 (−0.49)	0.085 (0.98)	−0.003 (−0.06)	0.011 (0.65)	0.020 (0.62)	0.032 (0.66)	−0.009 (−0.42)	−0.046 (−0.87)
α_U	−0.035 (−1.56)	−0.102 (−2.57)	−0.088 (−2.04)	−0.030 (−1.92)	−0.051 (−3.24)	−0.009 (−0.43)	−0.027 (−1.98)	0.023 (1.00)
α_W	0.142 (0.086)	0.098 (0.31)	−0.149 (−0.87)	0.019 (0.28)	−0.145 (−1.10)	0.157 (0.89)	0.065 (0.76)	−0.211 (−1.03)
λ_p	0.128 (3.90)	0.170 (3.89)	0.094 (2.49)	0.081 (3.68)	0.136 (2.76)	0.165 (4.03)	0.107 (3.99)	0.174 (4.52)
Durbin-Watson	1.85	1.79	1.82	2.13	2.21	2.07	1.93	2.20

注：见表 6—5，唯一区别是，为了便于理解，把 α_U 和 α_W 的估计值都乘了 10^4。

β_2 的估计值也都是正的，虽然其大小和统计显著性在不同情况下不尽相同。β_2 为正，说明较高的工作长期回报能提升劳动供给，这与跨期替代模型预测的结果正好相反。如果我们愿意重新解读（6.25）式，则可以对这一发现做出解释。回忆一下，这些估计值都是从行业层面的数据得到的，不是从加总的数据得到的。在行业层面上，劳动供给不仅取决于已经在这个部门工作（例如已经住在工业城镇）的工人的决策，还取决于能从其他地方吸引过来的工人数量。如果工人改换工作部门存在迁移成本，则一个行业的工作长期回报越高，工人进入该部门所支付的固定成本越值得，这将增加该行业的劳动供给。因此可以认为，（6.25）式有长期收入项，是因为长期收入与工人的迁移决策相关，而不是因为任何跨期替代。

对（6.25）式的这一解释是很有吸引力的，这不仅仅是因为它合理地解释了$\beta_2>0$。作为一个解释20世纪30年代劳动供给的模型，跨期替代假设的缺点在于它假定资本市场是完全的。这个假定与大萧条期间金融部门的极度混乱和由此引起的消费者借款利率与贷款利率的巨大差异显得极不一致[①]。相反，用迁移成本来解释（6.25）式就不需要资本市场完美的假定。在这种解释下，（6.25）式与本文第6.1节的模型的假设——工人既不能借也不能贷——是一致的。

至于新政的效果，表6—6得出了与表6—5估计的收入函数相同的结果，即立法支持的工会化是新政给劳动市场带来的最重要的变化。与几乎没有产生系统性影响的《国家复兴法》和政府建设计划相反，工会对很多行业都表现出强烈的影响。

总体来说，在这些数据中，Darby式的设定表现良好。如果学术界接受我对此设定给出的解释，就说明可以把本章的劳动供给模型向更显性的动态化版本拓展。

6.4 结　论

本章用行业层面的月度数据研究了大萧条时期的劳动市场。本文的分析框架是一个与Lucas（1970）一样的模型，在该模型中，厂商和工人的行为都和雇员数量与每个工人工作小时数之间的区别有关。在大萧条的背景下，

① 见我1983年的文章。完美资本市场假设的失效，也许可以解释跨期替代模型在解释20世纪30年代的消费路径时遇到的困难（Altonji）。

这个区别看来很重要。并且，该模型（结合其他实证因素）能很好地解释关键时间序列的变动情况。这表明，把总劳动供给分解为参与率和每个工人工作小时数，对理解其他宏观经济现象可能也有重要意义。

该分析的一个局限是，它本质上是局部均衡：产出被视作外生的。对20世纪30年代真正令人满意的分析应该是将劳动市场、商品市场和金融市场放在一个联立的一般均衡框架中来考虑。这应该在未来的研究中进行探讨。

附　录

本研究使用的数据来源如下。

（1）收入、工作小时数和就业数据来自 M. Ada Beney（1936）和 R. A. Sayre（1940）。这些数据是全美工业会议（National Industrial Conference Board，NICB）从1920年至1947年进行的月度普查结果。

样本里的所有行业都至少向其一部分雇员支付计件工资。见 *Monthly Labor Review*，September 1935，pp. 697–700。本文没有对此做任何修正。只要短期内计件工作完成的速度变动不大，就不会产生任何解释上的问题。

（2）行业产值数据来自联邦储备委员会。见“New Federal Reserve Index of Industrial Production”，*Federal Reserve Bulletin*（August 1940），pp. 753–69 和 825–74。

（3）批发价格指数来自美国劳工统计局（Bureau of Labor Statistics，BLS）。见美国劳工部（Department of Labor）的下列出版物：*Handbook of Labor Statistics*（Bulletin 541，1931；Bulletin 616，1936；Bulletin 694，1941）和 *Wholesale Prices 1913 to 1927*（Bulletin 473，1929）。对于汽车行业，我们把美国劳工统计局的两个机动车辆价格序列合并在一起。这两个序列都不包括1935年。我们使用所有金属产品的价格序列进行插值，插出1935年的汽车价格。

（4）消费者价格序列来自 Sayre（1948）。

（5）从国家复兴总署（NRA）的第一个行业法规开始实施的1933年9月，到《国家复兴法》被宣布违宪的1935年5月，虚拟变量 *NRA* 都被设置为1。因罢工而停工的人日数（用来构建解释变量 *UNIONPOWER*）的月度数据来自美国劳工统计局（Bulletins 651 和 694）。联邦雇用的应急人员（包括WPA，CCC等项目）的总人数序列来自全美工业会议的《经济年鉴》（*Economic Almanac*），1941—1942年。

样本的跨度从1923年1月至1939年12月。尽管1923年之前也有一些数据，但是有两个主要问题使我们不能把样本扩展至1923年之前：（1）一些行业产量数据缺失，并且无法构造；（2）1922年全美工业会议的调查有一个长达6个月的缺口。选择1939年12月为数据截止点，是为了避免考虑战时经济的许多特殊之处。

在主要方程的估计中，被视为内生的变量和附加的工具变量如下。

（1）对工人的需求方程。PAY_t 和 $QADJ_{t+1}$ 被视为内生变量（$QADJ_{t+1}$ 被视为内生变量的原因是测度误差问题，当用一个变量的一个未来值来替代预测值时就会产生这种测度误差问题，参见正文）。附加的工具变量有 $QADJ_{t-1}$，HRS_{t-1}，$UNIONPOWER_t$[①]，以及生活费用变量 *COL* 的当期项和两个滞后项。

（2）对工作小时数的需求方程。内生变量是成本变量 $HCOST_t$。附加的工具变量是 EMP_{t-1}，$UNIONPOWER_t$，以及变量 *COL* 的当前项和两个滞后项。

（3）收入方程。内生变量是 EMP_t 和 HRS_t。工具变量是产量 *Q* 的当前项和两个滞后项，以及变量 *COL* 的当期项和两个滞后项。因为之前观察到在一些行业中，当期雇用量水平与未来一期的产出高度相关，所以我把基于单变量自回归得到的对未来一期产出的预测值作为一个工具变量。

（4）动态劳动供给，或称“Darby”方程。内生变量是 $EARN_t$。工具变量与上述收入方程的工具变量相同。

① 本书原文中这里写的是 *UNIONPOWER*，本文在 *American Economic Review* 发表时的原文里写的则是 $UNIONPOWER_t$。这里根据后者译出——译者注。

参考文献

Altonji. Joseph, "The Intertemporal Substitution Model of Labour Market Fluctuations: An Empirical Analysis," *Review of Economic Studies*, Special Issue 1982, 49, 783–824.

—— and Ashenfelter, Orley, "Wage Movements and the Labour Market Equilibrium Hypothesis," *Economica*, August 1980, 47, 217–45.

Ashenfelter, Orley, "Unemployment as Disequilibrium in a Model of Aggregate Labor Supply," *Econometrica*, April 1980, 48, 547–64.

Baily, Martin N., "The Labor Market in the 1930's," in James Tobin, ed., *Macroeconomics, Prices, and Quantities*. Washington: The Brookings Institution, 1983.

Bakke, E. Wight, The Unemployed Worker: *A Study of the Task of Making a Living Without a Job*, New Haven: Yale University Press, 1940.

Ball, Robert J. and St. Cyr, E. B. A., "Short-Term Employment Functions in British Manufacturing Industry," *Review of Economic Studies*, July 1966, 33, 179–207.

Beney, M. Ada, *Wages, Hours, and Employment in the United States*, 1914—1936, New York: National Industrial Conference Board, 1936.

Bernanke, Ben, "Nonmonetary Effects of the Financial Crisis in the Propagation of the Great Depression," *American Economic Review*, June 1983, 73, 257–76.

——, "Employment, Hours, and Earnings in the Depression: An Analysis of Eight Manufacturing Industries," Working Paper No. 1642, NBER, June 1985.

——and Powell, James, "The Cyclical Behavior of Industrial Labor Markets: A Comparison of the Pre-War and Post-War Eras," in R. J. Gordon, ed., NBER Conference Volume on Business Cycles, forthcoming.

Bernstein, Irving, *The Lean Years: A History of the American Worker, 1920—*

1933, Boston: Houghton-Mifflin, 1960.

Brechling, Frank P. R. , "The Relationship Between Output and Employment in British Manufacturing Industries," *Review of Economic Studies*, July 1965, 32, 187-216.

Bry, Gerhard, " The Average Workweek as an Economic Indicator," Occasional Paper No. 69, NBER, 1959.

Creamer, Daniel, " Behavior of Wage Rates During Business Cycles," Occasional Paper No. 34, NBER, 1950.

Darby, Michael R. , "Three-and-a-Half Million U. S. Employees Have Been Mislaid: Or, an Explanation of Unemployment, 1934-41," *Journal of Political Economy*, February 1976, 84, 1-16.

Daugherty, Carroll R. et al. , *The Economics of the Iron and Steel Industry*, New York: McGraw-Hill, 1937.

Davis, Horace B. , Shoes: *The Workers and the Industry*, New York: International Publishers, 1940.

Fabricant, Solomon, *The Output of Manufacturing Industries, 1899—1939*, NBER, New York: Arno Press, 1940.

——, *Employment in Manufacturing, 1899—1939*, NBER, New York: Arno Press, 1942.

Fair, Ray C. , *The Short-Run Demand for Workers and Hours*, Amsterdam: North-Holland, 1969.

Feldstein, Martin, " Specification of the Labour Input in the Aggregate Production Function," *Review of Economic Studies*, October 1967, 34, 375-86.

Ireland, N. J. and Smyth, D. J. , " Short-Term Employment Functions in Australian Manufacturing," *Review of Economics and Statistics*, November 1967, 49, 537-44.

Lebergott, Stanley, *Manpower in Economic Growth: The American Record Since* 1800, New York: McGraw-Hill, 1964.

Lucas, Robert E., Jr., "Capacity, Overtime, and Empirical Production Functions," *American Economic Review Proceedings*, May 1970, 60, 23–27.

——, "Expectations and the Neutrality of Money," *Journal of Economic Theory*, April 1972, 4, 103–24.

——and Rapping, Leonard A., "Real Wages, Employment, and Inflation," *Journal of Political Economy*, September/October 1969, 77, 721–54.

——and—— "Unemployment in the Great Depression: Is There a Full Explanation?," *Journal of Political Economy*, January/February 1972, 80, 186–91.

Moore, Geoffrey H., "Business Cycles and the Labor Market," *Monthly Labor Review*, March 1955, 78, 288–92.

Muth, John F., "Optimal Properties of Exponentially Weighted Forecasts," in Robert E. Lucas, Jr. and Thomas Sargent, *Rational Expectations and Econometric Practice*, Minneapolis: University of Minneapolis Press, 1981.

Nadiri, M. Ishaq and Rosen, Sherwin, *A Disequilibrium Model of Demand for Factors of Production*, NBER, New York: Columbia University Press, 1973.

Plessner, Yakir and Yitzhaki, Shlomo, "Unemployment and Wage Rigidity: The Demand Side," *Oxford Economic Papers*, July 1983, 35, 202–12.

Quandt, Richard E. and Rosen, Harvey S., "Unemployment, Disequilibrium and the Short-Run Phillips Curve: An Econometric Approach," Working Paper No. 1648, NBER, June 1985.

Rees, Albert, "On Equilibrium in Labor Markets," *Journal of Political Economy*, March/April 1970, 78, 306–10.

——, "Real Wages and Inflation: Rejoinder," *Journal of Political Economy*, January/February 1972, 80, 192.

Rosen, Harvey S., and Quandt, Richard E., "Estimation of a Disequilibrium Aggregate Labor Market," *Review of Economics and Statistics*, August 1978, 60, 371–79.

Rosen, Sherwin, "Short-Run Employment Variation on Class-I Railroads in the U. S. , 1947—1963," *Econometrica*, July/October 1968, 36, 511-29.

Rotemberg, Julio, "Sticky Prices in the United States," *Journal of Political Economy*, December 1982, 90, 1187-211.

Sargent, Thomas, "Estimation of Dynamic Labor Demand Schedules Under Rational Expectations," *Journal of Political Economy*, December 1978, 86, 1009-44.

Sayre, R. A. , "Wages, Hours, and Employment in the United States, 1934—1939," *Conference Board Economic Record*, March 28, 1940, 2, 115-37.

——, *Consumers' Prices, 1914—1948*, New York: National Industrial Conference Board, 1948.

Stockman, Alan C. , "Aggregation Bias and the Cyclical Behavior of Real Wages," research paper, University of Rochester, 1983.

Weiss, Andrew, "Job Queues and Layoffs in Labor Markets with Flexible Wages," *Journal of Political Economy*, June 1980, 88, 526-38.

Yellen, Janet C. , "Efficiency Wage Models of Unemployment," *American Economic Review Proceedings*, May 1984, 74, 200-05.

第 7 章

美国大萧条时期的失业、通货膨胀和工资：对欧洲的启示*

与 Martin Parkinson 合著

分析当代①欧洲失业问题的学者（最近的有 Robert J. Gordon，1988）曾多次将之与20 世纪30 年代的失业相比较。从某种意义上说，这种对比不尽合理：虽然当前欧洲失业严重，但它对居民福利的影响比大萧条的影响低了一个数量级。不过从科学的角度来说，20 世纪 30 年代和 20 世纪 80 年代的

---

* 经允许重印自《美国经济评论·论文与学报》（*AER Papers and Proceedings*），Vol. 79（May 1989），210-14。

我们感谢奥林基金会（Olin Foundation）的赞助。我们在普林斯顿的同事 Brad De Long 和伯克利宏观历史研究会（Berkeley macro history seminar）的成员们提出了有益的建议。

① 这里的“当代”指20 世纪80 年代。在整个20 世纪80 年代，欧洲主要经济体（除德国外）失业率高企。1981—1986 年，英国失业率一直维持在10% 以上；西班牙失业率一度高达16% 以上；意大利和法国失业率则多年维持在8% ~10% 之间。其中法国、意大利和西班牙的失业率在1987—1990 年经过短暂的下降后，于20 世纪90 年代攀升到更高的水平——译者注。

持续失业有可能源于相似的机制，这使得二者间的比较成为一件有趣的事情。

在本章中，我们将考虑美国20世纪30年代的情况，看看它是否能对我们破解当前欧洲失业问题的三个“谜团”有所启示。这些被广泛讨论的“谜团”是：（1）高失业的持续性（等价地说，就是经济的自我平衡或自我纠正机制明显失效之谜）；（2）高失业率对通货膨胀率明显缺乏影响（即“浮动的不加速通货膨胀的失业率”之谜①）；（3）虽然失业高企，但是实际工资日益上涨（即“实际工资刚性”之谜）。我们在这里集中研究制造业，因为制造业数据最完整，如果能扩展到其他部门就再好不过了。

把20世纪30年代的美国与20世纪80年代的欧洲对比，可以发现一些重要的差异，其中最引人注目的是失业的动态变化。与当代欧洲的失业相比，20世纪30年代美国的持续性失业更多地是由一系列大规模的破坏稳定的冲击（发生于1929—1933年和1937—1938年）引起的，更少地是由一个低水平的均衡陷阱引起的。20世纪30年代经济的自我纠正机制可能比我们通常认识到的要强得多。

不过，大萧条确认了当代社会的一个现象，即失业率水平对通货膨胀率几乎没有独立的影响。我们认为这与宏观理论是一致的。20世纪30年代的历史也支持了研究欧洲问题的学者们的看法，即政治因素在实际工资的决定过程中起着重要的作用。

7.1 两次世界大战之间就业的动态变化

我们应该如何刻画20世纪30年代美国制造业部门的就业特征呢？可以确定的是，制造业部门的就业在经过1929—1933年的急剧下降之后，并没

① 不加速通货膨胀的失业率（Non-accelerating Inflation Rate of Unemployment，NAIRU）与自然失业率是相似的概念。如果现实的失业率持续低于NAIRU，则经济过热，预期通货膨胀率将上升，现实通货膨胀率将加速；如果现实的失业率持续高于NAIRU，则经济过冷，预期通胀率将下降，现实通胀率也将下降；如果现实的失业率持续等于NAIRU，则通货膨胀率既不加速也不减速，除非受到新的外生冲击。NAIRU的大小不是固定不变的，会随着人口统计特征、生产率和劳动力市场结构等因素的变化而变化——译者注。

有简单地稳定在一个低水平上（近期的欧洲却是如此）。从1933—1937年，美国制造业部门的就业量每季度增长3.4%，总劳动时间每季度增长4.4%，总产出每季度增长5.0%。在经过1937—1938年的衰退之后，美国经济迎来了又一次强劲的复苏：1938—1940年间制造业部门的就业量、总劳动时间、总产出的季度增长率分别是1.8%、2.8%和4.9%。

一个重要的问题是：两次大战之间就业的巨大波动是否像自然失业率理论所说的那样是经济的自我纠正机制导致的？如果不是，那么是否是缺乏内生性稳定机制的经济大幅波动的结果？研究这个问题，一个有用的计量经济学框架是误差修正模型：

设 n_t^* 为“正常的”或“充分就业的”就业量（的对数）。则现实中的就业量（的对数）n_t 的一个简单的误差修正模型如下：

$$\Delta n_t = \text{常数项} + a(L)\Delta n_t + b(n_{t-1}^* - n_{t-1}) + Z_t c + e_t \tag{7.1}$$

其中 Δ 是差分算子，$a(L)$ 是反映就业量的短期动态波动的滞后算子，Z_t 是一列影响就业增长的平稳变量，e_t 是平稳的误差项。误差修正项 $b(n_{t-1}^* - n_{t-1})$ 反映就业量偏离正常就业量后向正常就业量回复的任何趋势。误差修正参数 b 的值和自回归参数 $a(L)$ 的值共同决定了向正常就业量回复的速度。如果 b 严格为正，那么 n 和 n^* 就是协整的，也就是说，对充分就业水平的偏离虽然可能是持久的，但最终必将消失。如果 b 等于0，那么 n 和 n^* 就可能不是协整的，现实就业量可能会永远偏离于充分就业水平。

我们使用1924年2月至1941年4月美国制造业部门的月度就业数据的季度平均值来估计方程（7.1）。制造业部门的劳动力数目（这里是 n^*）是用Stanley Lebergott（1964）估计得到的美国劳动力总量乘以1929年1月制造业部门雇用的劳动力占美国劳动力总量的比例得出来的。回归中还引入了现实就业量增长率的四阶滞后项和季节性虚拟变量。对于 Z_t，我们用“未预期到的通货膨胀率”的当期项和一阶滞后项作为衡量总需求冲击的指标（首先采用1930年之前的数据，用通货膨胀率的滞后项和商业票据利率作为预测指标①，为通货膨胀率估计出一个预测方程，然后把预测方程的残差视为“未预期到的通货膨胀率”)。当我们把未预期到的通货膨胀率放进方程(7.1)时，该方程就可以称为误差修正的菲利普斯曲线(error-correction Phillips curve，ECPC)。如果 $b=1$，$a(L)=0$，且 $c(L)=c$，则误差修正的菲利普斯曲线就退化为一条传统的、静态的、附加预期的菲利普斯曲线。但是一般来说，ECPC 能够比标准的菲利普斯曲线更充分地描述就业的动态变化。

从估计中可以得到两个主要结果。首先，在方程中，未预期到的通货膨胀的系数是正确的（为正），而且是高度统计显著的②；其次，误差修正参数 b 的估计值是 0.15，在“n 与 n^* 之间不存在协整关系”③ 的零假设下，其边际显著性水平为 0.06。b 的估计值和 $a(L)$ 的估计结果（很小而且为负）一起，意味着经济以相当快的速度向充分就业水平调整。举例来说，如果对处于稳定状态的经济施加一个负向的冲击，那么我们估计在随后的三个季度里，经济就能够弥补现实就业水平与充分就业水平之差的一半以上。另外，在下列情况下得到的结论与此相似：(1) 把用整个样本估计得到的“通货膨胀率的预测方程的残差”定义为“未预期到的通货膨胀率”；(2) 用倒闭银行的负债额的实际值来替代未预期到的通货膨胀率（作为衡量宏观经济冲击的另一个指标）；(3) 把政府实际支出或财政赤字的未预期到的变动加入方程(7.1)。此外，如果在方程(7.1)中使用现实发生的通货膨胀率而不是“未预期到的”通货膨胀率，估计结果也不变。这两种模型设定没有太大差别。稍后我们再说明这一发现的重要性。

20 世纪 30 年代的美国经济真的是一个处于“自然失业率”的经济，而不是一个处于“低水平陷阱”的经济（多数人认为它有此特点）吗？要驳斥这个结论，就必须要么证明 1929—1933 年和 1937—1938 年的经济低迷是

① 即作为解释变量——译者注。

② 边际显著性水平是 0.002。由于未预期到的通货膨胀率是第一阶段回归的残差，因此给标准误带来了偏差，我们对该偏差没有加以修正。当然修正该偏差不会改变基本的结果。

③ t 统计量是 2.55。但是在零假设下，t 统计量不再服从标准分布，因为如果 n 和 n^* 不协整，并且各自不平稳，则 $n-n^*$ 一定不平稳。因而，边际显著性水平是通过一次小型的 Monte Carlo 模拟得到的（重复了 100 次）。

劳动市场内生发展的结果，而不是外部力量作用的结果，要么证明经济的强劲复苏（特别是1933—1937年间）仅仅是政策或别的外生力量造成的①。然而，上面第一种论据显然不合理，尤其是对于1929—1933年间的衰退而言，很容易证明在劳动市场之外还存在抑制经济的力量。第二种论据可能更经得住考验。目前我们自己的观点是，最好认为新政只是（例如通过结束通货紧缩和重建金融体系）为经济自然复苏“扫清了障碍”，而不是复苏的引擎本身。

“在萧条时期经济的自我纠正机制很强”这个观点也是有理由的。例如，不可否认，20世纪30年代的长期高失业非常“重要”，其他部门没有像制造业部门一样出现“反弹”。但是现在的欧洲恰恰相反，它并没有受到明显的外部冲击，而就业却停滞不前。

7.2 浮动的、不加速通货膨胀的失业率

Gordon所说的“浮动的、不加速通货膨胀的失业率”（the floating NAIRU），是指尽管失业率高于自然失业率，但通货膨胀还持续存在的现象。这种现象描述了当前欧洲和新政时期美国的情形：从罗斯福总统宣誓就职到1937年的衰退，美国的物价上涨了近20%（不过20世纪30年代最后几年物价保持平稳）。

“浮动的、不加速通货膨胀的失业率”真的是个不解之谜吗？NAIRU的支持者们使用的标准方程是用通货膨胀率作为被解释变量、用失业率对其正常水平的偏离作为解释变量，但事实上，没有任何完善的理论隐含了这一方程。相反，理论认为，通货膨胀是由当前的和预期的货币供给与需求决定的。通货膨胀的意外变动或（在那些货币超中性失效的模型中）通货膨胀

① 从计量经济学的角度看，第一个假设对应于在方程（7.1）中令 $Z_t=0$；第二个假设相当于令 Z_t 的一个元素作为一个虚拟变量，该变量在1933—1937年间为1，在其他年份为0。然而，一旦对 b 的估计值的非标准分布进行修正，则上述两种变动中的任一种都不能在0.10的显著性水平下拒绝 $b=0$。

本身都可能影响就业[1]。也就是说，应该用通货膨胀率而不是失业率作为解释变量。这个模型在理论上更优，在实证中表现也更好：如上所述，方程(7.1) 中变量的估计值印证了，在两次世界大战之间，要么是未预期到的通货膨胀率，要么是预期到的通货膨胀率对就业有显著的影响。

如果我们遵循这一理论来考察货币情况，就不难解释新政时期的价格波动。罗斯福总统非常相信“通货再膨胀”（reflation）的重要性。他就职之后不久就实施了一种新的、扩张性的货币制度，这种制度除了包括直接的货币扩张之外，还包括放弃金本位制和重建银行体系等。这种制度带来的较高通胀率可能通过减少债务负担和消除通货紧缩预期[2]等方式对经济复苏产生积极的影响。但是新政时期高通胀与高失业同时并存的现象并不矛盾。今天欧洲的持续性通胀或许也能用货币状况来解释。

以上都没能解释为什么 20 世纪 80 年代欧洲的失业率一直居高不下。但是这些讨论隐含着：在分析持续性的高失业时，我们应当较少地关注价格水平的调整，较多地关注抑制经济复苏的实际因素。

7.3 实际工资“刚性”

人们早就注意到，欧洲的实际工资几乎不受失业率的影响。同样，在 20 世纪 30 年代的美国，实际工资也稳健增长（需要强调的是：这种增长是一个长期现象，与 1931—1932 年间未预期到的通货紧缩引致的实际工资暂时高企无关）。

我们不能孤立地解释实际工资的这种波动，必须将其与十年萧条期间劳动市场上的其他几个发展趋势联系起来。

首先，在那一时期，平均每周工作小时数大大减少。每周工作时间缩短

① 与“债务型通货紧缩（debt-deflation）”理论一样，费雪—泰勒契约模型（Fisher-Taylor contract model）和卢卡斯总供给曲线（Lucas aggregate supply curve）也隐含着：未预期到的通货膨胀或通货紧缩将会影响就业。参见 J. Bradford De Long and Lawrence Summers（1986）给出的一个关于萧条中货币超中性失效的模型。

② Peter Temin and Barrie Wigmore（1988）强调了预期效应。关于当时对罗斯福推行的货币体制变革的报道，可以参见全美工业会议（National Industrial Conference Board，1934）。

可能是因为许多公司选择“工作分享”作为一种窖藏劳工的机制，也可能是因为公司担心裁员太多会给公司带来失业赔偿金方面的压力。20 世纪 30 年代后期，立法、工会化和雇用习惯的变化也促使了每周工作小时数的缩短。

其次，20 世纪 30 年代生产率的增长非常强劲。它的一个显著特征是：虽然当时大多数行业的资本存量在绝对减少，但是生产率却在增长（在我们构建了数据的行业中，以 1929 年为 100，则 1937 年的就业/资本比率为：钢铁行业 123.5、纺织行业 167.1、石油精炼行业 99.5、汽车行业 139.9、皮革行业 182.1、木材行业 122.7、橡胶行业 158.6、造纸与纸浆行业 122.3）。由此可见，20 世纪 30 年代美国生产率的增长与近期欧洲生产率的增长也许不同，它不是资本深化的结果。

再次，新政时期工会组织取得了巨大的成功，他们将一些重要的行业组织了起来，并赢得了一些既有组织的让步，会员数目也翻了一番。

最后，正如 Sanford Jacoby（1985）的优秀著作里所记载的，这一时期大多数公司的雇用习惯发生了重大的变化，从工人的角度来看，这些变化大多是有利的，包括削减工头权力、为工作的稳定性提供更强的保障、规范化申诉程序、支付更高的工资等。

劳动市场的这些变化是怎么结合在一起的呢？一个非常关键的因素是政治环境。罗斯福总统在选举时压倒多数的胜利，表明了公众对政府干预经济的态度发生了转变。除了上述货币和金融改革外，新政也带来了重要的劳动市场立法。这些新法律对各个行业的直接影响并不均等：例如，《国家工业复兴法》（NIRA codes）[①] 对皮革、纺织等行业的实际工资有重要影响，而对另一些行业的实际工资则影响很小。类似地，政府支持的工会化对不同行业的直接影响也各不相同。但是罗斯福总统的计划的间接影响是让雇主们相信他们必须改变雇用条件，使之更有利于劳工，否则议会或由议会支持的工会可能会实施更加激进的变革。

① NIRA 是 National Industrial Recovery Act 的缩写，参见第 6 章的有关注释——译者注。

对上述劳动市场的每一种变动趋势来说，这一政治变化都是一个重要因素。例如，劳动时间立法和工会协议有助于把最初由厂商实施的更短的每周工作时间制度化。Bernanke（1986）指出，工人心中有个每周保留收入水平（而不是每小时保留工资水平），每周工作小时数下降会导致平均每小时收入上升。类似地，政府政策支持工会化，并帮助说服雇主“相信”他们应该采用更加自由的劳工政策。这两个方面都引起实际工资增长。

最引人注意的问题也许是：为什么在20世纪30年代资本投资很少的同时，生产率却会增长呢。有一种猜想认为当时惯常的看法——更高的工资和更好地对待劳工会提高生产率——实际上是正确的。按照这种观点，政府的行为和工会的威胁迫使雇主们勉强地采用了更盈利的方式，即第一次广泛地支付了“效率工资”（efficiency wages）。那种认为新政代表了向效率工资制度过渡的观点，不仅有助于解释当时实际工资的增长，而且也有助于解释生产率的增长。

7.4 结　论

在1933—1941年的新政时期，除了1937—1938年发生衰退外，美国经济总体上一直在增长。经济增长的同时伴随着实际工资的增长（部分是由政府和工会推动的）。我们一般认为较高的实际工资会抑制总供给，那么这两者为什么可以并存呢？如果“向效率工资过渡”的猜想是正确，那么部分答案是：在某种程度上，较高的工资通过提高劳动生产率而“自我支付（pay for themselves）”——也就是“羊毛出在羊身上”[①]。然而更重要的可能是这样一种现象：在不完全竞争市场上，产出既取决于总需求，也取决于实际工资。也许赫伯特·胡佛（Herbert Hoover）[②]和亨利·福特（Henry

① 破折号和后面这几个字是译者自己加的——译者注。

② 全名是赫伯特·克拉克·胡佛（Herbert Clark Hoover，1874. 8. 10—1964. 10. 20），美国共和党人，1929—1933年任美国第31任总统。他就任总统不久就爆发了大萧条，美国经济坠入深渊。尽管信奉自由放任主义的胡佛也进行了不少努力，但最终无力回天。在1932年大选中他被富兰克林·罗斯福击败。对胡佛的经济思想和经济政策的详细分析，可以参见胡国成著的《塑造美国现代经济制度之路》第4章，中国经济出版社，1995——译者注。

Ford）是对的：宽泛地说，实际工资上升的正面效应（提高了总需求①）弥补了其负面效应（提高了成本），从而实现了“自我支付”。

欧洲的情况又是怎样的呢？有些情况与20世纪30年代是相似的，尤其是失业水平与通货膨胀率的决定因素和促进实际工资增长的政治因素毫无关系。但是它们之间又存在着巨大的差异，从中可以看出政策上的分歧。具体来说，罗斯福总统于1933年实施的通货膨胀政策可能有助于提高就业（因为它是金融复兴计划的一部分，并且对扭转1933年之前几年的通货紧缩预期至关重要），但这不一定意味着通货膨胀就能帮助今天的欧洲。类似地，由于新政时期实际工资的增长提高了生产率和总需求，因此没有抑制经济复苏，但是我们千万不能因此就妄下结论，认为较高的实际工资一定有益于欧洲的复苏。

参考文献

Bernanke, Ben S., "Employment, Hours, and Earnings in the Depression: An Analysis of Eight Manufacturing Industries," *American Economic Review*, March 1986, 76, 82–109.

De Long, J. Bradford and Summers, Lawrence H., "Is Increased Price Flexibility Stabilizing?," *American Economic Review*, December 1986, 76, 1031–44.

Gordon, Robert J., "Back to the Future: European Unemployment Today Viewed from America in 1939," *Brookings Papers on Economic Activity*, 1: 1988, 271–304.

Jacoby, Sanford M., *Employing Bureaucracy: Managers, Unions, and the Transformation of Work in American Industry, 1900—1945*, New York: Columbia University Press, 1985.

① 关于实际工资上升提高了总需求的观点，并不要求假定工人整体上有较高的边际消费倾向（这与生命周期理论不一致）。只要资本市场上存在借款约束，使工人不能以未来收入为抵押进行借款，加上工人认为萧条时期的收入低于他们的持久收入这一假设就足够了。

Lebergott, Stanley, *Manpower in Economic Growth: The American Record Since* 1800, *New York: McGraw-Hill*, 1964.

National Industrial Conference Board, *The New Monetary System of the United States*, New York, 1934.

Temin, Peter and Wigmore, Barrie A., "The End of One Big Deflation," Working Paper No. 503, MIT, October 1988.

第 8 章

顺周期的劳动生产率与各种经济周期理论：来自两次世界大战之间美国制造业部门的证据*

与 Martin Parkinson 合著

8.1 导 言

自从 Hultgren（1960）发现平均劳动生产率的顺周期性质——也称为劳动的短期回报递增（short-run increasing returns to labor，SRIRL）——以来，它已经成为宏观经济的一个基本特征事实。对于不同国家、不同样本期、从厂

* 经授权重印自 *Journal of Political Economy*，vol. 99，no. 3（1991）。版权归芝加哥大学所有。
我们感谢审评专家所提出的有益意见。也非常感谢国家科学基金（National Science Foundation）和澳大利亚财政部（Australia Treasury）提供的经费支持。但文中所述仅仅是我们自己的观点，并不代表澳大利亚财政部。

商到全国经济的各个层面的研究都证实了劳动生产率顺周期性质的普遍性。

对劳动生产率的顺周期性质的最早研究大多数是在20世纪60年代和70年代早期进行的，其中Brechling（1965）、Kuh（1965）、Ball and St. Cyr（1966）、Solow（1968）、Fair（1969）和Sims（1974）等人都做出了贡献。最近Prescott（1986b）在研究实际经济周期的过程中又开始关注SRIRL；Fay and Medoff（1985）、Hall（1987；1988a；1988b）、Rotemberg and Summers（1988）和Chirinko（1989）等人的注意力也再次集中到了SRIRL上。大家对SRIRL兴趣重生的原因越来越清楚：在对SRIRL的各种解释中选择一个，实际上就是要在现代各种主要的经济周期理论中选择一个。

对于SRIRL，迄今为止已经提出了三种主要的解释：技术冲击假说、真实报酬递增（true increasing returns）假说[①]和劳工窖藏假说。每一种解释都与一种经济周期模型密切相关。

正如Prescott（1986b）所阐述的，完全竞争[②]的实际经济周期理论支持的是技术冲击解释。在实际经济周期模型中，经济周期性波动背后的驱动力是技术变迁，而关键的传播机制则是劳动供给的跨期替代。在实际经济周期模型中，即使假设劳动投入的边际报酬（marginal returns）是递减的，劳动生产率也是顺周期的——这是因为经济繁荣就是技术条件特别好的时期，在繁荣时期，为了抓住这个生产率特别高的机会，厂商会投入更多劳工，因而工人也可以得到暂时较高的实际工资。

“SRIRL反映了（技术水平固定时）生产函数中真实报酬递增”的观点，是Hall（1987；1988a；1988b）倡导的。Ramey（1987），Chirinko（1989）等人已经提供了支持这一观点的证据。Hall把经济周期描述成沿着一个固定的生产函数运动，而Prescott则认为是生产函数本身在随着经济周期的波动而不断变化。很多模型把经济周期看作一个最优生产集合（不断

① 这里的“真实报酬递增”也可以译为“真实回报递增”。但是为了避免读者将该术语与“劳动的短期回报递增”混淆，我们刻意译为“真实报酬递增”——译者注。

② 完全竞争的市场结构是实际经济周期理论（real business cycle approach）的一个前提——译者注。

变动形成)[①] 的周期，真实报酬递增则是这种模型的基本组成部分。真实报酬递增通常隐含着行业的市场结构不是完全竞争的，不过当真实报酬递增来自厂商外部时情况未必如此（Murphy，Sheleifer and Vishny，1989）。下文将集中讨论真实报酬递增来自厂商内部时的情况，但是也会对来自外部的真实报酬递增的情况进行简单的评论。

SRIRL的传统解释是劳工窖藏假说，这是从劳动的准固定性（quasi fixity）中得出的（Becker，1962；Oi，1962；Rosen，1968）。这也是凯恩斯主义者通常接受的解释。其观点是：如果劳动力在短期内调整存在调整成本，那么厂商在经济周期上平滑劳动投入（即在经济低迷时"窖藏"劳工)[②] 对自己可能是有利的。有了这些窖藏的劳工，在繁荣时期，厂商就能比衰退时期更加集约地使用劳工。劳工使用率随着经济周期的这种变化，就导致了劳动短期回报递增的幻觉[③]。用劳工窖藏来解释SRIRL对凯恩斯主义者很有吸引力，因为它使SRIRL现象与凯恩斯主义者的观点——大多数经济周期都是需求驱动的——变得一致起来，而且不必放弃生产函数中报酬递减的假设。Rotemberg and Summers（1988）最近提出了劳工窖藏与凯恩斯主义理论之间的另一种联系，他们证明：在某些情况下，劳工窖藏可能是价格刚性的一个结果。

因为这些理论对SRIRL的解释迥然不同，而且选择哪一个理论具有重大的实践意义，所以我们乐于见到SRIRL的任何证据。本章将用两次世界大战之间（1923—1939）美国制造业的一个样本来研究SRIRL。显然，这段时间经济的周期性波动极大。更重要的是，存在一个潜在的识别约束，我们更愿意把该约束应用于两次世界大战之间而不是战后时期。具体来说，该约束是：我们认为两次世界大战之间（至少在20世纪30年代）经济剧烈的周期波动非常不可能是个别制造业行业的生产函数受到的技术冲击造成的。在这个约束下，如果实际

---

① 括号里这几个字是译者自己加的——译者注。

② 除了调整成本之外，窖藏劳工的另外一个动机是：存在固定数量的"管理劳工（overhead labor)"，他们的存在对生产过程的运转来说是必要的。如果某个管理劳工被计算在生产工人之内，则即使真实的边际成本是常数或者是递增的，我们也可以在数据中观察到SRIRL现象。本文强调调整成本动机，但是在结论部分会回到管理劳工问题上。

③ 应该注意到，劳工窖藏未必意味着顺周期的劳动生产率。其他必要条件是：劳工使用的集约程度（intensity of labor utilization）是可以变化的，而且厂商发现在短期内用提高（降低）劳工使用率（the rate of labor utilization）来代替就业量或工作小时的增长（减少）是有利可图的。

经济周期理论是正确的，那么在大萧条时期 SRIRL 现象就理应不如战后明显。但事实正好相反，我们发现二战之前的劳动生产率要比二战之后更加具有顺周期性。我们认为，这就强烈地拒绝了试图解释 SRIRL 的技术冲击理论，因而也就拒绝了实际经济周期理论。下文将对此详细进行解释。

这样，关于两次世界大战之间的 SRIRL 现象就只剩下两种可能的解释，即真实报酬递增假说和劳工窖藏假说。我们提出了两个检验来甄别这两种假说。两个检验的思路都是：如果（在非劳动要素的投入固定不变时）存在真实报酬递增，那么当期的行业产出与当期的行业劳动投入就应该互为"充分统计量"；也就是说，给定当期的行业产出时，没有其他变量可以帮助预测当期的行业劳动投入，反之亦然。使用这些检验，对我们样本中的一些行业，我们可以拒绝纯粹报酬递增理论而接受劳工窖藏理论，但是对另一些行业却不能拒绝。因此，对于两次大战之间真实报酬递增假说和劳工窖藏假说在行业里的相对重要性，我们无法给出一个一般性的结论，可能这两种因素都有助于解释两次世界大战之间的 SRIRL。

本章的其余部分组织如下：第 8.2 节描述了一个简单的一般框架，来考察对劳动短期回报递增的几种不同的解释。第 8.3 节简单地描述了两次世界大战之间的数据集。第 8.4 节论述了两次世界大战之间的 SRIRL 现象。第 8.5 节讨论了这个发现对技术冲击假说的含义。第 8.6 节着重解释真实报酬递增假说和劳工窖藏假说。第 8.7 节给出结论。

8.2 对 SRIRL 的各种解释：一个一般框架

近期对 SRIRL 的研究大多采取了解释"索洛剩余（Solow residual）"，或者说产出减去要素贡献份额加权投入（factor-share-weighted inputs）的形式。但是，只有在完全竞争的实际经济周期理论中，索洛剩余才有明确的经济含义（作为衡量技术进步的指标）。在其他理论中，索洛剩余并不与任何基本的经济概念相对应。因此我们发现，如果完全绕开索洛剩余，并使用更原始的分析框架来分析生产函数，将会使问题更加清楚。本节我们将说明：

可以用简单的计量经济学术语把对 SRIRL 的不同解释表达为对生产函数中一个回归系数的不同解释。

考虑 Cobb-Douglas 生产函数：

$$Q_t = A_t K_t^{\alpha} N_t^{\beta} \tag{8.1}$$

其中 Q 是增加值产出①，A 是表示希克斯（Hicks）中性技术进步指标，K 是衡量资本投入的指标，N 是衡量劳动投入的指标。我们不假设规模报酬（returns to scale）不变。如果像 putty-clay 模型②中那样需要区分事前和事后生产函数，那么方程（8.1）指的是事后的生产函数。

非线性和可能存在的非平稳性使直接估计方程（8.1）比较复杂，所以我们采取对数差分形式。方程（8.1）变成：

$$q_t = \alpha k_t + \beta n_t + \varepsilon_t \tag{8.2}$$

其中小写字母表示对数差分，而且 $\varepsilon = \Delta lnA$。在下文的估计中，我们在方程（8.2）中加入一个常数项，从而使 ε 的均值为 0。

在完全竞争和报酬不变的条件下，参数 β 将等于劳动贡献率。但是用时间序列数据对方程（8.2）进行普通最小二乘（OLS）回归，得到的 β 估计值通常比劳动贡献率大得多。实际上，通常 β 的估计值等于 1.0 或更大，这

① 在我们的实证应用中，只有总物理产量序列，而没有增加值序列。因此我们必须假设：在资本和劳动可以互相替代时，资本—劳动总量（capital-labor aggregate）与物质材料以固定比例投入生产。

② 在经济增长理论中，不同的增长模型对生产函数中要素投入的比例可以做出不同的假设，这种假设对增长模型的性质有重要影响，例如工资上升会促使厂商用资本替代劳动，而资本能在多大程度上替代劳动、替代后产出调整的路径如何则取决于之前选择的生产技术的性质。Leontief 生产函数假定在每个产量水平上，任何一对要素投入量之间的比例都是固定的，因此也被称为固定投入比例生产函数。早期的新古典增长模型则经常假设各投入要素是可以随意相互替代的。根据事前和事后的生产函数中各要素之间的可替代程度，可以把生产函数分成几类。如果假设生产要素（例如资本）在被安装之前和之后都可以与其他要素（例如劳动）平滑地相互替代，即以任意比例投入生产，则这种模型称为 putty-putty 模型（译为“油泥—油泥模型”或“弹性—弹性模型”）。如果资本在被安装之前和之后都必须与劳动以固定比例投入生产，即事前和事后的生产函数都是 Leontief 生产函数，则称为 clay-clay 模型（译为“黏土—黏土模型”或“刚性—刚性模型”）。Johansen（1959，p. 157）建议把这两种极端情况进行调和，发展出 putty-clay 模型（译为“油泥—黏土模型”或“弹性—刚性模型”），在这种模型里，资本在被安装之前可以与劳动以合意的比例配套投入，但是一旦安装之后，资本与劳动就必须以固定比例投入生产，直到资本品报废。Solow（1962）、Sheshinski（1967）、Calvo（1967，1976）、Cass and Stiglitz（1969）等学者都研究过这种模型。Fuss（1977）提出了一种 putty-semiputty 模型，前述三种模型都可以视为这种模型的特例。更多内容可参考如下论文及文后所列参考文献：【1】Atkeson, Andrew and Patrick J. Kehoe, “Putty-clay Capital and Energy”, Federal Reserve Bank of Minneapolis Working Paper 548. April, 1995.【2】Johansen, L.: “Substitution versus Fixed Proportion Coefficients in The Theory of Economic Growth: A Synthesis,” *Econometrica*, 27 (1959), 157–176.【3】Fuss, Melvyn A., “The Structure of Technology Over Time: A Model for Testing the ‘Putty-Clay’ Hypothesis”, *Econometrica*, Vol. 45, No. 8 (Nov., 1977), pp. 1797–1821.【4】Arrow, K., H. Chenery, B. Minhas, and R. Solow: “Capital-Labour Substitution and Economic Efficiency,” *Review of Economics and Statistics*, 63 (1961), 225–250. ——译者注。

表明平均劳动生产率的增速（$q-n$）是顺周期的（是 n 的增函数）①。这就是 SRIRL 之谜。

在本章导言中给出的对 SRIRL 的几种解释可以被表述为：为什么方程（8.2）中参数 β 的 OLS 估计值会超过我们观察到的劳动者所得到的收入份额？

（1）根据完全竞争的实际经济周期理论，β 的真实值等于劳动的份额。但是，因为方程（8.2）中的解释变量 n 与误差项 ε 之间存在正相关，所以 β 的 OLS 估计值是上偏的。之所以会出现这种相关性是因为当生产率增长较快时（ε 大时），厂商的最优选择是增加劳动投入（n 也高）。更正式来说，β 的 OLS 估计值的偏差（bias）是 $\rho_{n\varepsilon}\sigma_{\varepsilon}/\sigma_{n}$，其中 $\rho_{n\varepsilon}$ 是 n 与 ε 之间的相关系数，σ_n 和 σ_ε 分别是它们的标准差。如果劳动供给的跨期替代使 $\rho_{n\varepsilon}$ 为正，那么偏差也将为正。

（2）在真实报酬递增假说下，如果没有明显的技术冲击，则 β 的 OLS 估计值是方程（8.2）中技术参数 β 的一个正确估计②。照此说来，β 的估计值会超过 1 是因为存在真实报酬递增。在垄断或垄断竞争的市场结构里，这种情况下劳动的份额是 $\beta(1-\theta)<\beta$，其中 θ 是对该厂商产出的需求的反弹性（inverse elasticity），$0<\theta<1$。

（3）如果用劳工窖藏假说来分析，则方程（8.2）就是错误设定的，因为它的右边把生产中的一个不可观测的因素——劳工努力程度或劳工使用率——遗漏掉了。在这种方法下，真实的生产函数不是（8.2）式，而应该是：

$$q_t=\alpha k_t+\beta n_t+\delta e_t+\varepsilon_t \tag{8.3}$$

其中 e 是劳工努力程度的增长率③。漏掉这一项意味着 β 的 OLS 估计值的期望值将是 $\beta+\delta\gamma$，这里 γ 是把 e 对 k 和 n 进行回归得到的 n 的系数。假设 $\delta>0$（更多的努力可以带来更多的产出），并且 $\gamma>0$（如果公司对需求增加的反

---

① 把（8.2）式变形可以得到 $(q_t-n_t)=\alpha k_t+(\beta-1)n_t+\varepsilon_t$。其中 (q_t-n_t) 是单位劳动投入所得产出 Q_t/N_t 的对数。当 $\beta>1$ 时，(q_t-n_t) 是 n_t 的增函数。由于劳动投入 n_t 是顺周期的，因此 (q_t-n_t) 也是顺周期的——译者注。

② 严格来讲，生产率冲击 ε 的方差不能为 0。因为如果 $\mathrm{var}(\varepsilon)=0$，则估计的生产函数（2）将与数据完全拟合。因为我们不指望能看到一个完美的拟合，所以我们就必须考虑到 $\mathrm{var}(\varepsilon)>0$；为了使 β 的 OLS 估计值是无偏的，ε 必须被解释为测度误差或者是与就业无关的、不可预测的产出波动。或者，如果与产品需求的方差、以及也会影响均衡就业的劳动供给冲击相比，$\mathrm{var}(\varepsilon)>0$ 相对很小，那么 β 的 OLS 估计值将只是轻微有偏的。

③ 对 e 的另一种解释是，认为它是资本使用率与劳工使用率的变动的加权。

应是既要求劳工在短期内付出更多的努力，又投入更多劳工，那么劳工努力程度的增速与劳工投入将是正相关的）。因此，偏差是正的，β 的估计值将超过真实值。

当存在窖藏劳工的现象时，劳动贡献率的决定将非常复杂，它取决于对劳工努力的报酬、就业调整速度和市场结构等因素。但是劳动贡献率一般仍然低于 β 的估计值。

本章的目的是：使用两次世界大战之间的数据，尽量把对 SRIRL 的三种解释区别开来。在分析之前，先简单讨论一下这些数据。

8.3 数 据

对 SRIRL 的大部分研究都使用了战后的数据（一个明显的例外是 Hultgren，1960；并请参见 Bernanke and Powell，1986）。在本章中，我们将研究两次世界大战之间相对细分的数据。

我们使用的是用月度数据加总得到的季度数据①，大多是两位编码（two-digit）的制造业层面的数据，时间跨度为 1923 年第 1 季度至 1939 年第 4 季度（大部分变量在 1923 年之前的数据都无法获得。1939 年之后，战时经济严重影响了工业产出的结构，如果仍然假设生产函数相同，就会产生问题）。使用行业层面的数据而非制造业整体的数据可以减少加总引起的偏差，并且避开那些其产值指数是通过将投入按比例增大构造的而不是通过直接衡量物理产量构造的行业。我们将对 1924—1939 年（保留第一年数据，以便进行差分和使用滞后项）和 1929—1939 年（把大萧条分开单独研究）这两个样本期分别进行分析。

与 Bernanke（1986）使用过的样本类似，整个 1923—1939 年样本期的数据是从以下八个行业中找出的：（1）钢铁及钢铁制品；（2）木材及相关产品；（3）汽车；（4）石油精炼；（5）纺织及纺织制品；（6）皮革及皮革

① 我们将数据加总降频，希望这样能降低不同来源的数据序列的测度误差和时频错配（temporal misalignments）的影响。我们的结果并不严重依赖于这种加总。

制品；（7）橡胶及相关产品；（8）纸浆、造纸及相关产品。对 1932—1939 年的样本，我们还使用了另外两个行业的数据；（9）石材、黏土、玻璃及其制品业；（10）有色金属及其制品业。

在两次世界大战之间，这十个行业的就业量一共占制造业部门总就业量的 1/5。表 8—1 还列出了关于这些行业的其他信息。

表 8—1　**样本中各行业在 1935 年的劳动贡献率、行业规模、平均雇用量和集中度**

行业	劳动贡献率	公司数目	平均雇用量*	集中度†
钢铁	0.477	8 105	108	0.394
木材	0.504	16 127	36	0.109
汽车	0.486	946	410	0.739
石油	0.307	395	196	0.361
纺织	0.542	22 847	74	0.136
皮革	0.528	3 506	89	0.232
橡胶	0.433	466	246	0.619
纸浆	0.378	779	163	0.167
石材，黏土和玻璃	0.381	5 846	41	0.376
有色金属	0.404	5 411	40	0.385

* 雇员年平均雇用量，不包括领工资的行政人员和业主。这些数据和劳动贡献率、公司数量数据都来自 1937 和/或 1939 年的《制造业双年份普查》(*Biennial Census of Manufactures*)。

† 四公司集中度，定义为一个行业中增加值最大的四家公司在全行业增加值中所占的比例。这些集中度是根据美国国家资源委员会（U. S. National Resources Committee，1939）发布的《美国经济结构》(*Structure of the American Economy*) 中的数据计算得到的。

这次研究的基本数据是每个行业的产出和劳动投入，使用的其他数据会在下面合适的地方进行介绍。产出用美联储的工业产值指数的组成部分来衡量，每个行业的劳动投入用总工作小时数（等于就业量乘以每周平均工作小时数）来衡量。就业量和工作小时数数据主要来自美国劳工统计局①，并用《劳工月评》(*Monthly Labor Review*) 和 Beney（1936）提供的全美工业会议的数据加以补充。本章使用的所有数据都可以提供给读者。关于这些数

① 具体参见美国劳工统计局的第 610 号公告“工厂雇用量和工资薪金的修正指数（*Revised Indexes of Factory Employment and Payrolls*, *1919—1933*）”（1935 年 2 月），以及劳工统计局的更新文件“工厂雇用量和工资薪金的修正指数（*Revised Index Numbers of Factory Employment and Pay Rolls*）”（1938 年 9 月）和“工厂雇用量和工资薪金的指数（*Index Numbers of Factory Employment and Pay Rolls*）”（1940 年 5 月）。

据的来源和所做调整的更多细节，参见 Parkinson（1990），也可来函索取。

8.4 两次世界大战之间的 SRIRL

本节将证明，在我们使用的两次世界大战之间美国制造业的样本中存在 SRIRL 现象。

估计方程（8.2）需要有每个行业的产出、资本投入和劳动投入数据。正如在第 8.3 节说明的那样，我们能得到产出和劳动投入的月度数据，然后将其加总得到季度数据。但是资本存量数据却很难获得。

我们使用 Creamer，Dobrovolsky and Borenstein（1960）和 Dewhurst et al.（1955）的数据来构建行业资本存量数据序列。步骤是：把所能得到的 1929—1937 年的基准行业资本存量估计值与年度总投资数据结合在一起，得到行业年度资本存量，然后通过插值得到季度估计值。但不幸的是，使用这些构建得到的序列来估计对数差分生产函数（2），所得到的资本存量的系数估计值都不是统计显著的，并且符号也常常是错的。这也许反映了资本存量数据质量较低（尤其是在数据频率较高的情况下）。或者，如果经济在整个时期产能持续过剩，那么行业资本存量的大小（在边际水平上）可能与行业产出增速无关。无论如何，在接下来的回归中，我们去掉资本存量序列，而用与具体行业对应（industry-specific）的常数项来刻画资本的趋势增速[①]。有一点非常重要：即无论包含或不包含资本存量序列，劳动投入的系数估计值在本质上都是一样的[②]。

表 8—2 报出了用各行业产出增速对该行业劳动投入增速和一个常数项（剔除了资本投入项）进行 OLS 回归的结果（在这里及接下来的回归中都包括了季节虚拟变量）。表中第 1 列表示在整个样本期（1924 年第 1 季度—1939 年第 4 季度）中劳动投入的系数 β 的估计值。第 2 列表示把样本限定

① 当然，在大萧条时期总投资增速是很低的，所以大部分行业的资本存量的趋势可能是负的。

② 根据评审专家的建议，我们用各行业 1935 年的要素贡献率为权重，对资本和劳动进行加权得到资本—劳动加总量（capital-labor aggregate），然后用它的增长率代替劳动投入的增长进行分析。采用这种替代方法得到的劳动投入的系数，与这里给出的系数实际上完全相同。

表 8—2 **劳动投入的系数β的估计值**

行业	普通最小二乘法 OLS		工具变量		战后 OLS 1955—1988 (5)
	1924—1939 (1)	1929—1939 (2)	1924—1939 (3)	1929—1939 (4)	
钢铁	1.53 (0.17)	1.51 (0.17)	1.48 (0.19)	1.45 (0.18)	1.66 (0.10)
木材	1.11 (0.04)	1.07 (0.05)	1.06 (0.04)	1.01 (0.04)	0.86 (0.05)
汽车	1.26 (0.15)	1.21 (0.15)	1.33 (0.21)	1.20 (0.21)	1.05 (0.06)
石油*	0.36 (0.10)	0.42 (0.07)	0.96 (0.40)	0.80 (0.38)	-0.04 (0.03)
纺织	1.03 (0.12)	1.09 (0.17)	1.34 (0.28)	1.12 (0.36)	1.03 (0.13)
皮革	0.61 (0.10)	0.58 (0.08)	0.69 (0.08)	0.71 (0.08)	0.83 (0.03)
橡胶	1.21 (0.06)	1.21 (0.07)	1.30 (0.10)	1.27 (0.10)	0.98 (0.06)
纸浆	1.10 (0.10)	1.11 (0.10)	1.04 (0.09)	0.99 (0.09)	1.04 (0.38)
石材、黏土和玻璃	—	1.11 (0.07)	—	0.99 (0.11)	0.94 (0.10)
有色金属	—	1.38 (0.03)	—	1.18 (0.10)	1.23 (0.07)

注：数据为季度数据。圆括号中为标准误。所有回归都包括一个常数项和三个季节虚拟变量。两次大战之间的回归，第 1、3 列的样本期为 1924 年第 1 季度—1939 年第 4 季度；第 2、4 列的样本期为 1929 年第 1 季度—1939 年第 4 季度（石材、黏土和玻璃行业与有色金属行业是 1933 年第 1 季度—1939 年第 4 季度）。战后的回归即第 5 列的样本期是 1955 年第 2 季度—1988 年第 4 季度（其中纸浆行业的样本期为 1958 年第 2 季度—1988 年第 4 季度）①。工具变量回归中的工具变量是实际政府支出、通货/存款比率、倒闭银行的实际存款额这三个变量的对数差分的当期项和一阶滞后项。

* 如果使用月度数据对战后进行回归，得到的系数估计值为 0.07，标准误为 0.04。如果使用季度数据并对每次石油冲击、1969 年和 1980 年的石油行业罢工，以及 1964 年后行业就业趋势的变动分别设置虚拟变量，并且考虑每次冲击后季节性模式的变化，则该系数变成-0.06，标准误仍是 0.04。

① 在本书原著中，这句话是：The sample period for the postwar regression, col. 5, is 1958: 2-1988: 4 for pulp。显然有误。这里根据本文在 *Journal of Political Economy*, Vol. 99, No. 3. (Jun., 1991), pp. 439-459 发表时的原文译出。这句原文是：The sample period for the postwar regression, col. 5, is 1955: 2-1988: 4 (1958: 2-1988: 4 for pulp) ——译者注。

为大萧条期间（1929 年第 1 季度—1939 年第 4 季度）时劳动投入的系数 β 的估计值。为了便于比较，第 5 列报出了对战后相同的行业（或者在数据允许的情况下最匹配的行业）的劳动投入的系数 β 的估计值（暂且不管第 3 和第 4 列）。与两次世界大战之间的行业一样，战后行业的产出也用美联储的工业产值指数来衡量，劳动投入数据则来自美国劳工统计局。表 8—2 下的注释给出了具体的样本期间。这里给出的标准误是使用 Wooldridge（1989）提出的方法计算得出的，它对异方差和序列相关性是稳健的①。传统的 OLS 标准误（没有报出）通常接近稳健的标准误，在少数几处二者会有差别，但不影响定性的结论。

表 8—2 的一个主要信息是：在两次世界大战之间，SRIRL 是一个常见的现象②。在样本里的十个行业中，只有两个（石油精炼和皮革）的 β 估计值小于 1。对这八个 β 估计值大于 1 的行业中的任何一个来说，劳动在总增加值中所占的份额（见表 8—1）与 β 的估计值之差都是高度统计显著的。样本中是否包含 20 世纪 20 年代并不影响对两次大战之间 SRIRL 的发现：对两次世界大战之间的全样本（1924—1939）和 1929—1939 年的子样本进行估计得到的 β 估计值非常相近。

表 8—2 的另一个明显特征是：用两次世界大战之间的样本和战后的样本得到的 β 估计值很相似。尽管这两个时期的经济环境、重要产品和生产过程创新情况截然不同，行业的定义也不完全匹配，但是两次世界大战之间和战后的行业 β 的估计值之间的相关系数为 0.90，秩相关系数为 0.82。还应该注意到，两次世界大战之间的 β 的未加权均值是 1.07，稍高于战后的 0.96。

总而言之，我们的结论是：有显著的证据表明在两次世界大战之间的制造业数据中存在 SRIRL 现象，而且两次世界大战之间的全样本与十年大萧条的样本之间，或者两次世界大战之间的全样本与战后样本之间，在这一点上都几乎没有差别。

---

① Wooldridge 的方法在思想上与 White（1984）等人早期提出的方法是类似的，它的主要优点是计算比较简单。

② Bernanke and Powell（1986）发现了一个类似的结果。

8.5 技术冲击假说

现在来考虑我们对两次世界大战之间的研究结果与第 8.2 节勾勒的、对一般的 SRIRL 现象的三种解释之间的关系。首先从技术冲击假说开始。

我们认为，对两次世界大战之间的 SRIRL 的研究结果（β 的估计值大于 1），对实际经济周期学派倡导的用技术冲击假说解释 SRIRL 是一个严重的挑战。理由如下：包括实际经济周期学派在内，没有人严肃地主张大萧条主要是由行业生产函数受到的技术冲击引起的①。如果认为大萧条时期产出和就业的大幅波动是由其他类型的冲击（譬如对总需求或要素供给的冲击）造成的，则按照实际经济周期假说，SRIRL 在大萧条时期理应是不明显的，我们反而应该观察到劳动回报递减的现象。但是正如我们所看到的，两次世界大战之间的 SRIRL 至少与战后一样强，这就与实际经济周期理论的预言相矛盾。

这一点可以用第 8.2 节的讨论方式重新表述。回想一下，在技术冲击假说下，β 的估计值的偏差与 $\sigma_\varepsilon/\sigma_n$ 成比例，其中 σ_ε 和 σ_n 分别是技术增速和劳动投入增速的标准差②。我们可以从数据中直接观察到：两次世界大战之间的季度劳动投入增速的标准差 σ_n 比战后要大 2 ~ 3 倍，每个行业各异。因此，如果假设两个时期真实的 β 值互相接近（事实上，劳动贡献率确实没多大变化），则只有当两次世界大战之间技术波动的标准差 σ_ε 也比战后大 2 ~ 3倍时，才能用技术冲击假说解释两次世界大战之间的 SRIRL。这就相当于用技术波动的一个巨大的外生增长③来解释大萧条，从历史上看，我们认

---

① 例如可以参考 Prescott（1986a, p. 29）。Bernstein（1987）提出，虽然两次大战之间出现了相当多的、广泛的创新活动，但是十年大萧条期间发生的技术变化却局限在少数行业。Parkinson（1990）重新研究了关于本文所研究的行业的技术变化的资料，并得出结论：虽然在大萧条期间确实发生了创新，但其影响范围相对适中。这与 1930s 年代总投资增速较低是一致的。无论如何，要解释大萧条期间产出和就业的急剧下降，需要有负面的技术冲击。

② 比例因子是 $\rho_{n\varepsilon}$，即劳动供给对技术冲击的反应的相关系数。这个相关系数的大小取决于工人跨期替代的意愿和生产率冲击的预期的持久性，持久性较差的冲击会引起较强的反应。虽然我们不知道工人事前的想法，但是大萧条还是演变成了一次极为持久的冲击，所以两次世界大战之间的 $\rho_{n\varepsilon}$ 原本应该比战后小。$\rho_{n\varepsilon}$ 较小，使技术冲击假说更加难以解释两次世界大战之间的数据中存在的 SRIRL。（注：本书原文这里最后两句印刷时漏掉了半句，这里根据本文在 *Journal of Political Economy*, Vol. 99, No. 3.（Jun., 1991）, pp. 439-459 发表时的原文译出——译者注。）

③ “技术波动的一个巨大的外生增长”，意思是外生因素导致技术发生了巨大的波动，或者说外生因素导致技术的标准差突然变大了好几倍——译者注。

为这是说不通的。

实际经济周期的支持者可能提出反驳说：促成大萧条的很多实际冲击——包括对支付和信用体系的冲击、欧洲政治局势的动荡、关税大战、农产品价格下跌、第一次世界大战引起的部门“失衡”，以及影响价格和工资设定的新政政策——即便从字面意思上来说不算是技术冲击，也还是可以笼统地视为“生产率冲击”。这样一来，就可以秉承实际经济周期理论对战后SRIRL的解释，来解释两次世界大战之间的SRIRL：即在两次世界大战之间，其他类型的实际冲击发挥了定义较窄的技术冲击的作用。

需要澄清的是：我们并不否认实际冲击对大萧条很重要（很明显它们确实很重要），甚至可能构建一个均衡模型，把大萧条解释成经济对这些实际冲击的反应。不过这里的问题是：用大萧条时期发生的实际冲击来解释SRIRL现象，是否与实际经济周期理论一致？如果说与实际经济周期理论是一致的，那么这些冲击必须首先通过改变给定的资本和劳动投入所能生产的工业产出数量来发挥影响[①]。也就是说，它们必须是“类似 ε”的冲击，其中 ε 是方程（2）中的误差项。此外，如果实际冲击是通过其他方式——例如通过改变劳动供给、产品结构或劳动市场结构，或者通过改变新资本品的期望边际生产率——来发挥影响的，那么它们应该引起反周期的而不是顺周期的劳动生产率[②]。从计量经济学的角度看，如果实际冲击使 σ_n 上升而不能使 σ_ε 上升，则不会带来SRIRL现象。

20世纪30年代发生的实际冲击，在作用上等价于行业生产函数受到技术冲击吗？不妨考虑一些可能的情形：例如我们可以推测，贸易限制影响了中间投入品的成本或可获得性；由于我们必须用总产值而不是增加值衡量产出，因此在我们的实证分析中，用劳动替代中间投入品就会导致负向的生产率冲击。虽然这在理论上是可能的，但是证明贸易限制产生了破坏性影响的

---

① 意思是说，这些实际冲击必须能改变生产函数，即改变 $Q_t = A_t F(K_t, N_t)$ 中的 F——译者注。

② 特别地，关于大萧条的一些现存的经典解释一般与报酬递减和SRIRL现象都不一致。例如Lucas and Rapping（1969）的解释，他们认为工人对实际工资认识有误，并因而减少了劳动供给。按照实际经济周期假说，这种引致的、沿着报酬递减的生产函数的移动，应该导致反周期的劳动生产率，而不是我们所观察到的顺周期的劳动生产率。

直接证据却很微弱：具体而言，1930年的Smoot-Hawley关税[①]主要影响了农产品和制成品的进口，而不是中间产品的进口（Eichengreen，1986）。事实上，在大萧条期间，由于全球原材料和商品供大于求，所以进口的大部分中间品的实际价格（含关税）是下降的。

影响劳动生产率的另一个不严格的技术性冲击可能是20世纪30年代早期货币和金融体系的崩溃，研究大萧条的很多学者都认为这一点很重要。理论上说，货币和信用可以被看作其他投入品的替代品，这意味着对支付和信用机制的扰乱会降低劳动生产率[②]。但是Bernanke（1983）[③] 引述Lutz（1945）的话认为，美国大部分大公司（在我们的样本中它们占了产出和就业的重要份额）在20世纪30年代都拥有非常充足的现金和流动性储备，能够满足营运资本需求[④]，Hunter（1982）也得出过类似的结论。在此基础上，Bernanke总结指出：至少在美国，金融影响在非常大的程度上是通过降低总需求（包括对新投资的需求）来发挥作用的，而不是通过影响既定资本和劳动投入所能生产的产出来发挥作用的。由于信用和货币因素对当期产出的需求的影响大于对当期产出的供给的影响，按照实际经济周期假说，这种情况下应该引起劳动回报递减而不是劳动回报递增。

我们可以得出结论：两次世界大战之间的经济冲击不可能以技术冲击假说的“宽泛版本”所要求的方式进入行业生产函数。但是即使未来的研究能够确认这种形式的冲击，用这种“实际的但不严格的技术性”冲击来解释SRIRL还存在另一个问题，即：如何解释利用两次世界大战之间的样本和战后样本估计得到的β值之间高度的横截面（不同行业之间的）相关性。

---

① 指1930年美国臭名昭著的《Smoot-Hawley关税法》（*Smoot-Hawley Tariff Act*）中规定的关税。1929年经济危机爆发，美国股市崩溃，经济陷入衰退，共和党政府倾向采取保护主义，以缓解危机。参议员斯穆特（Reed Smoot）与众议员霍利（Willis C. Hawley）联手提出该法案，并于1930年6月得到胡佛总统（Herbert Hoover）的签署。该法案大幅提高进口关税，使平均关税从38%上升到52%。其初衷是将美国人日渐萎缩的需求从进口商品引向本国产品。但结果却引发了世界范围的关税壁垒战，其他国家纷纷对美国以牙还牙，导致世界贸易迅速下滑。很多人相信这是其后不久出现的大衰退的导火线——译者注。

② King and Plosser（1984）正式分析了这种观点。

③ 这篇论文就是本书第2章——译者注。

④ Lutz的大公司样本包括汽车、钢铁、建材、化学、石油和纺织行业的大部分公司，它们与我们研究的样本中的行业都有一定程度的重叠。

要想使这种相似性显得合理，要求两次世界大战之间影响单个行业生产函数的实际（real）冲击所解释的每个行业就业波动的百分比，必须等于战后影响行业生产函数的实际（genuine）技术冲击所解释的每个行业就业波动的百分比。换句话说，即使在两次世界大战之间影响生产函数的冲击（例如信用冲击）与战后相应的冲击的性质不同，实际经济周期假说也要求每个行业的偏差项 $\rho_{n\varepsilon}\sigma_{\varepsilon}/\sigma_{n}$ 在战前与战后是近似相等的。这恐怕得极为巧合才行。

迄今为止，我们的讨论都集中在对行业生产函数的 OLS 估计的解释上。检验技术冲击假说的一种更直接的方式是使用工具变量回归重新估计生产函数。如果我们的工具变量与行业就业和产出存在相关关系，但是与行业技术冲击无相关关系，并且如果技术冲击假说是对的，那么劳动投入的系数 β 的工具变量估计值就应该比 OLS 估计值低得多（与劳动的贡献率更加接近）。

表 8—2 的第 3、4 列分别报出了 1924—1939 和 1929—1939 两个样本期中每个行业的 β 的工具变量估计值。这里所用的工具变量是实际政府支出、通货/存款比率、倒闭银行的实际存款额的对数差分的当期项和一阶滞后项[①]。我们对这些变量的选择与经济史学家的主流观点是一致的，即政策失误——包括对金本位制管理不善、未能捍卫银行体系和货币供给、顺周期的财政政策——是引起美国大萧条的主要原因。这些工具变量当然都不是完全外生的，但是它们与行业生产函数受到的冲击之间的同期相关性非常微弱。表中还报出了用 Wooldridge（1989）的方法计算得到的稳健标准误，总体上看，它们也非常接近传统的标准误。

从表 8—2 可以看出，β 的工具变量估计值与 OLS 估计值之间的差异相对很小[②]。我们曾在本文的一个较早版本中指出，当使用涵盖范围更大或更小的工具变量集时，结果也是如此。实际上，对于所研究的行业来说，比较

① 工具变量的数据来源如下：政府支出的数据来源于 Firestone（1960）；通货/存款比率是根据 Friedman and Schwartz（1963）的数据计算而得；倒闭银行的存款额数据来自《联邦储备公告》（*the Federal Reserve Bulletin*），并且使用 Sayre（1984）的消费者价格指数作为平减因子。

② 在一些行业中，工具变量估计值确实比 OLS 估计值大。这与技术冲击假说所隐含的“OLS 偏差应该为正”相矛盾，这意味着存在一些像经典测度误差（classical measurement error）这样的因素（感谢 Jerry Hausman 为我们指出了这点）。

OLS 估计值和工具变量估计值的豪斯曼设定检验（Hausman specification tests）几乎都不能拒绝“零假设：OLS 回归没有被误设”。对于表 8—2 所报出的工具变量估计值，只有石油精炼行业（它不是八个存在 SRIRL 现象的行业之一）在 10% 的置信水平上拒绝了“零假设：OLS 回归没有被误设”。这样，我们还是没能在两次世界大战之间的数据中找到支持技术冲击假说的证据①。

8.6 真实报酬递增假说对劳工窖藏假说

除了技术冲击假说外，还有两种假说对 SRIRL 提出了解释，即真实报酬递增假说和劳工窖藏假说。我们采用如下的方法来甄别这两种假说：如果真实报酬递增假说是正确的，那么生产函数关系式（8.2）就是正确设定的；但是如果劳工窖藏假说是正确的，则方程（8.2）就存在遗漏变量问题，把方程（8.2）和（8.3）比较可知，它遗漏了劳工使用率。这意味着，我们可以通过研究能否把那些“根本上”是外生的（extraneous）、但是可能与劳工使用率有相关关系的变量从估计的生产函数中剔除掉，来检验甄别真实报酬递增假说和劳工窖藏假说。

作为这类检验中的第一个检验，具体做法是：对每个行业，我们都用产出增速对劳动投入的增速、常数项、季节虚拟变量和一组加总的经济周期指标进行回归。如上所述，如果存在真实报酬递增，则行业的劳动投入应该是行业产出的“充分统计量”，周期性指标不应该出现在生产函数中②。另外，如果存在劳工窖藏现象，并且周期性指标与被遗漏的劳工使用率项充分相

① 比较 OLS 估计值与工具变量估计值时可能存在的一个缺陷，即第一阶段中存在过度拟合，在这里并不是个问题：对于工具变量估计，第一阶段估计的 R^2 大小适中（通常在 0.4 到 0.6 之间），并且当使用更小范围的工具变量集时也没有发现误设问题。而且，在这一操作中，可以通过用劳动投入增长率对工具变量回归来进行豪斯曼检验（Hausman test），然后再把回归的拟合序列和残差序列分别放入一个以产出增长率为被解释变量的回归中。豪斯曼检验等价于检验在第二阶段的产出增长回归中，劳动投入增长率的拟合序列和残差序列的系数估计值是否相同。我们用这种方式进行检验时，发现劳动投入增长率的拟合序列和残差序列的系数估计值都是高度显著的，并且大小非常近似。如果过度拟合是一个问题，这种情况是不可能出现的。

② 如果假设真实报酬递增对行业来说是内在的（见下文），则加总的生产率冲击的存在也会使这一观点变得更复杂。对此，我们坚持假设两次世界大战之间的生产率冲击可以忽略不计。

关，那么周期性指标应该显著地进入估计得到的生产函数。而且，从周期性指标是劳工使用率的良好代理变量这一方面来说，当估计得到的生产函数中包括周期性指标时，劳动投入的系数估计值应该与真实的生产函数的系数更加接近（因而在数值上更小）。

在现实中，如果劳工窖藏很重要的话，那么周期性指标就会与未观测到的劳工使用率的波动之间存在相关关系，这主要有几方面的原因。例如，如果经济的周期性条件的变化引起的行业需求波动与特定的部门冲击引起的行业需求波动具有不同的持久性，则窖藏劳工的厂商对周期性需求冲击和部门性需求冲击的最优反应是采用雇用量和劳工使用率的不同组合，而加总的周期性指标中将包含关于行业劳工使用率的信息。另一种可能性是：一个行业调整劳动力的成本取决于劳动市场的总体状况，一般来说，这将使周期性指标与行业的劳工使用率之间产生相关性①。

表8—3报出了这一检验的结果。我们使用了两组周期性指标。第1组（与表8—3中第1列对应）包括实际政府支出增速、通货/存款比率的增速、倒闭银行的存款额的增速这三个变量的当期项和一阶滞后项，这些变量与表8—2使用的工具变量相同。第2组（与表8—3第2列对应）除了包括第1组中的所有变量外，还包括消费者价格指数、美联储的工业总产值指数这两个变量的当期项和一阶滞后项。表8—3报出的两列数字就是在生产函数中包括周期性指标的情况下劳动投入的系数估计值，其中圆括号里是Wooldridge标准误。加星号的部分表示：在这些回归中，在通常的显著性水平上能拒绝“零假设：所有周期性指标都可以从生产函数中排除掉”。

这些结果取决于采用哪一组周期性指标。使用指标较少的第1组时，10个行业中只有3个行业拒绝了“零假设：所有周期性指标都可以从生产函数中排除掉”（都是在1%的显著性水平下拒绝）。我们进一步把表8—3第1组结果与表8—2第1列结果相比较，发现当包括第1组中的周期性指标

① 我们感谢评审专家指出了第二点。

表 8—3　　包括经济周期指标时劳动投入的系数估计值

行业	周期性指标	
	第 1 组 (1)	第 2 组 (2)
钢铁	1.56 ** (0.13)	0.54 ** (0.30)
木材	1.16 (0.06)	1.04 (0.13)
汽车	1.24 (0.20)	1.21 (0.26)
石油	0.26 (0.13)	0.06 ** (0.07)
纺织	0.95 (0.12)	0.61 ** (0.16)
皮革	0.58 (0.12)	0.44 (0.15)
橡胶	1.16 ** (0.06)	1.12 ** (0.15)
纸浆	1.14 (0.13)	0.78 * (0.21)
石材、黏土和玻璃	1.21 (0.06)	0.96 (0.33)
有色金属	1.53 ** (0.05)	0.52 * (0.47)

注：数据为季度数据。圆括号中为标准差。所有回归都包括一个常数项和三个季节虚拟变量。除了石材、黏土和玻璃行业，有色金属行业的样本期间是 1933 年第 1 季度—1939 年第四季度外，其他所有回归的样本期间都是 1924 年第 1 季度—1939 年第 4 季度。第 1 组周期性指标包括实际政府支出、通货/存款比率、倒闭银行的实际存款额这三个变量的对数差分的当期项和一阶滞后项。第 2 组指标不仅包含第 1 组指标，还包括消费者价格指数、制造业总产值这两个变量的对数差分的当期项和一期滞后项。

* 表示在 5% 的显著性水平上拒绝“零假设：所有周期性指标都可以从生产函数中被排除掉”。

** 表示在 1% 的显著性水平上拒绝“零假设：所有周期性指标都可以从生产函数中被排除掉”。

时，劳动投入系数的估计值并不像当存在劳工窖藏和代表劳工使用率的周期性代理变量时所预期的那样系统地降低。相反，使用指标更多的第 2 组时，10 个行业中有 6 个行业不能把周期性指标从生产函数中排除出去（其中有 4 个是在 1% 的显著性水平下拒绝的）；另外，正如劳工窖藏假说预测的那样，每个行业的劳动投入的系数的估计值都变小了①。

这些结果似乎温和地支持了劳工窖藏假说，至少在使用覆盖范围更大的第 2 组周期性指标时是这样的。但是，如果认为表 8—3 中周期性指标进入行业生产函数是外部（对行业来说）真实报酬递增的结果，而不是劳工窖藏的结果，也是合理的。事实上，这也是 Caballero and Lyons（1989）对用战后数据得到的一组类似结果的解释。但是，很难想象外部经济能大到足以解释我们的结果的程度，所以我们更倾向于用劳工窖藏假说来解释我们的估计值。

作为甄别真实报酬递增假说与劳工窖藏假说的第二种检验，我们用劳动投入增长率的当期项对产出增长率的当期项和滞后项、一个常数项和季节虚拟变量进行回归，来考察行业劳动投入对行业产值波动的动态反应。如果调整劳动投入存在成本（就像我们对劳工窖藏假说所做的设定要求的那样），则当市场对产出的需求发生波动时，厂商的反应是短期内要求工人提高努力程度，并且只是逐渐地调整劳动投入②。相反，在一个行业中，如果调整劳动投入没有成本，则当需求出现波动时，厂商会迅速调整劳动投入，此时劳动投入就只取决于产出的当期项而不是滞后项。这一检验与上一个检验在思路上类似，因为我们又是在通过研究是否能把一个“外生的”，但可能提供关于劳工使用率的信息的变量（在统计意义上）从产出与劳动投入的同期关系中排除掉，来检验劳工窖藏理论，不过这一次外生变量是产出增长率的滞后项。

表8—4报出了两次世界大战之间的全样本内每个行业的产出增长率的

① 当只把行业总产值增长率的当期项加入生产函数方程中时，它在四个行业中才能显著地进入生产函数。

② 如果需求变化的持久性存在不确定性，或者调整成本是凸的，那么将会出现缓慢调整。

表 8—4 **总劳动投入的增长率对产出增长率的当期项和滞后项的弹性**

行业	普通最小二乘（OLS）回归估计值		工具变量回归估计值	
	q_t	q_{t-1}	q_t	q_{t-1}
钢铁	0. 46 (0. 02)	0. 20 (0. 01)	0. 48 (0. 04)	0. 31 (0. 04)
木材	0. 74 (0. 07)	0. 11 (0. 03)	0. 85 (0. 06)	0. 13 (0. 07)
汽车	0. 52 (0. 06)	−0. 04 (0. 03)	0. 69 (0. 10)	0. 01 (0. 09)
石油	0. 35 (0. 09)	0. 13 (0. 13)	0. 79 (0. 45)	0. 21 (0. 24)
纺织	0. 48 (0. 06)	0. 03 (0. 08)	0. 60 (0. 11)	0. 10 (0. 09)
皮革	0. 78 (0. 15)	0. 14 (0. 10)	1. 21 (0. 15)	0. 37 (0. 19)
橡胶	0. 61 (0. 04)	0. 20 (0. 06)	0. 62 (0. 04)	0. 31 (0. 04)
纸浆	0. 66 (0. 06)	0. 16 (0. 05)	0. 81 (0. 08)	0. 18 (0. 08)
石材、黏土和玻璃	0. 73 (0. 03)	0. 18 (0. 04)	0. 80 (0. 05)	0. 20 (0. 08)
有色金属	0. 63 (0. 04)	−0. 01 (0. 04)	0. 66 (0. 03)	0. 02 (0. 10)

注：数据为季度数据。圆括号中为标准误。所有的回归包括一个常数项和三个季度虚拟变量。除了石材、黏土和玻璃行业与有色金属行业的样本期间是 1933 年第 1 季度—1939 年第 4 季度外，其他所有回归的样本期间都是 1924 年第 1 季度—1939 年第 4 季度。工具变量回归中的使用的工具变量是：实际政府支出、通货/存款比率、倒闭银行的实际存款额的对数差分的当期项和一阶滞后项。

当期项和滞后项的系数估计值，圆括号中是 Wooldridge 标准误。表中报出了 OLS 估计值和工具变量估计值，其中工具变量回归中使用的工具变量与表 8—2 中使用的工具变量相同。如果这一回归中产出增速的滞后项的系数的估计值是显著的，我们就认为这是劳动投入调整滞后的证据，因而也是支持劳工窖藏的证据。在 OLS 估计中，在 8 个存在 SRIRL 现象的行业中，有 5

个行业的产出滞后项的系数估计值在经济上和统计上都是显著的；在工具变量估计中，这 5 个行业中有 1 个行业的产出滞后项的系数估计值的统计显著性很微弱。因为数据是季度数据，因此这些估计值意味着：在存在 SRIRL 现象的行业中，大部分行业的就业量调整存在着显著的滞后，这支持了劳工窖藏假说。另外，那些劳动投入对产出波动调整滞后的行业与那些周期性指标进入其生产函数的行业之间的相关性并不是特别好：只有 3 个存在 SRIRL 现象的行业（钢铁行业，橡胶行业，石材、黏土和玻璃行业）在两个检验中都是支持劳工窖藏的。

8.7 结　论

本文证明，两次世界大战之间美国制造业行业表现出劳动短期回报递增或称顺周期的劳动生产率，与从战后的数据中观察到的情况非常类似。的确，同一行业在战前战后表现出的 SRIRL 现象非常相似。我们已经指出，这一发现不能用技术冲击进行解释，因而也不能用实际经济周期假说解释。要想用一种与技术冲击假说一致的方式解释两次世界大战之间的 SRIRL，必须要么认为是工业技术的变动导致了大萧条，要么认为 20 世纪 30 年代的实际（非技术）冲击造成的 SRIRL 的横截面模式恰好与战后真实的技术冲击所造成的 SRIRL 横截面模式非常相似。我们认为这些观点都难以令人信服。与 OLS 估计类似，我们对行业生产函数进行的工具变量估计也提供了反对技术冲击假说的证据。

这样，我们从解释两次大战之间的 SRIRL 的各种假说中排除了技术冲击假说。那些劳工窖藏起关键作用的行业与那些真实报酬递增起关键作用的行业之间的区别则不太明显。我们设计了一组简单的统计检验，把“真实报酬递增”作为零假设，把“劳工窖藏”作为备择假设。不幸的是，这些检验有时能拒绝真实报酬递增的零假设，有时又不能拒绝。这可能是因为两种解释都有合理性，只是其重要性随行业的不同而不同。

也有可能是因为我们没有考虑所有可能的解释，所以才无法得到结论性的结果。我们没有明确考虑的另一种对 SRIRL 的解释（主要因为它不能很方便地进入我们的 Cobb-Douglas 框架中）是管理劳工假说（overhead labor hypothesis）。该假说（也可以作为劳工窖藏的另一个合理解释）假设存在一群固定的工人，他们的存在对于公司生产任何正的产出都是必要的。在一系列产出水平（它取决于管理工人的数量，以及可变劳动投入的报酬递减的速率）上，管理工人的存在都会产生劳动短期回报递增的幻觉。这一解释是我们今后的一个重要研究方向[①]。

参考文献

Ball, Robert J., and St. Cyr, E. B. A. "Short Term Employment Functions in British Manufacturing Industry." *Rev. Econ. Studies* 33 (July 1966): 179–207.

Becker, Gary S. "Investment in Human Capital: A Theoretical Analysis." *J. P. E.* 70, no. 5, pt. 2 (October 1962): 9–49.

Beney, M. Ada. *Wages, Hours, and Employment in the United States*, 1914—1936. New York: Nat. Indus. Conf. Board, 1936.

Bernanke, Ben S. "Nonmonetary Effects of the Financial Crisis in Propagation of the Great Depression." *A. E. R.* 73 (June 1983): 257–76.

——. "Employment, Hours, and Earnings in the Depression: An Analysis of Eight Manufacturing Industries." *A. E. R.* 76 (March 1986): 82–109.

Bernanke, Ben S., and Powell, James L. "The Cyclical Behavior of Industrial Labor Markets: A Comparison of the Prewar and Postwar Eras." In *The American Business Cycle: Continuity and Change*, edited by Robert J. Gordon. Chicago: Univ. Chicago Press (for NBER), 1986.

Bernstein, Michael A. *The Great Depression: Delayed Recovery and Economic*

① 如果管理工人主要是非生产工人，那么管理劳工假说就与大萧条时期非生产工人与生产工人之比是上升的这一现象一致（U. S. Bureau of Labor Statistics, 1957）。但是一个关键问题是，生产工人中是否包括很多管理劳工？如果不是的话，那么这个假说就不能解释本文中的结果，因为我们衡量的劳动投入中只包括了生产工人。

Change in America, 1929—1939. New York: Cambridge Univ. Press, 1987.

Brechling, Frank P. R. "The Relationship between Output and Employment in British Manufacturing Industries." *Rev. Econ. Studies* 32 (July 1965): 187–216.

Caballero, Ricardo J., and Lyons, Richard K. "The Role of External Economies in U. S. Manufacturing." Manuscript. New York: Columbia Univ., 1989.

Chirinko, Robert S. "Non-Convexities, Labor Hoarding, Technology Shocks, and Procyclical Productivity: A Structural Econometric Approach." Manuscript. Chicago: Univ. Chicago, 1989.

Creamer, Daniel; Dobrovolsky, Sergei P.; and Borenstein, Israel. *Capital in Manufacturing and Mining: Its Formation and Financing*. Princeton, N. J.: Princeton Univ. Press (for NBER), 1960.

Dewhurst, J. Frederic, et al. *America's Needs and Resources*: A New Survey. New York: Twentieth Century Fund, 1947; 2nd ed., 1955.

Eichengreen, Barry J. "The Political Economy of the Smoot-Hawley Tariff." Working Paper no. 2001. Cambridge, Mass.: NBER, August 1986.

Fair, Ray C. *The Short-Run Demand for Workers and Hours*. Amsterdam: North-Holland, 1969.

Fay, Jon A., and Medoff, James L. "Labor and Output over the Business Cycle: Some Direct Evidence." *A. E. R.* 75 (September 1985): 638–55.

Firestone, John M. *Federal Receipts and Expenditures during Business Cycles*, 1879—1958. Princeton, N. J.: Princeton Univ. Press (for NBER), 1960.

Friedman, Milton, and Schwartz, *Anna J. A Monetary History of the United States*, 1867—1960. Princeton, N. J.: Princeton Univ. Press (for NBER), 1963.

Hall, Robert E. "Productivity and the Business Cycle." *Carnegie-Rochester Conf. Ser. Public Policy* 27 (Autumn 1987): 421–44.

——. "Increasing Returns: Theory and Measurement with Industry Data."

Manuscript. Stanford, Calif. : Stanford Univ. , 1988 (a) .

——. "The Relations between Price and Marginal Cost in U. S. Industry." *J. P. E.* 96 (October 1988): 921–47. (b) .

Hultgren, Thor. *Changes in Labor Cost during Cycles in Production and Business*. Occasional Paper no. 74. New York: NBER, 1960.

Hunter, Helen Manning. "The Role of Business Liquidity during the Great Depression and Afterwards: Differences between Large and Small Firms." *J. Econ. Hist.* 42 (December 1982): 883–902.

King, Robert G. , and Plosser, Charles I. "Money, Credit, and Prices in a Real Business Cycle." *A. E. R.* 74 (June 1984): 363–80.

Kuh, Edwin. "Cyclical and Secular Labor Productivity in United States Manufacturing." *Rev. Econ. Statis.* 47 (February 1965): 1–12.

Lucas, Robert E. , Jr. , and Rapping, Leonard A. "Real Wages, Employment, and Inflation." *J. P. E.* 77 (September/October 1969): 721–54.

Lutz, Friedrich A. Corporate Cash Balances, 1914—1943: *Manufacturing and Trade*. New York: NBER, 1945.

Murphy, Kevin M. ; Shleifer, Andrei; and Vishny, Robert W. "Building Blocks of Market Clearing Business Cycle Models." Working Paper no. 3004. Cambridge, Mass. : NBER, June 1989.

Oi, Walter Y. "Labor as a Quasi-fixed Factor." *J. P. E.* 70 (December 1962): 538–55.

Parkinson, Martin L. "Cyclical Aspects of Labor Market Behavior in the Macroeconomy." Ph. D. dissertation, Princeton Univ. , 1990.

Prescott, Edward C. "Response to a Skeptic." *Fed. Reserve Bank Minneapolis Q. Rev.* 10 (Fall 1986): 28–33. (a) .

——. "Theory ahead of Business Cycle Measurement." *Fed. Reserve Bank Minneapolis Q.* Rev. 10 (Fall 1986): 9–22. (b) .

Ramey, Valerie. "Non-convex Costs and the Behavior of Inventories."

Manuscript. La Jolla: Univ. California, San Diego, 1987.

Rosen, Sherwin. "Short-Run Employment Variation on Class-I Railroads in the U. S., 1947—1963." *Econometrica* 36 (July/October 1968): 511-29.

Rotemberg, Julio J., and Summers, Lawrence H. "Labor Hoarding, Inflexible Prices, and Procyclical Productivity." Working Paper no. 2591. Cambridge, Mass.: NBER, May 1988.

Sayre, Robert *A. Consumers' Prices, 1914—1948.* New York: Nat. Indus. Conf. Board, 1948.

Sims, Christopher A. "Output and Labor Input in Manufacturing." *Brookings Papers Econ. Activity*, no. 3 (1974), pp. 695-728.

Solow, Robert M. "Distribution in the Long and Short Run." In *The Distribution of National Income: Proceedings of a Conference Held by the International Economic Association*, edited by Jean Marchal and Bernard Ducros. New York: St. Martin's, 1968.

U. S. Bureau of Labor Statistics. "Nonproduction Workers in Factories, 1919—56." *Monthly Labor Rev.* 80 (April 1957): 435-40.

White, Halbert. *Asymptotic Theory for Econometricians.* Orlando, Fla.: Academic Press, 1984.

Wooldridge, Jeffrey M. "A Computationally Simple Heteroskedasticity and Serial Correlation Robust Standard Error for the Linear Regression Model." Manuscript. Cambridge: Massachusetts Inst. Tech., 1989.

第 9 章

大萧条中的名义工资黏性与总供给*

与 Kevin Carey 合著

9.1 引 言

为什么全球经济在 20 世纪 30 年代崩溃了？60 多年来，这个难题一直困扰着经济学家们。因此，当有关大萧条根源的一个新共识在最近几年有所

---

* 经授权重印自《经济学季刊》（*The Quarterly Journal of Economics*），vol. III，no. 3（August 1996），853-83.。版权属于哈佛大学和麻省理工学院。

我们感谢 Ilian Mihov 对该研究的帮助，以及 Olivier Blanchard，Bo Honore，James Powell，Peter Temin，Mark Watson 和两位匿名审稿人的评论。国家科学基金（National Science Foundation）为该研究提供了支持。

进展时，就很令人振奋。这种新近出现的观点基于许多学者的研究，并由Eichengreen（1992）给出了权威性的总结，其与众不同之处在于，它认为全球经济大萧条的直接原因是国际金本位制的结构性缺陷和管理不善。

我们可以把解释大萧条的“金本位理论”概述如下：因为各种原因（其中包括美联储希望遏制美国股市泡沫等），到20世纪20年代末期，一些主要国家的货币政策转向收缩，而这一收缩又通过金本位制被传递到全球各地（Hamilton，1987，1988；Temin，1989）[①]。最初这只是一场温和的通货紧缩，但是随着1931年的银行和货币危机引发了一场国际性的“黄金争夺战”，通货紧缩开始加剧了。盈余国对黄金流入的冲销、用黄金替代外汇储备，以及对商业银行的挤兑都导致了货币含金量（gold backing of money）上升，这进而又导致国内货币供给剧烈地、非意愿地下降（Bernanke，1995）。而与货币收缩密切相伴的则是价格回落、产出下滑和就业低迷。从理论上说，即使在金本位制的约束之下，如果能进行有效的国际合作，也可以使各国货币同步扩张。但是各国在赔款和战争债务上的纷争、美联储的狭隘僵化、经验不足和其他一些因素一起葬送了这种可能性。结果，一个国家只有单方面放弃金本位制、重新稳定国内货币，才能逃出通货紧缩的漩涡。这一跛足的、缺乏协调的体系一直苟延残喘到1936年法国和其他金本位国家集团成员国最终放弃金本位制为止（Eichengreen and Sachs，1985）。

金本位理论的主要贡献是它在很大程度上解决了大萧条的“总需求之谜”，即为什么那么多国家的名义总需求会在20世纪30年代早期几乎同时急剧下降？如前所述，金本位理论给出的答案是：总需求被（很大程度上是计划外的）货币收缩抑制了，而货币收缩又被金本位制传递到全球各国。然而，金本位理论没有解决相应的“总供给之谜”，即为什么全球名义总需求的下滑与实际产出和就业的大幅持续下滑联系在一起？或者用现代宏观经济学的语言来说，就是我们该如何解释这一范围广、持续时间很长的货币非

① 就其对货币政策的重视而言，金本位理论不过是对Friedmen and Schwartz（1963）的开创性分析的补充。但是就其对国际金融和国际政治经济方面的关注而言，这一新的理论又加入了Friedmen and Schwartz（1963）没有充分发掘的重要因素。

中性现象?

金本位理论的多数支持者或明或暗地把名义工资“黏性”看作货币收缩的实际冲击得以持续的一个原因。然而，最近对大萧条的研究大多只关注总需求的决定因素，一般很少研究总供给，特别是很少分析名义[1]工资黏性假设。Eichengreen 在他 1992 年的那部著作的导言里间接地提到了这个问题，他说:“无论这种最初的干扰（指通货紧缩性冲击）的破坏性有多大，人们总是会想，市场的自我平衡机制现在该起作用了吧。名义工资和其他成本原本应该与价格一起下降，以便遏制失业的增加和销售的下滑。但是实际上它们下降的幅度并不大。”（pp. 15-16）。进而，基于对协调失败的认识，Eichengreen 对“为什么名义工资和其他成本没能得到调整”这个问题给出了一个虽然简要但却引人入胜的解释。但是在该书的主要部分，他没有把这一解释加以展开，该书剩下的 450 页里只有数处粗略地提到了名义工资的调整问题。

在对大萧条的研究中，不加批判地接受黏性名义工资假设的做法是令人惊讶的。凯恩斯主义经济学家们通常认为的有助于减缓名义工资调整的那些力量在 20 世纪 30 年代的多数国家都显得相对弱小：当时工会运动处于低潮；政府在劳动市场上的作用普遍比今天更有限；价格下降的幅度太大且广为人知，所以货币幻觉难以广泛存在；失业大军的存在必定已经大大降低了工人向资方讨价还价的能力。给定这些条件，认为名义工资会相当快地调整似乎是合情合理的。但同时必须承认，有某些原因阻碍了各国经济对 20 世纪 30 年代的通货紧缩性冲击做出调整，并且迄今尚无可以替代凯恩斯主义理论的解释[2]。因而，大萧条的“总供给之谜”在很大程度上悬而未决。

本章的目的是从国际比较的视角重新审视关于名义工资黏性在大萧条时

---

① 为了准确和便于理解，本章中有些地方“名义工资”中的“名义”二字是译者自己加的。为了区分，凡是译者自己加的“名义”二字，都用楷体字表示。凡是原作者写的“名义”，依旧用宋体字——译者注。

② 在一篇相关的论文中 Bernanke and James（1991）对总供给之谜进行了综述，并研究了通货紧缩通过金融危机引致实际产出下降的机制。虽然他们发现了金融危机作为传导机制的证据，但这一机制的最强影响也只限于 1931—1932 年间的一部分国家。因而，也许还需要其他一些因素来解释货币收缩和通货紧缩的全部实际影响。在下文的估计里，我们将尝试控制住银行业危机，并（间接地）控制住债务型通货紧缩和其他一些类似的、通过价格水平起作用的效应。

期的作用的经验证据。我们从介绍 Eichengreen and Sachs（1985，1986）的重要著作开始①。第 9. 2 节的开头重述了 Eichengreen and Sachs 为了证明名义工资黏性在大萧条时期的作用而给出的一个关键证据。他们使用 1935 年 10 个工业化国家的工业产值对实际工资进行了横截面回归，正如下文将进一步谈到的，在假设“1935 年各国经济形势的横截面差异主要来自金本位（货币）政策的差异”的前提下，这个简单的回归有一个重要作用——它可以识别总供给关系的一个组成部分。另外，我们也将指出，Eichengreen and Sachs 的回归遭到了一些可能是很重要的批评，其中既有经济学意义上的批评，也有较狭义的计量经济学上的批评。

第 9. 3 节对产出与名义工资之间的关系进行了新的估计，试图以此解决 Eichengreen-Sachs 最初的回归中结果存在的问题，并澄清名义工资黏性在大萧条中所起的作用。我们使用了一个比他们的数据集更大的数据集，它涵盖了 22 个国家，跨度是 1931—1936 年。我们使用总需求移动因子②（aggregate demand shifters）作为工具变量来解决残差的联立性偏差，并作了其他一些计量经济学修正。我们还（通过引入被解释变量的滞后项作为解释变量）考虑了动态影响，并解释了在当时可能影响总供给的其他因素，例如银行业恐慌和停工。我们通过估计名义工资调整方程（它描述名义工资对价格和失业率波动的反应速度），拓展了对名义工资、价格与产出之间相互关系的分析。最后，我们在使用交叉方程约束（cross-equation restrictions）的前提下，对总供给方程和名义工资调整方程进行了联合估计。

虽然我们对模型进行了很多修正，但是得到的结果与 Eichengreen-Sachs

---

① 虽然我们关注的是 Eichengreen-Sachs 的实证证据（它是最著名的），但还有其他一些对这一时期的比较研究。Newell and Symons（1988）逐一估计了欧洲、英国、斯堪的纳维亚各国和美国的“劳动需求方程”，在这些方程里，他们用 1923—1938 年间的就业对实际工资和实际利率进行回归。我们在本文中提出的那些计量经济学问题很多也适用于 Newell-Symons 的结果。Bernanke and James（1991）使用与本文类似的数据集研究了实际工资与产出之间的关系，但是他们关注的是金融危机在传导通货紧缩冲击中的作用，而不是工资的作用。有众多论文研究了单个国家（通常是美国）的工资黏性。然而，对单个国家的研究，缺乏对各国金本位政策的横向差异的比较分析所具有的那种识别功效。

② 总需求移动因子指能使总需求曲线发生移动的因素。注意在总供给—总需求（AS-AD）模型里，横轴是产出，纵轴是价格，因此能使总需求曲线发生移动的因素不包括价格。如果其他因素不变，仅仅价格变化，则经济沿着总需求曲线移动，总需求曲线本身不移动。下文的总供给移动因子含义与此类似——译者注。

最初的结论大体一致。我们的计量经济学证据对“大萧条期间名义工资调整缓慢助长了货币冲击的传播”这一假说提供了合理的、有力的支持。这一实证结论提出了一个深刻的问题：为什么在两次世界大战之间，名义工资没有调整得更快呢？第6.4节进行总结，对大萧条期间工资调整缓慢的原因作了一些推测，并对未来的研究提出了一些建议。

9.2 大萧条中的总供给：Eichengreen-Sachs 的证据

解释大萧条的金本位理论的很多要点最初是由 Eichengreen and Sachs（1985，1986）的两篇重要论文里提出来的，以下简称为 E-S①。1985 年的 E-S 论文阐述了他们的基本观点，即：两次世界大战之间的金本位制是通货紧缩病毒的主要载体，令本币贬值或放弃金本位制不但不会阻碍经济复苏或导致各国相互敌对（即“以邻为壑”），而且还是走向国内经济和全球经济复苏的具有重大意义的第一步。

E-S（1985）主要采用历史的分析方式，E-S（1986）的理论分析则是对 E-S（1985）的一个补充。在 E-S（1986）里发展了一个简单的两国模型，该模型的主要贡献是拓展了传统的 Mundell-Fleming 分析框架，把金本位制下黄金储备与货币供给之间的联系纳入其中。对我们这里的目的而言，该模型的关键部分是由两个方程组成的“总供给部分”：

$$q_t = -a\ (w_t - p_t) \tag{9.1}$$

$$w_t = \bar{w} \tag{9.2}$$

其中 q 是实际产出，w 是名义工资率，p 是价格水平，下标表示时期。所有变量都是对数形式，方程（9.1）中的常数项被省略掉了。方程（9.1）表述的是：工业产值反向地依赖于实际工资，而厂商把实际工资看做一个参数。我们把方程（9.1）称为产出供给方程（output supply equation），以便与总供给方程（aggregate supply equation）相区别——在总供给方程中，等

① 这两篇论文又是以 Warren and Pearson（1933），Haberler（1976），Choudhri and Kochin（1980）等论文阐发的主题为基础的。

式右边只有价格是同期内生变量。方程（9.2）是名义工资调整方程，它描述了名义工资的变化。为了便于说明，E-S做了一个极端的假设，假设名义工资外生地固定不变，因此这里方程（9.2）是无关紧要的。我们将在下文第9.3节放松这一假设。

把（9.2）代入（9.1）就得到E-S模型的总供给方程：

$$q_t = -a\ (\bar{w} - p_t) \qquad (9.3)$$

与传统的总供给函数一样，总供给方程（9.3）隐含着：在给定名义工资时，产出与价格水平之间存在正向关系。在设定方程（9.3）的时候，E-S采用了传统的凯恩斯主义的观点，即价格上升会通过降低厂商面临的实际工资来提高总供给①。

E-S（1985）的实证部分集中研究了那些相对较早地放弃金本位制的国家（尤其是英国与其贸易伙伴组成的英镑集团，它们在1931年危机之后就放弃了金本位制）和那些继续坚守金本位制直到它在1935—1936年崩溃的国家（以法国为首的金本位集团）之间的差异②。结果发现，那些较早脱离金本位制的国家比那些继续固守金本位制的国家经济复苏快得多，并且复苏速度的这种差异与脱离金本位制的国家较早地扩张货币存量、抬高价格水平有关（关于这些观点的详细证据请参见Bernanke and James，1991；Bernanke，1995）。E-S的这些发现与他们的观点——金本位制带来的货币收缩是大萧条的首要来源——是一致的。

为了检验他们关于工资在总供给决定中的作用的假说，E-S使用10个工业化国家1935年的数据进行了一个横截面回归，即用工业产值（指数形式，1929年=100）对常数和实际工资（也是指数形式，1929年=100）进行回归。假设1935年各国间的差异主要来自货币政策的差异（这会引起总

① 目前传统的凯恩斯主义观点失宠了，原因是它预测实际工资具有很强的反周期性，而实证表明战后美国的实际工资似乎是非周期或顺周期的。实际上，方程（9.3）隐含着：只有在总需求冲击起支配作用时，实际工资才是反周期的。我们将会看到，在两次世界大战之间，实际工资的确是反周期的，这与金本位理论的解释一致。如果接受“从1945年以来总需求冲击和总供给冲击都冲击了美国经济”的观点，那么战后美国的经历与方程（9.3）是一致的。

② 当然，脱离金本位制的决策在一定程度上是由经济条件决定的。但是政治和哲学上的考虑当时也显得很重要。参见Bernanke（1995，pp. 11-12）关于为什么汇率制度的内生性不可能削弱E-S的基本观点的讨论。

需求曲线移动)，该回归应能识别总供给曲线，即上文的方程（9.3）。他们估计出的方程如下：

$$\text{工业产值}_{1935} = 175.2 - 0.598\ \text{实际工资}_{1935} \qquad \bar{R}^2 = 0.50$$

$$(t = 7.39)\ (t = 3.14)$$

也就是说，E-S 发现，各国产出与实际工资之间存在很强的负向关系，这与方程（9.3）预期的相同。另外，他们根据所用数据得出的一张图形（见他们的图 2，p. 398）进一步证实了他们的观点——固守金本位制与高实际工资、低产出之间关系密切。在该图中，落在高实际工资、低产出区域的那些国家都是在 1931 年之后还继续坚守金本位制的国家（法国、比利时、荷兰和意大利），而那些实际工资低、产出较高的国家都是较早脱离金本位制的英镑集团成员（芬兰、丹麦、瑞典、英国和挪威）。

在图 9—1 中，我们扩展了 E-S 的样本，绘制了 22 个工业相对发达的国家从 1931—1936 年每年的工业产值和实际工资数据（都以 1929 年 = 100 来测算）。从 1931—1936 年这 6 年涵盖了采用和不采用金本位制的国家数目都很多的所有年份。表 9—1 给出了样本中的国家的缩写。任何一个国家，只要国际劳工组织发布了它在 1929—1936 年间的年度总名义工资序列①，并且我们能找到对应的产出和价格水平数据，我们就将它包括在样本中。工业产值和批发价格指数（用来对名义工资序列进行平减）来自国际联盟各年的《统计年鉴》(*Statistical Year Book*)，唯一的例外是阿根廷的工业产值数据，它引自 Thorp（1984）。我们之所以与 E-S 一样选择批发价格指数作为名义工资的平减因子，是因为数据的可得性使然。在一个给定的年份里，如果一个国家有半年以上的时间在金本位体系内，则在图 9—1 中用大写字母表示；如果一个国家该年在金本位体系之外②，则用小写字母表示。

① 这些数据散见于国际劳工组织历年发行的《劳工统计年鉴》。美国是一个例外，美国的工资数据是从 Beney（1936）引用来的。工资数据都是工业部门的工资；在一些国家，还包括了与工业有关的部门例如采矿业和运输业的工资。只要有可能，我们就使用所有工人的小时工资序列。但是对日本和挪威这两个国家，我们只有日工资序列。（日本的兼职小时工资序列显示出与日工资序列相似的变动模式）。为了避免把小时工资的变动与每周工作时间变动相混淆——这在大萧条中是经常发生的——我们不使用任何周工资或月工资数据。

② 我们遵从 Bernanke and James（1991）的方法给“在金本位体系之外”下了一个宽松的定义，把对金本位制操作规则的任何大的偏离，例如施加外汇管制或贬值，都包括在内。参见 Bernanke and James（1991，Table 2.1，p. 37）给出的各国在金本位制方面的政策的变化日期。

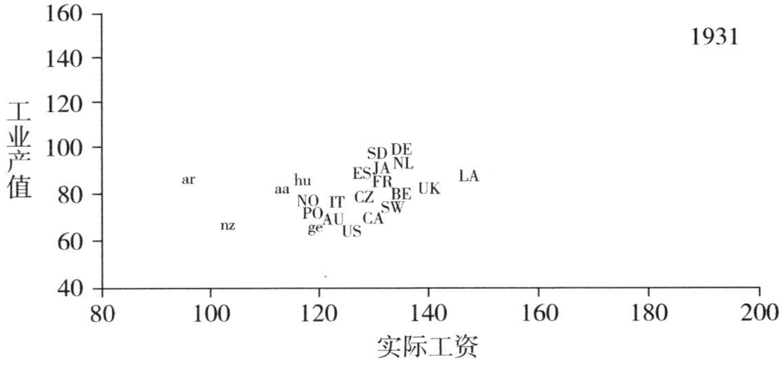
1931
工业产值
实际工资
160
140
120
100
80
60
40
80
100
120
140
160
180
200
ar
nz
aa
hu
NO
PO
ge
IT
AU
US
ES
SD
DE
JA
NL
FR
CZ
BE
SW
CA
UK
LA

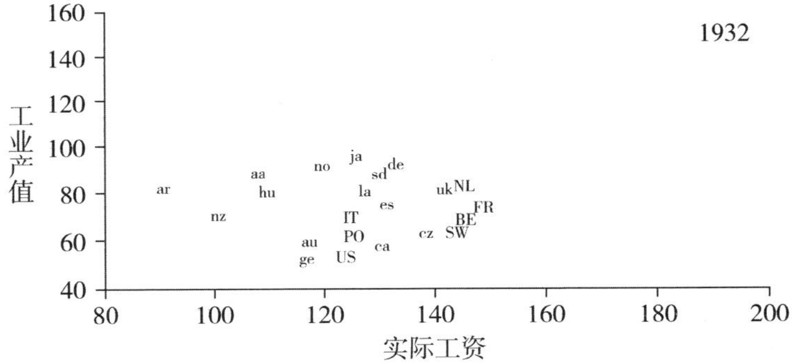
1932
工业产值
实际工资
160
140
120
100
80
60
40
80
100
120
140
160
180
200
ar
nz
aa
hu
no
ja
sd
de
la
es
IT
PO
au
ge
US
ca
cz
uk
NL
FR
BE
SW

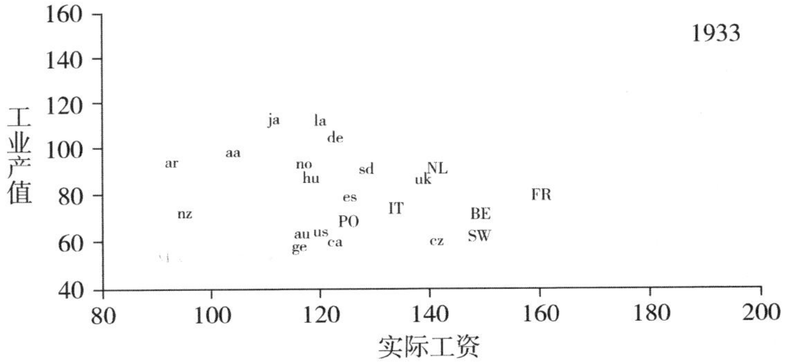
1933
工业产值
实际工资
160
140
120
100
80
60
40
80
100
120
140
160
180
200
ja
la
de
ar
aa
no
hu
sd
NL
uk
nz
es
IT
PO
au
us
ge
ca
cz
BE
SW
FR

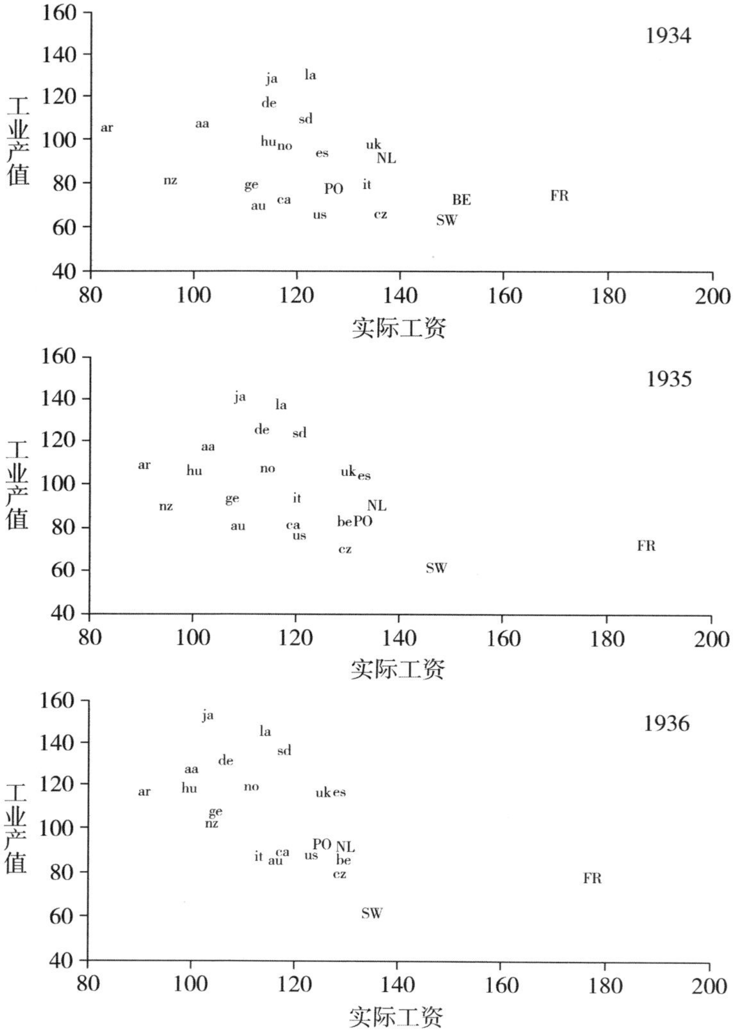

图 9—1　1931—1936 年 22 个国家的工业产值和实际工资

图 9—1 有几个有趣的特征。第一，在大多数国家里，实际工资具有反周期性。在萧条最严重的 1931—1934 年，大多数国家的价格水平急剧下降，但名义工资并没有同等下降，结果这期间的实际工资比 1929 年的实际工资高 20% ~40%。相反，到 1936 年，随着价格上升、名义工资降低，大多数国家的实际工资已经显著降低到只比 1929 年高 10% 左右。在实际工资下降

表 9—1 **本研究中包括的国家**

国家	缩写
1. 阿根廷（Argentina）	AR
2. 澳大利亚（Australia）	AA
3. 奥地利（Austria）	AU
4. 比利时（Belgium）	BE
5. 加拿大（Canada）	CA
6. 捷克斯洛伐克（Czechoslovakia）	CZ
7. 丹麦（Denmark）	DE
8. 爱沙尼亚（Estonia）	ES
9. 法国（France）	FR
10. 德国（Germany）	GE
11. 匈牙利（Hungary）	HU
12. 意大利（Italy）	IT
13. 日本（Japan）	JA
14. 拉脱维亚（Latvia）	LA
15. 荷兰（Netherlands）	NL
16. 新西兰（New Zealand）	NZ
17. 挪威（Norway）	NO
18. 波兰（Poland）	PO
19. 瑞典（Sweden）	SD
20. 瑞士（Switzerland）	SW
21. 英国（United Kingdom）	UK
22. 美国（United States）	US

的同时，全球产出和就业率从大萧条时代的低谷开始有了相当大的增长。产出、工资和价格随时间变化的这种模式与 E-S 对工资和总供给之间关系的解释是一致的。

图 9—1 的另一个明显特征是产出与实际工资之间不断演化的横截面关系。在这段时期的开始（尤其是 1931 年），这两个变量在横截面上几乎都没有变异（variation）。从 E-S 假说的角度来看，这种缺乏变异的原因可能是：在 1931 或 1932 年，大多数国家要么是处于金本位体系中，要么刚刚脱离这一体系，因而它们的总需求刚刚遭受过相似的冲击。但是，随着各国的金本位政策（进而货币政策）逐渐分道扬镳，各国总需求的横截面变异也增大了，产出与实际工资之间的负向关系变得日渐清晰。在随后的年份，尤其是 1935 和 1936 年，散点图表明产出与实际工资之间存在负向的关系（与 E-S 的发现类似）。并且，我们在数据集中加入的国家在几乎所有方面都与 E-S 观察到的情况一致——金本位集团成员国（例如瑞士和波兰）的实际工资高、产出低，而较早地放弃金本位制的国家（例如日本、澳大利亚、新西兰和阿根廷）在 20 世纪 30 年代中期则有较低的实际工资和较高的产出。因而，总体上说，图 9—1 展示的横截面情况似乎也支持了 E-S 的观点。

概括地说，E-S 的证据虽然简单，但是具有两个重要的优点。第一，它表明，大萧条期间各国货币政策（和该国在不在金本位体系内有关）的横向差异为识别总供给曲线提供了非常好的机会。第二，上文讨论过的基本的 E-S 回归（和图 9—1 展示的扩展的数据集）看起来至少与大萧条的E-S模型里假设的黏性工资的作用是一致的。

不过，对 E-S 的分析方法也有很多重要的批评。在本节剩下的部分我们将描述 E-S 的证据的四个一般性弱点。在第 9. 3 节，我们为两次世界大战之间的总供给的决定因素提供一个新的估计，来弥补这些不足。

9. 2. 1　Eichengreen-Sachs 的证据：一个批评

对 E-S 的实证分析结果的保留意见包括以下几条：

（1）样本容量小。正如上文已经强调的，E-S 的回归只使用了 10 个国家 1 年的数据。下文中我们将使用较大的数据集来进行估计。

（2）联立性偏差。上文已经强调了 E-S 的卓越见解，即在假设大萧条期间各国经济表现之间的差异主要来自总需求的差异的前提下，可以用横截面数据来识别总供给关系。但是严格地说，他们还需要先假设横截面变异100%都是来自影响总需求的因素，0%来自影响总供给的因素，然后才能进行 OLS 回归。这个假设不仅不合乎经验，而且与1931 年和1932 年的实际情况（这两年的产出与实际工资之间并不存在负向关系）也不一致。因此，为了识别总供给关系，并消除回归中残余的联立性偏差，需要明确地引入总需求移动因子作为工具变量。

（3）设定问题。E-S 使用的简单设定存在许多问题。第一，E-S 使用的产出供给方程（9.1）不承认在给定实际工资的情况下其他因素影响供给的可能性。我们将在第 9.3 节引入其他总供给移动因子。第二，E-S 使用的产出供给方程没有包含动态因素，尤其是没考虑产出调整中可能存在调整成本。第三，假设名义工资外生地固定不变显然是过于简单了（与事实也不一致)。我们在下文估计的名义工资调整方程中将允许名义工资对价格水平和失业率的变化做出反应。

（4）工资效应与价格效应。E-S 的证据（和图 9—1）清楚地表明，在大萧条时代，尤其是 1933—1936 年间，产出与实际工资之间存在反向的横截面关系。然而，有一个重要的问题是：对于这种关系，除了用名义工资黏性来解释外，还有其他可能的解释吗？

我们认为，在对产出—实际工资关系的解释中，那些不涉及名义冲击和货币非中性的解释，即纯粹“实际的”解释，很大程度上可以被排除掉。在处于萧条的国家里，负面的技术冲击将会使实际工资降低而不是升高①。理论上说，完全由实际因素引起的开支缩减，加上不完全竞争和反周期的价格上涨，可以引致我们观察到的模式②。但是我们不明白，为什么支出的下降会对分散在全球的这么多完全不同的国家几乎同时产生影响？尤其是，为

① 这两句话的含义是，作者认为用实际经济周期（real business cycle）理论等来解释“产出–实际工资的反向关系”是不恰当的。因为当一个国家处于萧条时，负面的技术冲击将会使实际工资降低。即一方面是产出的降低，另一方面是实际工资的降低，结果产出与实际工资之间就不再是反向关系了。这显然与观察到的“产出—实际工资的反向关系”不一致，所以作者说要把这类“纯粹‘实际的’解释”排除掉。本段余下的部分就是作者对这类理论给出的解释的质疑——译者注。

② 指前面观察到的工业产值—实际工资的反向关系——译者注。

什么在那些坚守金本位制的国家支出的下降更加持久？类似地，理论上说，负向的劳动供给冲击会导致实际工资上升、产出下降，但是为什么劳动供给冲击只影响了1931年之后的金本位集团国家，而没有影响那些放弃了金本位制的国家呢？这是没有道理的。并且，观察到的产出和实际工资的变化幅度很大，以至于与劳动供给冲击的解释不太一致[①]。

虽然有充分证据证明在大萧条期间的总供给曲线不是垂直的，但还要注意一个重要问题，即E-S所做的产出对实际工资的回归本身并不能区分两次世界大战之间的总供给曲线的不垂直性是来自名义工资的不完全调整，还是来自价格与总供给之间的其他联系（例如债务型通货紧缩）[②]。可以用一个思想实验说明这一点：假设（1）名义工资数据完全由测量误差构成，与其他任何东西都没有相关关系；（2）价格下降通过某些机制导致产出下降，但不是通过（正确测度的）实际工资上升引起产出下降。在这些假设下，E-S回归里的实际工资变量就等于价格变量加上噪声，实际工资的系数的估计值将是价格下降对产出的影响的一个（下偏的）估计值。在这个思想试验里，人们会错误地认为通货紧缩和产出是通过实际工资渠道联系在一起的，虽然根据假设并不存在实际工资效应。

解决这一识别问题的理想方法是，设定联系价格与产出的其他渠道，并把适当的代理变量和实际工资一起纳入回归之中。但是如果存在缺失数据、测量误差，或者其他渠道本质上存在不确定性，那么在寻找实际工资效应时就可能产生偏误，即使并不存在实际工资效应。为了把通过名义工资影响产出的效应与只通过价格影响产出的效应区分开来，我们在下一节估计产出供给方程时，允许名义工资和价格各自进入模型[③]，然后检验它们的系数估计值是否大小相等、符号相反（如果只有工资效应的话就应该是这样）。

---

① 然而，我们不是要否认劳动供给条件（例如工会力量或者失业保险涵盖范围的扩大）在当时可能影响了名义工资的调整速度和就业水平。

② Bernanke and James（1991）讨论了价格下降影响产出的几种非工资渠道。

③ 在E-S模型式（1）里，名义工资和价格不是自己进入方程，而是以实际工资（=名义工资/价格）的形式一起进入方程的——译者注。

9.3 大萧条时代的总供给关系：新的估计

E-S 提供的证据的上述不足，促使我们对两次世界大战之间的总供给关系做一个更加综合的计量经济学分析。我们进行如下的估计：重新估计产出供给方程，该方程把厂商供给的产出与实际工资联系在一起；估计名义工资调整方程，它描述名义工资对价格和其他因素的变动做出的调整；联合估计总供给方程（它把产出和价格水平联系起来）和名义工资调整方程。在进行每个估计时，我们的主要兴趣在于：通过实证结果来确定名义工资的缓慢调整是否是大萧条中的一个重要因素。

我们所有的估计都使用了上一节描述的那个面板数据集：它包含 22 个国家 1931—1936 年的数据，当需要使用滞后项时还包括 1929 和 1930 年的数据。所估计的每个方程都包含了国别固定效应和年度虚拟变量，它们反映了面板数据的特性。我们曾首先尝试过一些比较保守的处理时间变异性（time variation）的方法，例如加入趋势项，结果在统计上被拒绝了，然后才使用了年度虚拟变量，它是处理时间效应的最灵活的方法。使用年度虚拟变量意味着，虽然样本中的数据每年都有变异，但估计的识别功效完全来自横截面变异（cross-sectional variation）。

9.3.1 产出供给方程

为了进行估计，我们用下面的方程来代替前面的 E-S 产出供给方程（9.1）：

$$q_t = -\alpha_w w_t + a_p p_t + \delta q_{t-1} + \chi_t \beta + \varepsilon_t^q \qquad (9.4)$$

方程（9.4）把 E-S 产出供给方程一般化了。第一，我们允许名义工资和价格各自进入方程。然后检验 E-S 的设定隐含的约束，即系数 a_w 和 a_p 相等。正如上一节讨论过的，这个步骤使我们把通过名义工资对总供给产生的影响和通过价格水平对总供给产生的影响区分开。这一方法使黏性工资渠道肩负着提供证据的重任，因为只有当存在对名义工资的自主冲击，并且名义工资数据中噪音不多时，工资效应才能被单独地识别出来。既然我们总体上说确实已经发现了重要的工资效应，因此这种保守的分析方法是合适的。

第二，我们在产出供给方程（9.4）里引入了产出的滞后项。加入这一项是因为根据假设存在调整成本（例如雇用员工或重置设备时），使国民产出不能很快调整。如果没有产出的滞后项，那么产出供给方程隐含着，不管最初经济萧条有多么严重，实际工资向其正常水平的下降都将引起产出在一年之内彻底恢复。由此可知省略滞后项是不合理的。然而，众所周知，在引入被解释变量的滞后项作为解释变量时，如果误差项存在序列相关，则会导致系数估计值不是一致估计值。为了解决这个问题，我们使用非线性最小二乘法（NLLS），这样既能得到序列相关系数（假设对所有国家都相同）的一致估计值，又能得到产出滞后项的系数的一致估计值[①]。

第三，方程（9.4）中新加入的项 $\chi_t\beta$ 反映了除实际工资（和时间效应、国别固定效应）外的其他因素使产出供给方程发生移动的可能性。我们在估计方程（9.4）时，又纳入了另外两个解释变量：

（1）Bernanke and James（1991）根据定性的历史资料构造了一个表示银行业恐慌的虚拟变量，发现它是产出的一个重要解释变量。如果银行业恐慌切断了信贷向企业的正常流动，那么就会使总供给方程发生移动。为了刻画出这一效应，我们把他们的虚拟变量 *PANIC* 纳入下面的一些回归里。Bernanke and James（1991）的这一虚拟变量是以他们在论文中给出的银行业危机的编年表为基础构造的。某国某年 *PANIC* 的数值等于该国该年银行系统“处于危机中”的月数。危机的期限是从银行业出现严重问题时开始算起，到某个明确的分界点（例如 1933 年 3 月美国的银行歇业整顿）或者一年之后为止。

（2）在一些国家，生产受大规模的罢工或停工的影响。因此我们也在产出供给方程里加入每 1 000 个雇员因为产业纠纷而损失的工作日数，记为

① 该技术是：把估计的方程写成准差分形式（quasi-differenced form），得到一个设定，其误差项是白噪声，其回归系数是序列相关系数和原始方程的参数的非线性函数。非线性最小二乘法（NLLS）施加了一个非线性约束，并得到所有参数的一致有效估计值。

STRIKE，数据引自国际劳工组织各年的《劳工统计年鉴》(*Yearbook of Labor Statistics*)。

虽然加入这些额外的解释变量可以减小忽略变量的问题，但是其他一些未定量测度的因素可能也会使供给方程发生移动，例如技术变化、产出或劳动力构成的变化、影响劳动供给或劳动规则的政府政策、解释变量的误测等。由于产出供给受到的冲击也会影响当期工资和价格，从而引起联立性偏误，因此要得到供给关系的一致估计，需要使用工具变量。

前文已经重申，E-S对他们的回归的解释成立的基本前提是：产出供给关系是通过总需求状况的横截面差异识别的，而总需求的横截面差异主要来源于汇率政策和货币政策的差异。我们循着这个逻辑来构造工具变量。首先把我们的样本分成两组国家：在1931年放弃金本位制的国家和1931年以后固守金本位制的国家[①]。在我们样本期间的全部或大部分时间内，放弃金本位制的国家对本国的货币政策都有有效的控制，因此对这些国家，我们把M1的对数作为一个外生的总需求移动因子来处理。其中M1包括流通中的货币和银行券加商业银行存款，这两类数据都来自国际联盟各年的《统计年鉴》。

相反，那些保持金本位制的国家没有控制自己的货币供给[②]。E-S(1986)在扩展Mundell-Fleming模型时认为，在实行金本位制的小国，其国内总需求取决于（由外国价格水平和本币的含金量决定的）进口商品的本币价格和（通过利率平价由世界利率决定的）国内利率。相应地，对于金本位制国家在样本期内采用金本位制的年份里，我们使用进口价格指数和中央银行贴现率（引自国际联盟各年《统计年鉴》）的对数作为工具变量[③]。

---

① 在我们的样本中，在1931年以后坚持金本位制的国家有比利时、法国、意大利、荷兰、波兰和瑞士。美国在1931年以后也保留了金本位制，但是我们把它当作非金本位国家来处理，原因见下一个注释。

② 对于这一论断，美国至少是一个部分的例外。美国经济规模巨大，使通常的“小国”模型对它不适用。此外，美国可以任意支配大量的黄金储备，这可能使它对自己的货币供给具有一定程度的、潜在的控制能力（虽然确切的控制力有多大尚存争议）。虽然美国直到1933年才放弃金本位制，但是因为这些原因，在估计中，我们决定把它视为一个具有外生的货币供给量的非金本位制国家。我们还尝试过把金本位国家集团的中流砥柱法国也视作一个具有外生的货币供给量的“大”国来处理，得到的结果对于后面这种改变不敏感。

③ 然而，有的读者会担忧不完美的资本市场或其他因素可能截断了国内利率与国外利率的联系。对此，我们指出，贴现率是个相对较差的工具变量，包括它与否对结果几乎没什么影响。

每个金本位制国家的进口价格指数被构建为该国从每个贸易伙伴所进口商品的本币价格的加权平均，权重为 1929 年的进口份额①。对于每个金本位集团成员国，从其脱离金本位到 1936 年的这段时期，我们不再使用进口价格和贴现率的对数作为工具变量，而是使用 M1 作为工具变量②。

对于所有国家，我们把名义工资的滞后项和产出的滞后项视为前定变量，把变量 *PANIC* 和 *STRIKE* 视为外生变量（更准确地说，是认为它们和产出供给方程里的扰动项不相关）③。我们使用总需求移动因子的当期项和一阶滞后项作为工具变量，这可以反映出价格水平的当期项和滞后项都出现在我们的 NLLS 设定里这一事实。

在报出结果之前，还要讨论一个把面板数据和固定效应相联系的技术问题。在推导估计值的渐近性质和标准误时，一般假设横截面是“大的”，即假设渐近理论适用于横截面维（cross-sectional dimension）。但是一个分析者可以把时间单位的数目看作“大的”（趋向无穷），也可以看作“固定的”。在前一种情况下，在包括变量的水平值、时间虚拟变量和国别虚拟变量时，我们使用非线性工具变量方法得到的是一致估计。但在后一种情况下，由于被解释变量的滞后项与误差项之间存在相关性，并且这种相关性在 T 固定时④不消失，因此我们的方法得到的不是一致估计。对于后一种情况，推荐对模型作差分，使用被解释变量的滞后项的差分数据的二阶或更高阶滞后项作为工具变量（关于最近的讨论和应用参见 Arellano and Bond，1991）。在

---

① 进口份额数据来自国际联盟（1938）。我们忽略了从样本内的 22 个国家之外的国家的进口，因为它们在总量中占的比例一般都非常小。在我们的样本国家中，爱沙尼亚、拉脱维亚和新西兰的出口数据无法获得。在构建新西兰的进口份额时，我们使用 1932 年而非 1929 年的数据，这是因为 1929 年的数据包含了银行业交易的金块贸易。一国进口商品的本币价格的计算方法是：出口国的批发物价指数乘以该国的货币价值（定义为该国货币含金量占 1929 年金平价的百分比），数据来自国际联盟 1940 年和 1941 年的《统计年鉴》。奥地利的货币价值数据缺失，用德国的货币价值数据代替；对于 1934—1936 年间的德国数据，我们使用信用受限马克（blocked marks，德语是 kreditsperrmark）的价值计量。（注：kreditsperrmark 是 1934—1936 年间德国发行的若干特殊货币中的一种，采用马克的形式，在销售属于外国人的财产时使用。根据其字面意思译为“信用受限马克”——译者注）。

② 如果放弃金本位制发生在某一年的年中，我们分别以该国该年在和不在金本位体系内的时间为权重，把两组工具变量进行加权。

③ 很明显，认为银行业恐慌和劳工运动动荡独立于总供给条件的观点并不完全正确。但这两个变量每年都变化剧烈且不可预测，意味着存在显著的随机因素。也可能是：这两个变量反映出制度和历史条件与产出供给方程里的扰动项都只有弱相关。例如 Bernanke and James（1991）指出，产出的下降难以预测银行业恐慌，银行业恐慌在很大程度上反映了 20 世纪 20 年代的银行结构和国家银行政策等因素。

④ 可以把这里的“固定的”理解为“有限的”或“小的”——译者注。

我们的研究中，除去为了使用滞后项而保留的两个观测值，T=6，因此假设T固定似乎更加恰当。另外，在数据存在噪音时，使用二阶滞后和差分数据作为工具变量，得到的结果可能会很不准确。并且，使用这一技术要求牺牲掉两年或更多年的数据，最终会把样本期减少到 1933—1936 年。作为折中，我们给出了两种估计的结果：使用水平值、明确估计固定效应的估计（即基于“大 T”假设的估计）结果，和使用一个以适当的滞后项作为工具变量的差分设定的估计（即相应的“固定 T”假设的估计）结果。

现在我们转向表 9—2，它报出了产出供给方程的各种版本——分别包含三个附加解释变量（*PANIC*、*STRIKE* 和产出滞后项）的不同组合——的估计结果。表 9—2 的 A 部分是用水平值和国别虚拟变量估计得到的结果，B 部分是差分设定的估计结果。我们报出了每个解释变量的系数的点估计值和 t 统计量，对各序列相关系数亦然。表 9—2 的最后一列是“零假设：名义工资和价格以相等的大小、相反的符号（即 $a_w = a_p$）进入方程”对应的 p 值。若 p 值过小则拒绝该零假设。

表 9—2　　　　**产出供给方程的非线性工具变量估计结果**

被解释变量：工业产值 q							
A. 设定：水平值、国别虚拟变量 样本：1931—1936							
	解释变量						
	(1) w	(2) p	(3) $q-1$	(4) *PANIC*	(5) *STRIKE*	$\hat{\rho}$	$a_w = a_p$?
1.	−1.423	1.581				0.428	0.714
	(2.21)	(3.78)				(2.88)	
2.	−1.163	1.102	0.363			0.181	0.812
	(2.42)	(2.74)	(1.99)			(0.64)	
3.	−0.601	0.679	0.574	−0.011		−0.089	0.608
	(3.31)	(4.34)	(6.91)	(4.56)		(0.63)	
4.	−0.531	0.714	0.464	−0.010	−0.75−05①	0.163	0.361
	(2.42)	(3.85)	(3.84)	(4.29)	(3.58)	(0.81)	

① 这里−0.75−05 表示−0.75E−5，即-0.75×10^{-5}。该表下面第 8 行的 0.41−05 与此类似——译者注。

续表

被解释变量：工业产值 q							
B. 设定：差分、校正固定 T 的偏差 样本：1933—1936							
	解释变量						
	(1)	(2)	(3)	(4)	(5)		
	w	p	$q-1$	*PANIC*	*STRIKE*	$\hat{\rho}$	$a_w = a_p$?
5.	−1.049	0.890				0.059	0.732
	(1.74)	(2.70)				(0.32)	
6.	−1.272	0.835	0.425			−0.161	0.308
	(2.38)	(2.68)	(2.43)			(0.87)	
7.	−0.810	0.509	0.583	−0.011		−0.151	0.366
	(2.28)	(2.11)	(3.84)	(3.53)		(0.98)	
8.	−0.800	0.580	0.544	−0.010	0.41−05	−0.255	0.433
	(2.58)	(2.69)	(4.13)	(3.54)	(0.84)	(2.08)	

这些回归合并了横截面数据，并且包括了时间虚拟变量。为了既能得到序列相关系数的一致估计，又能得到被解释变量的滞后项系数的一致估计，使用了一个非线性（拟差分）的设定。括号内是 t 统计量的绝对值。对数据定义和工具变量的说明见正文。

该结果颇为有趣。第一，它有力地支持把产出的滞后项纳入方程中，这意味着产出的调整存在着调整成本。在存在产出滞后项的情况下，序列相关系数的估计值不显著地异于0，且常为负。

第二，总体上说，辅助变量 *PANIC* 和 *STRIKE* 对方程的贡献在经济意义上和统计意义上都非常显著。例如，在把所有变量都包括在方程内时（第4或8行），估计得到银行业恐慌对产出的影响大约是每月1.0个百分点，t 统计量大约是4。也就是说，一场中等规模的银行危机（按 Bernanke and James，1991 的说法，持续 12 个月）会引起产出增速下降大约 12%（Bernanke and James，1991 发现过一个大小相似的效应）。*STRIKE* 的系数在统计上是显著的（t=3.58），并且在包括所有变量（第4行）的水平值设定下，其大小也是合理的[①]。但 *STRIKE* 的系数却不显著，并且在差分设定（第8行）里面的符号也不对，这可能是因为该设定使用的样本期限太短所致。

最重要的结果是名义工资和价格变动对产出的影响。表9—2 表明：在所有设定里，名义工资和价格水平在产出供给方程里都是显著的[②]，并且符号也合乎预期。把被解释变量的滞后项考虑在内，产出对于实际工资的长期弹性的估计值一般大于1。而且，最后一列表明，“名义工资和价格以相等的大小、相反的符号进入方程”这一假设远未遭拒绝。这与“价格只通过实际工资渠道影响产出”的观点是一致的（假设通货紧缩通过银行业恐慌对产出的影响已经被控制了）。

这样，我们通过使用一个较大的面板数据集、考虑名义工资和价格各自的影响、考虑额外的产出供给移动因子和动态效应、使用工具变量来校正联立性偏差，并使用计量经济学的其他修正方法把 E-S 回归一般化，得到的结果支持了 E-S 对数据的最初解释：产出与实际工资之间的反向关系在很大程度上反映了在存在总需求冲击时，名义工资不完全调整的影响。

9.3.2 工资调整方程

E-S 在他们的论文中简单地假设名义工资是完全刚性的。为了使分析更加贴近现实，我们把简单的 E-S 名义工资调整方程，即方程（9.2），改写为：

$$w_t = \lambda_p p_t + \lambda_w w_{t-1} - \gamma u_t - \theta\ (\Delta u_t) + \varepsilon_t^w \tag{9.5}$$

在方程（9.5）中，λ_p 衡量名义工资对同期的价格变动的反应程度，名

① 为了评估这个系数的大小，回想一下，*STRIKE* 是以每1 000个雇员损失的工作日数来衡量的。为了说明，假设每年的正常工作日是250天，如果罢工对产出的影响简单地与损失的时间成比例，那么 *STRIKE* 的系数应该是1/250 000，或者0.4E-5。实际上这个系数的估计值是0.75E-5（原文如此，表2中该系数的估计值是-0.75E-5——译者注）。

② 在第5行，名义工资只是边际显著地（marginal significance）进入方程（t=1.74）。但这显然不是一个好的设定。

义工资的滞后项 w_{t-1} 的系数 λ_w 则衡量名义工资的黏性①。如果名义工资遵循通常假设的部分调整机制，则 $\lambda_p+\lambda_w=1$。我们并不施加这一条件，而是检验它是否成立。部分调整机制通常假设名义工资向“意愿的”或均衡的水平调整。在方程（9.5）中，遵照有关两次世界大战之间和战后的菲利普斯曲线（Phillips curve）的著作，我们允许意愿的名义工资水平既受失业率 u 的影响，也受失业率的变动量 Δu 的影响。我们还用时间虚拟变量和国别固定效应把意愿的实际工资水平在时间和空间上的变异纳入进来。

估计方程（9.5）需要失业率数据。在 22 个样本国家里，只能找到 14 个国家每年的工业失业率数据②。剩下 8 个国家的失业率数据是用如下方法构造的：首先，对于失业人数和工业就业人数序列都可以得到的国家，用失业人数的增量对工业就业人数的增量进行回归，然后把系数估计值应用于那些没有失业数据的国家的就业人数数据③。对能直接得到失业率数据的那 14 个国家的名义工资调整方程的估计结果，与下面报出的结果类似，限于篇幅，不再报出。

与估计产出供给方程时一样，在使用被解释变量的滞后项作为解释变量并且误差项可能存在序列相关的情况下，我们使用非线性方法来得到一致估计值，并使用工具变量来校正联立性偏差。工具变量包括总需求移动因子（上文描述过）和工资的滞后项（或工资差分的滞后项，择其恰当者而用之）。在包括失业率或失业率差分项的方程里，还使用失业率的滞后项或失业率差分的滞后项来充当工具变量。

表 9—3 报出了名义工资调整方程的估计结果。与表 9—2 一样，A 部分是使用变量的水平值、具有明确的固定效应的估计结果；B 部分是差分设定

---

① 注意我们假设各国的工资调整速度是一样的。（对于可以得到其工会数据的大约 8 个国家）我们的确尝试过允许工资调整速度依赖于该国工会密度，但是发现工资调整速度与工会变量之间没有显著的联系。在假设各国的调整速度相同的情况下，我们现在必须隐含地认为，在价格给定时，名义工资的横截面差异源于对工资调整方程的冲击序列存在横截面差异。

② Eichengreen and Hatton（1988，表 1.1，p.6）给出了 11 个国家的失业数据，而其最初的来源则是 Galenson and Zellner（1957）和 Lebergott（1964）。另外三个国家（捷克斯洛伐克、日本和瑞士）的失业数据可以从国际劳工组织的《劳工统计年鉴》得到。用 Darby（1976）修正过的美国失业数据来代替 Lebergott 的数据对总体结果没有影响。

③ 就业数据来自国际劳工组织的《劳工统计年鉴》。因为我们只使用失业率的变动来拟合，故不能确定（其数据是拟合而来的）那 8 个国家的失业率的均值水平，于是简单地把均值正规化为 0。因为被估计的方程都包括了国别固定效应，所以这一正规化不会影响我们的目的。

表9—3　　**工资调整方程的非线性工具变量估计值**

	被解释变量：名义工资 w					
A. 设定：水平值、国别虚拟变量 样本：1931—1936						
	解释变量					
	(1)	(2)	(3)	(4)		
	p	w_{-1}	u	Δu	$\hat{\rho}$	$\lambda_p+\lambda_w=1?$
1.	0.278	0.438			0.252	0.074
	(2.54)	(2.04)			(0.92)	
2.	0.247	0.334	-0.192		0.450	0.040
	(2.13)	(1.57)	(1.00)		(1.67)	
3.	0.159	0.566	-0.162	-0.188	0.217	0.086
	(1.37)	(2.91)	(1.27)	(0.75)	(3.16)	
4.	0.394	0.185		0.288	0.484	0.006
	(2.10)	(0.76)		(0.94)	(2.13)	
B. 设定：差分、校正固定T的偏差 样本：1933—1936						
	解释变量					
	(1)	(2)	(3)			
	p	w_{-1}	u		$\hat{\rho}$	$\lambda_p+\lambda_w=1?$
5.	0.329	0.284			-0.042	0.047
	(3.14)	(1.58)			(0.13)	
6.	0.278	0.272	-0.161		-0.171	0.005
	(2.70)	(1.99)	(1.09)		(0.52)	

有关说明见表9—2下方。

的估计结果，其中使用了被解释变量滞后项的差分的二阶、三阶滞后项充当工具变量（我们没有把包含失业率差分的设定放入B部分，因为那要求我们在估计中对失业率进行二次差分，而这些失业率数据的二次差分似乎不可能包含多少信息）。表9—3的最后一列是“零假设：价格水平的系数与名义工资滞后项的系数之和为1（这是部分调整模型所隐含的）”对应的p值。

从表9—3可以得出两个一般性的结论。第一，名义工资调整方程的估计似乎为名义工资黏性提供了更多的证据。我们发现，名义工资既依赖于当期价格，也依赖于名义工资的滞后项，系数都在0到1之间。当期价格水平的系数的估计值一般在0.2～0.4之间，比1低六七个标准差；而在理论上，如果名义工资在一年内对总需求冲击做出完全调整的话，那么该系数应该是1。名义工资的滞后项的系数估计值是显著的或近乎显著的。总而言之，结果表明名义工资的调整存在很大的黏性。“名义工资能够对总需求冲击引起的价格变动迅速做出调整（即 $\lambda_p=1$，$\lambda_w=0$）”的假设总是在 $p = 0.000$ 的水平上遭到拒绝（表9—3中未报出）。另外，名义工资的部分调整模型施加的约束（$\lambda_p+\lambda_w=1$）一般也被拒绝了（虽然不那么严格），见表9—3最后一列。

第二，其他条件相同时（见表9—3第2、6行），较高的失业率的确意味着较低的名义工资，虽然在这些估计中统计显著性水平比较低（可能是因为工具变量不够好①）。有意思的是，从已经得到的其他结果来看，在这个样本中，失业率的水平值与工资决定之间的关系，似乎比失业率差分与工资决定之间的关系更强。当失业率和失业率差分项都进入回归方程时（见第3行），虽然它们的系数估计值大小差不多，但是失业率的系数估计值比失业率差分的系数估计值更显著。并且当回归中不包括失业率的水平值时（第4行），失业率差分的系数估计值的符号是“错的”。

9.3.3 工资调整方程和总供给方程的联合估计

至此，我们已经对“总供给部分”的两个方程分别做了估计。作为本节的结尾，我们把“总供给部分”作为一个总体进行估计，其中施加了交叉方程约束，并允许同期方程残差之间存在相关性。这一联合估计不仅更加有效，而且还允许直接估计总供给方程，这与上面估计的产出供给方程正好相反。

把名义工资调整方程（9.5）代入到产出供给方程（9.4），就得到总供给方程：

① 具体来说，当存在序列相关性，从而失业的滞后项与名义工资的当期扰动之间存在相关关系时，失业的滞后项可能是个差劲的工具变量。此时失业率的系数估计值的偏差可能为正，这有助于解释为什么在这些估计中失业率对工资的影响相对较弱。

$$q_t = \alpha(1-\lambda_p)p_t - \alpha\lambda_w uw_{t-1} + \alpha\gamma u_t + \delta q_{t-1} + \chi_t\beta + (\varepsilon_t^q - \alpha\varepsilon_t^w) \tag{9.6}$$

总供给方程把当期产出与当期价格水平、产出供给移动因子（*PANIC* 和 *STRIKE*）、产出水平值的滞后项（它反映调整成本）联系起来。此外，名义工资的滞后项和当期失业率还通过影响当期名义工资而影响产出（这里我们省略了失业率的差分）。在方程（9.6）中，我们施加约束 $\alpha_w=\alpha_p=\alpha$，这一约束是数据所接受的（见表9—2）；但是我们不施加约束 $\lambda_p+\lambda_w=1$，因为它一般被拒绝（见表9—3）。

表9—4 报出了总供给方程（9.6）和名义工资调整方程（9.5）的参数

表9—4　　**总供给方程和工资调整方程的联合估计**

参数		参数估计量和 t 统计量			
		水平值设定		差分设定	
		（A）	（B）	（C）	（D）
1.	α	−0.835 （5.57）	−0.611 （4.47）	−0.521 （1.37）	−0.480 （1.57）
2.	δ	0.492 （8.03）	0.553 （9.12）	0.449 （2.49）	0.409 （3.01）
3.	β_{CRISIS}	−0.009 （4.88）	−0.011 （5.49）	−0.010 （3.40）	−0.010 （3.65）
4.	β_{STRIKE}	−0.65-05 （3.59）	−0.69-05 （3.69）	−0.59-06 （0.11）	−0.45-07 （0.01）
5.	λ_p	0.207 （2.26）	0.012 （0.09）	0.335 （3.30）	0.238 （2.21）
6.	λ_w	0.439 （2.01）	0.201 （2.13）	−0.001 （0.01）	0.066 （0.43）
7.	γ	—	−0.693 （3.68）	—	−0.319 （1.81）
总供给方程					
$\bar{R}^2$		0.956	0.947	0.050	0.026
D. W. 统计量		1.94	1.95	2.28	2.19
工资调整方程					
$\bar{R}^2$		0.911	0.903	0.402	0.448
D. W. 统计量		2.06	2.09	1.87	1.95
$\hat{\rho}^w$		0.314	0.723	—	—

有关说明参见表9—2。本表是对总供给方程和名义工资调整方程进行联合估计的结果，其中允许同期方程残差之间存在相关性。参数的定义同正文中方程（9.4）~（9.6）。本表的下半部分报出了单个方程的诊断结果。

的联合估计结果。该表不仅报出了水平值设定的结果，而且报出了差分设定的结果，并且每个设定又分为在名义工资调整方程里包括、不包括失业率两种情况。所使用的工具变量就是分别估计产出供给方程和名义工资调整方程时使用的全部工具变量。我们没有对两个方程的同期残差之间的相关性加以约束。基于表 9—2 和表 9—3 的结果，同时出于简化的目的，我们只对名义工资调整方程（水平值设定）进行了序列相关修正。这一设定的序列相关系数的估计值和其他方程诊断结果见表 9—4 的底部。

表 9—4 的结果补充了前面已经给出的结果。在水平值设定中，各系数估计值的符号正确，大小适当，并且几乎在所有的情形下都是显著的。估计结果允许我们以很高的置信度（$p = 0.000$）拒绝总供给曲线垂直（指名义工资在当期内就对价格变动做出完全调整，即 $\lambda_p = 1$，$\lambda_w = 0$）的假设。有趣的是，在这个设定里，失业对名义工资的抑制作用比单独估计名义工资调整方程时更大更显著。

差分设定（注意它是估计 1933—1936 年）得到的定性结果与水平设定相似（与预料的一样，统计显著性较低），但有两处例外。第一，与前面一样，变量 *STRIKE* 在差分设定里不显著。更重要的是第二点：参数 α 和 λ_w 的估计值表明名义工资效应较小且统计上不太显著。第二点似乎是因为可用的工具变量不能很好地预测工资的对数差分导致的。不过，由于在这些估计中，系数 λ_p 得到了很好的识别，因此仍能在 $p = 0.000$ 的水平上拒绝“名义工资对价格变动做出了完全调整”的假设。

与表 9—2 和 9—3 一样，为了节省篇幅，表 9—4 报出的结果忽略了估计的年度效应。简单地说，我们发现，不管是从其数值大小还是从统计显著性来说，时间虚拟变量在名义工资调整方程里都几乎不起作用。这一评价也适用于表 9—3 的名义工资调整方程估计结果。在总供给方程里（相似地在表 9—2 的产出供给方程里），估计得到的年度效应更加重要。在这些方程里，时间虚拟变量捕捉到 1931—1933 年间平均潜在产出增长相当快，而 1933—1936 年间增长较慢。但是估计的年度效应几乎没有捕捉到产出的短期变异（当然也没有捕捉到各国产出的横向变异），因而对我们的设定的总体解释能力没有特别大的贡献。

9.3.4 最后一个设定问题：加总偏差

本章表明，在1931—1936年间，当其他所有条件相同时，较高的名义工资对应较低的实际产出。然而，我们使用的工资数据是加总的指数，对于这些指数的构建，我们恨不能知道得更多。我们认为，在大多数情况下，这些工资指数是用工资总额除以雇员总工作小时数得到的。如果确实如此，那么就有理由怀疑我们得到的产出与工资之间的负向关系是假的。第一，如果测算工作小时数时的误差与测算产出时的误差是正相关的——看起来可能如此——那么就会导出产出指标与工资指标之间存在虚假的负向关系。第二，因为劳动力的组成随着经济周期的变化而变化，这也可能导致一个虚假的负向关系。例如当产出下滑时，如果雇主更愿意解雇那些不熟练、低工资的工人，那么就会观察到随着产出的降低，工资总额上升了。如果低工资行业的就业减少得比高工资行业多（虽然从经验上看不太可能出现这种情况），也会引起相似的偏差。

我们可以使用国际劳工组织各年《劳工统计年鉴》中的职业工资数据来解决加总问题。国际劳工组织报告了九个国家的七个行业的一些职业的工资率。它报出的数字显然是工资率而非平均小时工资（表明它们是工资率的一个迹象是，它们有时连续几年保持不变）。这些数据的另一个良好的特点是，它们涉及的具体行业涵盖了经济的主要部门，不仅包括制造业，而且还包括建筑业、公用事业、运输业和政府部门。

对于每个行业，我们选择一个有代表性的并且所有数据都可获得的职业（读者可向我们索取职业列表）。我们首先把所有工资都转换成指数形式（1929年=100），然后对每个国家，把职业工资进行简单平均，构造一个名义工资指数。因为这些工资指数是基于工资率（而非平均小时工资）、用固定权重[①]构造的，所以理论上应该能避免上述的加总问题。

加总偏差假设认为，在产出最低迷的时期，本研究使用的国际劳工组织工资指数的加总数据应该大于相应的固定权重指数。我们发现，在可以进行这种比较的 9 个国家里，似乎只有澳大利亚和爱沙尼亚的数据是这样的。在大萧条的谷底，加拿大、荷兰和瑞典的加总工资指数实际上低于固定权重指数，而丹麦、英国、意大利的这两个工资指数非常接近，法国的这两个工资指数也比较接近。用加总工资指数与固定权重指数之差对产出和国别虚拟变量进行回归，得到产出的系数估计值是 0.041，对应的 t 统计量是 1.22。因而这两个工资指数之差是轻微的顺周期的，而不是（为了解释产出与实际工资之间的负向关系）所要求的反周期。因而，构造工资数据时产生的加总偏差对得出我们的结果似乎没有帮助。

9.4 结　论

在本文即将结束时，我们把发现的、支持大萧条中名义工资黏性的作用的证据再概括一下。

第一，与 Eichengreen and Sachs（1985）一样，我们证实了在大萧条的大部分时间，产出与实际工资之间存在一个很强的负向关系（从时间上来看和从国家横向比较来看皆是如此），并且还发现坚持金本位制的国家一般产出低、实际工资高，而脱离了金本位制的国家则是产出高、实际工资低。对这一关系，似乎没有任何纯粹的实际经济周期理论能提供一个合理的解释。强调货币非中性（即非垂直的总供给曲线）的理论基本上只有两类：一类认为由于名义工资存在黏性，所以价格水平变动会影响产出供给；另一类认为价格水平通过某些别的机制影响产出供给。我们发现，一旦控制住产出滞后项和银行业恐慌，名义工资变动对产出的影响和价格变动对产出的影

① 然而，使用固定权重工资指数意味着，当工人愿意接受降低工作级别来代替消减工资，从而引起工人素质变化时，工资指数没有得到修正（Solon，Whatley，and Stevens，1993），并且它也没对官方工资率与实发工资之间的差异进行修正。

响大致相等，方向相反。如果通过非工资渠道起作用的价格效应是重要的，我们期望能够发现：（给定名义工资时）价格变动对产出的影响大于（给定价格时）名义工资变动对产出的影响。因为我们发现了大致相等的效应，故我们的证据支持了名义工资黏性是非中性的主要来源的观点。

第二，我们用总需求移动因子做工具变量估计了名义工资调整方程，该方程衡量当期名义工资对名义工资滞后项和当期价格的敏感程度。如果名义工资是弹性的，则当面临一个（名义的）总需求冲击时，名义工资将与价格同比例变动，且与名义工资的滞后项无关。但事实是，在估计中，我们能以很高的统计置信水平拒绝如下假设："名义工资能够对当期的总需求冲击做出充分反应，而不部分地取决于名义工资的滞后项"，这表明名义工资并不是弹性的①。

对名义工资黏性的研究一般都面临着一个难题，即需要确定所观察到的名义工资的缓慢调整趋势是否会影响要素的配置。例如，在有效的劳动合同中，名义工资可能只是"分期付款"（Hall，1980）。值得强调的是，大萧条的金本位理论产生了一个很强的识别约束，可以帮我们绕开这一问题，即：各国的横向变异主要来自货币存量的差异，以及由其引起的总需求水平的差异。在其他多数时期或者在对单个国家的研究中都不存在这一识别约束。在这一约束下，各国横截面数据中高名义工资与低产出的相关性可以被解释为名义工资黏性的一个配置效应。因而一般来说，不仅历史学家，而且宏观经济学家也会对大萧条时代的研究结果感兴趣。

我们的发现表明有几个课题值得进一步探讨：

第一，我们所使用的面板数据集所包括的国家数目多于年份数目，这一性质使我们的研究焦点集中于产出与实际工资之间的横截面关系。但是黏性名义工资假说在时间序列维（time-series dimension）上的表现也需要更多地加以关注，例如使用能够得到的某些国家的频率更高的数据进行分析。重新分析行业层面的工资与产出数据也是令人感兴趣的，这些数据在很多国家都

① 本句中"但事实是"和"这表明名义工资并不是弹性的"是译者自己加的——译者注。

可以得到。

第二，也是更为重要的一点，正如导言中讨论过的，有的经济环境似乎原本不会导致名义工资黏性，但名义工资却调整缓慢，我们需要研究这一现象背后的原因。Cooper（1990）和 Eichengreen（1992）提出的协调失败代表了一个令人向往的研究方向。各种利益集团为了保住自己的收入份额而把工资设定和价格设定政治化，可能是黏性的另一来源，Bernanke（1995）对此做过比较详细的讨论。对本样本里的某些国家在两次世界大战之间的工资设定制度和监管的比较研究也是令人感兴趣的。

第三，未来的研究可以考虑名义工资黏性与人们提出的总供给之谜的其他解释——例如 Bernanke and James（1991）提出的财务危机假说——之间的相互影响。例如，财务危机理论认为“高”名义工资主要是通过提高企业的财务（即现金流）压力来抑制产出的，而不是通过传统的劳动力成本渠道来抑制产出的[①]（在前一种情况下，决定产出和就业的关键变量是工人的平均工资；在后一种即传统的情况下，关键变量是边际工人的工资）。理论上说，可以通过比较工资变动对现金充足的企业和缺乏现金的企业的雇用量的影响，来区分这两种影响渠道。

参考文献

Arellano, Manuel, and Stephen Bond, "Some Tests of Specification for Panel Data: Monte Carlo Evidence and an Application to Employment Equations," *Review of Economic Studies*, *LVIII* (1991), 277–97.

Beney, M. Ada, *Wages, Hours, and Employment in the United States*, 1914—1936 (New York: National Industrial Conference Board, 1936).

Bernanke, Ben, "The Macroeconomics of the Great Depression: A Comparative Approach," *Journal of Money, Credit and Banking*, XXVII

① Mark Gertler 和 Bruce Greenwald 分别向我们提出了这一建议。

(1995), 1-28.

Bernanke, Ben, and Harold James. "The Gold Standard, Deflation, and Financial Crisis in the Great Depression: An International Comparison," in R. G. Hubard, ed., *Financial Markets and Financial Crises* (Chicago and London: University of Chicago Press, 1991).

Choudhri, Ehsan, and Levis Kochin, "The Exchange Rate and the International Transmission of Business Cycle Disturbances: Some Evidence from the Great Depression," *Journal of Money, Credit and Banking*, XII (1980), 565-74.

Cooper, Russell, "Predetermined Wages and Prices and the Impact of Expansionary Government Policy," *Review of Economic Studies*, LVII (1990), 205-14.

Darby, Michael, "Three and a Half Million Workers Have Been Mislaid: Or an Explanation of Unemployment, 1934—1941," *Journal of Political Economy*, LXXXIV (1976), 1-16.

Eichengreen, Barry, *Golden Fetters: The Gold Standard and the Great Depression*, 1919—1939 (New York: Oxford University Press, 1992).

Eichengreen, Barry, and T. J. Hatton, "Interwar Unemployment in International Perspective: An Overview," in B. Eichengreen and T. J. Hatton, eds., *Interwar Unemployment in International Perspective* (Dordrecht, Germany, and Boston, MA: Martinus-Nijhoff, 1988).

Eichengreen, Barry, and Jeffrey Sachs, "Exchange Rates and Economic Recovery in the 1930s," *Journal of Economic History*, XLV (1985), 925-46.

Eichengreen, Barry, and Jeffrey Sachs, "Competitive Devaluation and the Great Depression: A Theoretical Reassessment," *Economics Letters*, XXII (1986), 67-71.

Friedman, Milton, and Anna Schwartz, *A Monetary History of the United States*, 1867—1960 (Princeton NJ: Princeton University Press, for NBER, 1963).

Galenson, W., and A. Zellner, "International Comparison of Unemployment Rates," in *The Measurement and Behavior of Unemployment*, Universities – NBER Conference Series, No. 8 (Princeton, NJ: Princeton University Press for NBER, 1957).

Haberler, Gottfried, "The World Economy, Money, and the Great Depression," Washington, DC: American Enterprise Institute, 1976.

Hall, Robert E., "Employment Fluctuations and Wage Rigidity," *Brookings Papers on Economic Activity* (1980: 1), 91–123.

Hamilton, James, "Monetary Factors in the Great Depression," *Journal of Monetary Economics*, XIX (1987), 145–69.

——, "The Role of the International Gold Standard in Propagating the Great Depression," *Contemporary Policy Issues*, VI (1988), 67–89.

League of Nations, *International Trade Statistics* 1937 (Geneva, Switzerland: 1938).

League of Nations, *Statistical Yearbook*, various issues.

Lebergott, Stanley, *Manpower in Economic Growth* (New York: McGraw–Hill, 1964).

Newell, Andrew, and J. S. V. Symons, "The Macroeconomics of the Interwar Years: International Comparisons," in B. Eichengreen and T. J. Hatton, eds., *Interwar Unemployment in International Perspective* (Dordrecht, Germany, and Boston, MA: Martinus-Nijhoff, 1988).

Solon, Gary, Warren Whatley, and Ann Huff Stevens, "Real Wage Cyclicality between the World Wars: Evidence from the Ford and Byers Companies," University of Michigan, October 1993.

Temin, Peter, *Lessons from the Great Depression* (Cambridge MA: MIT Press, 1989).

Thorp, Rosemary, ed., *Latin America in the 1930s: The Role of the Periphery in World Crisis* (New York: St. Martin's Press, 1984).

Warren, George, and F. A. Person, *Gold and Prices* (New York: 1935).